Hans Rall, Marga Rall
Die Wittelsbacher in Lebensbildern

SERIE PIPER

Zu diesem Buch

Mehr als 800 Jahre europäischer Geschichte sind in dieser Sammlung von Kurzbiographien bedeutender Wittelsbacher enthalten – angefangen im 12. Jahrhundert mit Otto I., Bayerns erstem Wittelsbacher Herzog, dessen Sohn Ludwig der Kelheimer auch die Pfalzgrafschaft bei Rhein übertragen wurde. Im 14. Jahrhundert spalteten sich die Wittelsbacher in zwei Hauptlinien: Das Buch folgt zuerst der jüngeren altbayerischen Linie, die in Bayern herrschte und 1777 erlosch, danach der älteren pfälzischen Linie. Kurfürst Karl Theodor erbte das Kurfürstentum Bayern, weshalb sich die Lebensbilder der Pfälzer, die nun Bayern regierten und ab 1806 auch Könige von Bayern wurden, anschließen. Nicht unerwähnt bleiben die Wittelsbacher, die Könige in Skandinavien und Griechenland waren, die Herzöge in Bayern und Kaiserin Elisabeth von Österreich. Die übersichtliche Gestaltung zusammen mit zahlreichen Porträts und genealogischen Angaben machen dieses Buch zum unentbehrlichen Nachschlagewerk.

Hans Rall, 1912 geboren und 1998 gestorben, studierte in München, war Professor für Mittlere, Neuere und Bayerische Geschichte an der Ludwig-Maximilians-Universität München und Direktor des Geheimen Hausarchivs der Wittelsbacher.
Marga Rall, geboren 1934, verheiratet mit Hans Rall, studierte in München, war Gymnasiallehrerin und arbeitete später in der nicht öffentlichen Wittelsbacher Familienbibliothek.

Hans Rall, Marga Rall

Die Wittelsbacher in Lebensbildern

Aktualisierte Ausgabe

Mit 53 Abbildungen

Piper München Zürich

Bildnachweis: Alle Abbildungen mit freundlicher Genehmigung des Bayerischen Hauptstaatsarchivs – Geheimes Hausarchiv, München;
Veröffentlichung mit Genehmigung S. K. H. Herzog Albrecht von Bayern.

Für Amelie und Elisabeth

FSC

Dieses Taschenbuch wurde auf FSC-zertifiziertem Papier gedruckt.
FSC (Forest Stewardship Council) ist eine nichtstaatliche, gemeinnützige Organisation, die sich für eine ökologische und sozialverantwortliche Nutzung der Wälder unserer Erde einsetzt (vgl. Logo auf der Umschlagrückseite).

Aktualisierte Taschenbuchausgabe
Piper Verlag GmbH, München
Dezember 2005

Umschlag/Bildredaktion: Büro Hamburg
Heike Dehning, Charlotte Wippermann,
Alke Bücking, Kathrin Hilse
Umschlagabbildung: Joseph Stieler (»Maximilian II. Joseph«; akg-images)
Papier: Munken Print von Arctic Paper Munkedals AB, Schweden
Druck und Bindung: Clausen & Bosse, Leck
Printed in Germany
ISBN-13: 978-3-492-24597-5
ISBN-10: 3-492-24597-8

www.piper.de

Inhalt

ANHANG:

VIER PFÄLZER WITTELSBACHER ALS KÖNIGE IN SKANDINAVIEN:

EIN WITTELSBACHER ALS KÖNIG VON GRIECHENLAND:

DIE HERZÖGE IN BAYERN:

Im Jahr 1799 verlieh Kurfürst Max IV. Joseph, der spätere König Max I. Joseph, seinem Vetter und Schwager Wilhelm von Zweibrücken-Birkenfeld-Gelnhausen den Rang eines Herzogs in Bayern.
Chef dieser Linie ist heute Herzog Max in Bayern, den Herzog Ludwig Wilhelm in Bayern 1965 adoptierte. Ludwig Wilhelm starb 1968. Herzog Max in Bayern, Prinz von Bayern, ist der zweite Sohn Herzog Albrechts von Bayern.

Vorwort

Jede der Biographien dieses Buches kann für sich einzeln gelesen werden. Jeder Biographie sind ein Bild und genealogische Angaben beigefügt. Doch muß sich der Leser vergegenwärtigen, daß zwischen dem bereis erschienenen Buch »Die Wittelsbacher in Lebensbildern« von Richard Reifenscheid und dem vorliegenden »Die Wittelsbacher in Lebensbildern« ein Wesensunterschied besteht. Bei den Wittelsbachern gehts es um Landesfürstentümer bzw. Staaten und um Herrscher, die in *verschiedenen* Residenzen regierten. Bei den von Reifenscheid biographierten Habsburgern geht es um Persönlichkeiten, die meist nur von Wien aus das Reich, seit 1804 das Kaisertum Österreich regierten. Die erblichen Herrscher über Land und Leute leiteten ihre Aufgabe aus dem erblichen Eigentum (Allod) ihrer Dynastie an dem Recht her, den Frieden nach außen und innen bei Land und Leuten zu wahren (Allodialrecht). Die Habsburger leiteten ihre Aufgabe im Reich aus ihrer Wahl durch die Kurfürsten ab. Im Erzherzogtum Österreich, in Tirol usw. regierten sie auch aufgrund ihres Allodialrechts, waren aber in Personalunion häufig Könige oder Kaiser.

Die Wittelsbacher des 12. und 13. Jahrhunderts wurden als Lebensbilder einfach der Reihe nach gebracht. Doch wurde die Tatsache entscheidend, daß dem Herzog Ludwig I. von Bayern 1214 die Pfalzgrafschaft bei Rhein übertragen wurde. Von da an nennen sich alle Wittelsbacher bis auf den heutigen Tag Pfalzgrafen bei Rhein und Herzöge von Bayern. Dem Pfalzgrafen und Herzog Ludwig II. folgten nach seinem Tod 1294 seine Söhne Rudolf und Ludwig. Sie begründeten die beiden Hauptlinien der Wittelsbacher. Die Biographien wurden deshalb in zwei Reihen geordnet. Da die jüngere Linie, die in Bayern regierte, 1777 erlosch, wurden zuerst die Lebensbilder der regierenden Fürsten aus dieser Linie in einer Abfolge gebracht, daran anschließend die Biographien der von Ludwigs älterem Bruder Rudolf begründeten Linie, soweit sie die Kurpfalz regierte. Da der Pfälzer Kurfürst Karl Theodor 1777 das Kurfürstentum Bayern erbte, nach ihm 1799 Herzog Max Joseph von Zweibrücken, wurden die Lebensbilder der Pfälzer, die nun Bayern regierten, hier angeschlossen.

Eine Besonderheit ist, daß die Oberpfalz, die 1329 vom Herzogtum Bayern abgetrennt wurde, bis 1628 von den Kurfürsten der Pfalz regiert wurde.

Obwohl auch in den Wittelsbacher Nebenlinien und deren Ländern wie Zweibrücken bedeutende und rechtlich nachwirkende Persönlichkeiten zu verzeichnen sind, wurden fast nur Lebensbilder von Persönlichkeiten der beiden Hauptlinien gebracht.

Die vier Schwedenkönige aus dem Hause Wittelsbach und König Otto von Griechenland wurden in einem Anhang dargestellt. Hier finden sich auch die drei bekanntesten Persönlichkeiten aus der Linie der Herzöge in Bayern. Sie entstand dadurch, daß Wilhelm aus der Zweibrücker Nebenlinie Birkenfeld-Gelnhausen 1799 von seinem Vetter und Schwager Max Joseph, dem späteren ersten König, zu dieser Stellung erhoben wurde.

Auf diese Weise wurde besonderen Persönlichkeiten aus der 1410 begründeten, aber hier sonst nicht behandelten Linie Pfalz-Zweibrücken Rechnung getragen. Sehr in die allgemeine und damit weithin bekannte Geschichte verflochtene Persönlichkeiten erfordern weniger Ausführlichkeit als halbvergessene oder als mißverstandene Originale wie Herzog Christoph von Bayern-München.

Für die vorliegende Taschenbuchausgabe wurden vor allem genealogische Daten ergänzt und aktualisiert sowie ein Kapitel über den derzeitigen Chef des Hauses Wittelsbach, Herzog Franz von Bayern, angefügt.

München, im Juli 2005

Die Kurstimmen

Schon Herzog Arnulf von Bayern wählte den König im Reich mit. 1125 entschied Bayerns Welfenherzog Heinrich IX. (1120–1126), der Schwarze, die Königswahl mit. Der Wittelsbacher Herzog Ludwig I., der Kelheimer, der Sohn des ersten Herzogs, wählte als Herzog von Bayern und seit 1214 als Pfalzgraf bei Rhein. Als Pfalzgraf war er zugleich Reichsverweser. Seit 1214 standen den Wittelsbachern zwei Kurstimmen, die des Herzogs und die des Pfalzgrafen, zu. 1273 wählten Ludwig II. und Heinrich von Niederbayern mit zwei Kurstimmen Rudolf von Habsburg zum König. Dieser reduzierte aber die beiden Wittelsbacher Kurstimmen auf eine Stimme, und zwar auf die Bayerns. Die Praxis schwankte zunächst.

1308 Rudolf und sein Bruder Ludwig geben je eine Stimme ab.
1314 Rudolf und Ludwig geben je eine Stimme ab.
1329 Kaiser Ludwig interpretiert im Hausvertrag von Pavia das Wittelsbacher Wahlrecht als eine Stimme, die zwischen der von ihm begründeten Linie und der seines verstorbenen Bruders Rudolf (Pfälzer Linie) wechselt.
1356 Durch die Goldene Bulle hat nur der in der Pfalz regierende Pfalzgraf das Wahlrecht.
1362 Kaiser Karl IV. erklärt die das Herzogtum Bayern regierenden Wittelsbacher auch für wahlberechtigt; das hat aber keine praktischen Folgen.
1623/1628 Pfälzer Kur und Erztruchsessenamt kommen an Herzog Maximilian von Bayern und sein Haus.
1648 Wiederherstellung der Kurpfalz, indem für Karl Ludwig eine achte Kurwürde und das Amt des Reichsschatzmeisters geschaffen werden.

In der Kurpfalz üben das Wahlrecht aus:

1. Die von Kaiser Ludwigs älterem Bruder Rudolf ausgehende alte Kurlinie, die 1556 erlischt.
   1556–1559 regiert Kurfürst Ottheinrich die Pfalz. Er entstammt der durch den Kurfürstensohn Ruprecht den Tugendhaften mit Elisabeth von Bayern-Landshut begründeten Familie; für Ottheinrich und seinen unvermählt bleibenden Bruder Philipp wurde 1505 das Fürstentum Pfalz-Neuburg a. d. Donau konstruiert. Ottheinrich schenkt, da kinderlos, dieses Fürstentum 1553 an Herzog Wolfgang von Zweibrücken.
2. Die Linie Simmern-Zweibrücken, die 1559 mit Friedrich III. die Kurpfalz erhält und 1685 erlischt.

3. Die Linie Pfalz-Neuburg, die von Herzog Wolfgang von Zweibrücken (1532–1569) abstammt, die 1685 die Kur übernimmt und 1742 erlischt.
4. Die Linie Pfalz-Neuburg-Sulzbach (Karl Theodor) 1742–1799.
5. Die Linie Zweibrücken, die mit Max Joseph, 1799 Kurfürst der Pfalz und von Bayern, beginnt, der am 1. Januar 1806 zum König von Bayern ausgerufen wird. Da das Reich am 6. August 1806 durch den Thronverzicht des Kaisers Franz II. untergeht, entfällt damit der Akt der Königswahl.

Herzog Otto I.

* 1117 in Kelheim?
† 11. 7. 1183 in Pfullendorf in Baden
Grabstätte: Benediktinerkloster Scheyern

⚭ um 1169 in Kelheim?
AGNES, Gräfin von Loon (nördlich von Lüttich)
Eltern: Ludwig II., Graf von Loon (und Burggraf von Mainz), und eine Tochter des Mainzer Burggrafen
* um 1150 im Stammschloß Loon?
† 26. 3. 1191 auf Wartenberg oder in Kelheim
Grabstätte: Benediktinerkloster Scheyern

16. 9. 1180: Otto von Wittelsbach, Pfalzgraf (4. 8. 1156) im Herzogtum Bayern, wird von Kaiser Friedrich Barbarossa in Altenburg (Thüringen) mit dem Herzogtum Bayern belehnt.

Otto I. regiert in Bayern als Herzog von 1180 bis 1183.

Otto, Bayerns erster Wittelsbacher Herzog, kam nicht nur durch seine eigenen Taten in und außerhalb Bayerns 1180 zu seiner Regierungsaufgabe, sondern auch durch die seit Generationen ererbte Verbundenheit mit einem engeren Bereich. Seine Vorfahren, Markgraf Luitpold, der 907 an der Spitze des bayerischen Heerbanns gegen die Ungarn fiel, und dessen Sohn Herzog Arnulf, hatten unter dem Einsatz ihres eigenen Lebens immer wieder Bayern geschirmt und seine inneren Kräfte zum Mißfallen der Inhaber der fränkischen Reichsgewalt zeitgemäß zu einem damals modernen Staat entwickelt. Obwohl ihr Geschlecht in Bayern 989 im Mannesstamm erlosch, wußten in der Zeit des ersten Wittelsbacher Bayernherzogs dieser selbst und weite Kreise um die Taten der Luitpoldinger für die staatliche Existenz Bayerns. Gefahren für die eigene Staatsexistenz hatten neben der Ungarnfrage vor allem darin bestanden, daß die Inhaber des »regnum Francorum« zwischen 911 und 921 Herzogtümer wie Bayern und Schwaben zu unterjochen versucht hatten. Die Markgrafen und Stammesherzöge standen von Generation zu Generation vor der Frage, wie sie die staatliche Kraft ihres Bereichs durch Lösung der von innen und außen gestellten Zeitfragen bewahren und mit der von den Karolingern geschaffenen Zentralgewalt eines größeren Verbandes, eines Reiches, zusammenarbeiten konnten.

Die unmittelbaren Vorfahren Herzog Ottos stammten von Arnulfs jüngerem Sohn Berthold, waren Grafen auf dem Nordgau, Markgrafen von Schweinfurt und Grafen an der Pegnitz im 939 untergegangenen Herzogtum Franken gewesen und 1045 Grafen von Ebersberg, also in Bayern, geworden. Sie wirkten außerdem als Grafen in dem Gebiet zwischen dem Mangfalltal und Kelheim an der Donau im Herzogtum Bayern. Nach ihrer Hauptburg nannten sie sich damals Grafen von Scheyern. Da die Burg Scheyern vom »ragenden Bergesrücken« auf das Gebiet des Huosigaues herniederschaute, werden die Grafen von Scheyern sogar auf das Völkerschafts-Königsgeschlecht der Huosi zurückgeführt, die mit den Resten ihrer Völkerschaft in einem eigenen Bereich des bis 788 von den Agilolfingern regierten Herzogtums Bayern gelebt hatten.

Ottos gleichnamiger Vater nannte sich später nicht mehr Graf von Scheyern, sondern nach der neu erbauten, der ganzen Familie gemeinsamen Burg Wittelsbach in der Landschaft der Großen Paar, einem Nebenfluß der Donau. Er besaß außerdem in der Gegend der unteren Sempt die Burg Wartenberg und sicherte durch solche Burgen seine Gerichtsbereiche und Einkünfte. Der Name Wittelsbach bedeutet Bach bei einem Wald. Das althochdeutsche Wort »witu« heißt nämlich Holz, Wald. Wir können eine frühe Erwähnung »Wittelsbach« auf die Jahre zwischen 1130 und 1135 datieren, da damals der Vater des ersten Herzogs einen Vertrag mit dem Domkapitel in Freising über diesen Wald schloß; denn er hatte von seinem Vorgänger die Vogtei, d. h. die Ausübung der weltlichen Gerichtsrechte des Bischofs und des Domkapitels von Freising, übernommen. Kaiser Heinrich V. spricht schon 1115 in einer Urkunde vom Grafen Otto (dem Vater des späteren Herzogs) von »Witilinesbac«.

Der nunmehrige Graf Otto von Wittelsbach heiratete um 1116 Heilika, eine der beiden Erbtöchter des Grafen Friedrich von Burg-Lengenfeld, Hopfenohe und Pettendorf (nördlich von Regensburg). Ein Jahr später wurde Otto, der spätere Bayernherzog, geboren. Er wuchs in einer großen Familie mit vier Brüdern und drei Schwestern heran. Sein Vater hatte, schon bevor er eine Familie gründete, lange mit dem mächtigen und die Zeitfragen mit Einsicht und Geschick anpackenden König Heinrich V., dem letzten aus der Dynastie der Salier, zusammengearbeitet, ihn 1110 nach Rom begleitet und miterlebt, daß dieser mit dem Papst vereinbart hatte, daß die Bischöfe im Reich ihre weltlichen Gerichtsrechte und sich entwickelnden Herrschaftsbefugnisse dem König zurückgeben sollten. Als der Vertrag am 12. Februar 1111 in der Peterskirche eröffnet worden und es über dem Protest der überraschten Bischöfe zu einem Tumult gekommen war, hatte Otto mit Loyalität und Mut auch für die neuen Entscheidungen des Königs seinen Einsatz geleistet und sicher von dem sich nun ergebenden Drama später auch zu Hause erzählt. Die Bischöfe hatten die Entscheidung des Papstes für »Häresie« erklärt und die anwesenden Fürsten für sich gewonnen, der König aber hatte das volle Recht gefordert, von sich aus Bischöfe und Äbte mit ihren weltlichen Gerichtsrechten auszustatten, also sie nach dem deutschen Recht der Besitzeinweisung damit zu bekleiden, d. h. zu investieren. Darum war es schon im Investiturstreit zwischen Heinrich IV. und Papst Gregor VII. eine Generation vorher gegangen. Naturgemäß hatte Heinrich V. auch seine Kaiserkrönung in Rom gewünscht. Papst Paschalis II. aber war umgefallen und hatte seinen Vertrag mit dem König für ungültig erklärt, sich obendrein geweigert, ihn zum Kaiser zu krönen. Daraufhin hatte König Heinrich mit Hilfe Ottos den Papst und seine Kardinäle gefangengenommen. Zwei Monate später hatte der Papst den letzten Salier gekrönt. Ottos Sohn wußte wohl um all das, als er 1157 im Streit des Kaisers Friedrich Rotbart mit dem Legaten des Papstes drohend das Schwert aus der Scheide riß.

Kaiser Heinrich V. setzte im März 1121 auf einem Reichstag zu Regensburg diesen in Bayern alteingesessenen Grafen Otto als *Pfalzgrafen im Herzogtum* ein, d. h., er ließ sich als Reichsoberhaupt durch den nunmehrigen Pfalzgrafen als letzte Gerichtsinstanz und als Verwalter seines Königsguts im Herzogtum Bayern vertreten. Ottos persönliches Verhalten, seine Loyalität, dürfte der eine Grund dafür gewesen sein, Otto in dieses Amt einzusetzen. Der andere lag wohl in Ottos Verwurzelung in Bayern. Denn dieser konkurrierte durch diese seine neue Tätigkeit mit dem Welfenherzog, aber auch mit den Grafen, die außer Otto im Herzogtum in ihren Grafschaften über Leben und Tod zu richten, zu verwalten und im Kriegsfall das militärische Aufgebot auf die Beine zu bringen hatten. Der spätere erste Wittelsbacher Bayernherzog bekam mit dem Pfalzgrafenamt des Vaters eine vererbbare Aufgabe fast noch in die Wiege gelegt. Das Zusammenwirken mit der Reichsgewalt zog damals und später auch Folgen nach sich, damals, als Papst Kalixt II. am 25. Juni 1120 Otto befahl, als Sühne für seine Mitwirkung an der Gefangennahme des Papstes Paschalis II. ein Augustinerkloster zu stiften. Er rief dieses wohl 1124 in Indersdorf ins Leben. Friedrich, sein zweiter Sohn, trat als Witwer in seinen späteren Lebensjahren in dieses Kloster als Laienmönch ein und machte dort sein Testament. Es ist bis heute erhalten. Am 3. April 1119 starb Ottos Großvater mütterlicherseits, Graf Friedrich von Burg-Lengenfeld-Hopfenohe-Pettendorf. Dadurch wurde Ottos Vater als dessen Schwiegersohn auch der Erbe seiner Rechte und Pflichten. Zu diesen gehörte nicht nur die Ausübung der Grafenbefugnisse, sondern auch die von Friedrich für sein Seelenheil und das Andenken seiner Familie geplante Klostergründung. Dieser Verpflichtung verdankt das Kloster *Ensdorf* seine Entstehung im Jahr 1121. Sie hing mit Friedrichs enger Beziehung zu Bischof Otto dem Heiligen von Bamberg (1103–1139) zusammen, der im Geiste der Hirsauer Reform auch auf das Leben in den Klöstern in Bayern einwirkte und weltliche und kirchliche Rechte auf dem Nordgau des Herzogtums besaß. Der Bamberger Bischof Otto holte aus Sankt Blasien im Schwarzwald Abt und Mönche für Ensdorf. Wenn auch der Bischof dort das Recht der *libertas Bambergensis* einführte, gelang es dem Pfalzgrafen Otto, durch Vereinbarung mit dem Bischof Vogt des Klosters zu werden und diese Rechte der Familie zu vererben. Im Kapitelsaal des Klosters wurden Ottos Schwiegereltern, seine Schwägerin Heilwig und deren Gatte und Söhne, in der Kirche neben dem Hochaltar später Pfalzgraf Otto selbst und seine Frau Heilika beigesetzt.

Als die Familie die Burg *Scheyern* wenigstens teilweise als Wohnsitz aufgab, wurde dort ein weiteres Kloster eingerichtet. Die Mönche, die von Eisenhofen-Petersberg kamen, schlossen ihren Umzug spätestens 1123 ab. Unter seinen eigenen Brüdern hatte der spätere Bayernherzog in einem tieferen religiösen Bereich verwurzelte Persönlichkeiten, nicht nur den späteren Laienmönch Friedrich von Indersdorf: Ulrich wurde 1156, im Todesjahr des Vaters, Domherr in Freising und starb bereits 1160 als Propst von Innichen; Konrad wirkte als Erzbischof in Salzburg und in Mainz im Zeichen großer religiöser Verantwortung und starb erst im Jahr 1200.

Wenn auch Pfalzgraf Otto und seine vier Söhne den Bewegungen in der Kirche aufgeschlossen gegenüberstanden, so ergaben sich doch auch immer wieder Komplikationen. Nach dem Tod des 1125 gewählten Königs Lothar von Supplinburg 1137 entstand ein Konkurrenzkampf zwischen den im Herzogtum Bayern regierenden Welfen und den Staufern im Herzogtum Schwaben. Der Staufer setzte sich 1138 als König Konrad III. durch und hörte auf seinen Halbbruder Otto, den Bischof von Freising, der ein Sohn des Markgrafen Leopold III. von der Ostmark und einer Tochter des letzten salischen Kaisers war. König Konrad nahm für seinen bischöflichen Onkel Stellung, als dieser in seinem zeitkritischen Werk »Chronicon seu historia de duabus civitatibus« den Niedergang des diesseitigen Reiches beklagte, das den Menschen zustehe. Dabei stellte er den Bayernherzog Arnulf so hin, als wäre er aus Ungarn zurückgekommen, um die Zügel des Reiches zu ergreifen. Arnulf, der von König Heinrich zum Frieden gebracht worden sei, sei ein Mann ohne verantwortungsbewußtes Denken und ohne Sinn für Gerechtigkeit gewesen. Die Wittelsbacher würden von ihm abstammen. Das empfand der junge Otto bei der Öffentlichkeit, die das Werk des Bischofs erreichte, als eine Beleidigung. Deshalb scheint er den Bischof während eines Hochamtes im Freisinger Dom mit groben Worten angegriffen zu haben; jedenfalls behandelte er ihn ohne Achtung vor seiner kirchlichen Würde. Darauf schloß ihn Ende 1150 der Papst bis zu einer Sühneleistung aus der Kirche aus. Konrad III. belagerte den Pfalzgrafen und seine Söhne 1151 in ihrer Burg Kelheim. Als der Vater dem König die Burg übergab, mußte er einen seiner Söhne als Geisel stellen. Da kam es 1152 zu einem Thronwechsel im Reich. Der neue Stauferkönig Friedrich I. Barbarossa hob den Streit auf. Er nahm weniger Rücksicht auf seinen Babenberger Onkel, Bischof Otto von Freising, gab dem Grafen Konrad III. von Dachau, einem Wittelsbacher, das Herzogtum Meranien (Dalmatien, Kroatien) und ließ sich nach Verhandlungen seit Juni 1156 vom Babenberger Herzog Heinrich Jasomirgott 1156 das Herzogtum Bayern zurückgeben, trennte die Ostmark davon ab und gab sie als Herzogtum den Babenbergern zurück. Das verkleinerte Herzogtum Bayern aber verlehnte er am 8. September 1156 an den Welfen Heinrich den Löwen, den er bereits im Oktober 1155 in dieses Herzogtum eingewiesen hatte.

In dem entscheidenden Jahr starb am 4. August 1156 der alte Wittelsbacher Pfalzgraf, und sein Sohn Otto übernahm seine Rechte und Pflichten auch als Pfalzgraf. Als solcher war er dem König aber nicht unterworfen, wie seine Bezeichnung auf seinem Spitzovalsiegel mit dem Reichsadler verrät: Otto dei gratia (Otto von Gottes Gnaden). Grafen waren nicht nur in bezug auf Eheschließungen den Herzogs- und Königsfamilien ebenbürtig, sondern überhaupt dem Herzog oder König mehr nachgestellt als unterstellt. Ottos Hauswappen war der Zackenbalken, den noch sein Sohn und Nachfolger Ludwig führte.

Bereits im Jahr 1155 zog König Friedrich wie einst Karl der Große oder Otto der Große und andere nach Rom, um sich dort vom Papst zum Kaiser des Römischen Reiches krönen zu lassen. Geordnete Verhältnisse vor allem in Oberitalien waren jedem nach Rom zur Krönung fahrenden König eine Notwendigkeit. Schon in Oberitalien wollten sich die Städte dem Staufer Friedrich I. nicht fügen. Verona war den Deutschen genauso feindlich gesinnt wie Mailand. Friedrich, begleitet auch von dem 38jährigen Grafen Otto von Wittelsbach, wurde am 11. Juni in Rom gekrönt. Als er zurückkehrte, versuchten die Veroneser, ihn und sein Heer beim Übergang über die Etsch zu vernichten. Es war vergeblich. Daraufhin besetzten sie eine Anhöhe, wahrscheinlich eine natürliche Felsenburg, die oberhalb des Engpasses lag, welche die Deutschen passieren mußten. Von einer Felsplatte, die der Geschichtsschreiber Bischof Otto von Freising als Burg (arx) erwähnt, warfen sie, nachdem die Vorhut vorbeigezogen war, große Felsbrocken hinab, um das Heer zu vernichten. Hinter der Anhöhe ragten hohe Felsklippen empor; Barbarossa erteilte in dieser Not nach Beratung mit zwei ortskundigen Veronesen Otto von Wittelsbach den Auftrag, mit 200 besonders ausgewählten jungen Männern jene Felsen zu übersteigen und den Feinden in den Rücken zu fallen. Nach großen Anstrengungen erreichten sie die bis dahin für unbesteigbar gehaltenen Felsen oberhalb der Anhöhe, und Otto von Wittelsbach entfaltete unter den Schlachtrufen seiner Begleiter das Banner des Kaisers, während von unten her das Heer zum Angriff heraneilte. Den Feinden war damit der Fluchtweg abgeschnitten, Kaiser und Heer waren gerettet.

Im Jahr darauf verbrachte Kaiser Friedrich das Pfingstfest bei Otto von Wittelsbach, der eben damals Nachfolger seines Vaters als Pfalzgraf wurde, auf einer seiner Burgen, wahrscheinlich der von Kelheim. Wir wissen nicht, ob die Wittelsbacher unter den Großen waren, die bereits 1155 Heinrich dem Löwen Mannschaft und Treue schwuren, aber da zwei Wittelsbacher Grafen von Valley schon 1140 die Führer der Erhebung in Bayern gegen den aufgedrungenen Babenberger Herzog Leopold waren, liegt die Vermutung nahe, daß die Wittelsbacher weder von den Babenbergern als den Herzögen Bayerns noch von einem Herzogtum der Ostmark unter einem Babenberger etwas wissen wollten. Die Vermutung wird noch wahrscheinlicher, wenn man an das häufig geradezu feindselige Verhältnis des Babenberger Bischofs Otto von Freising zu seinem Domvogt, dem späteren Herzog Otto, denkt, dessen Vorfahren dieses Amt seit 1047 innehatten. Mit Sicherheit aber können wir sagen, daß der Neffe des 1158 verstorbenen Freisinger Bischofs, Kaiser Friedrich Barbarossa, dagegen zu diesem Pfalzgrafen Otto in einem geradezu freundschaftlichen Verhältnis stand. Der Bischof bezeichnete den Wittelsbacher als einen Vertrauten des Kaisers, und Otto rechtfertigte dieses Vertrauen dadurch, daß er immer wieder die Politik des Kaisers unterstützte. Als Barbarossa im Oktober 1157 nach Besançon in Burgund zog, um die Huldigungen der Großen und die Glückwünsche der Gesandten Siziliens, Tusciens und Venedigs, Frankreichs, Spaniens und Englands entgegenzunehmen, befand sich auch Otto unter seinen Begleitern. Mitunter trat er sogar sehr leidenschaftlich auf, wenn es um die Sache des Kaisers ging, z. B. als es in Besançon wegen des Anspruches der Suprematie des Papstes gegenüber dem Kaiser zu einem Streit zwischen diesem und den Gesandten des Papstes kam. Als der Kanzler der Kurie, Roland – der spätere Papst Alexander III. –, die Frage aufwarf, von wem der Kaiser denn das Reich empfangen habe, wenn nicht vom Papste, zog Otto in jähem Zorn sein Schwert. Die päpstlichen Gesandten mußten am anderen Tag unverrichteter Dinge nach Rom zurückkehren. Auf einem weiteren Zug nach Italien begleitete Otto den Kaiser zusammen mit dem Kanzler Reinald (Rainald) von Dassel, empfing zusammen mit diesem als Vertreter des Kaisers in Mailand und Tortona den Treueid und errang für den Kaiser glänzende Erfolge. Aus Urkunden wissen wir, daß er sehr häufig zu den Begleitern Barbarossas zählte. Im Interesse des Kaisers waltete er 1163 bis 1167 als Graf am Gardasee. Zusammen mit Heinrich Jasomirgott von Österreich wurde Pfalzgraf Otto 1166 zu dem im Glanz seiner Erfolge strahlenden Kaiser Manuel I. von Byzanz (1143–1180) entsandt.

Ottos Bruder Konrad wurde 1161 durch Barbarossa Erzbischof von Mainz und erwies sich bald als eine außerordentliche geistige und politische Persönlichkeit. Mit der als Naturerkennerin und Ärztin, Denkerin und Dichterin berühmten Äbtissin Hildegard von Rupertsberg bei Bingen, die auch wegen ihrer Visionen und ihrer Ratschläge sehr angesehen war, korrespondierte er 1165 über das Böse, das von Gott nicht geschaffen sei, und wurde von ihr ermahnt, immer Gerechtigkeit zu üben. Er handelte dementsprechend, als er es für seine gewissensbedingte Treue zu Papst Alexander III. in Kauf nahm, daß er nach seiner Flucht zum Papst 1165 vom Kaiser seines Amtes enthoben wurde. Denn dieses war mit den Geschäften als Kanzler für Deutschland verbunden. Nach dem Friedensschluß zwischen Kaiser und Papst 1177 wurde er zu Ottos Vorteil Erzbischof von Salzburg. 1183 bis 1200 wirkte er wieder als Erzbischof von Mainz. Gegen Ende seines Lebens führte er den sogenannten Deutschen Kreuzzug an und krönte im Auftrag des Papstes 1198 Leo II. zum König von Armenien.

Otto selbst machte auf die Zeitgenossen durch seine Tatkraft und sein Äußeres starken Eindruck. Er hatte schwarzes Haar, große Augen und eine rötliche Haut. Mit 52 Jahren heiratete er 1169 Agnes, die 19jährige Tochter des Grafen Ludwig II. von Loon (Looz) bei Lüttich, der zugleich Burggraf von Mainz, der Stadt des Reichskanzlers, war. Sie schenkte Otto bis 1180 neun Kinder, darunter 1169 einen ersten Sohn, der Otto genannt wurde, aber schon mit 12 Jahren starb. Als Nachfolger stand nun der erst 1173 oder 1174 geborene Ludwig heran. Agnes schlug später zwischen Ober- und Niederdeutschland kulturelle Brücken, als sie das Servatiuslied des Heinrich von Veldeke ins Oberdeutsch-Bayerische übertragen ließ. Eine gewisse Servatiusverehrung gab es in Bayern schon früher. Schon 1171 war Ottos Stellung unter den Großen so stark, daß ihn der damals mit dem Kaiser zusammenarbeitende Herzog Heinrich der Löwe vor seinem Kreuzzug 1172 zu seinem Stellvertreter im Herzogtum Bayern machte. Damals nahm Otto mit seiner Gemahlin Agnes seinen Wohnsitz auf der Burg Wartenberg und hatte zu Langenpreisingen Grundbesitz.

Für Otto war es wohl ein Zeichen politischen und militärischen Vertrauens und auch persönlicher Verbundenheit, als ihn der Kaiser am 16. September 1180 in Altenburg in Thüringen mit dem *Herzogtum Bayern* belehnte. Dieses war unter dem nun abgesetzten Herzog Heinrich dem Löwen, der zugleich Herzog von Sachsen gewesen war, allmählich nur noch ein Nebenland geworden. Bezeichnenderweise wirkte die Kanzlei, die Ottos Vorgänger geschaffen hatte, von Braunschweig aus. Nur ein Referent behandelte die bayerischen Angelegenheiten, wenn der Herzog in einer Sache im Herzogtum Bayern entschied. Wenn der neue Herzog Otto einen Rechtsakt durch eine Urkunde festhalten wollte, ließ er sie in der Kanzlei eines Klosters in der Nähe seines Entscheidungsortes schreiben; der noch übliche Zeugenbeweis machte die damals sehr schwierige Einrichtung einer Kanzlei nicht vordringlich. Entscheidend war, daß Otto häufiger als seine Vorgänger Landtage wieder in Bayern abhielt. Er saß auch persönlich zu Gericht. Ottos Regierungstätigkeit bedeutete so einen staatlichen Neuanfang für Bayern. Seine Lage war umso schwieriger, als er zum Zeitpunkt seiner Belehnung nur vier oder fünf Grafschaften im Herzogtum besaß und der Kaiser 1182 die Grafen von Andechs zu Herzögen von Meranien einsetzte, als dessen Inhaber, der Wittelsbacher Konrad III. von Dachau, gestorben war, ohne Söhne zu hinterlassen. Otto hatte sich schon auf dem ersten Landtag im November 1180 in Regensburg bei den meisten bayerischen Grafen durchgesetzt und wurde immer mehr der Herr im Lande.

Barbarossa wollte den ersten Wittelsbacher Herzog Bayerns wie überhaupt die Herzöge in keiner starken Stellung haben und schuf deshalb eine Anzahl kleinerer Herzogtümer, die von ihm in erhöhtem Grad abhängig waren. So trennte er schon 1180, als er Otto belehnte, die Steiermark von Bayern ab und machte sie zu einem eigenen Herzogtum. In Bayerns Hauptstadt Regensburg und auf dem Nordgau schuf er sich eigene Positionen. Sogar die Ministerialen auf dem Nordgau wurden oft zugleich als Reichsministerialen in seinen Dienst gestellt.

Die staufischen Rechte auf dem Nordgau ließ er von Nürnberg und Eger aus verwalten. Sogar die Gründung Münchens durch Heinrich den Löwen 1158 suchte er 1180 rückgängig zu machen. Otto hielt eben deswegen zur Stärkung seiner Stellung als Herzog in Bayern *Landtage* in Pleinting bei Vilshofen und sogar in Amberg auf dem Nordgau, auf dem der Kaiser seine eigenen Söhne zu Inhabern von Rechten und Lehen gemacht hatte. Durch die Landtage stärkte er auch Bayerns Verfassung.

Otto hielt die Zügel der Politik in Bayern fest in seinen Händen. In 24 nachweisbaren Fällen bestätigte oder regelte er als Herzog Besitzrechte in der Grafschaft Falkenstein und in verschiedenen Klöstern, auch auf dem Nordgau und sogar in St. Emmeran in Regensburg. 1183 reiste Otto nach Konstanz, um dort zusammen mit Barbarossa den Friedensschluß mit den lombardischen Städten durchzuführen. Auf der Heimreise nach Bayern ereilte ihn am 11. Juli 1183 in Pfullingen in der Nähe des Bodensees der Tod. Er selbst hatte sich das Kloster Scheyern als Ruhestätte auserwählt, wo bereits die von Konrad III. von Dachau in sein Eigentum übernommene Partikel des Kreuzes Christi lag (Forschungen von Michael Stephan). Zwei Söhne des Kaisers standen mit den Wittelsbachern an seinem Sarg, als er bestattet wurde.

Die Nachkommen Herzog Ottos I.

1. Otto

* Ende 1169 in Kelheim?
† 7. 8. vor 1181 in Ensdorf bei Amberg/Oberpfalz
Grabstätte: Klosterkirche in Ensdorf

2. Sophie

* um 1170 in Kelheim?
† 10. 7. 1238 in Eisenach
Grabstätte: St.-Katharinen-Kloster in Eisenach (beim Zerfall des Klosters wurden die Leichen nach Reinhardsbrunn gebracht)

⚭ im Frühjahr 1196 auf der Wartburg?
Hermann I., Pfalzgraf von Sachsen 1181, Landgraf von Thüringen 1190
Eltern: Ludwig II. der Eiserne, Landgraf von Thüringen, und Jutta, Tochter des Herzogs Friedrich II. von Schwaben
* um 1152 auf der Wartburg?
† 26. 4. 1217 auf Schloß Friedenstein (Gotha)
Grabstätte: St.-Katharinen-Kloster in Eisenach (beim Zerfall des Klosters wurden die Leichen nach Reinhardsbrunn gebracht)

3. Heilica I.

* um 1171 in Kelheim?
† 9. 10. ? in ?
Grabstätte: ?
⚭ um 1184
Dietrich, Hallgraf von Wasserburg
* um 1142 in ?
† um 1210 in ?

4. Agnes

* um 1172 in Kelheim?
† um 1200 in ?
Grabstätte: ?
⚭ 1186
Heinrich, Graf von Plain
* ?
† 1190 auf dem Kreuzzug Friedrich Barbarossas in Palästina

5. RICHARDE
* um 1173 in Kelheim?
† 7. 12. 1231 in ?
Grabstätte: Zisterzienserkloster Altenkamp bei Rheinberg (Niederrhein)

⚭ 1186?
OTTO I., Graf von Geldern und Zütphen
Eltern: Heinrich II., Graf von Geldern und Zütphen, und Agnes von Arnstein
* ?
† vor dem 24. 9. 1207 in ?
Grabstätte: Zisterzienserkloster Altenkamp bei Rheinberg (Niederrhein)

6. LUDWIG DER KELHEIMER
⚭ LUDMILLA, verwitwete Gräfin von Bogen, Tochter Herzog Friedrichs von Böhmen
Siehe unter Herzog Ludwig I.

7. HEILICA II.
* um 1176/77 in Kelheim?
† ?
Grabstätte: ehemalige Benediktinerkirche Neresheim

⚭ um 1190
ADELBERT III., Graf von Dillingen
* ?
† 1214 in ?
Grabstätte: ehemalige Benediktinerkirche Neresheim

8. ELISABETH
* um 1178/79 in Kelheim?
† ?
Grabstätte: ?

⚭ ?
BERTHOLD II., Graf von Vohburg, letzter Markgraf von Cham
* ?
† 25. 5. 1209 in ?
Grabstätte: ?

9. MECHTHILD
* um 1180 in Kelheim?
† nach dem 19. 3. 1231 in ?
Grabstätte: Augustiner-Chorherrenstift Baumburg bei Trostberg

⚭ um 1209
RAPOTO II., Pfalzgraf in Bayern, Graf von Ortenburg und Kraiburg
Eltern: Rapoto I., Graf von Ortenburg, Graf von Kraiburg,
und Elisabeth, Tochter des Grafen Gebhard von Sulzbach
* um 1164 in ?
† 19. 3. 1231 in ?
Grabstätte: Augustiner-Chorherrenstift Baumburg bei Trostberg

Herzog Ludwig I. der Kelheimer

* 23. 12. 1173 (1174) in Kelheim
† 15. 9. 1231 in Kelheim (ermordet)
Grabstätte: Benediktinerkloster Scheyern

⚭ Ende Oktober 1204 in Kelheim
LUDMILLA, Witwe des Grafen Albert III. von Bogen
Eltern: Friedrich, Herzog von Böhmen aus dem Hause der Přemysliden, und Elisabeth, Tochter des Königs Geisa II. von Ungarn
* um 1170 in Olmütz?
† 5. 8. 1240 in Landshut
Grabstätte: Zisterzienserinnenkloster Seligenthal bei Landshut

Ludwig I. regiert von 1183 bis 1231 in Bayern (von 1183 bis 1191 unter Vormundschaft), seit Sept./Okt. 1214 durch königliche Belehnung auch in der Pfalzgrafschaft bei Rhein, bis sie sein Sohn Otto 1228 selbst übernimmt.

Den Babenberger Herzögen der Ostmark war 1156 die Erblichkeit der Herrschaft über ihr Territorium zugestanden worden. Als der erste Wittelsbacher Bayernherzog bei seinem Tode am 11. Juli 1183 in seinem Sohn Ludwig nur einen Knaben als Erben zurückließ, kam diesem das Beispiel des Herzogtums Österreich sehr zustatten. Niemand bestritt seine Nachfolge. Die Arbeit, die der Regentschaftsrat übernahm, war freilich außerordentlich schwierig. Er bestand aus dem Pfalzgrafen Otto VII., dem Jüngeren, dem Wittelsbacher Friedrich, der allerdings zehn Jahre vorher nach dem Tod seiner Gattin Laienmönch im Kloster Indersdorf geworden war, und Ludwigs Onkel Konrad, den der Kaiser infolge des Todes des Erzbischofs Christian von Mainz am 25. August 1183 von seinem erzbischöflichen Sitz in Salzburg weggeholt und in Mainz zum Oberhirten und Kanzler gemacht hatte. Eine Reise von Mainz nach Bayern erforderte im 12. Jahrhundert natürlich weit mehr Zeit als in unseren Tagen eine Reise von Bonn nach München. Auch von Friedrich, dem Laienmönch in Indersdorf, der zwar den Rang eines Pfalzgrafen in Bayern hatte und erst 1198 starb, ließ sich keine sehr erhebliche Hilfe erwarten. Die Arbeit der Regierung wurde im Regentschaftsrat tatsächlich vor allem durch die starke Persönlichkeit der Herzoginwitwe Agnes getan. Sie hielt die Regentschaft zusammen. In den Urkunden wird sie neben den anderen Vormündern als »Domina Agnes Ducissa« (Frau Herzogin Agnes) bezeichnet. Der noch unmündige Herzog machte durch die Hand seiner Mutter Schenkungen an die Kirche. Als Agnes 1191 starb, hatte Ludwig gerade die Volljährigkeit erreicht, seine Stellung im Herzogtum war aber wegen der Macht und der Rechte der Grafen keineswegs eindeutig.

Das Verhältnis Bayerns zum Reich brachte es günstigerweise mit sich, daß Herzog Ludwig den neuen Stauferherrscher Heinrich VI. auf seiner zweiten Heerfahrt durch ganz Italien begleitete. An seiner Seite zog er 1194 in Palermo ein. 1196 reiste er zusammen mit ihm nach Würzburg und Mainz, wo Heinrich ein erbliches Kaiserreich mit erblichen weltlichen Fürsten unter der Ausschaltung von Geistlichen als Fürsten schaffen wollte. Der Plan scheiterte an dem weltlichen Ehrgeiz der Geistlichen. Der Kaiser aber deckte den Bayernherzog in einer im Bereich des bisherigen Herzogtums wichtigen Frage, in der es um das Lehensrecht und Hausgut ging. Die letzten Stefflinger Landgrafen, deren Mutter eine Schwester des Bayernherzogs Otto war, starben aus. Der Kaiser übertrug die Landgrafschaft offenbar an Herzog Ludwig, dieser aber verlieh sie als Lehensherr an die Leuchtenberger weiter und zog nur das Hausgut der Stefflinger ein. Er vermied dadurch, sich Neider unter den Großen seines Landes zu schaffen. Bald war er auch im Besitz von Burg und Herrschaft Regenstauf.

Zwischen 1195 und 1197 nahm der Kaiser den Böhmenherzog Ottokar und den Grafen Albert III. von Bogen, mit denen er und der Wittelsbacher verfeindet gewesen waren, wieder in Gnaden auf. 1197 starb Kaiser Heinrich VI., das Jahr darauf der Graf von Bogen. Der neue Stauferkönig Philipp gab die langjährige Territorialpolitik seiner Familie in Bayern auf. Jetzt ergriff Herzog Ludwig die Initiative im Kampf um Regensburg, als ihm der Bischof die Lehen vorenthielt, die dieser an die Stefflinger verlehnt gehabt hatte. Doch stellte sich Ludwig auf die Seite eines anderen Bischofs, nämlich des Bischofs von Passau, als dieser die Grafen von Ortenburg bekämpfte. Ludwig unterstützte von Anfang an seine politische Arbeit durch hausrechtliche Schritte. Seine Schwester Elisabeth war schon um 1190 wohl unter Mitwirkung von Ludwigs Mutter mit dem Grafen Berthold von Vohburg, Markgrafen von Cham, verheiratet worden. Den nördlichen und westlichen Grenzen seines Herzogtums trug Ludwig Rechnung, als er 1196 seine älteste Schwester Sophie mit dem Markgrafen Hermann von Thüringen, eine andere mit dem Grafen Adalbert von Dillingen verheiratete. 1204 gelangen aber Ludwig weittragende Entscheidungen: Er selbst vermählte sich mit Ludmilla, einer geborenen Herzogstochter von Böhmen, der Witwe seines verstorbenen Feindes, des Grafen von Bogen. Die Phantasie des Volkes beschäftigte sich alsbald mit diesem familienpolitischen Ereignis: Der Herzog habe die Witwe verführen wollen, sie aber habe vor Zeugen ein Eheversprechen gewünscht. Deshalb habe sie in ihrem Schlafgemach drei Ritter auf einen Vorhang malen lassen, hinter dem drei wirkliche Ritter verborgen waren. Der Herzog habe angesichts der Ritterbilder der schönen Witwe sein Eheversprechen gegeben, nach der Liebesnacht seien die wirklichen Ritter als Zeugen hervorgetreten, als Ludmilla das Eheversprechen zur Sprache brachte. Ludmilla und Ludwig heirateten Ende Oktober 1204 in Kelheim. Die Gräfinwitwe brachte zwei noch unmündige Söhne mit in die Ehe, um die sich der Stiefvater sehr annahm. Er sorgte auch rechtzeitig für ihre spätere Rechtsstellung als Grafen von Bogen. Als Gatte der Přemyslidin Ludmilla gewann Ludwig den nunmehrigen König Böhmens zum Freund und damit auch ein Gegengewicht gegen die von Wien aus um sich greifenden Babenberger.

Die bis in den Chiemgau hinein mächtigen Ortenburger, von denen Rapoto II. damals mit einer Böhmin verheiratet war, zwang der Herzog durch seine Ehe gleichfalls auf seine Linie. Da in eben diesem Jahr 1204 Ludwigs kinderloser Schwager, der Markgraf von Cham-Vohburg, starb, erhielt Ludwig die Mark Cham und damit eine weitere Position im Osten Bayerns. Mit der bisherigen bayerischen Hauptstadt Regensburg hatte er trotz dieser Erfolge kein leichtes Spiel. Er konnte zwar die Regensburger Festung Teisbach bei Dingolfing zerstören und Burg sowie Stadt Landshut an der Isar als seinen Herrschersitz aufbauen. Aber die hochstiftischen Lehen im Bereich von Kufstein, Rattenberg und Kitzbühel erreichte er vom Bischof von Regensburg nur durch großzügige Versprechen an diesen, für den Fall, daß er bei seinem Tod keine männlichen Nachkommen hinterlassen werde. Von einer Überordnung des Herzogs über den

Bischof war in beider Vertrag von 1205 nichts mehr zu lesen. Ungeschmälert behauptete Ludwig im wesentlichen nur seine Rechte als Burggraf in dem bald nicht mehr als Bayerns Hauptstadt anzusprechenden Regensburg. Denn 1230 erhielt die Stadt vom Kaiser das Recht, daß ihre Bürger von niemandem mehr – also auch nicht mehr vom Herzog von Bayern – vor dessen Gericht gezogen werden dürften.

Ein Drama mit familienpolitischen Seiten, das auch als Andechser Staatsstreich gedeutet wird, spielte sich 1208 ab. Ludwigs Vetter, Pfalzgraf Otto VIII., fühlte sich in seiner Ehre gekränkt, weil der Stauferkönig Philipp sein Versprechen nicht verwirklichte, ihm eine seiner Töchter als Gemahlin zu geben, und sogar den Herzog von Schlesien vor Ottos Werbung um eine seiner Töchter, wie die Slawenchronik Arnolds erzählt, warnte. Erbittert ermordete der wütende Pfalzgraf den König in Bamberg, wo dieser bei der Hochzeit seiner Nichte, der Erbin von Burgund, weilte. Da deren Schwäger, zwei Grafen von Andechs, einmütig beschuldigt wurden, Mitwisser der Tat zu sein, wurde über den Mörder und über sie die Reichsacht verhängt. Weil Philipp aus einer Doppelwahl hervorgegangen war, entstand zugleich die Frage, ob der gegen ihn gewählte welfische König Otto IV. nun allgemein anerkannt oder ein neuer Staufer gegen ihn gewählt werden sollte. Herzog Ludwig nützte die sich ihm bietende Chance, verließ die bis dahin in der Familie üblich gewesene staufische Gefolgschaft und erkannte als erster der deutschen Fürsten sofort den Welfenkönig an. Dieser sprach dem Bayernherzog darauf am 15. November 1208 auf dem Reichstag zu Frankfurt die zahlreichen Reichslehen zu, die der geächtete Andechser Markgraf von Istrien und der unselige Wittelsbacher Pfalzgraf Otto innehatten. Zugleich bestätigte König Otto Ludwig für den Sohn die Erblichkeit seines Herzogtums und verzichtete damit auf welfische Ansprüche auf Bayern. Da die Aufgaben eines Pfalzgrafen in Bayern nun dem Grafen Rapoto II. von Ortenburg übertragen wurden, vermählte der Herzog im nächsten Jahr seine Schwester Mechthild mit dem verwitweten Grafen.

Herzog Ludwig hatte von seiner Gattin nur einen einzigen Sohn, den 1206 geborenen Otto. Dieser Knabe wurde am Pfingstfest 1212 auf einem Hoftag zu Nürnberg mit Agnes, der Nichte des Welfenkönigs, verlobt, der dadurch die abbröckelnde Beziehung zum Bayernherzog retten wollte. Das Familienereignis von 1212 hatte noch weit größere Folgen als das von 1204 oder von 1208. Denn der junge Staufer Friedrich erschien noch im Herbst 1212 am Oberrhein und gewann in einem förmlichen Triumphzug Oberdeutschland. Da sprang Ludwig von dem Welfenkönig ab und wählte mit den anderen Fürsten im Dezember dieses Jahres nun den Staufer Friedrich zum Römischen König. Der Kampf des unglücklichen Welfenkönigs nahm schon 1214 ein Ende, als er als Bundesgenosse der Engländer bei Bouvines den Franzosen unterlag. Der Bayernherzog zog mit König Friedrich II. gegen die niederrheinisch-welfische Fürstenopposition in den Kampf, wurde aber gefangengenommen. Der zeitgenössische Geschichtsschreiber Abt Konrad von Scheyern erzählt dazu: »Mit ihm (Ludwig) geriet ganz

Bayern in Gefangenschaft; Arm und Reich, Edle und Nicht-Edle leisteten eine Abgabe und lösten ihn aus.« Noch im Oktober 1214 belehnte der Stauferkönig Friedrich II. den Bayernherzog und dessen Sohn mit der Pfalzgrafschaft bei Rhein. Ludwig wurde Lehensvormund des erst achtjährigen Knaben. Durch diese reichslehensrechtliche Verbindung wurden Bayern und die Pfalzgrafschaft bei Rhein bis in unser Jahrhundert verknüpft. Das Herzogtum Bayern, dem 1156 eine weitere Entwicklung nach Osten abgeschnitten worden war, wurde 1214 im Reichsinteresse damals der Staufer wie in Eröffnung fruchtbarer Perspektiven für eine Entwicklung Bayerns nach Westen gebunden. Seit 1214 führen alle Wittelsbacher bis ins 20. Jahrhundert den Titel eines Pfalzgrafen bei Rhein wie den eines Herzogs von Bayern. Auch in der Zeit, da die Pfälzer Lande unter eigenen Wittelsbacher Fürsten standen, bezeichneten sich alle Wittelsbacher mit diesem doppelten Rang, sogar noch die Wittelsbacher Schwedenkönige. Es läßt sich in Urkunden erweisen, daß einzelne Teilfürsten etwa der Linie Bayern-München auch vom Kaiser formell sowohl mit der Pfalzgrafschaft bei Rhein wie mit dem Herzogtum Bayern belehnt wurden, wiewohl sie nur in einem Teil des Herzogtums tatsächlich regierten.

Bei der Verbindung von Pfalz und Bayern wirkten das Reichslehensrecht sowie das Haus- und Staatsrecht zusammen. Auch das Reichsrecht und die Stellung des den König wählenden Herzogs wurden 1214 kombiniert. Der Pfalzgraf bei Rhein war nicht nur mit der Wahrnehmung kaiserlicher Gerichtsgewalt im Reich beauftragt, sondern auch der Reichsverweser, wenn der Kaiser an der Ausübung seiner Gewalt etwa durch Abwesenheit verhindert oder überhaupt noch nicht einmal ein Römischer König gewählt worden war. Ohne daß König Friedrich einen Reichstag einberief, gab ihm Ludwig noch im Oktober 1214 sein Einverständnis für gewisse Abtretungen an den Papst. Schwieriger sollte die Vertretung des Königs auf einem Kreuzzug werden. Friedrich II., seit 1220 Kaiser, ernannte den Pfalzgrafen und Herzog Ludwig, der schon auf einem Hoftag des Königs 1215 das Kreuz genommen hatte, zu seinem Stellvertreter auf dem Kreuzzug, der schließlich 1221 nach Ägypten unternommen wurde. Ludwig erwies sich als wachsam und sehr tätig, doch verlief der Kreuzzug infolge des Draufgängertums des päpstlichen Legaten trotzdem unglücklich. Damiette wurde erobert, mußte aber wieder aufgegeben werden. Ludwig war unter den Geiseln, die der Sultan für die Gewährung des freien Abzugs der Christen verlangte. Er empfing sie auf seiner Burg Mansurah aber ritterlich und ließ sie bald wieder frei.

Im Hinblick auf Bayerns Ostinteresse schlug Herzog Ludwig, durch seine Gattin Ludmilla mit der böhmischen Herrscherfamilie verwandt, 1225 vor, daß der knapp fünfzehnjährige Sohn des Kaisers, König Heinrich (VII.), mit Agnes, der Tochter des Böhmenkönigs Ottokar, vermählt werde. Der Vater vertraute die Tochter der Obhut des Herzogs Leopold VI. von Österreich an. Der junge Staufer schlug aber die Heirat aus und ging noch im November 1225 eine Ehe mit Margarete, der Tochter Leopolds, ein. Der junge Römische König trug mit seinem unerwarteten Schritt zwar dem Interesse seines kaiserlichen Vaters Rechnung, der die Wittelsbacher in Bayern und die Babenberger in Österreich auf seiner Seite haben wollte. Herzog Ludwig und der enttäuschte König Ottokar verbündeten sich aber mit den Ungarn und gingen mit Waffen gegen Herzog Leopold vor. – Als der Erzbischof Engelbert von Köln 1226 ermordet wurde, bestellte der Kaiser im Juli den Pfalzgrafen und Bayernherzog Ludwig zum Reichsgubernator und Vormund für seinen Sohn König Heinrich. Die Aufgabe, die Ludwig für den abwesenden Kaiser übernahm, war ebenso ehrenvoll wie reich an Schwierigkeiten. Der junge Staufer stellte sich gegen Ludwig und beschuldigte ihn heimlicher Machenschaften mit der Kurie, die sich aus eigener Initiative dem Wittelsbacher näherte. 1229 griff König Heinrich im Bunde mit dem für Ludwig gefährlichen Otto von Andechs-Meranien seinen Vormund mit militärischem Erfolg an. Aber als der Kaiser vom Kreuzzug heimkehrte, stellte er sich auf Ludwigs Seite.

Der Bayernherzog hatte schon als Reichsverweser die Freundschaft Englands gesucht. Sie war ihm aber auch als Landesherrn am Rhein und im Reich überhaupt notwendig. In seiner Eigenschaft als Pfalzgraf hatte Ludwig 1225 den Bischof von Worms veranlaßt, ein Lehen des Hochstifts, das Schloß und Stadt Heidelberg sowie den Landstrich am Stahlbochel an der Bergstraße umfaßte, an ihn und seine Schwiegertochter als Lehen zu geben. Er knüpfte daran an, daß ein früherer Bischof von Worms dieses Gebiet bereits an den Staufer Konrad, den Halbbruder Barbarossas, als Lehen gegeben hatte, als er Pfalzgraf bei Rhein war. Ludwig stützte durch Zollmaßnahmen am Niederrhein seine Politik und gewann so sehr an Ansehen, daß 1227 der Herzog von Limburg entgegen dem Brauch des Reichslehensrechts, keine Lehen von einem weltlichen ranggleichen Fürsten zu empfangen, Pfälzer Lehen von ihm nahm.

Am 14. Mai 1227 machte Ludwig die Schwertleite seines Sohnes zu einem glänzenden Fest. Als der letzte der welfischen Pfalzgrafen bei Rhein gestorben war, ließ Ludwig seinen Sohn bereits 1228 die Regierung am Rhein selbst übernehmen. Bei dieser Gelegenheit übernahm Otto II. den *staufischen* Löwen, den auch die späteren welfischen Pfalzgrafen geführt hatten, in sein Wappen. Der Zackenbalken, den Ludwig I. nachweislich noch 1230 führte, verschwand mit seinem Tod 1231 aus dem Wittelsbacher Wappen. Die 1238 erlöschende Wittelsbacher Seitenlinie der Grafen von Valley hatte im Wappen einen nach rechts steigenden Hirschen geführt.

In der Pfalzgrafschaft wie im Herzogtum hatte Ludwig durch je drei Notare ein gleichmäßig ausgeprägtes Verfahren organisiert, um Regierungsakte schriftlich festzulegen. In Bayern hatte er wohl spätestens 1209 eine Kanzlei zur Ausstellung von Herzogsurkunden eingerichtet. Ludwig I. war es auch, der anstelle der Einteilung des Herzogtums in Grafschaften eine solche in Ämter in den Teilen des Herzogtums begann, die unmittelbar unter seiner Gerichtsgewalt standen. Aus dieser Ämtereinteilung entwickelten sich seit der Mitte des 13. Jahrhunderts die Herzoglichen Landgerichte. Das älteste Wittelsbacher

Herzogsurbar, das uns in einer Niederschrift von vor 1237 erhalten ist, läßt bereits den unmittelbaren Besitz des Herzogs und seine Einteilung in Ämter und Schergenämter erkennen.

Im Herzogtum gelang es Ludwig, Reichenhall zu behaupten und die Saline wieder fest in die Hand zu nehmen. Der Salzburger Erzbischof versuchte nämlich, ein eigenes Landesfürstentum aus dem bisherigen bayerischen Stammesherzogtum herauszuschälen, und kämpfte vor allem um Reichenhall und seine Saline. Da war es für Ludwig I. wichtig, daß er erreichte, daß ihn der Stauferkönig Friedrich II. 1219 formell mit dem Bergregal auf seinen Erbgütern und Lehen ausstattete. Seine Nachfolger hielten daran fest und machten daraus später ein landesherrliches Obereigentum an Bodenschätzen.

Zu Ludwigs nachwirkenden Taten gehört, daß er 1223 die Stadt Landau an der Isar gründete. Auf kirchlichem Gebiet setzte er sich 1228 durch die Einrichtung des Kollegiatstiftes in Altötting ein Denkmal.

Durch die sich wandelnden staatsrechtlichen Verhältnisse und die politische Entwicklung konnten die bisher dem Stammesherzog nachgeordneten Grafen und Bischöfe im Herzogtum mit Erfolg danach streben, selbst Landesfürstentümer aus ihren bisherigen Jurisdiktionsbereichen im Herzogtum zu machen. Das war natürlich für Ludwig als Herzog von Bayern eine Aufforderung zum politischen Existenzkampf. In dieser Krise des bisherigen Stammesherzogtums hätte Herzog Ludwig beinahe einen außerordentlichen Erfolg errungen, wenn er durchgesetzt hätte, daß seine Belehnung durch den Bischof Gerold von Freising mit der Stadt gleichen Namens unangefochten geblieben wäre. Das Freisinger Domkapitel aber widersprach heftig. Dasselbe taten der in seiner Territorialpolitik weit ausgreifende Erzbischof von Salzburg und andere Bischöfe, die auf Kosten des Stammesherzogtums eigene Fürstentümer aufbauten.

Papst Gregor IX. beauftragte im Juni 1230 den Salzburger und den Regensburger, »unerlaubte« Veräußerungen von Gütern – notfalls unter Verhängung kirchlicher Strafen – rückgängig zu machen. Die vom Freisinger Bischof an den Herzog zu Lehen gegebenen Stadtgebiete von Freising wurden als unerlaubt veräußert bezeichnet. Der Kaiser kassierte darauf die Belehnung des Herzogs durch den Bischof im September 1230.

Mitten aus diesem Leben vieler Erfolge, von denen einige als Grundtatsachen eines bayerischen Landesstaates durch die Jahrhunderte nachwirkten, wurde Ludwig 1231 auf der Donaubrücke von Kelheim durch die Hand eines unbekannten Mörders herausgerissen. Die Motive der dunklen Tat sind umstritten. In Kelheim geboren und in Kelheim gestorben, erhielt Ludwig später den Beinamen »der Kelheimer«.

Ein Jahr nach seinem Tod gründete seine Witwe Ludmilla den berühmt gewordenen Zisterzienserinnenkonvent und die Wittelsbacher Familiengrablege in Seligenthal bei der von Ludwig gegründeten Residenzstadt Landshut. In der Kirche erinnern noch heute die wohl erst zu Anfang des 14. Jahrhunderts geschaffenen farbigen Holzfiguren an das Herzogspaar.

Die Nachkommen Herzog Ludwigs I.

OTTO, Herzog von Bayern

⚭ AGNES, Tochter Heinrichs des Schönen, Herzog von Sachsen und Pfalzgrafen bei Rhein, und der Agnes, Tochter Konrads, Pfalzgraf bei Rhein

Siehe unter Herzog Otto II.

Herzog Otto II.

* 7. 4. 1206 in Kelheim
† 29. 11. 1253 in Landshut
Grabstätte: Benediktinerkloster Scheyern

⚭ im Mai 1222 in Worms
Agnes
Eltern: Heinrich der Schöne, Pfalzgraf bei Rhein und Herzog von Sachsen, und Agnes, Tochter Konrads, des Pfalzgrafen bei Rhein
* um 1201 in ?
† 16. 8. 1267 in ?
Grabstätte: Benediktinerkloster Scheyern

Otto II. regiert seit 1228 in der Pfalzgrafschaft bei Rhein, von 1231 bis 1253 auch im Herzogtum Bayern.

Ludwig I. war fast 50 Jahre lang Herzog gewesen. Seinem einzigen Sohn und Nachfolger, dem Pfalzgrafen bei Rhein und Herzog von Bayern, Otto II., waren nur 22 Jahre beschieden. Gleichwohl gehört er mit den ersten beiden Wittelsbacher Herzögen zu den drei entscheidenden Baumeistern am Landesfürstentum Bayern. Er trug auch wesentlich zum Werden der Pfalz als Landesfürstentum bei. Das in den Herzogsurkunden übliche fürstliche Prädikat »illustris« (der Erlauchte) wurde bei Otto II. zum Beinamen.

Der junge Herzog war früh auf seine Aufgabe in der Pfalzgrafschaft eingestellt worden. Sein Vater hatte ihm »Hartwich vom Rhein« zum Erzieher gegeben. Als Otto 1228 nach der Schwertleite die Regierung in Heidelberg übernahm, entwickelte er in Zusammenarbeit mit seinem Vater auch eine Kanzlei an seinem Regierungssitz. Die Kanzlei des Herzogtums und die der Pfalzgrafschaft verfügten über je drei Notare, die nicht nur als Referenten, sondern auch bei der Abfassung und Niederschrift der Urkunden Dienst leisteten. Die beiden Kanzleien arbeiteten so sehr zusammen, daß ihre Angehörigen von der einen in die andere Kanzlei versetzt wurden, ohne daß dabei die landsmannschaftliche Herkunft eine Grenze gesetzt hätte. In seinen höchsten Funktionen ließ sich Otto II. früh durch Viztume (vicedomini) vertreten. In der Pfalzgrafschaft wie im Herzogtum richtete er Hofämter ein. Sie waren in Bayern zugleich Erzämter oder gräfliche Erbämter. Im Herzogtum stützte sich Otto auf Ministerialen, die auch in Hofämter einrücken konnten, in den Pfälzer Gebieten, die keine Einheit als Land waren, auf Burgmannen in seinen Burgen. Die Grundlagen für eine gut funktionierende Verwaltung waren also gelegt. Schwierigkeiten entstanden aber in der neuen Entwicklung, durch die seit 1220 Geistliche, die weltliche Gerichtsrechte hatten, nun zu Reichsfürsten aufsteigen konnten. Das drohte die relative Geschlossenheit des Herzogtums zu durchlöchern. War noch Bischof Gerold von Freising bereit gewesen, Ottos Vater Ludwig für bestimmte Rechte als Lehensherrn anzuerkennen, so wollte der neue Bischof, Konrad von Tölz und Hohenburg, davon nichts mehr wissen. Er zeigte sich bald als hartnäckiger Feind des Bayernherzogs. Deshalb versuchte Otto, ihn mit seinem Domkapitel durch Druckmaßnahmen in Konflikt zu bringen. Der streitbare Konrad aber erwirkte von dem den Wittelsbachern feindlichen Stauferkönig Heinrich, der für den abwesenden kaiserlichen Vater, Friedrich II., amtierte, die Erlaubnis, Freising zu befestigen. Ottos politische Not stieg, als auch die anderen bayerischen Bischöfe ihre weltlichen Gerichtsbereiche zu geistlichen Fürstentümern weiter ausbauen wollten und deshalb sich mit Ottos Gegnern, den immer noch mächtigen Grafen von Andechs und den Babenberger

Herzögen Österreichs, verbündeten. Da berief Otto einen Hoftag ein und marschierte in das Babenberger Nachbarherzogtum ein und nahm Wels. König Heinrich aber fiel ihm von Westen her in den Rücken und besiegte ihn, so daß er diesem seinen jugendlichen Sohn Ludwig, den späteren Herzog Ludwig II., als Geisel für sein künftiges Verhalten geben mußte. In dieser Bedrängnis schwenkte Otto um und warb um die bayerischen Bischöfe. Sie versammelten sich tatsächlich noch 1233 auf dem von ihm nach Regensburg einberufenen Hoftag. Dieser Erfolg war jedoch gegen die Tendenzen der Zeit errungen und ließ sich nicht halten.

Schon 1234 hatte Otto Fehden mit den geistlichen Herren von Salzburg, Regensburg, Freising und sogar von Augsburg, das als Bistum in das Herzogtum hineinreichte, wenn es auch als Stadt außerhalb Bayerns lag. Zu Ottos Glück erschien aber 1235 der Kaiser in Deutschland, um seinen Sohn Heinrich niederzuzwingen. Er traf mit Otto zusammen, redete ihm den Verdacht aus, daß er die Ermordung seines Vaters verursacht habe, und erneuerte die zwischen den beiden Herrschergeschlechtern so oft bewährte Freundschaft. Um sie sofort in die Tat umzusetzen, kamen der Wittelsbacher und der Kaiser überein, daß sich dessen Sohn Konrad mit der Tochter Ottos verlobte und Ottos Sohn Ludwig zur Ehe mit Maria von Brabant versprochen wurde. Der strenge kaiserliche Vater unterwarf Heinrich, setzte ihn als König ab und gab ihn dem Pfalzgrafen und Herzog Otto für einige Zeit in Gewahrsam.

Die gute Beziehung zu Kaiser Friedrich II. bedeutete keine dauernde politische Erleichterung der Verhältnisse. Denn die Bischöfe, die sich zu geistlichen Landesfürsten aufschwingen wollten, leisteten dem Herzog immer wieder Widerstand, so daß er sich eine Zeitlang stark auf die päpstliche Kurie stützen mußte, nicht nur um den rheinischen Erzbischöfen, sondern auch den bayerischen Oberhirten ein stärkeres Gegengewicht entgegenzusetzen. In dem bis 1247 dauernden Streit um die pfalzgräfliche Vogtei über das Kloster Lorsch behauptete sich Otto II. mit päpstlicher Unterstützung gegen den Erzbischof von Mainz. Unter Vermittlung des Grafen Heinrich von Sayn hatte Otto II. schon 1243 einen Friedensvertrag mit dem Erzbischof von Köln schließen und sich die Belehnung mit den Burgen Stahlberg, Fürstenberg und Stahleck und mit anderen Kölner Lehen sichern können. Die strittige, aber in der Eifel sehr wichtige Burg Thurandt vermochte Otto im Streit mit Köln und Trier 1248 in seinem Bereich zu halten. Unterstützt in dem Bemühen um Zusammenarbeit mit den Bischöfen in Bayern wurde Otto durch seine kirchlich gesinnte Gattin, durch seinen Protonotar Heinrich von Pfaffenmünster und seinen Beichtvater Heinrich Poppo. Eine Zeitlang hielt auch der unruhige und fanatische päpstliche Sonderbeauftragte Albert Behaim, der seit 1212 Domherr in Passau war, zu ihm, wandte sich aber später scharf gegen ihn.

Als Kaiser Friedrich II. 1239 gebannt wurde, rückte Otto zunächst von ihm ab, mußte aber erleben, daß sich nun die bayerischen Bischöfe gegen ihn, den Herzog, an das Reichsoberhaupt wandten. 1240 kam es im Bayernland zu einer solchen Krise, daß der Herzog und der Erzbischof von Salzburg einen Landtag nach Straubing luden, um einen Landfrieden für das Herzogtum vorzubereiten. Er wurde schließlich 1244 zwischen dem Herzog, dem Erzbischof von Salzburg, vier Bischöfen und allen Grafen und Edlen abgeschlossen.

1242 war Ottos Stiefbruder, der letzte Graf von Bogen, der auch die Vogtei über das Kloster Niederalteich behalten hatte, gestorben. Durch ein erhaltenes Siegel von 1247 nachweisbar, übernahm spätestens damals Ludwig, der ältere Sohn des regierenden Herzogs Otto II., von Albert IV. von Bogen dessen heraldisches Zeichen, die Rauten, die bis heute das Wittelsbacher Wappen zusammen mit den schon bisher von Otto geführten Löwen ausmachen. In einem wechselvollen Kampf, den der letzte Graf von Andechs durch die Eroberung herzoglicher Burgen in der Gegend von München begann, entschied Otto durch Eroberung von Wolfratshausen 1243 und von Starnberg 1246 die Lage. Beim Tode des Grafen 1248 übernahm der Herzog auch dessen Hausgut. Die mit den Andechsern im Krieg verbündet gewesenen Grafen von Falkenstein besiegte Otto ebenfalls. Die mit ihm versippte und befreundete ältere Linie der Grafen von Ortenburg, die das Pfalzgrafenamt im Herzogtum Bayern innehatten, beerbte er als deren Verwandter; die jüngere regierte in der nun »reichsunmittelbaren« Grafschaft. Die Herzogslehen der Andechser Linie im Chiemgau fielen an ihn zurück. Das Pfalzgrafenamt im Herzogtum verschwand. Da es bedeutungslos geworden war, wurde es nicht mehr besetzt. Durch seinen Sohn Ludwig, der sich militärisch schon oft bewährt hatte, verjagte der Herzog den letzten ihm zwar verwandten, aber verfeindeten Grafen von Wasserburg. Kampf gegen Unbotmäßigkeit und Einschaltung eigener Rechte waren die erfolgreichen Mittel des politisch stets klar rechnenden und handelnden Landesherrn.

Wiederholt versuchte Otto II. auch, die 1156 von Bayern abgetrennte *Ostmark* wiederzugewinnen. Als deren letzter Babenberger Herzog im Alter von erst 35 Jahren am 15. Juni 1246 im Kampf gegen König Béla von Ungarn fiel, betrieb Otto erneut die schon früher einmal geplante Familienverbindung zwischen Wittelsbachern und Staufern. Seine Tochter Elisabeth heiratete bereits am 1. September 1246 den Staufenkönig Konrad IV., den Sohn und präsumptiven Nachfolger des 1245 erneut gebannten Kaisers Friedrich II. Dieser machte den Bayernherzog aber erst 1248 zum Verweser des Herzogtums Österreich, nachdem ein anderer an dieser Aufgabe gescheitert war. Die päpstliche Partei reagierte auf Ottos Ernennung so feindselig, daß der Erzbischof von Salzburg sowie die Bischöfe von Regensburg, Freising und Seckau 1249 Otto mit dem Bann bedrohen konnten. Der Papst selbst kündigte ihm *Bann und Interdikt* an, wenn er in Österreich als *Statthalter* tätig werde. Otto konnte zwar nach dem Tode des Kaisers 1250 zusammen mit König Konrad die päpstliche Partei vor Regensburg niederzwingen, die Bischöfe von Regensburg und Passau erreichten aber persönlich in Prag, daß König Ottokar II. 1251 in Bayern und in das Land ob der Enns einbrach. Papst Innozenz IV. verlangte von Otto auch, statt seines Schwiegersohnes Konrad den Grafen Wilhelm von Holland als König anzuerkennen. Obwohl es nun dem Bayernherzog unmöglich wurde, die Ostmark zurückzugewinnen, versuchte er, sich wenigstens die Steiermark mit ungarischer Hilfe zu sichern. Sie blieb freilich nur sieben Jahre lang in den Händen des befreundeten Ungarnkönigs.

Die Zusammenarbeit mit dem 1245 erneut gebannten Kaiser Friedrich II. brachte dem Bayernherzog und seinen Landen auch am Rhein die schwerste kirchliche Strafe, das Interdikt, ein: Es durften keine Messen mehr gelesen und keine Sakramente mehr gespendet werden. Diesen Anordnungen zuwiderhandelnde Priester verfielen ebenfalls dem Bann. Otto konnte aber mit Erfolg die dadurch drohende Erschütterung des Landes in Grenzen halten. Er gewann einige Priester, die trotzdem die Messe lasen und Seelsorgearbeit taten. Dem Domherrn Heinrich von Speyer gab er Kirchenlehen, und dieser sprach ihn und das Land dafür vom Bann los. Wie schwierig Ottos Beziehung zur Kirche schon seit vielen Jahren geworden war, erkannte Papst Gregor IX., der große Kirchenrechtler, als er den Abt Dietmar von Raitenhaslach am 14. März 1240 zum Beichtvater des Herzogs ernannte. Der Papst spricht in seiner Urkunde von der Besorgnis Herzog Ottos um sein Seelenheil und erteilt dem Beichtvater die Vollmacht, den Herzog nach abgelegter Beichte gegebenenfalls auch von der Exkommunikation zu absolvieren, die sich dieser eventuell durch »Gewaltakte« gegen Kleriker zugezogen haben würde. Gregor setzte dabei natürlich voraus, daß sich der Herzog bei seinem Kampf gegen die sich vom Herzogtum emanzipierenden Bischöfe auf der Seite der Kurie gegen den Kaiser halten würde. Das tat Otto zwar eine Zeitlang, dann aber nicht mehr, als er für seinen Schwager König Konrad IV. und seinen Neffen Konradin eintrat.

Von höheren Instanzen als dem Domherrn von Speyer war Otto nicht vom Bann gelöst worden. Er empfing noch den großen Franziskaner Berthold von Regensburg auf seiner Burg oberhalb von Landshut und hörte seine Worte der Mahnung zur Versöhnung. Der Ausgleich mit den Bischöfen war bereits im Werden, als Otto am 29. November 1253 starb.

Die Nachkommen Herzog Ottos II.

1. ELISABETH
* um 1227 in Landshut
† 9. 10. 1273 in Greifenberg?
Grabstätte: Zisterzienserabtei Stams

1. ∞ 1. 9. 1246 in Vohburg
KONRAD IV., Römischer König
Eltern: Friedrich II., König von Sizilien, Römischer König, und Yolanthe, Tochter des Jean de Brienne, König von Jerusalem
* 25. 4. 1228 in Andria (Königreich Neapel)
† 21. 5. 1254 in Lavello (Apulien)
Grabstätte: Kathedrale in Messina
SOHN: *Konradin*
* 25. 3. 1252 auf der Burg Wolfstein nördlich von Landshut
† 29. 10. 1268 enthauptet in Neapel

2. ∞ 6. 10. 1258 in München
MEINHARD IV., Graf von Görz und Tirol, später Herzog von Kärnten
Eltern: Meinhard III., Graf von Görz, und Adelheid, Tochter des Grafen Albrecht III. von Tirol
* um 1235 in ?
† 1. 11. 1295 in Greifenberg/Tirol
Grabstätte: Zisterzienserabtei Stams (Stiftung Elisabeths und Meinhards)

2. LUDWIG
1. ∞ MARIA, Tochter Heinrichs II., Herzog von Brabant und Lothringen

2. ∞ ANNA, Tochter Konrads II., Herzog von Schlesien-Glogau

3. ∞ MECHTILDE, Tochter Rudolfs I., Römischer König
Siehe unter Herzog Ludwig II. dem Strengen

3. HEINRICH XIII.
* 19. 11. 1235 in Landshut
† 3. 2. 1290 in Burghausen
Grabstätte: Zisterzienserinnenkloster Seligenthal bei Landshut

∞ 1244 (1250 oder 1253 vollzogen)
ELISABETH
Eltern: Béla IV. König von Ungarn aus dem Stamm Arpads, und Maria Laskaris, Tochter des Kaisers Theodor I. von Konstantinopel
* 1236 in?
† 24. 10. 1271 in?
Grabstätte: Zisterzienserinnenkloster Seligenthal bei Landshut

Heinrich XIII. (da der Welfenherzog Heinrich der Löwe nachträglich als Heinrich XII. gezählt wird) regiert zusammen mit seinem Bruder Ludwig II. 1253 bis 1255 in Bayern, 1255 bis 1290 im nutzungsrechtlich abgetrennten Herzogtum Niederbayern, bleibt rechtlich, wie alle Wittelsbacher seit 1214, Pfalzgraf bei Rhein.

Heinrich regierte mit seinem älteren Bruder Ludwig II. von 1253 bis 1255 erfolgreich zusammen und trat infolge der Nutzteilung von 1255 die Regierung über Niederbayern in Landshut (das »Niederland«) an. 1256 hielt er in Straubing den letzten Landtag älterer Ordnung ab, an dem sogar Bischöfe teilnahmen. Er weilte schon vor der Teilung lange bei König Béla IV. von Ungarn, dessen Tochter Elisabeth er bereits 1244 geheiratet hatte. Sie schenkte ihm bis zu ihrem Tode 1271 zehn Kinder. Heinrich begründete durch sie eine bis zum Jahre 1340 dauernde Linie Niederbayern. Von seinen Töchtern wurde Sophie auf einer »ersten« Landshuter Hochzeit 1277 dem Grafen Poppo VIII. (XIV.) von Henneberg verbunden, Katharina dem Markgrafen Friedrich von Meißen. Die politisch nordbayerische Tendenz der beiden Ehen kam schon dadurch zum Ausdruck, daß die zehnjährige Katharina 1277 bereits ihr Verlöbnis mit Markgraf Friedrich einging, wenn sie ihn natürlich auch erst zehn Jahre später heiratete. Lange vorher hatte Herzog Heinrich seinen ersten politischen Existenzkampf zu bestehen. König Ottokar II. von Böhmen, der schon 1251 in dem ungeteilten Herzogtum Bayern eingebrochen war und die Mark Cham verheert hatte, erhob willkürliche Ansprüche auf das Erbe der Grafen von Bogen, weil die in erster Ehe mit dem Grafen von Bogen verheiratet gewesene böhmische Herzogstochter Ludmilla seinem Hause entsprossen war. Nicht nur Ludmillas Sohn aus ihrer zweiten Ehe, Herzog Otto II., sondern auch ihr Enkel Heinrich wurden dadurch schwer bedroht, da sich Ottokar II. mit den sich von Bayern emanzipierenden Bischöfen verband. 1257 drang der Böhmenkönig bis Mühldorf am Inn vor, wurde aber von Heinrich besiegt und politisch-militärisch durch den aus der Pfalzgrafschaft herbeieilenden, im Krieg bereits oft erprobten Pfalzgrafen und Herzog Ludwig II. zum Frieden von Cham gezwungen. Ottokar II. benützte aber den von 1256 bis 1265 währenden Salzburger Bischofsstreit, vermochte auch den Papst auf seine Seite zu ziehen und erreichte trotz eines militärischen

Erfolges Heinrichs, daß Ladislaus, der Sohn seiner Tante aus der Ehe mit dem Herzog von Schlesien, 1265 vom Papst zum Erzbischof von Salzburg ernannt wurde. Freilich hatte Ludwig 1260 in zweiter Ehe die Tochter eines anderen schlesischen Herzogs geheiratet und damit eine gewisse Position im Rücken des Böhmenkönigs gewonnen. Da auf den Böhmenkönig nicht nur der Papst, sondern sogar die eigene Gattin, eine Prinzessin von Ungarn, einwirkte, gewann Heinrich Ottokar 1267 zu einer wenigstens vorübergehenden Versöhnung. Heinrichs Schwager König Stephan von Ungarn marschierte nun in Österreich und in die Steiermark ein, die der Böhme an sich gebracht hatte, Herzog Heinrich selbst aber trug 1271 den Krieg in das Land ob der Enns; nun mußte der Böhmenkönig Frieden schließen und versuchte sich durch Versöhnung mit Heinrich Handlungsfreiheit gegen Ungarn zu verschaffen. Hatte schon jetzt Heinrich das Zusammengehen mit der ungarischen Verwandtschaft große Vorteile gebracht, so gewann er nun den Böhmen dazu, 1273 seine Zusammenarbeit mit den bayerischen Bischöfen aufzugeben, freilich indem er seine bewährten Ungarnbeziehungen jetzt zurückstellte. Bei der von seinem Bruder 1273 wesentlich bestimmten Wahl des Grafen Rudolf von Habsburg zum König übertrug Heinrich dem Bruder seine halbe Stimme aufgrund des Herzogtums; Ludwig hielt darüber auf dem Reichstag 1275 einen Vortrag, und die Versammlung erkannte diese Wahlstimme aufgrund des Herzogtums an, ließ sich aber auf eine Erklärung über Heinrichs Anteil an der Pfälzer Stimme Ludwigs nicht ein, auch nicht auf eine Erklärung über die Stimme Böhmens. Noch 1308 führten die Brüder Rudolf und Ludwig bei der Wahl des Luxemburgers Heinrich VII. zwei Stimmen für die Pfalz und für Bayern.

Heinrich war weit mehr als ein bloßer Familienpolitiker, verstand aber durch familienpolitische Schachzüge seine Aufgabe im Osten immer wieder zu meistern. Als der Böhmenkönig durch König Rudolf von Habsburg in die Oberacht getan wurde und an Rudolf Kärnten, Krain und die Steiermark verloren hatte, schwenkte Heinrich zu dem von ihm gewählten, aber dann nicht anerkannten König Rudolf. Dieser stand bereits in Regensburg, um nach Böhmen zu marschieren. Heinrich nahm nun in der alten bayerischen Stadt sein Herzogtum von König Rudolf zu Lehen; er gewann für seinen Sohn Otto Rudolfs Tochter Katharina als Braut. Da der König nicht in der Lage war, dem angehenden Schwiegersohn die 40.000 Mark als Mitgift auszuzahlen, die vereinbart worden waren, forderte Heinrich in Anknüpfung an alte Rechte das Land ob der Enns als Pfand. Otto heiratete zwar die etwa zehnjährige Habsburgerin drei Jahre später, doch sein Vater öffnete dem König 1276 die Donausperren bei Straubing und Passau erst, als er das Land ob der Enns in die Hand bekam. Er schickte dem König ein

Truppenkontingent. Pfalzgraf und Herzog Ludwig zog aber mit dem König, nahm das Kloster Neuburg im Handstreich und vermittelte dem König in Wien den Frieden mit den verschiedenen Fürsten.

Heinrich nahm das von ihm besetzte Land ob der Enns in seine Verwaltung, wehrte Annäherungen des Böhmenkönigs jetzt aber nicht ab und nahm eine undurchsichtige Haltung (Forschung Spindler) an. Die Krise im Osten Bayerns spitzte sich zu. Es kam zu der Entscheidungsschlacht auf dem Marchfeld bei Dürnkrut, in der am 26. August 1278 der Böhmenkönig unterlag.

Ludwig war zwar vom Rhein herbeigeeilt, nahm aber ebensowenig wie Heinrich an dem Entscheidungskampf teil. Beide Brüder schlossen am 23. Oktober 1278 in Vilshofen einen Vergleichsvertrag über ihre untereinander strittigen Rechte und begruben durch Vertagung »bis zum Ende des Jahrhunderts« tatsächlich den Streit. Im Winter waren beide in der Umgebung des Königs in Wien. Freilich mußte Heinrich (von seinem Bruder ohne Hilfe gelassen) im Mai 1279 auf das Land ob der Enns zugunsten Rudolfs verzichten.

Aufgrund eines Schiedsgerichts, das aus Männern ihrer Wahl bestand, schlossen beide Brüder am 7. November 1287 über ihre Irrungen und Kriege, in Wirklichkeit über die Streitigkeiten, die aus den Interessengegensätzen ihrer Gebiete und ihrer Gefolgschaften entstanden waren, einen Vertrag. Dieser krönte die wiederholt zwischen den Brüdern geschlossenen Vergleiche seit 1262, in die als Vermittler Bischöfe von Regensburg und schließlich König Rudolf selbst eingeschaltet worden waren. Heinrich starb 1290.

Seine Linie blühte aber noch bis 1340. Er war nicht nur ihr Begründer, sondern auch ihre stärkste Persönlichkeit. Die Zusammengehörigkeit von Dynast und Land prägte sich durch ihn besonders aus. Das brachten auch vier Jahre nach seinem Tod seine Söhne durch die niederbayerische Hofordnung von 1293 zum Ausdruck. Wo sie einen Hof- oder Gerichtstag hielten, versprachen sie, zwei Ritter aus der Gegend beizuziehen. Sein ältester Sohn *Otto* (III.), dessen Mutter die Arpadin Elisabeth, die jüngere Tochter des Ungarnkönigs Béla IV., war, nahm die gegen die Habsburger gerichtete Politik seines Vaters auf, ließ sich durch ungarische Große 1305 zum *König Ungarns* machen und durch zwei Bischöfe mit der Stephanskrone krönen, konnte sich aber gegen den vom Papst unterstützten Karl Robert von Anjou seit 1307 nicht mehr durchsetzen, der auch von einer Arpadin abstammte. Von fortwirkender Bedeutung wurde die von ihm erlassene Ottonische Handfeste von 1311. Darin vereinbarten er und seine niederbayerischen Verwandten mit Prälaten, Rittern sowie Städten und Märkten, daß diese von ihren Gütern und Leuten eine Steuer zahlten, so daß die Herzöge nicht nur eine Steuer von ihren eigenen Gütern und Leuten zur

Beseitigung der Not gewannen. Otto und seine niederbayerischen Verwandten bestätigten oder erweiterten zugleich die niedere Gerichtsbarkeit dieser drei Landstände, schalteten diese dadurch aber auch zum Vorteil der Gerichtseinheit des Landes in den Instanzenzug ein, an dessen Spitze Otto selbst als oberster Friedenswahrer – Richter – des Landes stand. Als er 1312 starb, kamen sein Sohn Heinrich XV. († 1333) und seine Neffen Heinrich XIV. († 1339) und Otto IV. († 1334) unter die Vormundschaft von Rudolf und Ludwig, der Herzöge Oberbayerns. Die Ehe Heinrichs XV. mit Anna von Österreich blieb kinderlos, der Sohn Heinrichs XIV. aus der Ehe mit Margarete von Böhmen war Johann I. Mit ihm starb 1340 die Linie Heinrichs XIII. aus, da Johann aus seiner Ehe mit Anna von Oberbayern keine Kinder hatte. Kaiser Ludwig erbte Niederbayern, doch war dessen Eigenständigkeit bereits so stark, daß er hier sein in Oberbayern durch die Richter erarbeitetes Landrecht nicht einführen konnte. Niederbayerns Eigenstaatlichkeit wurde durch eigene Herzöge 1392 bis 1503 noch einmal ausgeprägt.

4. Sophie

* Ende 1236 in Landshut
† 9. 8. 1289 auf Schloß Hirschberg
Grabstätte: Dominikanerkloster in Eichstätt

⚭ Anfang 1258 in München?
Gebhard VI., Graf von Sulzbach und Hirschberg
* um 1220 in ?
† 1275 auf Schloß Hirschberg
Grabstätte: Dominikanerkloster in Eichstätt

5. Agnes

* um 1240 in Landshut?
† 7. 12. 1306 in München
Grabstätte: Zisterzienserinnenkloster Seligenthal bei Landshut

Herzog Ludwig II.

* 13. 4. 1229 in Heidelberg
† 2. 2. 1294 in Heidelberg
Grabstätte: Kirche des Zisterzienserklosters Fürstenfeld (Fürstenfeldbruck)

1. ⚭ 2. 8. 1254 in Landshut
MARIA, Herzogin von Brabant und Lothringen
Eltern: Heinrich II., Herzog von Brabant und Lothringen, und Maria, Tochter des Königs Philipp von Schwaben
* 1226 in ?
† 18. 1. 1256 in Donauwörth (enthauptet)
Grabstätte: Heiligkreuzkirche in Donauwörth

2. ⚭ 24. 8. 1260
ANNA, Herzogin von Schlesien-Glogau
Eltern: Konrad II. (Karl), Herzog von Schlesien-Glogau, Sagan und Krossen, und Salome, Tochter des Herzogs Wladislaw Odonicz von Großpolen
* um 1240 in ?
† 25. 6. 1271 in München?
Grabstätte: Kirche des Zisterzienserklosters Fürstenfeld (Fürstenfeldbruck)

3. ⚭ zw. 24. und 27. 10. 1273 in Aachen (Heidelberg)?
MECHTHILD (MATHILDE), Gräfin von Habsburg
Eltern: Rudolf I., Römischer König, Graf von Habsburg, und Gertrud Anna, Gräfin von Hohenberg (Zollern – Hohenberg in Schwaben)
* 1251 oder 1253 in Rheinfelden
† im Juni 1304 in München (?)
Grabstätte: Kirche des Zisterzienserklosters Fürstenfeld (Fürstenfeldbruck)

Pfalzgraf und Herzog Ludwig II. regiert von 1253 bis 1255 in der Pfalzgrafschaft und im Herzogtum gemeinsam mit seinem Bruder Heinrich XIII., von 1255 bis 1294 in der Pfalzgrafschaft und im Oberen Bayern allein.

Die drei ersten Wittelsbacher Herzöge Bayerns haben den Bereich ihres unmittelbaren Wirkens für den inneren und äußeren Frieden im Lande verdreifacht, indem sie Grafschaft- und Vogteirechte gewannen und durch Viztume und Richter (Landrichter) wahrnahmen. Natürlich mußten sie zu den Blutgerichtsrechten hinzu die allgemeine Gebotsgewalt des Landesherrn, seine Militärgewalt, seine Steuerhoheit und den Anspruch auf Huldigung haben oder erreichen. Sie retteten dadurch einen sehr erheblichen Bereich des bisherigen Stammesherzogtums in das Landesfürstentum hinüber. Nur als solches konnte nämlich jetzt das Herzogtum bestehen, da das personalgebundene Stammesrecht nun zum territorialgebundenen Landrecht wurde. Außerdem hatte Kaiser Friedrich II. durch die gesetzlichen Regelungen von 1220 und 1231/32 diese Entwicklungsmöglichkeiten in Rechtsformen umgeprägt. Diese Leistung der Wittelsbacher war auch bedingt durch den günstigen Beginn ihres Wirkens als Herzöge seit 1180. Mit dem Verfügungsrecht der Angehörigen des Herrschergeschlechts über das Hausgut, aber auch über die damit verknüpften Rechte wurde spätestens seit 1253/55 ein neuer Abschnitt der Geschichte der Dynastie der Pfalzgrafschaft und des Herzogtums eingeleitet. Denn Otto II. hinterließ im Gegensatz zu seinem Vater *zwei* Söhne, nämlich Ludwig und Heinrich.

Beide hatten kurz vor seinem Tode im September 1253, als sie mit ihrem Vater in Richtung Steiermark marschierten, das Fest der Schwertleite in Ötting gefeiert. Diese war freilich jetzt nicht mehr als eine nachträgliche Bekräftigung ihres Eintritts in das ritterliche Leben. Der nun schon 25jährige Herzog Ludwig hatte sich bereits mehrmals als Heerführer bewährt; er hatte 1246 an der Seite König Konrads IV. gegen den Landgrafen von Thüringen gekämpft, 1250 den Feldzug in das Land ob der Enns geleitet und 1251 die Burg Teisbach des kriegführenden Bischofs von Regensburg erobert. Heinrich war mehr als sechs Jahre jünger, aber bereits wie Ludwig verheiratet. Er hielt sich gerade bei seinem Schwiegervater, dem König von Ungarn, auf, als sein Vater aus dem Leben schied.

Die jungen Herzöge regierten zunächst gemeinsam, erwarben vom Erzbischof von Salzburg zahlreiche Lehen und Vogteien und bauten miteinander am Lebenswerk des Vaters weiter. Nach dem Tode König Konrads IV. 1254 suchten sie ihrem Neffen und Mündel Konradin Schwaben und Sizilien zu erhalten, setzten an die Stelle des als Sachwalter ihres Neffen aufgestellten Markgrafen Berthold von Cham-Vohburg den unehelichen Kaisersohn Manfred von Tarent, der Berthold als Verschwörer verurteilte und einsperrte, und erzielten so zwei Ergebnisse: sogar Papst Alexander IV. wandte sich jetzt an ihre Mutter und damit an sie wegen Konradin, freilich auch an andere. Die Wittelsbacher Brüder glaubten nicht an eine wirkliche Versöhnung der Kurie mit dem jungen Staufer. Durch die Verurteilung Bertholds fiel aber zum anderen den Wittelsbacher Brüdern das Erbe an Nabburg zu. Von eben diesem Ort verkündeten die Herzöge gemeinsam in Ausübung des Reichsverweseramtes auf Anfrage aus Bamberg Rechtssätze zur gerichtlichen Erkenntnis, die von allgemeiner Bedeutung waren.

Ludwig und Heinrich besaßen das gleiche allodiale Recht auf ihre Landesfürstentümer, die Pfalzgrafschaft und das Herzogtum. Trotz der gemeinsamen brüderlichen Erfolge teilten sie am 28. März 1255 das Herzogtum in einer bloßen Nutzteilung. Sie handelten damit bereits nach dem in einer Wittelsbacher Urkunde von 1288 ausgesprochenen Grundsatz, unter den Berechtigten gleichwertig zu teilen. Die Pfalzgrafschaft bei Rhein, die aus punktweisen, sich gegenseitig bedingenden Positionen bestand, blieb ungeteilt, ihr Hauptrecht der Königswahl blieb bei den Brüdern gemeinsam. Schon um das Jahr 700 hatte der Agilolfinger Herzog Theodo Teile seines Herzogtums Bayern an seine Söhne zur selbständigen Regierung gegeben. Vielleicht schon damals, jedenfalls aber 1255 gingen die Interessen und Entwicklungstendenzen *Ostbayerns* und der westlichen Landesteile stark auseinander. Das wurde den Herzögen Ludwig und Heinrich 1255 und erst recht im Laufe der Jahre durch die Gegensätze unter ihren beiderseitigen Gefolgschaften stark bewußt. »Was als Streit der Brüder bezeichnet wird, war häufig Streit der beiderseitigen Edlen und Ministerialen« (Forschung Spindler). Beide Herzöge nannten sich auch weiterhin nach dem ganzen Herzogtum Bayern. Die in Landshut geprägten Denare hatte noch 1253 ihr Vater als für das ganze Land gültig erklärt. Die Brüder arbeiteten auch weiterhin durch die Landfriedensgesetzgebung für das ganze Land. Freilich wurden sie dabei oft durch die Streitigkeiten gestört, die durch entgegengesetzte Interessen nicht zuletzt ihrer eigenen beiderseitigen Gefolgschaften verursacht wurden.

Das Herzogtum wurde 1255 in das Obere Bayern und das »Niederland« geteilt. Beide Gebiete bestanden nur aus den Kernen der heute so genannten Regierungsbezirke. Oberbayern, das Ludwig II. bekam, reichte vom Süden des heutigen Oberpfälzer Waldes und der mittleren Naab bis zu den Alpen bei Kitzbühel, von Amberg und Schwandorf über Ingolstadt und München, das sich Ludwig II. als Residenz wählte, Wasserburg, Aibling bis nach Kufstein und barg in seinem Bereich den alten Wittelsbacher Hausbesitz vom Süden der Donau bis in den Nordgau hinein und war nach dem Westen und dem Reich orientiert. Bei Eger sowie bei Füssen und Schongau grenzte Oberbayern an staufisches Reichsland. Diese Orientierung zum Westen und zum Reich wird durch die Tatsache unterstrichen, daß Ludwig II. die Pfalzgrafschaft bei Rhein ungeteilt erhielt, wenn auch sein Bruder ebenso wie später alle Inhaber des Herzogtums, ja der Teilherzogtümer Bayerns den Titel eines Pfalzgrafen bei Rhein führte.

Das gegenüber Oberbayern wirtschaftliche reichere niederbayerische Bauernland mit seiner Hauptstadt Landshut hatte sich mit der Emanzipation der

Bistümer Freising, Regensburg, Passau und Salzburg vom Herzogtum weg zu eigenen Landesfürstentümern auseinanderzusetzen. Die Inhaber Österreichs und Böhmens begünstigten diese Emanzipationen. Herzog Heinrich mußte hier mehr um Landesgrenzen ringen, die durch diese Emanzipationen neu gesetzt wurden, als sein Bruder. Heinrich konnte die Grenze seines Bereichs hart an die Mauern des Bischofssitzes Passau vorschieben. Durch Jahrhunderte war diese Grenze von großer Bedeutung. Natürlich blieben ihm die Probleme des Ostens mit Böhmen und Ungarn. Das Ringen um die verlorengegangenen Marken des alten Herzogtums Bayern selbst blieben immer eine besondere Aufgabe, die Heinrich klar erkannte.

Die beiden Brüder hatten sich vor der Teilung mit den Oberhirten von Freising, Regensburg, Passau und Salzburg verglichen und förderten wesentlich die Klöster, die in den Wirren unter Kaiser Friedrich II. sehr gelitten hatten; beide entwickelten ihre jungen Städte, vor allem ihre Hauptstädte fortschrittlich. Heinrich gewährte Landshut 1256 und 1279 Stadtrechte. Ludwigs neue Hauptstadt München erhielt noch in seinem Todesjahr, aber jetzt schon durch seinen Sohn Rudolf, 1294 das Stadtrecht. Beide Herzöge stellten Geistliche und Bürger in den Kreis ihrer Mitarbeiter in Kanzlei und Rat. In Niederbayern läßt sich seit 1258, in Oberbayern seit 1265 ein ziemlich ständig tätiger *Rat* des Herzogs nachweisen. In Ober- wie in Niederbayern reifte eine neue weltliche Oberschicht der Ritter zu Landherren heran, in Niederbayern errangen diese in der Hofordnung ihre Herzöge von 1293, daß jeweils nur zwei Räte aus dem Kreis der Landherren am Hof sein sollten, der Herzog im übrigen Räte aus der Gegend heranzog, in der er sich gerade zu seiner landesfürstlichen Tätigkeit aufhielt. Solche Räte wirkten auch als Schiedsrichter und Bürgen für ihre Herzöge und wurden gegebenenfalls auch zur Mitbesiegelung von Herzogsurkunden herangezogen. Die herzoglichen Residenzen erscheinen aber immer mehr als Ausstellungsorte der Herzogsurkunden Ludwigs und Heinrichs.

Ludwig weilte im Januar 1256 in landesherrlicher Tätigkeit am Rhein. Da wurde er durch Umstände, die bis heute nicht eindeutig geklärt sind, zu einer furchtbaren Tat hingerissen. Mehrere Versionen sind darüber niedergeschrieben worden, meist in viel späterer Zeit. Eine davon erzählt: Ein Brief seiner Gattin Maria von Brabant geriet in die Hände Ludwigs, als er sich am Rhein aufhielt. Er war – nach einem nicht gleichzeitigen Bericht – an ein Mitglied des Hauses der Rau- oder Wildgrafen von Kyburg auf dem Hunsrück gerichtet. Zwei seiner bayerischen Ministerialen bestärkten Ludwig in dem angeblich aus dem Brief hervorgehenden Verdacht, daß seine Frau in einen Ehebruch verstrickt sei. Nach dem im 13. Jahrhundert niedergeschriebenen Schwabenspiegel war die Strafe für eine Ehebrecherin die Enthauptung. Ludwig ritt in jähem Zorn Tag und Nacht, bis er in Donauwörth seine Frau antraf. Er ließ sie sofort enthaupten. Wenn nicht als Ehemann, so hatte er doch als Herzog das Recht, einen Urteilsspruch über eine Ehebrecherin zu fällen. Ludwig gewann aber offenbar keine Beweise für die Schuld der hingerichteten Gattin und begann die jähe Tat als schwere Untat zu erkennen und schwer zu bereuen. In Erfüllung der ihm von der Kirche auferlegten Buße stiftete er das Zisterzienserkloster Fürstenfeld (Fürstenfeldbruck). Sein Beiname »der Strenge« wurde ihm erst in einem späteren Jahrhundert gegeben.

Bei der Königswahl von 1257 wählten die beiden Wittelsbacher Brüder Richard von Cornwall. Ludwig, der auf England hoffte, versuchte vergebens, seinem Neffen Konradin die Belehnung mit dem Herzogtum Schwaben zu erwirken. Er gewann für sich auch keine englische Prinzessin als Gattin und heiratete 1260 Anna, die Tochter des Herzogs Heinrich II. des Großmütigen von Schlesien-Glogau. 1261/62 erreichte er aber über schwäbische Große, daß dem staufischen Neffen sein angestammtes Herzogtum wenigstens zugesichert wurde. Ludwig unterstützte Konradin mit seiner ganzen Tatkraft, aber auch mit großen Geldmitteln, ließ sich dafür allerdings staufisches Gut aus allodialem Besitz oder Reichsbesitz verpfänden oder vermachen. Das Eintreten für seinen Neffen trug dem Wittelsbacher die Exkommunikation durch den Papst selbst ein, der ihm sogar das Interdikt androhte, d. h. das Verbot der Spendung der Sakramente in seinen landesfürstlichen Bereichen. Erst lange nachdem 1268 Konradin in Neapel enthauptet worden war, vermochte sich Ludwig 1273 von der kirchlichen Strafe zu lösen. Aus dem mit Umsicht gesicherten Erbe Konradins im Westen und Norden Bayerns gewann Ludwig außerordentlich viel.

Als Pfalzgraf bei Rhein war Ludwig immer wieder in die Dienste nicht nur seines staufischen Neffen getreten, sondern nach dessen Tod in die Dienste des Reiches. 1272 starb König Richard von Cornwall. Alfons von Kastilien war im Reich als König gescheitert. Papst Gregor X. wollte wegen eines neuen Kreuzzuges ein kraftvolles Königtum im Reich. Die Städte am Rhein und in der Wetterau erklärten, sie würden nur einem einmütig gewählten König ihre Tore öffnen. Der Mainzer Kurfürst und Erzbischof Werner von Eppenstein wollten den Pfalzgrafen und Herzog Ludwig in das Königswahlbündnis der geistlichen Kurfürsten einbeziehen. Dazu mußte er natürlich Ludwig und seine landesfürstlichen Bereiche von dem 1272 noch einmal erneuerten Bann und dem inzwischen auferlegten Interdikt befreien. Das gelang Werner ebenso wie die Beilegung der territorialen Streitigkeiten Ludwigs mit Köln und Trier, in denen ihm der Pfalzgraf die Entscheidung übertrug. Ludwig verband sich am 11. September 1273 zu Boppard am Rhein mit den drei geistlichen Kurfürsten zu einer Einmütigkeit der Wahl; wenn drei der vier auf einen sich einigten, sollte der vierte diesen ebenfalls wählen. Ludwig verzichtete auf seine eigene Wahl, sorgte aber dafür, daß Graf Rudolf von Habsburg auch von den übrigen weltlichen Kurfürsten im Reich gewählt wurde. König Ottokar II. von Böhmen widersprach zwar, aber Ludwig stimmte sowohl als Pfalzgraf wie mit einer Hälfte der Stimme von Bayern für den Habsburger und sorgte dafür, daß sein Bruder die andere Hälfte der Stimme aufgrund des Herzogtums ebenfalls Graf Rudolf zuwandte. Am 1. Oktober vollzog Pfalzgraf Ludwig, in dieser Eigenschaft der erste weltliche Reichsfürst, im Namen der sieben wahlberechtigten Fürsten des

Reiches die Wahl. Ludwig erwarb auch weiterhin durch Kauf und auf den Wegen des Lehensrechtes, des Heimfallrechtes und des Erbrechtes sowohl im Herzogtum wie in der Pfalzgrafschaft unermüdlich viele Jurisdiktionsbereiche. Er arbeitete umsichtig und elastisch, gab zum Beispiel dem Bischof von Regensburg nach, um seine ganze Kraft 1261 am Rhein gegen den Bischof von Speyer erfolgreich zum Ausdruck zu bringen. Unter seinen Burgmannen war sogar Graf Adolf von Nassau, der spätere König. Wie sein Vater förderte er das Wittelsbacher Hauskloster Schönau bei Heidelberg.

Aus seiner zweiten Ehe mit der Prinzessin von Schlesien hatte der Pfalzgraf und Herzog einen ältesten Sohn Ludwig, der 1267 geboren, als wohlerzogen und elegant galt, und 1288 Elisabeth, die 16jährige Tochter des Herzogs Friedrich III. von Lothringen heiratete. Der Pfalzgraf selbst war damals bereits zum dritten Mal, nämlich seit 1273 mit der Tochter Mechthild des Königs Rudolf, verheiratet, von der er zwei Söhne hatte, Rudolf, der 1274, Ludwig, der 1282 geboren wurde. Von seinen Töchtern aus der dritten Ehe heiratete Mechthild 1288 den Herzog Otto IV. den Strengen von Braunschweig-Lüneburg, Agnes noch zu Lebzeiten des Vaters den Landgrafen Heinrich II. von Hessen. Das westliche Mitteldeutschland und Norddeutschland waren damit in die Familienbereiche des Pfalzgrafen und Herzogs Ludwig einbezogen. Da traf ihn 1290 ein schwerer Schlag. Ludwig, sein ältester, noch kinderloser Sohn, erhielt auf einem Turnier in Nürnberg eine tödliche Wunde. Er wurde neben seiner Mutter im Kloster Fürstenfeld begraben. Schon 1288 hatte Ludwig II. für seinen eigenen Todesfall vorgesorgt. Er hatte damals noch drei Söhne. Deshalb hatte er veranlaßt, daß der älteste in einer Urkunde im Zusammenwirken mit dem Vater und unter Anerkennung durch König Rudolf eine gleichwertige Landesteilung unter den Brüdern allodialrechtlich verankerte. Damit wollte der alte Pfalzgraf eventuellen Streitigkeiten unter seinen Söhnen zuvorkommen. Er starb 1294 in Heidelberg und hinterließ aus der Ehe mit der Habsburgerin zwei Söhne, Rudolf und Ludwig, der eine 20, der andere 12 Jahre alt.

Die Nachkommen Herzog Ludwigs II.

AUS DER EHE MIT ANNA

1. MARIA

* 1261 in ?
† ? im Zisterzienserinnenkloster Marienberg bei Boppard als Magistra dieses Ordens
Grabstätte: Zisterzienserinnenkloster Marienberg

2. AGNES

* um 1262 in München?
† 21. 10. 1269 in ?
Grabstätte: Kirche des Zisterzienserklosters Fürstenfeld (Fürstenfeldbruck)

3. LUDWIG ELEGANS

* 13. 9. 1267 in ?
† 23. 11. 1290 in Nürnberg im Turnier
Grabstätte: Kirche des Zisterzienserklosters Fürstenfeld (Fürstenfeldbruck)

⚭ 7. 1. 1288 in Mainz
ELISABETH (ISABELLA)
Eltern: Friedrich III., Herzog von Lothringen, und Margarete, Tochter König Theobalds I. von Navarra
* 1272 in ?
† 11. 5. 1335 als Gemahlin (1306) des 1339 verstorbenen Grafen Heinrich III. von Vaudemont
Grabstätte: Chorherrenstift in Vaudemont?

AUS DER EHE MIT MECHTHILD

4. RUDOLF

⚭ MECHTHILD, Tochter König Adolfs von Nassau
Siehe unter Pfalzgraf und Herzog Rudolf

5. MECHTHILD

* Ende 1275 in München?
† 28. 3. 1319 in Lüneburg
Grabstätte: St. Michael auf dem Kalkberg in Lüneburg

⚭ 28. 10. 1288 in Ulm
OTTO II., Herzog von Braunschweig-Lüneburg
Eltern: Johann I., Herzog von Lüneburg, und Liutgard, Tochter des Grafen Gerhard I. von Holstein
* 1266? in ?
† 9. 4. 1330 in ?
Grabstätte: St. Michael auf dem Kalkberg in Lüneburg

6. AGNES
* um 1276/77 in München?
† 21. 10. 134? in Sangershausen?
22. 7. 1345?, jedenfalls nach 1341; wohl zwischen 1341 und 1347
Grabstätte: Chorin oder Prenzlau

1. ⚭ 15. 1. 1290 in ?
HEINRICH, Landgraf von Hessen
Eltern: Heinrich I., Landgraf von Hessen, und Adelheid, Tochter des Herzogs Otto von Braunschweig-Lüneburg
* um 1264 in ?
† 23. 8. 1298 in ?
Grabstätte: St. Elisabeth in Marburg

2. ⚭ vor dem November 1303 (um 1298?)
HEINRICH I. (ohne Land), Markgraf von Brandenburg und Landsberg
Eltern: Johann I., Markgraf von Brandenburg und Landsberg, und Jutta, Tochter des Herzogs Albrecht I. von Sachsen
* 21. 3. 1256 in ?
† zwischen 10. 7. und 14. 8. 1319 (1318?) in ?
Grabstätte: Chorin oder Prenzlau

7. ANNA (Nonne)
* um 1280 in ?
† ?
Grabstätte: Minoritinnenkloster in Ulm

8. LUDWIG IV.
1. ⚭ BEATRIX VON SCHLESIEN-GLOGAU

2. ⚭ MARGARETE VON HOLLAND
Siehe unter Kaiser Ludwig der Bayer

Kaiser Ludwig IV. der Bayer

Kaiser Ludwig IV. der Bayer

Ludwigische Linie von 1294 bis 1777

* Februar/März 1282 in München (Forschungen W. Schlögl)
† 11. 10. 1347 bei Kloster Fürstenfeld
Grabstätte: Dom in München

1. ⚭ um 1308 in Schlesien?
BEATRIX
Eltern: Heinrich III., Herzog von Schlesien-Glogau, und Mechthild, Tochter Herzog Albrechts von Braunschweig-Lüneburg
* um 1290 in ?
† 24. 8. 1322 in München
Grabstätte: Dom in München

2. ⚭ 25. 2. 1324 in Köln
MARGARETE
Eltern: Wilhelm III., Graf von Holland, und Johanna, Tochter Graf Karls I. von Valois
* um 1293 in ?
† 23. 6. 1356 in Quesnoy
Grabstätte: Minoritenkirche in Valenciennes

Ludwig regiert von 1294 bzw. 1302 als Herzog von Bayern bis 1347, ist seit 1314 Römischer König, seit 1328 Kaiser.

Hatten die ersten drei Wittelsbacher Herzöge Bayern, zwei die Pfalzgrafschaft bei Rhein als modernes Landesfürstentum aufzubauen begonnen, so führte der auf sie folgende Pfalzgraf und Herzog Ludwig II. die schon von den beiden ersten Wittelsbachern begonnene Mitarbeit am Reich in ein entscheidendes Stadium, als er die Königswahl zugunsten Rudolfs von Habsburg entschied. Seine Söhne aus der Ehe mit der Tochter dieses Königs sind Rudolf und Ludwig, der spätere Kaiser Ludwig der Bayer. Beide erstrebten, selbst an die Spitze des Reiches zu treten. Der jüngere der Brüder, zeitweise bei den Verwandten seiner Mutter in Wien erzogen, hatte unter der (auch von der Mutter beanspruchten) Vormundschaft seines Bruders gestanden, bevor er 1302 Mitregent wurde und zusammen mit Rudolf in die Schneitbacher Urkunde zugunsten der privilegierten Ritter willigte. Beide Brüder erhielten eine Steuer und erkannten das Recht der Ritter an, sich zu versammeln – auch zum Widerstand gegen eine nicht vereinbarte Steuer.

Ludwig, der 1308 eine Tochter des Herzogs von Schlesien-Glogau geheiratet hatte, setzte bei seinem älteren Bruder durch, daß Bayern am 1. Oktober 1310 durch eine Nutzungsteilung gemäß dem Erbrecht an freiem Eigentum in einen Landesteil Bayern-Ingolstadt-Amberg, wo Ludwig regierte, und in einen Teil München-Burglengenfeld für Rudolf zerlegt wurde. Der noch 1310 verstorbene Herzog Stephan von Niederbayern und der sich 1312 zum Sterben legende niederbayerische Herzog Otto III. machten Ludwig zum Vormund ihrer Kinder. Dieser schloß sich nun mit den Herzögen von Österreich zusammen, trieb aber durch seine Politik und die Belastung mit Steuern die niederbayerischen Städte Rudolf in die Arme, der mit ihnen einen Vertrag zu ihrem Schutz schloß. Jetzt aber wandte sich Ludwig mit wachsender politischer Einsicht auch gegen die Einmischung der Habsburger in dem selbständigen Herzogtum Niederbayern und schlug sie 1313 bei Gammelsdorf (durch Aussterben der Linie Heinrichs XIII. fiel 1340 Niederbayern an Ludwig zurück).

Als am 19. Oktober 1314 sein Bruder und der Kölner Kurfürst, der Herzog von Sachsen-Wittenberg und der freilich vertriebene Böhmenkönig aus dem Haus der Herzöge von Kärnten den Habsburger Friedrich den Schönen zum König wählten, erkürten am Tag darauf die Kurfürsten von Mainz, von Trier und von Brandenburg sowie der Herzog Johann von Sachsen-Lauenburg den durch den Sieg über die Habsburger 1313 schnell berühmt gewordenen Pfalzgrafen und Herzog Ludwig zum König. Er vermochte den Kölner nicht auszuschalten und zog nach Bayern. Vor München empfingen ihn Rudolf und die Bürgerschaft. Die Brüder vereinbarten 1315, in Güte zusammenzuwirken.

Ludwig wurde von Rudolf als König anerkannt. Beide ernannten nun gemeinsam die entscheidenden höchsten Beamten in Bayern und am Rhein. Alle Ritter, Dienstmannen und Städte Bayerns standen in ihrer beider Diensten. Keiner der Brüder sollte mehr als die Hälfte Bayerns und der Pfalz ohne Zustimmung des andern veräußern. Die Vormundschaft in Niederbayern übten beide gemeinsam aus. Als sich Rudolf nicht an die Verträge hielt und den Krieg gegen Ludwig verlor, vereinbarten beide am 26. Februar 1317 mit Hilfe ihrer Vertrauensleute: solange Ludwig gegen Friedrich den Schönen Krieg führt, überläßt Rudolf dem königlichen Bruder Bayern und die Pfalz zur Regierung und erhält bestimmte Güter und Burgen zu seinem Unterhalt. Sobald die sieben Schiedsleute den Krieg für beendet erklären, gibt Ludwig dem Bruder dessen Lande zur Regierung zurück. Es ist falsch, von einer Abdankung Rudolfs zu sprechen. Beide Brüder stellten noch 1317 in Regensburg für denselben Empfänger Urkunden aus. Rudolf erlebte das Kriegsende nicht, da er 1319 starb. Ludwig bezwang den gleichfalls zum König gewählten Habsburger Vetter Friedrich militärisch 1322 bei Mühldorf.

Der tapfere und geschickte Feldherr trieb aber auch planvolle Politik als Herrscher, schon als er 1317 durch den Rheinischen Landfrieden eine Landfriedensorganisation im Reich begann und sich im Glauben an eine Wittelsbacher Königsdynastie verschiedene Stützpunkte im Reich schuf. Dieses Ziel erreichte er schon, als er 1323 in der erledigten Markgrafschaft Brandenburg seinen gleichnamigen Sohn unter Bildung einer zuverlässigen Regentschaft einsetzte und als er, seit 1322 Witwer, 1324 die Tochter Margarete des Grafen von Holland heiratete. Margarete war die Tochter des Grafen Wilhelm III. von Holland und der Gräfin Johanna von Valois. Wilhelm war seit Ludwigs Wahl zum König seine beste Stütze gegen die Kurfürsten von Köln. Die neue Gattin war durch ihre Mutter eine Nichte des französischen Königs Philipp VI. und wurde ebenso wie ihr Gemahl Ludwig durch die Ehe ihrer Schwester Philippine am 25. Januar 1328 mit König Eduard III. von England verschwägert.

Wenn Ludwig 1323 seine Tochter Mechthild mit dem Markgrafen Friedrich II. von Meißen vermählte, stützte er wenigstens zunächst die Wittelsbacher Position in Brandenburg und hielt Sachsen von einer Verbindung mit Böhmen ab, wo die ihm gefährlichen Luxemburger regierten.

Ludwigs Sieg 1322 hatte den in Avignon residierenden Papst Johannes XXII. zu einem kirchenpolitischen Kampf veranlaßt, da dieser selbst die Entscheidung über die Thronfolge im Reich als päpstliches Recht beanspruchte und deshalb den Wittelsbacher 1324 exkommunizierte. Alsbald bannte er ihn als Ketzer wegen Zusammenarbeit mit dem zum Ketzer erklärten Matteo Visconti in Mailand und belegte das Reich mit dem Interdikt, das heißt mit dem Verbot der Spendung der Sakramente. Wenn diese nur politisch verursachte Kirchenstrafe von vielen Priestern, vor allem solchen aus dem Minoritenorden, nicht durchgeführt wurde, ist das mit Ludwigs wachsender Beliebtheit durch seine Förderung der gesellschaftlichen und rechtlichen Entwicklung vor allem in den Städten überall im Reich, aber auch mit seiner engen Verbindung mit geistig bedeutenden Minoriten zu erklären. Er schuf in München eine Art Hofakademie, in deren Rahmen er sich selbst im Alten Hof Vorträge halten ließ und Gespräche veranstaltete.

Durch zwei befristete und bedingte Abdankungen 1326 und 1333 für den Fall, daß er vom Kirchenbann gelöst werde, stellte er in aller Öffentlichkeit seine Bereitschaft zur kirchlichen Versöhnung klar. Eine tatsächliche Versöhnung gelang ihm mit Friedrich dem Schönen. Er machte ihn darauf zum dauernden Mitregenten im Reich, so daß er sich 1328 in Rom unter Salbung durch zwei Bischöfe nach dem alten Krönungsritus zum Kaiser krönen lassen konnte. Die Krönung geschah durch Sciarra Colonna an der Spitze der vier Syndici von Rom, die Weihe durch einen Bischof.

Auf diesem Höhepunkt der Erfolge versöhnte er sich 1329 durch den Hausvertrag von Pavia mit den Söhnen seines inzwischen verstorbenen Bruders Rudolf und räumte ihnen die Pfalz am Rhein und die seit dem 16. Jahrhundert so genannte Oberpfalz als eigenes Landesfürstentum ein. Bei einer Kaiserwahl sollten ihre und seine Linie einander abwechseln, beim Aussterben der einen Linie sollte die andere ihre Territorien erben, was noch die Erbfälle von 1777 und 1799 entschied. Auf der Heimkehr stiftete er 1330 das Kloster Ettal. Durch Privilegien von 1329 und 1330 legte er eine gleiche Rechtsstellung aller Klöster in seinem Herzogtum fest. Die allgemeine Rechtslage darin ordnete Ludwig 1334/35 und 1346 in einer der Zeit entsprechenden Weise, indem er durch seine Richter im Herzogtum das von ihnen angewandte Recht aufzeichnen ließ, mit ihrer Hilfe ordnete und als Landrecht verkündete. Durch jeweils zeitgerechte Verbesserungen von 1519, 1616 und 1753 gewandelt, wirkte es als Zivilrecht im rechtsrheinischen Bayern bis 1900. Für München bestätigte Ludwig das aus den Satzungsbüchern des Stadtrats gestaltete Stadtrecht. Als sein Schwiegervater Graf Wilhelm III. von Holland im Juni 1337 starb, setzte er auf dem Reichstag in Frankfurt durch, daß dessen Stellung als Reichsvikar in den Niederlanden nun dem englischen König übertragen wurde. Dieser aber unterstützte den Kaiser zu einem wichtigen Zeitpunkt: Ludwig manifestierte im Mai 1338 die Unabhängigkeit des gewählten Römischen Königs von einer Anerkennung durch den Papst mittels einer betont kirchlichen Erklärung: Fidem catholicam profitentes. Ludwig erreichte kurze Zeit nach diesem Manifest, daß sich in Rhens(e) die Kurfürsten unabhängig von Ludwigs Person in demselben Sinn grundsätzlich festlegten. Der königliche Schwager aus England erschien im September 1338 in Koblenz als Bundesgenosse Ludwigs, und dieser erließ in dessen Gegenwart feierlich fünf Reichsgesetze, die den Vollzug dieser reichspolitischen Festlegung, aber auch den Frieden im Reich durch Beschneidung des Fehdewesens betrafen. Die beiden verschwägerten Herrscher Kaiser Ludwig und Eduard III. wurden sich 1338 eine gegenseitige Stütze in der europäischen Öffentlichkeit.

Durch das Gesetz und die Erklärungen von 1338 setzte Ludwig einen Markstein in der Verfassungsgeschichte des Reiches.

Am 18. März 1339 bestätigte die 1329 festgelegte, zwischen Rudolfs und Ludwigs Nachkommen wechselnde Ausübung der Kur der auch als europäischer Dynast wichtige König Johann, der zwei Tage später die Krone Böhmens von Kaiser Ludwig zu Lehen nahm. Auch Johanns Onkel Balduin von Trier, der dort von 1307 bis 1354 regierte, erklärte am 7. September 1340 mit denselben Worten wie der Erzbischof von Mainz seine Zustimmung. Diese Rechtsakte von zwei Mitgliedern des Hauses Luxemburg, das weitab von Böhmen Positionen in verschiedenen Staaten besaß, waren umso wichtiger, als der Wittelsbacher Schwiegersohn des Königs Johann von Böhmen, Heinrich der Ältere von Niederbayern, am 1. September 1339 in Landshut starb, seine Witwe aber von Vater Johann noch als Braut für seinen seit 1335 siegreichen Konkurrenten, König Kasimir III. den Großen von Polen, ausersehen wurde – sie starb aber bereits am 11. Juli 1341 in Prag. Noch Kaiser Ludwig verlobte 1345 seinen Sohn Ludwig (VI.) den Römer mit Kasimirs Tochter Kunigunde. Sie war aus Kasimirs Ehe mit Anna von Litauen, Tochter des Fürsten Gedemin von Litauen, hervorgegangen und heiratete 1352 Ludwig den Römer.

1341 begann sich Ludwig auf Frankreich zu stützen, da England wirtschaftlich den sogenannten Hundertjährigen Krieg gegen Frankreich nicht durchhalten konnte. Er schloß 1341 mit dem Onkel seiner Frau, König Philipp VI. von Frankreich, in Vilshofen ein Bündnis, hatte aber bereits Helfer auch in der romanischen, besonders der italienischen Welt. Bereits 1326 verlobte er, bald nach der Kaiserkrönung vermählte er 1328 seinen jüngeren Sohn Stefan II. mit Elisabeth, der Tochter des Königs Friedrich II. von Sizilien aus dem Hause Aragon. Dieser war für den Kaiser ein naturgegebener Bundesgenosse gegen den 1309 bis 1343 in Neapel regierenden König Robert aus dem Hause Anjou, der den Wittelsbacher Kaiser geradezu mit Erbitterung bekämpfte. Sein vormaliger Kanzler setzte als Papst Johannes XXII. diesen Kampf von Avignon aus fort. König Friedrich II. von Sizilien war ein außerordentlich fortschrittlicher und erfolgreicher italienischer Herrscher. Er heiratete 1295 die Tochter des Anjou-Königs von Neapel und wurde ein Jahr später von der Bevölkerung Siziliens zum König gewählt, als sein Bruder Jakob II. von Aragon der Probleme nicht Herr wurde, die die Anjous geschaffen hatten. Seine Ehe mit der Anjou-Prinzessin Blanca aus Neapel legitimierte gewissermaßen die neuen Wege, die schon Peter III. von Aragon 1282 beschritten hatte, als sich das sizilianische Volk in der berühmt gewordenen Sizilianischen Vesper gegen die französischen Beamten Karls I. von Anjou erhob; Peter unterstützte das und wurde nun als König anerkannt.

Dieser Friedrich II. von Sizilien trat also zu Ludwig dem Bayern schon 1326 in eine dynastische Beziehung, als er seine Tochter Elisabeth Ludwigs jüngerem Sohn Stefan II. verlobte. Die Vermählung fand am 27. Juni 1328, also kurz nach der Kaiserkrönung Ludwigs, statt. Sie war eine Absage an Papst Johannes XXII. in Avignon, der dem Anjou-König Robert von Neapel als Kanzler gedient hatte und dessen politische Richtung sich in seiner Auseinandersetzung mit den

Visconti in Mailand und mit Ludwig dem Bayern fortsetzte. Die nunmehrige Gattin des Kaisersohnes Stefan II. hatte Konstanze zur Schwester, die den König Heinrich II. von Cypern heiratete. Zur Witwe geworden, vermählte sie sich 1331 mit dem Fürsten Hugo von Armenien. Durch seine Ehe erhielt der jugendliche Wittelsbacher zu Schwägern die beiden Brüder seiner Frau, die hintereinander Herzöge von Athen wurden, und deren Bruder König Peter II. von Sizilien, der dort 1336 bis 1342 regierte.

1341 tat Ludwig der Bayer einen Schritt, der zwar realpolitisch ein großer Vorteil für Bayern und die Stellung des Kaisers im Reich war, aber von seinen Gegnern psychologisch-propagandistisch wirkungsvoll gegen ihn ausgenützt wurde. Als nämlich Tirols Erbin Gräfin Margarete Maultasch ihrem Gatten Johann Heinrich von Luxemburg bei seiner Heimkehr von der Jagd den Eintritt ins Schloß verwehrte und sich von ihm trennte, erklärte Kaiser Ludwig diese Ehe als nicht vollzogen und ließ 1342 seinen eigenen Sohn Ludwig den Brandenburger durch einen Priester mit Margarete trauen. Wenn auch die Kirche selbst 1359 – nach Ludwigs Tod – die erste Ehe Margaretes annullierte, forderte 1342 der damalige Papst Ludwig auf, selbst alle seine Amtshandlungen für ungültig zu erklären. Die Kränkung des Luxemburgers nahm zwar nicht König Johann von Böhmen, aber dessen Sohn Karl sehr übel und benützte sie, um sich zum Gegenkönig wählen zu lassen – sein eigentliches Ziel. Ludwig gelang es jedoch, ihn militärisch in die Enge zu treiben, so daß der Sieg über Karl ihm gewiß schien. Da ereilte den Wittelsbacher Kaiser auf der Jagd bei Kloster Fürstenfeld im Oktober 1347 der Tod. Ludwig starb unter Anrufung der Fürbitte der heiligen Maria.

Obwohl der Kaiser nur 1328/29 das Reich längere Zeit verließ, gestaltete und benützte er neben anderen Kräften auch seine dynastischen Beziehungen in ganz Europa für seine Familie und seine Politik geschickt. Das wurde auch durch seine ziemlich lange Regierungszeit immer besser möglich, denn er stand über drei Jahrzehnte lang an der Spitze des Reiches. Andererseits wurden Ludwigs dynastische Beziehungen in Europa durch den Kampf der Päpste in Avignon gegen ihn oft auch kompliziert und erschwert. Die in Europa maßgebenden dynastischen Kräfte brachten Gegensätze, aber auch immer wieder Kräfte der Versöhnung ins Spiel. Einseitige Vorteile und Nachteile, Härten und Schärfen wurden durch sie begrenzt. Schon zur Zeit Kaiser Ludwigs wuchsen die Dynastien Europas oft zu einer Art Großfamilie zusammen.

Die Nachkommen Kaiser Ludwigs IV. des Bayern

AUS DER EHE MIT BEATRIX

1. MECHTHILD (Mathilde)

* nach dem 21. 6. 1313 in ? (Forschungen Pater Alfons Gervasius Sprinkart)
† 3. 7. 1346 in Meißen
Grabstätte: Klosterkirche Altenzelle (heute Altzella im Ortsteil Zella der Stadt Nossen in Sachsen)

⚭ Anfang Mai 1323 in Nürnberg
FRIEDRICH II., Landgraf von Thüringen aus dem Hause Wettin
Eltern: Friedrich I., Landgraf von Thüringen, und Elisabeth, Tochter des Grafen Hartmann XI. von Lobdaburg-Arnshaugk
* 1310 in Gotha
† 18. 11. 1349 auf der Wartburg
Grabstätte: Klosterkirche Altenzelle (heute Altzella im Ortsteil Zella der Stadt Nossen in Sachsen)

2. LUDWIG V. der Brandenburger

1. ⚭ MARGARETE, Prinzessin von Dänemark

2. ⚭ MARGARETE MAULTASCH, gesch. Markgräfin von Mähren
Siehe unter Herzog Ludwig der Brandenburger

3. STEFAN II. mit der Hafte

1. ⚭ ELISABETH, Tochter Friedrichs II., König von Sizilien aus dem Hause Aragon

2. ⚭ MARGARETE, Tochter Johanns II., Burggraf von Nürnberg
Siehe unter Herzog Stefan II.

4. TOCHTER

* Ende September 1314 in ?
† ?

5. ANNA I.

* um 1316 in ?
† 29. 1. 1319 in Kastl/Oberpfalz
Grabstätte: ehemalige Klosterkirche Kastl/Oberpfalz

6. AGNES I.

* um 1318 in ?
† ?

AUS DER EHE MIT MARGARETE

7. Margarete

* 1325 in ?
† ? in München?
Grabstätte: Dom in München

1. ∞ Januar 1351 in Ofen
Stefan von Kroatien, Dalmatien und Slavonien aus dem Hause Anjou
Eltern: Karl II. Robert, König von Ungarn, und Elisabeth, Tochter König Wladislaws I. von Polen
* 26. 12. 1332 in ?
† ? 1353/54 in ?
Grabstätte: Stuhlweißenburg (Székesfehérvár)

2. ∞ 1358
Gerlach, Graf von Hohenlohe, Kaiserlicher Land- und Hofrichter
Eltern: ?
* ?
† nach dem 16. 10. 1387
Grabstätte: ?

8. Anna

* um 1326 in ?
† 3. 6. 1361 im Kloster Fontenelles bei Valenciennes
Grabstätte: Zisterzienserinnenkloster Fontenelles bei Valenciennes

∞ 18. 2. 1339 in München
Johann I., Herzog von Niederbayern
Eltern: Heinrich II., Herzog von Niederbayern, und Margarete, Tochter König Johanns von Böhmen
* 29. 11. 1329 in ?
† 20. 12. 1340 in Landshut
Grabstätte: Zisterzienserinnenkloster Seligenthal bei Landshut

9. Ludwig VI. der Römer

* 7. 5. 1328 in Rom
† 17. 5. 1365 in Berlin
Grabstätte: damalige Franziskanerkirche in Berlin

1. ∞ vor dem 19. 5. 1352 in Krakau
Kunigunde
Eltern: Kasimir III., König von Polen (letzter Piast), und Anna, Tochter Gedemins, Fürst von Litauen
* um 1334 in ?
† 1357 in Berlin
Grabstätte: damalige Franziskanerkirche in Berlin

2. ⚭ 15.? 2. 1360 in Berlin
Ingeburg
Eltern: Albrecht I., Herzog von Mecklenburg, und Eufemia, Tochter Herzog Erichs von Schweden
* um 1340 in ?
† nach dem 25. 7. 1395 in ?
Grabstätte: Erbgruft der Grafen von Holnstein in Itzehoe

(Ingeburg heiratete nach Ludwigs Tod 1366 Heinrich, den Eisernen Grafen von Holnstein)

10. Elisabeth
* 1329 in ?
† 2. 8. 1402 in Stuttgart
Grabstätte: Stiftskirche in Stuttgart

1. ⚭ 22. 11. 1350 in Verona
Cangrande II., Fürst von Verona aus dem Haus della Scala
Eltern: Mastino II., Fürst von Verona, und Taddea, Tochter des Jakob von Carrara
* 8. 6. 1332 in ?
† 14. 12. 1359 ermordet in Verona
Grabstätte: S. Maria Antica in Verona

2. ⚭ 1362 in Donauwörth?
Ulrich von Württemberg
Eltern: Eberhard II., Graf von Württemberg, und Elisabeth, Tochter des Grafen Heinrich XII. von Henneberg-Schleusingen
* 1342 in ?
† 23. 8. 1388 gefallen in der Schlacht bei Döffingen
Grabstätte: Stiftskirche in Stuttgart

11. Wilhelm
* 12. 5. 1330 in Frankfurt am Main
† 15. 4. 1388 in Quesnoy
Grabstätte: Minoritenkirche in Valenciennes

⚭ Sommer 1352 in London
Mechthild
Eltern: Heinrich I., Herzog von Lancaster, Graf von Derby und Lincoln und ...?
* 1339 in ?
† 1362 in ?
Grabstätte: Benediktinerinnenkloster Rhijnsburg bei Leiden

12. ALBRECHT I.
(seine Linie erlischt im Mannesstamm mit Graf Johann von Holland)
* 25. 7. 1336 in München
† 13. 12. 1404 im Haag (Den Haag)
Grabstätte: Hof- und Kollegiatkapelle im Haag (später franz. Kirche)

1. ⚭ 19. 7. 1353 in Passau
MARGARETE
Eltern: Ludwig I., Herzog zu Brieg in Schlesien und ...?
* 1336 in ?
† zw. 18. und 22. 2. 1386 im Haag (Den Haag)
Grabstätte: Hof- und Kollegiatkapelle im Haag (später franz. Kirche)

2. ⚭ 30. 3. 1394 in Köln
MARGARETE
Eltern: Adolf V., Graf von Kleve und der Mark und ...?
* um 1375 in ?
† 1412 in Huis de Kleef bei Harlem
Grabstätte: Klosterkirche im Haag (Den Haag)

13. OTTO V.
* 1340 oder 1342 in München
† 15. 11. 1379 auf Schloß Wolfstein a. d. Isar
Grabstätte: Zisterzienserinnenkloster Seligenthal bei Landshut

⚭ vor dem 1. 11. 1366
KATHARINA
Eltern: Karl IV., röm.-dt. Kaiser, und Blanka, Tochter des Herzogs Karl I. von Valois
* August 1342 in Prag
† 26. 4. 1395 in Wien
Grabstätte: Stephansdom in Wien

14. BEATRIX
* 1344 in ?
† 25. 12. 1359
Grabstätte: Riddarholmskirche Stockholm

⚭ Frühjahr 1356 in Berlin? oder Dezember 1355?
ERICH XII., König von Schweden aus dem Hause der Folkunger
Eltern: Magnus II. Smek, König von Schweden, und Blanka, Tochter Johanns, Graf von Namur
* 1339 in ?
† 21. 6. 1359 an Gift
Grabstätte: Riddarholmskirche Stockholm

15. Agnes II.
* 1345 in München
† 11. 11. 1352 in München
Grabstätte: Dom in München

16. Ludwig
* Anfang Oktober 1347 in München
† 1348 in München?
Grabstätte: Dom in München

Herzog Ludwig V. der Brandenburger

Herzog Ludwig V. der Brandenburger

* Mitte Mai 1315 in ?
† 18. 9. 1361 in Zorneding
Grabstätte: Dom in München

1. ⚭ 30. 11. 1324 in Wørdingborg
MARGARETE
Eltern: Christoph II., König von Dänemark, und Eufemia, Tochter des Herzogs Boguslav IV. von Pommern
* um 1305 in ?
† zwischen Ende März und Ende Mai 1340 in Berlin
Grabstätte: damalige Franziskanerkirche in Berlin

2. ⚭ 10. 2. 1342 auf Schloß Tirol
MARGARETE, genannt Maultasch
Eltern: Heinrich, Herzog von Kärnten, und Adelheid von Braunschweig
* 1318 auf Schloß Maultasch in Tirol
† 3. 10. 1369 in Wien
Grabstätte: Minoritenkirche zum Heiligen Kreuz in Wien

Margarete hatte Mitte September 1330 in Innsbruck den Markgrafen Johann Heinrich von Mähren geheiratet. Diese Ehe wurde 1341 vom Kaiser als nichtig (nicht vollzogen) erklärt, 1359 auch vom Papst annulliert.

Ludwig regiert als Markgraf von Brandenburg von 1323/24 bis 1351 (bis 1333 durch Vertretung), als Graf von Tirol von 1342 bis 1361, als Herzog von Oberbayern 1351 bis 1361. Gemeinsam mit seinen Brüdern regiert er 1347 bis 1349 alle Wittelsbacher Hoheitsbereiche (einschließlich Holland).

Ludwig wurde am 4. Mai 1323 als achtjähriger Knabe mit der durch Aussterben der Askanier erledigten Markgrafschaft Brandenburg belehnt und in einer politischen Kinderehe, wie sie damals häufig vorkam, Ende 1324 zu Werdingborg mit Margarete, der achtzehnjährigen Tochter des Königs Christoph II. von Dänemark, vermählt. Die im Sommer oder Herbst 1333 vollzogene Ehe wurde glücklich und brachte Ludwig eine weitere Verbindung zum Norden, als er später Beatrix, seine Tochter aus dieser Verbindung, mit König Erich XII. von Schweden verheiratete.

Ludwig traf von München kommend erstmals im Juni 1333 in der von Graf Berthold VII. von Henneberg als Vertreter regierten Mark Brandenburg ein und brachte zur unabhängigen Führung seiner Regierungsgeschäfte eine neue Kanzlei mit, der die seines Vertreters gut vorgearbeitet hatte. Für die Landesverwaltung bestellte der Vater bereits 1323 einen juristisch gebildeten Rat als Landeshauptmann, im Hofgericht setzte der Sohn 1334 für sich einen Stellvertreter ein. Wie der kaiserliche Vater kämpfte Ludwig zusammen mit England gegen Frankreich. Im Interesse der kaiserlichen Positionen im Reich, wie im besonderen Interesse Bayerns, vermählte Kaiser Ludwig seinen 1340 zum Witwer gewordenen Sohn 1342 mit der Erbin Tirols, Margarete Maultasch, die sich von ihrem Luxemburger Gemahl Johann Heinrich getrennt hatte. Der Kaiser erklärte ihre Ehe als nicht vollzogen und ließ das Paar am 10. Februar 1342 in Meran durch einen Priester trauen. Erst 1349 erkannte der Papst Johann Heinrichs zweite Ehe, 1359 die zweite Ludwigs an, der mit Margarete die gleichen Urgroßeltern hatte. Am 26. Februar 1342 beurkundete der kaiserliche Vater in Innsbruck, daß er (am 11.? den Sohn und dessen Gemahlin mit allen Lehen (Tirol, Görz, Trient, Brixen und der Vogtei über Aquileja) ausgestattet habe, die sie von ihm und dem Reich hatten (Brandenburg wird nicht ausdrücklich erwähnt). Der neue Tiroler Landesherr beachtete die einseitig zugunsten des Adels noch von seinem Vater gewährten Privilegien nicht, sondern richtete tatkräftig eine neue Verwaltung ein. In seinem Rat wirkten regelmäßig auch der Burggraf von Tirol mit, der zugleich Richter war. Für Münchner Kaufleute erleichterte Ludwig der Brandenburger schon 1344 die Abgaben in Meran. In Brandenburg entstanden zwar Schwierigkeiten durch Ansprüche eines angeblichen Askaniers, aber Ludwig meisterte sie, indem er die Brandenburger Ritter durch Privilegienbestätigung für sich gewann. 1346 huldigten ihm die Ratsleute der Städte Berlin und Cölln als ihrem rechtmäßigen Herrn und erließen ihm seine bei ihnen gemachten Schulden, ein Beweis für seine ihnen erwünschte ausgleichende Regierung. Bei der Länderverteilung von 1351 übergab er aber Brandenburg an seine jüngeren

Halbbrüder, den damals 23jährigen Ludwig den Römer und den etwa zehnjährigen Otto. Er selbst übernahm dafür das Herzogtum Oberbayern. Indem er zugleich Landesherr Tirols blieb, das erst seit 1282 verselbständigt worden war, gestaltete er nun einen Bereich, der durch seine Entwicklung viel Gemeinsames mit dem Herzogtum Bayern hatte. Ludwig regierte häufig von Schloß Tirol oder vom Alten Hof in München aus. Er verband für beide Bereiche Verwaltung und Kanzlei eng. 1351 bis 1361 bestand eine oberbayerisch-tirolische Kanzlei für den schriftlichen Vollzug des landesherrlichen Willens. Außenpolitisch wehrte Ludwig die Angriffe des Luxemburger Kaisers Karl IV. mit Umsicht und Erfolg ab. In Tirol erweiterte er schon früher die Aufgaben des Landeshauptmanns und gestaltete seit 1347 den Rat unter dem Landeshauptmann zu einem besonders zusammengesetzten Kreis neben dem allgemeinen landesherrlichen Rat. Zu diesem traten Männer zusammen, die für den jeweils zu behandelnden Fall durch das Vertrauen des Landesherrn berufen wurden. Auch in Oberbayern organisierte Ludwig einen Rat unter dem Landeshauptmann und einen weiteren Rat (Forschungen von Helm. Schmidbauer).

Unermüdlich tätig, starb Ludwig 1361 auf dem Ritt nach München in Zorneding.

Die Nachkommen Herzog Ludwigs V. des Brandenburgers

AUS DER EHE MIT MARGARETE, PRINZESSIN VON DÄNEMARK

1. Elisabeth

* ? in ?
lebt noch 1345
† ?
Grabstätte: ?

AUS DER EHE MIT MARGARETE, GENANNT MAULTASCH

2. Hermann

* März? 1343 in ?
lebt noch 1360
† ?

3. Meinhard

* 9. 2. 1344 in Landshut
† 13. 1. 1363 auf Schloß Tirol
Grabstätte: Meran
⚭ 4. 9. 1359 in Passau
Margarete, Herzogin von Österreich
Eltern: Albrecht II. (der Lahme oder der Weise), Herzog von Österreich, und Johanna, Gräfin von Pfirt
* um 1346 in Wien
† 14. 1. 1366 in Brünn
Grabstätte: St. Thomas in Brünn

4. Tochter

* ?
† ?

5. Tochter

* ?
† ?

Herzog Stefan II. mit der Hafte (Spange)

* im Herbst 1319 in ?
† 13. (19.?) 5. 1375 in Landshut
Grabstätte: Dom in München

1. ⚭ 27. 6. 1328
ELISABETH, Prinzessin von Sizilien aus dem Hause Aragon
Eltern: Friedrich II., König von Sizilien aus dem Hause Aragon, und Eleonore, Prinzessin von Sizilien aus dem Hause Anjou

* 1309? in ?
† 21. 3. 1349 in Landshut?
Grabstätte: Dom in München

2. ⚭ 14. 2. 1359 in Landshut
MARGARETE
Eltern: Johann II., Burggraf von Nürnberg, und Elisabeth, Gräfin von Henneberg

* um 1333 in ?
† 19. 9. 1377 in München?
Grabstätte: Dom in München

Stefan II. regiert von 1347 bis 1349 gemeinsam mit seinen Brüdern in Oberbayern und in allen anderen Wittelsbacher Hoheitsbereichen, 1349 bis 1375 in Niederbayern, 1363 bis 1375 auch in Oberbayern.

Stefan II. wurde wahrscheinlich schon im Alter von 13 Jahren in einer politischen Ehe mit der etwa 19jährigen Tochter Elisabeth des berühmten Königs Friedrich II. von Sizilien vermählt, die offenbar Mitte der dreißiger Jahre vollzogen wurde. Um diese Zeit schlossen Stefan und formell seine Stiefbrüder Ludwig (VI.) und Wilhelm bereits einen oberbayerisch-brandenburgischen Erbvertrag mit Ludwig dem Brandenburger. Der Kaiser aber schaltete Stefan als eine Stütze in seiner Reichspolitik ein und machte ihn zum Inhaber der Reichslandvogtei in Schwaben und im Elsaß. 1338 beurkundete Stefan »wie die anderen Kurfürsten auch« den Kurverein von Rhense, durch den das Reichsoberhaupt als unabhängig von päpstlicher Bestätigung anerkannt wurde. Grundlage zu dieser »kurfürstlichen« Stellung war natürlich das Herzogtum Bayern (Forschungen von Wilh. Volkert).

Bei den Teilungen nach dem Tod des Kaisers erhielten Stefan II. und seine Halbbrüder Wilhelm und Albrecht 1349 Niederbayern und die holländischen Hoheitsbereiche (Hennegau, Holland, Seeland und Friesland), Stefan überließ ihnen diese 1353 samt dem Gebiet um Straubing, das den Bayerischen Wald umfaßte. Er selbst wirkte mit Umsicht in Niederbayern. Als 1363 durch den Tod des einzigen Sohnes Meinhard seines Bruders Ludwig des Brandenburgers Oberbayern und Tirol an Stefan fielen, stellte er Ober- und Niederbayern mit Hilfe der Landstände als eine Einheit her. Trotz zäher Gegenwehr mußte er 1369 aber Tirol an die Habsburger abtreten.

Vergebens hatte er sich dagegen eine Stellung im Süden aufgebaut, zu dem er schon durch seine Ehe Beziehungen hatte. Durch Vermählung seines gleichnamigen Sohnes 1364 mit der Tochter des mächtigen und reichen Barnabas Visconti von Mailand verstärkte er sein Gegengewicht gegen die Habsburger. Seine Tochter Agnes hatte er schon 1356, nachdem er 1355 bei der Kaiserkrönung Karls IV. in Rom neue Kontakte gefunden hatte, mit dem König Jakob I. von Cypern, Jerusalem und Armenien vermählt.

Durch Modernisierung des schriftlichen Vollzugs des landesherrlichen Willens begann er unter Heranziehung des Rates und des Hofgerichts eine wirksame Ordnung im Land zu schaffen. 1368 regelte er das finanziell und wirtschaftlich überaus wichtige Salzwesen in Reichenhall. Zur Sicherung auf den Straßen und im Land erließ Stefan II. zusammen u. a. mit seinem Sohn und Nachfolger Stefan III. 1374 den »Großen Brandbrief« und verpflichtete darauf Ritter und Städte. Die Wirkung seines politischen Werkes war so groß, daß seine Söhne zwanzig Jahre entsprechend seinem Willen gemeinsam regierten.

Die Nachkommen Herzog Stefans II.

AUS DER EHE MIT ELISABETH, PRINZESSIN VON SIZILIEN (ARAGON)

1. Stefan III. (der Knäufel, der Kneißl = der Prächtige)
Siehe Linie Bayern-Ingolstadt

1. ⚭ Thaddäa aus dem Hause Visconti
2. ⚭ Elisabeth von Kleve
Siehe unter Herzog Stefan III.

2. Agnes

* um 1338 in ?
† ?
Grabstätte: St. Dominikus (Lusignansche Familiengruft) in Nikosia

⚭ um 1356
Jakob I., König von Cypern, Jerusalem und Armenien aus dem Hause Lusignan
* 1334 in ?
† 20. 9. 1398 in Nikosia auf Cypern
Grabstätte: St. Dominikus (Lusignansche Familiengruft) in Nikosia

3. Friedrich
Siehe Linie Bayern-Landshut

* um 1339 in ?
† 4. 12. 1393 in Budweis
Grabstätte: Zisterzienserinnenkloster Seligenthal bei Landshut

1. ⚭ 15. 3. 1360? in Reichenhall
Anna
Eltern: Berthold VII., Graf von Neuffen, Graf von Graisbach und Marstetten und ...?
* Sommer 1327 in ?
† 15. 10. 1380 in Landshut?
Grabstätte: Zisterzienserinnenkloster Seligenthal bei Landshut

2. ⚭ 2. 9. 1381 in Landshut
Magdalena
Eltern: der spätere Herzog Barnabas von Mailand aus dem Hause Visconti und Beatrix della Scala von Verona
* um 1366 in ?
† 24. 8. 1404 in Burghausen
Grabstätte: Zisterzienserkloster Raitenhaslach

4. Johann II.
Siehe Linie Bayern-München

* um 1341 in ?
† 8. 8. 1397 in München
Grabstätte: Dom in München

⚭ Anfang November 1372 in Treviso
Katharina
Eltern: Meinhard V., Graf von Görz und Tirol, und Katharina, Gräfin von Pfannberg
* ?
† ?

Johann II. regiert in Bayern-München von 1392 bis 1397.

Johann bemühte sich 1372 durch seine Ehe mit der Tochter des Grafen von Görz-Tirol, die Wiedererwerbung dieser Gebiete für Bayern anzubahnen. Das mißlang jedoch. Er schloß zum Teilungsvertrag von 1392 im nächsten Jahr noch einen Zusatzvertrag über böhmische Pfandschaften, das heißt über Burgen und Orte nördlich von Regensburg (Sulzbach, Rosenberg usw.), die Kaiser Karl IV., zugleich König von Böhmen, von den Pfälzer Wittelsbachern 1353 erpreßt, 1374 an die altbayerischen Wittelsbacher verpfändet hatte.
In seinem Teilherzogtum Bayern-München herrschte Johann von 1392 bis 1395; entgegenkommenderweise legte er seinen Landesteil am 15. November 1395 mit Bayern-Ingolstadt zusammen, das von seinem älteren Bruder Stefan III. regiert wurde. Johann regierte mit diesem bis zu seinem Tode gemeinschaftlich. Die böhmischen Pfandschaften gab er 1395 an die Pfälzer Wittelsbacher. Seine Söhne Ernst und Wilhelm hoben jedoch jenes Rechtsverhältnis wieder auf und regierten allein in Bayern-München. Denn Stefan III. und sein Sohn hatten versucht, dieses Teilherzogtum überhaupt an sich zu reißen. Nach dem Tode seiner ersten Gemahlin 1391 zeugte Johann einen natürlichen Sohn, Johann Grünwalder, der als Generalvikar, später Bischof von Freising und als Kardinal ein bedeutender Kirchenfürst wurde.
Von seinen Söhnen Ernst und Wilhelm wurde das Teilherzogtum Bayern-München entscheidend geformt. (Siehe unter Herzog Ernst von Bayern-München und Herzog Wilhelm von Bayern-München.)

LINIE BAYERN-INGOLSTADT

STEFAN III. † 1413
1. ⚭ Thaddäa, Tochter des Signore Barnabas Visconti von Mailand
2. ⚭ Elisabeth, Tochter des Grafen Adolf V. von Kleve
Siehe unter Herzog Stefan III.

aus 1. Ehe

LUDWIG IM BART
* 1365
† 1447
Siehe unter Herzog Ludwig im Bart

Elisabeth
* 1371
† 1435
⚭ Karl VI., König von Frankreich

Kinder von Ludwig im Bart:

aus 1. Ehe

LUDWIG DER BUCKLIGE
* 1403
† 1445
⚭ Margarete, Tochter des Kurfürsten Friedrich I. von Brandenburg

Johann
* und †
1404

aus 2. Ehe

Johann
* 1414
† in jungen Jahren

Tochter
* und † ?

Kinder von Ludwig dem Buckligen:

Ein Kind
* 1442

Katharina
* um 1443

DIE LINIE ERLISCHT IM MANNESSTAMM
MIT LUDWIG IM BART 1447

Herzog Stefan III.

* um 1337 in ?
† 26. 9. 1413 in Niederschönenfeld bei Donauwörth
Grabstätte: Liebfrauenkirche in Ingolstadt

1. ⚭ 13. 10. 1364
THADDÄA
Eltern: Signore Barnabas Visconti von Mailand und Beatrix, Tochter des Mastino II. della Scala
* um 1350 in ?
† 28. 9. 1381 in München?
Grabstätte: Dom in München

2. ⚭ 17. 1. 1401 in Köln
ELISABETH, seit 1400 Witwe Reinolds von Valkenburg, Herrn von Borne, Sittart und Ravenstein
Eltern: Adolf V., Graf von Kleve, und Margarete, Tochter des Grafen Gerhard von Jülich, von Ravensberg und Berg
* um 1378 in ?
† ?
Grabstätte: ?

Stefan III. regiert gemeinsam mit seinen Brüdern von 1375 bis 1392 in Gesamtbayern, von 1392 bis 1413 in Bayern-Ingolstadt.

Kaiser Ludwigs Sohn Herzog Stefan II. hatte das durch ihn wiedervereinigte Herzogtum Bayern bis 1375 regiert. Sein ältester Sohn Stefan III. wirkte in der Regierungsarbeit bis 1392 mit seinen Brüdern, dem bedeutenden und glänzend hervortretenden Friedrich und mit dem besonders auf die Interessen des heimatlichen Herzogtums Bayern eingestellten Johann zusammen. Stefan III., seit 1364 mit der Tochter des in Mailand regierenden Barnabas Visconti verheiratet, vermählte 1385, als Herzog Johann der Unerschrockene von Burgund eine Tochter Albrechts von Bayern-Straubing-Holland heiratete, seine Tochter Elisabeth mit dem 17jährigen König Karl VI. von Frankreich. Dieser gab ihr bei ihrer Reise nach Paris an jedem besuchten Ort Feste, bei denen für das Volk Wein aus Brunnen floß, und wurde sehr beliebt, obwohl er seit 1392 geistig immer wieder erkrankte. Stefans Sohn Ludwig war deshalb oft in Gesellschaft und Regierung in Frankreich tätig.

Stefan III. eilte auf Hilferufe seines Visconti-Schwiegervaters nach Oberitalien und schickte in dessen Interesse und dem der lombardischen Liga seinen Sohn Ludwig schon 1391 nach Paris. Seinem Bruder Herzog Johann sagte die kostspielige und mit außerbayerischen Interessen verknüpfte Politik seiner Brüder nicht zu, und er setzte deshalb 1392 die allodialrechtlich (eigentumsrechtlich) begründete Teilung des Herzogtums in Bayern-Ingolstadt, Bayern-Landshut und Bayern-München durch; letzteres erhielt er selbst. Stefan III. bekam nicht zusammenhängende Landesteile, ein »Land im Gebirg« mit Kufstein, Rattenberg und Kitzbühel, wo wertvolle Bergwerke waren, außerdem Burg und Stadt Wasserburg, Burgen wie Wildenwart, westliche Orte wie Friedberg in der Gegend von Augsburg, Lauingen, Gundelfingen, Marstätten und Weißenhorn, im Norden Rechte und Gebiete ohne Zusammenhang von Neuburg an der Donau bis Hilpoltstein. Seine Residenz schlug er in Ingolstadt auf. Die drei Brüder teilten unter Mitwirkung ihrer Räte, aber auch der Landstände, besonders der Ritter und der Städte, am 13. November 1392 das Herzogtum unter besonderen Bedingungen: Nach Erlöschen der Linie eines der Brüder sollten deren Rechte und Gebiete unter den beiden anderen geteilt werden. Die teilenden Brüder versprachen einander, in einmütiger Treue zusammenzuhalten und sich mit allen Kräften Hilfe zu leisten. Ohne Zustimmung der anderen sollte keiner von ihnen oder ihren Erben einen »bedeutenden« Krieg anfangen.

Stefan III. war bereits 1380 nach Rom gereist, um zu erreichen, daß der Papst und der Römische König Wenzel zusammenwirkten. Seit 1394 arbeitete Stefan III. für einen Ausgleich zwischen dem Papst in Rom und dem in Avignon. Trotz der Teilung von 1392 regierte er seit dem 15. November 1395 zusammen mit

Herzog Johann dessen Herzogtum Bayern-München. Im Hinblick auf die immer schlechtere Regierung Wenzels im Reich, der sich aber den Interessen seines Königreiches Böhmen widmete, traten Stefan und Ludwig für das Königtum eines Wittelsbachers im Reich ein und trugen dazu bei, daß der Pfälzer Kurfürst Ruprecht III. am 21. August 1400 zum Römischen König gewählt wurde. Stefan III. warb im Herbst 1400 sieben Wochen lang in Begleitung seines Kanzlers Johann von Mauerheim in Paris um die Anerkennung des neuen Königs Ruprecht. Das war durch die entgegengesetzten Interessen von Frankreich und Burgund schwierig. Infolge der Erkrankung des königlichen Schwiegersohns mußte Stefans Tochter in Paris mit ihrem jungen Schwager Ludwig von Orléans und dem Vater-Bruder des kranken Königs, Herzog Philipp von Burgund, zusammenwirken.

Stefan, der gütig und tapfer war, die Pracht liebte und gern prächtige Kleidung trug, bekam wegen dieser Vorliebe den Beinamen der Kneißl (Kneußl). Seine Regierungsarbeit gestaltete er durch Führung von Registern sehr wirksam. Sein letztes großes Unternehmen galt dem bayerischen Interesse an Tirol, das sich 1282 unter eigenen Grafen verselbständigt hatte, von 1342 bis 1369, also auch eine Zeitlang unter Stefans Vater, mit Bayern wieder vereinigt war. Stefan III. und die beiden Söhne seines 1397 verstorbenen Bruders Johann sperrten den Salzverkehr zwischen den Salinen im bayerischen Reichenhall und Österreich, als sich eine Adelsopposition gegen den Habsburger Friedrich IV. in Tirol unter dessen eigenen Hofmeister erhob, der auch Landeshauptmann an der Etsch war. Es kam darüber zum Krieg. Stefan III. rückte zusammen mit seinem jüngeren Münchner Neffen Wilhelm persönlich aus. Doch stießen nur 800 bayerische Reiter bis in die Gegend von Hall in Tirol vor; die Erhebung des Tiroler Adels unter Heinrich von Rottenburg, dem Landeshauptmann an der Etsch, ebbte ab. Der Tod des Königs Ruprecht am 18. Mai 1410 machte eine neue Königswahl notwendig. Heinrich von Rottenburg unterwarf sich dem Habsburger. Da schloß Stefan III. im September 1410 einen Waffenstillstand, der 1411 verlängert wurde. Im Januar 1413 begann Stefan wieder den Krieg und drang bis Hall vor, freilich von den Neffen in München kaum unterstützt, da diese eine Mitregierung in München durch ihn und seinen Sohn Ludwig im Bart ablehnten.

Stefan kehrte um und starb am 26. September 1413 in Niederschönenfeld. Sein Sohn überführte ihn 1430 in die von ihm erbaute großartige Liebfrauenkirche in Ingolstadt.

Die Nachkommen Herzog Stefans III.

AUS DER EHE MIT THADDÄA

1. LUDWIG IM BART

1. ⚭ ANNA, Witwe Johanns II. von Berry, Graf von Montpensier

2. ⚭ KATHARINA, Witwe des Peter von Evreux, Graf von Mortain
Siehe unter Herzog Ludwig im Bart

2. ELISABETH (Isabeau de Bavière)
* 1371 in ?
† 30. 9. 1435 in Paris
Grabstätte: St. Denis bei Paris

⚭ 17. (10.?) 7. 1385 in Amiens
KARL VI., König von Frankreich
Eltern: Karl V., König von Frankreich, und Johanna,
Tochter Peters I., Herzogs von Bourbon
* 3. 12. 1368 in Paris
† 22. 10. 1422 in Paris
Grabstätte: St. Denis bei Paris

Herzog Ludwig im Bart

* 20. 12. 1365 in ?
† 1./2. 5. 1447 in Burghausen auf der Festung als Gefangener Herzog Heinrichs des Reichen von Bayern-Landshut
Grabstätte: Zisterzienserkloster Raitenhaslach

1. ⚭ 1. 10. 1402 in Paris
Anna, Witwe Johanns II. von Berry, Graf von Montpensier
Eltern: Johann I., Graf de la Marche, von Vendôme aus dem Hause Bourbon, und Katharina, Tochter des Grafen Johann VI. von Vendôme
* um 1380 in ?
† 1408 (Forschungen Theo Straub) in Paris
Grabstätte: St. Jacques in Paris (Kirche abgebrochen)

2. ⚭ 1. 10. 1413 in Paris
Katharina, Witwe Peters von Evreux, aus dem Hause Navarra, Graf von Mortain
Eltern: Peter II., Graf von Alençon, und Marie von Chamaillard, Tochter des Wilhelm von Antenaise
* um 1395? in Verneuil
† 25. 6. 1462 in Paris
Grabstätte: St. Généviève in Paris

Ludwig im Bart regiert in Bayern-Ingolstadt von 1413 bis 1443 (1447).
Er wird 1413 als Graf von Mortain Pair von Frankreich.

Ludwig und seine Schwester Elisabeth wurden durch ihre Visconti-Mutter in die romanische Welt geradezu hineingeboren. Dadurch, daß ihr Vater seit 1392 das mit seinen Brüdern Friedrich und Johann geteilte Herzogtum Bayern in Kufstein, Rattenberg und Kitzbühel, in Wasserburg, Friedberg, Lauingen und Weißenhorn, in Neuburg an der Donau, in Hilpoltstein und der Residenz Ingolstadt nur in sehr auseinanderliegenden Gebieten erhielt, war in Bayern Ludwig schon vor und erst recht seit dem Tod des Vaters 1413 auf das Zusammenwirken mit den Verwandten im Herzogtum Bayern-Landshut und Bayern-München angewiesen. Er konnte aber auch auf diese Teilherzogtümer durch seine wirtschaftlich und militärisch wichtigen Teilgebiete Druck ausüben. Schon sein Vater hatte seit 1395 mit seinem Bruder Johann in Bayern-München mitregiert, diesen sogar dort überhaupt zu verdrängen gesucht. Johanns 1397 verwaiste Söhne Ernst und Wilhelm bedrohten der junge Herzog Ludwig und sein regierender Vater erst recht; sie verbanden sich dazu mit den unteren Schichten der Stadt München. Ludwig erstrebte wie der Vater einen Abbau der Teilung von 1392 und hoffte, die vormundschaftliche Regierung in Bayern-Landshut für den erst 1386 geborenen Herzog Heinrich von Bayern-Landshut unter entsprechenden Druck setzen zu können. Stefan III. hatte ja in der Vormundschaft dort bis 1404 mitzuwirken. Ludwig hatte in Folge der Vermählung seiner Schwester 1385 mit König Karl VI. von Frankreich dort in Gesellschaft und Regierung eine interessante Tätigkeit begonnen, sich nach französischer Mode den Bart zuschneiden lassen und stützte sich für seine Politik im bayerischen Bereich auf seine Stellung in Frankreich. Da der Hofmeister seines Vaters den jungen Herzog Ernst von Bayern-München dort 1397 so gereizt hatte, daß ihm Ernst mit der blanken Waffe eine schwere Wunde beibrachte, verließ Ernst die Stadt, und Ludwig setzte sich in Besitz der Neuen Feste, also des Residenzsitzes in München. Die Patrizier hielten zu Ernst, die Zünfte zu Ludwig, der geschickt die einfachere Bevölkerung umwarb. Trotz des Schiedsgerichts 1399 unter Kurfürst Ruprecht III. in Heidelberg, der im Jahr 1400 Römischer König wurde, gingen die gewalttätigen Auseinandersetzungen in München weiter. Ludwig konnte nicht verhindern, daß seine Münchner Vettern im Dezember 1402 die mit Bayern-Ingolstadt gemeinsame Regierung von 1395 wieder aufhoben und die Teilungsbestimmungen von 1392 zur Grundlage ihrer eigenen Regierung machten. Ludwig im Bart verlor hier das Spiel, versuchte es aber 20 Jahre später wieder.

Er nahm inzwischen seine Aufgaben in Frankreich wahr. Sie waren schwierig. Denn seine königliche Schwester mußte infolge der Erkrankung Karls VI. mit dessen jüngeren Bruder Ludwig, seit 1392 Herzog von Orléans, und dessen

Vater-Bruder Herzog Philipp von Burgund zusammenwirken, deren Interessen sich überschnitten. Ludwig trug dem Gegensatz Rechnung. Königin Elisabeth (Isabella, »Isabeau«) zog ihren Bruder zu verschiedenen Fragen heran und unterstützte ihn finanziell bei der Abtragung seiner Schulden. Ludwig suchte wie seine Schwester durch Überparteilichkeit die Gerechtigkeit, aber auch in der Auseinandersetzung mit den Herzögen von Burgund die französische Staatseinheit zu erhalten. Er lebte wieder von 1402 bis 1415 mit drei kurzen Unterbrechungen in Frankreich, hatte 1402 Anna, die Tochter des Johann von Bourbon, in Paris geheiratet, die in einer kurzen, kinderlosen ersten Ehe mit Johann II. von Berry vermählt gewesen war. Sie starb schon 1408. Ludwig vertrat seinen königlichen Schwager oft im Staatsrat und wirkte seit 1408 als Gouverneur des Hofes seines Neffen, des noch nicht volljährigen Thronfolgers (Karl VII.). Mindestens während seines Aufenthaltes in Paris von 1407 bis 1415 arbeitete er mit Hilfe seines sprachkundigen Sekretärs, Friedrich Schiltberger, den schon 1398 sein 1407 ermordeter Schwager Ludwig von Orléans einer wichtigen Gesandtschaft nach Prag als Begleiter beigegeben hatte.

Infolge des Todes des Herzogs von Orléans 1407 wuchs die Raffsucht des seit 1404 regierenden Herzogs Johann von Burgund, des Sohnes Philipps des Kühnen, der 1369 die Tochter des letzten Grafen von Flandern und Erbin der Franche Comté geheiratet hatte. Ludwig im Bart vermittelte, mußte sich aber als »Neutralist« nach Valenciennes zurückziehen, das im Hennegau lag, welcher im Besitz der Linie Bayern-Straubing-Holland war. Da der Thronfolger 1412 die Tochter des Herzogs Johann von Burgund heiratete, mit dessen Anhängern Ludwig im Kampf gelegen war, mußte er von Paris abreisen, obwohl er noch im März 1413 ein Bündnis mit dem Herzog von Burgund geschlossen hatte. Bei seiner Rückkehr nach Paris nahmen ihn revolutionäre Metzger gefangen. Im August 1413 wieder frei, begann er den Burgunder ebenso unerbittlich zu bekämpfen wie seit 1408 den Vetter Heinrich von Bayern-Landshut wegen eines Erbausgleiches. Seine königliche Schwester unterstützte ihn finanziell, als er am 1. Oktober in Paris abermals heiratete. Seit dem 26. September 1413 selbst Herzog von Bayern-Ingolstadt reformierte er dort das Abgabewesen, vereinheitlichte die Stadtrechte und machte sich die in Paris erfahrene Regierungstechnik zunutze: er unterschrieb die ausgestellte Urkunde, und zwar als »Loys«, und setzte ein Chirogramm (Handzeichen) bei. Er wurde ein genauer Regierer und Verwalter und stützte sich auf Juristen auch des römischen Rechts. Im Kampf gegen den Burgunder eroberte er 1414 Soissons. Auf dem Konstanzer Konzil vertrat er den König von Frankreich. In seinem Kampf als Haupt der ältesten Linie des Herzogtums Bayern stritt er dort mit Herzog Heinrich dem Reichen von Bayern-Landshut; er verneinte 1417 in Konstanz die Zuständigkeit des von seinem Vetter schon früher angerufenen, aber nicht seinen territorialen Wünschen entsprechenden Hofgerichts des Römischen Königs für sich als Lehensträger der französischen Krone. Er hatte nämlich 1413 in Paris Katharina, die Tochter des Grafen von Alençon, geheiratet und vom König die Grafschaft

Mortain bekommen, mit der ihr erster Mann belehnt gewesen war. Außerdem besaß er die französischen Reichslehen Chastel, Marcoussis, St. Yan, Chatamullet u. a. Dadurch, daß der von Ludwig schwer beleidigte Landshuter diesen aus einem Hinterhalt überfiel und gefährlich verletzte, verfeindeten sich die Vettern außerordentlich. Da Ludwig dem Kaiser Sigismund 2300 Gulden geliehen hatte, aber trotz der Bürgschaft des Brandenburger Kurfürsten Friedrich I. nicht zurückerhielt, griff Ludwig den Hohenzollern in einer geradezu homerischen Kampfrede an und bestritt ihm die Mark Brandenburg, auf die er als Wittelsbacher aufgrund des Vertrages von 1373 ein Vorkaufsrecht hatte. Er sprach ihm durch ein von ihm eingesetztes Gericht die Mark ab und verbündete sich mit Kaspar dem Törringer, der mit seinen Herzögen Ernst und Wilhelm von Bayern-München in Streit lag. Als er unter Berufung auf ein Einlagerrecht sich mit seinem Gefolge in Klöstern seines Herzogtums zu oft einquartierte, traf ihn aber der Kirchenbann. 1421 erklärte sich das ihm gehörende Donauwörth wieder zur Reichsstadt, der Hohenzoller eroberte Parkstein und Weiden, der Neumarkter Pfalzgraf Johann erstürmte Freienstadt. Nach einigen Abmachungen mit den Landständen in Bayern-München griff er die Herzöge dort militärisch an, obwohl auch sie Partner der Verträge geworden waren. Das Bauern- und Bürgerheer der Münchner Herzöge besiegte jedoch am 19. September 1422 in einer unblutigen Schlacht zwischen Alling und Hoflach Ludwig gründlich. Seine Vettern übernahmen Oswald Tuchsenhauser aus seiner Regierungskanzlei 1423/24 in ihren Dienst und ließen zwei Auslaufsregister führen, modernisierten also ihre Regierungsarbeit durch Ludwigs Kanzlei.

Der Römische König nahm Ludwigs Herzogtum in die Obhut des Reiches und übergab es zur Verwaltung Brunorio von der Leiter, der diesem als Hofmeister und auch persönlich nahe stand. Ludwig selbst nahm am Feldzug des Königs gegen Ungarn teil. Er versuchte sogar, dem König Sigismund ein Bündnis mit seinem Neffen, dem seit 1422 regierenden König Karl VII. von Frankreich, zu vermitteln, das dieser selbst anstrebte. Als 1425 Herzog Philipp von Burgund das Aussterben des Mannesstammes der Linie Bayern-Straubing-Holland benützte, um das Erbe an sich zu reißen, und 1426 sogar seine Hand nach Luxemburg ausstreckte, gewann Ludwig im Bart Anteile am Erbe dieser Linie, der Römische König verbündete sich mit Ludwigs Freund Friedrich von Österreich gegen Burgund, ja er schloß 1430 eine Allianz mit Karl VII. Ludwig ergriff neuerlich die Zügel der Regierung in seinem Herzogtum, wo er 1425 in Ingolstadt ein großartiges Münster begann. Er beschäftigte auch sonst Baumeister, dann Bildhauer und Goldschmiede und hatte das »Goldene Rößl« aus Frankreich mitgebracht, das seine Schwester 1404 ihrem Gemahl geschenkt hatte. Bis zur Entscheidung über die Verteilung des Landes Bayern-Straubing 1429 residierte er gerne in dessen Hauptstadt. Er ließ sich damals bereits in Ingolstadt durch seinen Sohn Ludwig den Buckligen vertreten, der nüchtern und gründlich arbeitete.

Zu diesem seinem Sohn entstand eine Spannung, als Ludwig eine fürstliche Verheiratung eines seiner beiden unehelichen Söhne wichtiger nahm als die seines Nachfolgers. Sein unehelicher Sohn Wieland von Freiberg war drei Jahre älter als der legitime Erbfolger und bereits als Kammermeister tätig. Ludwig wollte ihn als Miterben sogar in den Regierungsrechten einsetzen. Er schickte Ludwig den Höcker auf das Konzil von Basel, um das beantragte Verfahren gegen Heinrich den Reichen wiederaufzunehmen. Da wurde ihm zugeflüstert, sein Sohn wolle ihn gefangensetzen. Ohne die Behauptung zu prüfen, verbot er ihm, das Herzogtum wieder zu betreten. Da gewann Ludwig der Höcker bei dem 1438 zur Regierung gekommenen Herzog Albrecht III. von Bayern-München die Zusage militärischer Hilfe und verbündete sich mit dem Kurfürsten von Brandenburg, der ein Schwager Heinrichs des Reichen war. Ludwig der Höcker sollte, wie schon lange geplant, die Tochter des Kurfürsten heiraten und alle Gebiete zurückerhalten, die der Hohenzoller im Krieg mit Ludwig im Bart in die Hand bekommen hatte. Als sich dieser gerade in Neuburg an der Donau befand, erklärte sich die Hauptstadt Ingolstadt für neutral und ließ den jungen Herzog zusammen mit dem von Bayern-München in ihre Mauern ein. Verschiedene Städte entschieden sich ebenfalls für Ludwig den Höcker. Der Krieg zwischen Vater und Sohn ging trotz des Todes von Wieland von Freiberg 1439 weiter. Ludwig im Bart erreichte bei dem neuen Habsburger König Friedrich III. 1440 einen Waffenstillstand, dem auch der Sohn beitrat, der 1441 Margarete von Brandenburg geheiratet hatte. Ludwig der Bucklige versuchte den Rest der Herrschaftsbereiche des Vaters mit Gewalt in seine Hand zu bekommen, eroberte 1443 Neuburg, starb aber am 13. April 1445. Sein Vater war im Kampf gefangengenommen worden; die Witwe und Markgraf Albrecht Achilles von Brandenburg-Ansbach hielten den alten Herzog entgegen dem letzten Willen Ludwigs des Buckligen weiter in Gefangenschaft. Heinrich von Bayern-Landshut versuchte nun das Herzogtum Bayern-Ingolstadt in seine Gewalt zu bekommen und schlug die Vermittlung des mitberechtigten Herzogs von Bayern-München aus. Er brachte mit Zustimmung des Habsburger Königs im August 1446 den alten Herzog als Gefangenen nach Burghausen und kümmerte sich weder um die Bemühungen der Landstände von Bayern-Ingolstadt für ihren Herzog noch um die Proteste des Königs Karl VII. von Frankreich und des nun seinem Beispiel folgenden Habsburger Reichsoberhauptes. Ludwig starb am 1. Mai 1447 auf der Festung Burghausen als Gefangener. Sein Sohn hatte nur zwei Kinder hinterlassen, die im Todesjahr des Großvaters offenbar bereits verstorben waren. Das dramatische Leben des Herzogs Ludwig im Bart, seine Begriffe von Recht und Ehre beschäftigten noch lange das Interesse weiter Kreise. Er kämpfte auf seine Weise für die Einheit des Herzogtums Bayern und die des Königreichs Frankreich.

Die Nachkommen Herzog Ludwigs im Bart

AUS DER EHE MIT ANNA

1. Ludwig der Bucklige (der Höcker)
   * 1. 9. 1403 in Paris
   † 7. 4. 1445 in Ingolstadt
   Grabstätte: Münster in Ingolstadt

   ⚭ 20. 7. 1441 in Ingolstadt
   Margarete
   Eltern: Friedrich I., Kurfürst von Brandenburg, und Elisabeth, Tochter Herzog Friedrichs von Bayern-Landshut
   * um 1410 in ?
   † 24. 7. 1465 in Landshut
   Grabstätte: Zisterzienserinnenkloster Seligenthal bei Landshut

   Ludwig der Bucklige regiert von 1443 bis 1445.

2. Johann
   * und † 1404 in Paris
   Grabstätte: St. Jacques in Paris (Kirche abgebrochen)

AUS DER EHE MIT KATHARINA

3. Johann
   * 6. 2. 1414 in Paris
   † in jungen Jahren in Paris
   Grabstätte: St. Jacques in Paris (Kirche abgebrochen)

4. Tochter
   * und † in Paris?
   Grabstätte: wohl Paris?

LINIE BAYERN-LANDSHUT

FRIEDRICH † 1393
1. ⚭ Anna, Gräfin von Neuffen, Graisbach und Marstetten
2. ⚭ Magdalena aus dem Hause Visconti

1. Ehe	2. Ehe				
Elisabeth * 1361 † 1382 ⚭ Marco Visconti von Mailand	Elisabeth * 1383 † 1442 ⚭ Friedrich Burggraf von Nürnberg, später Kurfürst von Brandenburg	Margarete * 1384 † in jungen Jahren	HEINRICH DER REICHE * 1386 † 1450 Siehe unter Herzog Heinrich der Reiche	Magdalene * 1388 † 1410 ⚭ Johann Meinhard Graf von Görz und Tirol	Johann * 1390 † 1396

Johanna * 1413 † 1444 ⚭ Pfalzgraf und Herzog Otto I. von Mosbach LINIE ERLISCHT 1499	Albrecht * 1414 † 1416	Friedrich * 1415 † 1416	LUDWIG DER REICHE * 1417 † 1479 Siehe unter Herzog Ludwig der Reiche	Elisabeth * 1419 † 1451 ⚭ Graf Ulrich V. von Württemberg	Margarete * 1420 † früh

Elisabeth * 1453 † 1457	GEORG DER REICHE * 1455 † 1503 Siehe unter Herzog Georg der Reiche	Margarete * 1456 † 1501 ⚭ Kurfürst Philipp von der Pfalz	Anna * und † 1462

Ludwig * 1476 † sicher vor 1496	Ruprecht * 1477 † früh	Elisabeth * 1478 † 1504 ⚭ Pfalzgraf Ruprecht der Tugendhafte | Ottheinrich siehe unter Kurfürst Ottheinrich von der Pfalz	Margarete * 1480 † 1531	Wolfgang * 1482 † früh

LINIE ERLISCHT IM MANNESSTAMM 1503

Herzog Heinrich der Reiche

* 1386 in ?
† 30. 7. 1450 in Landshut
Grabstätte: Zisterzienserinnenkloster Seligenthal bei Landshut

⚭ 25. 11. 1412 in Landshut
MARGARETE
Eltern: Albrecht IV., Herzog von Österreich, und Johanna, Tochter Herzog Albrechts I. von Bayern (Linie Straubing-Holland)
* 26. 6. 1395 in Wien
† 24. 12. 1447 in Burghausen
Grabstätte: Zisterzienserkloster Raitenhaslach

Heinrich der Reiche regiert in Bayern-Landshut von 1393 bis 1450 (bis 1404 unter Vormundschaft).

Herzog Friedrich, der bei der Teilung 1392 Bayern-Landshut erhalten hatte, bewegte sich gerne in der größeren Welt im Reich, wo man ihn sogar für einen möglichen Kaiser hielt, und starb 1393, als er gerade zwischen den Herrschern in Prag und Wien vermittelte. Nicht die offiziellen Vormünder, die Herzöge von Bayern-Ingolstadt und von Bayern-München, sondern Friedrichs Witwe, die Tochter des Signore Barnabas Visconti von Mailand, führte die Regierung für den Knaben Heinrich und stützte sich dabei betont auf einheimische Kräfte wie den Viztum Oswald von Toerring. 1401 vermählte sie ihre Tochter, die »schöne Else«, mit dem Burggrafen Friedrich von Nürnberg, starb aber selbst schon 1404.

Der kaum volljährige Doppelwaise Heinrich heiratete 1405 Margarete von Österreich, deren Mutter aus der Wittelsbacher Linie Bayern-Straubing-Holland stammte. Der diesen Wittelsbachern nahestehende König Sigismund trat zu Heinrich in ein gutes Verhältnis. – Der junge Herzog bestätigte in Unkenntnis der Wittelsbacher Städtepolitik die Rechte der Stadt Landshut nicht, die ihr 1279 Herzog Heinrich, der Bruder Ludwigs II., verliehen hatte. Führende Landshuter Bürger wollten sich darauf an den Römischen König wenden. Heinrich sah das in seiner politischen Unreife als eine Verschwörung an und hielt 1410 ein grausames Gericht. Später bereute er das und bestätigte den Landständen ihre Rechte.

Große Taten schienen in der Ferne zu locken, als der Hochmeister des 1410 von den Polen besiegten Deutschen Ordens in Preußen Heinrich um Hilfe bat und diese Bitte bald auch König Sigismund an ihn richtete. Heinrich marschierte nach Preußen. Als er eintraf, hatte der Hochmeister aber eben Frieden geschlossen. Heinrich kehrte zurück und schloß Bündnisse mit dem Pfalzgrafen Johann von Neumarkt und mit Herzog Friedrich IV. von Österreich. Diese schienen notwendig zu werden, als 1413 der Ingolstädter Ludwig im Bart, der Schwager des französischen Königs Karl VI., die Regierung in seinem Herzogtum antrat. Gegen die von ihm drohende Politik, die beiden Teilherzogtümer zu vereinnahmen, schloß Heinrich 1414 mit den anderen Herzögen einen Bund. Er ergänzte ihn auf dem Konstanzer Konzil durch einen mit seinem Schwager, der 1415 Kurfürst Friedrich I. von Brandenburg wurde. Ludwig im Bart, auf dem Konzil der Vertreter des Königs von Frankreich, hatte vor Jahren mit französischem Geld Orte wie Baierbrunn, Peißenberg erworben und bedrohte dadurch Bayern-München. Gegen die schon von seinem Vater Stefan III. behauptete Benachteiligung ihrer Linie hatten beide einen Prozeß noch vor dem Hofgericht König Ruprechts angestrengt. Da dieses ihnen nicht Recht gab, setzte Ludwig nun den Prozeß vor der Kurie fort und erklärte dieses Hofgericht für sich als Inhaber von Lehen des französischen Königs nicht für zuständig. Während der Auseinandersetzungen über seine Rechte beleidigte er Heinrich so sehr, daß dieser Ludwig darauf überfiel. Beide stammten von Visconti-Müttern und hatten ein schwer zu zügelndes Temperament geerbt.

Ludwig begann 1420 gegen die Münchner Vettern einen Krieg, in dem er aber 1422 entscheidend geschlagen wurde. Das kam Herzog Heinrich sehr zustatten. Er hatte den Rücken frei, als er 1423 als Freund des Luxemburger Reichsoberhauptes und auf dessen Bitte an der Fürstenversammlung in Käsmark in der Gegend der ungarischen Karpaten teilnahm. Der König von Ungarn und der von Polen feierten dort in Anwesenheit des zum Christentum übergetretenen Herzogs Witold von Litauen Versöhnung. Als 1429 das Erbe der Linie Straubing-Holland aufgeteilt wurde, hielt sich Heinrich klug zurück. Es fielen ihm unter anderem Vilshofen und Landau an der Isar zu. Eine Stütze gewann er, als er 1430 seine Tochter dem in Mosbach regierenden Pfalzgrafen Otto vermählte, dessen Residenz 42 Kilometer von Heidelberg entfernt lag. Ein weiterer Vorteil war, daß 1438 sein Habsburger Schwager Albrecht einstimmig zum König und Nachfolger des Luxemburgers gewählt wurde. In dem zwischen Ludwig im Bart und dessen gleichnamigen Sohn ausbrechenden Streit wahrte Heinrich klug Neutralität. Als er die berechtigten Münchner Ansprüche durch geschickte Gegenzüge mattgesetzt hatte, verhandelte er mit dem ihm verschwägerten Kurfürsten von Brandenburg und der Witwe des 1445 verstorbenen Ludwig des Buckligen; sie war eine Nichte Heinrichs. Von ihnen erhielt er 1446 den in Gefangenschaft geratenen fast 80jährigen kranken Herzog Ludwig im Bart. Heinrich, dem es unerwünscht war, daß die Ingolstädter Landstände ihren Herzog zurückhaben wollten, hielt ihn auf der Burg Burghausen in Gefangenschaft, wo freilich auch seine zweite Residenz war, seine Gattin und sein Sohn Ludwig lebten, den er sparsam hielt. Der gefangene Ingolstädter starb 1447. Ohne Rücksicht auf den Miterben Albrecht III. von Bayern-München nahm Heinrich Bayern-Ingolstadt ganz an sich.

In seinem Regierungsverfahren arbeitete Heinrich mit sehr modernen Methoden, ließ wie schon sein Vater Register über die schriftliche Exekutive führen, wie das auch in Bayern-Ingolstadt schon unter Stefan III. geschah. Finanziell regierte Heinrich außerordentlich klug. Alle zwei Jahre hielt er Landtage ab. Wenn er wie Ludwig von Ingolstadt seine Urkunden unterschrieb, so fügte er darauf in bestimmten Fällen das Leitwort: »wult Gott« hinzu. Das entsprang seiner gereiften Haltung. Streng gegen sich und andere hielt er auf eheliche Treue. Er machte auch religiöse Stiftungen. 1449 traf er Vorbereitungen, seinen Sohn und Erbfolger mit Amalie, der Tochter des Kurfürsten von Sachsen, zu vermählen, wo auch ein moderner Staat aufgebaut wurde. 1450 raffte die Pest Herzog Heinrich hinweg. Er hatte in 46 Regierungsjahren einen bedeutenden, fortschrittlichen und reichen Staat entwickelt.

Herzog Ludwig der Reiche

* 23. 2. 1417 in Burghausen
† 18. 1. 1479 in Landshut
Grabstätte: Zisterzienserinnenkloster Seligenthal bei Landshut

⚭ 21. 2. 1452 in Landshut
AMALIA
Eltern: Friedrich II. der Sanftmütige, Kurfürst von Sachsen, und Margarete, Tochter des Herzogs Ernst von Österreich
* 13. 4. 1435 in Meißen
† 18. 11. 1502 in Rochlitz
Grabstätte: Dom in Meißen

Ludwig der Reiche regiert in Bayern-Landshut von 1450 bis 1479.

Ludwig hatte in seiner Jugend oft mit seiner Mutter in Burghausen, der zweiten Residenz des Landes, gelebt und war von seinem Vater sparsam, geradezu knapp gehalten worden. Er heiratete 1452 die ihm noch von diesem ausgesuchte Braut, die Tochter des Kurfürsten Friedrich des Sanftmütigen von Sachsen. Bereits 1451 schloß er sich mit dem Pfälzer Kurfürsten Friedrich I. zur Wahrung des Landfriedens zusammen. Friedrichs Gegner, der Habsburger Kaiser (seit 19. März 1452) Friedrich III., ließ erklären, daß das Kaiserliche Landgericht des Burggrafen Albrecht Achilles in Nürnberg für alle Lande am Rhein, in Bayern, Schwaben und in Franken zuständig sei, obwohl Kaiser Karl IV. den Herzögen von Bayern das Privilegium erteilt hatte, daß ihre Untertanen nicht vor Reichsgerichte gezogen würden.

Ludwig bestätigte den Landständen ihre Rechte und hielt alle zwei Jahre Landtage ab. 1459 übernahm er aus Pfälzer Dienst den außerordentlich geschickten und umsichtigen Dr. Martin Mayr (Mair) als Leiter seiner schriftlichen Exekutive. In dieser unterzeichnete er bei Bestallungen mit dem originellen Wort der Zustimmung: »a, du freyst mich H(erzog) L(udwig)« (Forschungen Beatrix Ettelt). Er ließ Dr. Mayr auch die Verhandlungen mit dem Papst Pius II. über die Gründung einer Universität führen. Durch gute Finanzwirtschaft und strenge Kontrolle der Verwaltung, aber auch durch Fürsorge für den Ackerbau und den Wald, durch Verbesserung des Salzbergwerkes in Reichenhall und den Ausbau der Bergwerke im Inntal gediehen Volk und Land. Mit den privilegierten Landständen stand Ludwig gut. Wo sie über Übelstände in Justiz und Verwaltung klagten, stellte er sie ab. Schon 1450 erwarb er durch Kauf Heidenheim, 1455 Heideck, 1468 Wemding, 1474 Baldern im Ries. Das Jahr darauf nahm er das reichsunmittelbare Stift St. Ulrich und Afra in seinen Schutz, schon früher die Gesellschaft St. Jörgenschild in Schwaben und an der Donau, die Schwäbische Ritterschaft, die Reichsstädte Ulm, Giengen und Aalen. Zu diesen reichsrechtlich außergewöhnlichen Akten paßte sein Bündnis mit Albrecht III. von Bayern-München und mit Sigismund von Tirol von 1455. Er hatte Albrecht schon bald aus dem Ingolstädter Erbe Schwandorf, Burglengenfeld usw. überlassen und durch diese kleinen Abtretungen so sehr das Vertrauen seiner Münchner Verwandten erworben, daß er dort später zwischen Albrecht IV. und dessen ungestümen Bruder Christoph vermitteln konnte. Durch sein frühes Zusammenwirken mit dem Pfälzer Friedrich konnte er seine Politik decken, die Gerichtsrechte seines Herzogtums zu behaupten. Als er dem Fürstbischof von Eichstätt als dem Schiedsrichter im Streit um Donauwörth diese Stadt übergeben hatte, gab sie dieser ihm nicht zurück, sondern überantwortete sie dem Reichsmarschall Grafen Heinrich von Pappenheim. Darüber empört, verband sich Ludwig mit dem Böhmenkönig Georg Podiebrad und drang auf eine föderalistische Reichsreform, unterstützt von Dr. Mayr. Doch setzte gegen sie seit 1460 Albrecht Achilles seine behaupteten Rechte als Inhaber des Kaiserlichen Landgerichts in Franken mit Gewalt durch. Darauf nahm Ludwig Eichstätt und drang in die hohenzollernsche Markgrafschaft Ansbach ein. Albrecht Achilles, seit 1458 mit Ludwig, seit 1460 mit Albrecht III. von Bayern-München verschwägert, verzichtete auf die bisher behaupteten Rechte, der Pfälzer schlug am 4. Juli 1460 bei Pfeddersheim den Mainzer und andere Gegner. Doch einigte sich der Hohenzoller nicht mit Ludwig, der Kaiser ächtete diesen, der Graf von Württemberg marschierte gegen ihn und gegen Friedrich, der zugleich vom Markgrafen von Baden bedrängt wurde. Friedrich nahm seine Gegner im Juni 1462 bei Seckenheim gefangen, Ludwig aber siegte im Juli bei Giengen. Als ihm vor der Schlacht nahegelegt worden war, sein Leben nicht der Gefahr auszusetzen, antwortete er: »Heute will ich lebendig oder tot bei meinem Volke bleiben.« Nach dem Sieg gebot er einer wilden Verfolgung der Fliehenden Einhalt.

Im Friedensvertrag von 1463 gab Ludwig Donauwörth wieder heraus, Albrecht Achilles aber verzichtete auf die Zuständigkeit des von ihm verwalteten Nürnberger Reichsgerichts für Bayern. Dieser Kompromiß war ein politischer Sieg Ludwigs. Dr. Mayr konnte jetzt in Prag, wo der Friede geschlossen worden war, und in Wien Gespräche über die föderalistische Reichsreform führen. Ludwig erstrebte u. a., daß jeder Einwohner des Reichs vom 16. Lebensjahr an den Landfrieden beschwören solle. Eine Reichssteuer auf jeden Einwohner sollte dem Kaiser und den Fürsten zugute kommen. Die Reichsreform scheiterte an Kaiser Friedrich III., der Ludwig sogar einen Landfriedensbund verbot. Doch setzte der Wittelsbacher darauf einen Reichslandfrieden durch und schloß sich mehr und mehr mit den schwäbischen Reichsstädten zusammen, außerdem mit dem Kurpfälzer, dessen Bund mit Karl von Burgund aber den mit Ludwig beeinträchtigte. Ludwig führte die politische Linie zusammen mit Friedrich weiter, obwohl sich auch der Württemberger mit schwäbischen Reichsstädten verbündete und sich der Böhmenkönig als unzuverlässig erwies. Die schwäbischen Reichsstädte beschwerten sich, als Ludwig und Friedrich 1466 nicht zum Landfriedenstag nach Ulm geladen wurden. Ludwig verbündete sich 1469 mit dem neuen Kurfürsten von Sachsen, seinem Schwager, und mit dem Ungarnkönig gegen den von Böhmen. Diesem Bund trat auch der Kaiser bei, der Ludwig aus der Reichsacht befreit hatte. 1471 führte Ludwig in Regensburg eine glänzende »Tagung der Christenheit« zusammen. Am 26. Juni 1472 rief er in der Hauptstadt des früheren Herzogtums Bayern-Ingolstadt eine Universität ins Leben. Der Herzog, nicht der Kaiser, ist ihr Schutzherr. In der Eröffnungsrede ließ er Dr. Mayr erklären, daß die Gründung auch für jene bestimmt sei, welche »von nider gepurt herkommen«.

Wie die Münchener Verwandten bemühte er sich auch um eine Klosterreform. Nach langen Vorbereitungen erließ er 1474 eine Landesordnung. Rechtspflege und Polizei wurden darin zeitgemäß und umsichtig geordnet, Zivil- und Strafrecht kodifiziert, das Prozeßrecht geregelt.

Ludwig vermählte seine Tochter Margarete in Amberg 1474 mit Philipp, dem Neffen und künftigen Nachfolger Friedrichs des Siegreichen von der Pfalz, 1475 seinen Sohn Georg auf einer besonders prächtigen Hochzeit in Landshut in Anwesenheit des Kaisers und vieler Fürsten mit Hedwig, der Tochter des Polenkönigs. Die Landshuter Hochzeit ist als Festspiel auch in das Geschichtsbewußtsein unserer Zeit eingegangen.

Im September 1478 besuchte Ludwig trotz seines Gichtleidens den Schwiegersohn und den Kurfürsten Friedrich, mit dem er so oft zusammengearbeitet hatte, in Heidelberg. Immer wieder beschäftigte er sich mit den Möglichkeiten, Frieden zu sichern oder zu stiften. Im Namen des Kaisers bat er benachbarte Fürsten und Reichsstädte um Mittel zur Abwehr der Türken, die bereits die Grenzen überschritten hatten. Bis zu seinem Tode blieb Ludwig ein gütiger, hilfsbereiter Landesvater mit viel Vertrauen zu den Mitmenschen und ein liebenswürdiger Kunstförderer.

Herzog Georg der Reiche

* 15. 8. 1455 in Landshut
† 1. 12. 1503 in Ingolstadt
Grabstätte: Zisterzienserinnenkloster Seligenthal bei Landshut

⚭ 14. 11. 1475 in Landshut
HEDWIG
Eltern: Kasimir IV., König von Polen (aus dem Hause Jagello), und Elisabeth von Österreich, Tochter des Römischen Königs Albrecht II.
* 21. 9. 1457 in Krakau
† 18. 2. 1502 in Burghausen
Grabstätte: Zisterzienserkloster Raitenhaslach

Georg der Reiche regiert in Bayern-Landshut von 1479 bis 1503.
Das Gebiet der Linie Bayern-Landshut fiel nach Herzog Georgs Tod größtenteils an die Linie Bayern-München.

Georg war in Burghausen, der zweiten Residenz der Herzogtums Bayern-Landshut, bis zum 13. Lebensjahr vor allem bei seiner Mutter erzogen worden. Der Vater hatte beide immer wieder besucht, den Sohn in die Regierungsgeschäfte in Landshut eingeführt und diesem dort 1470 durch die Landstände huldigen lassen. Fünf Jahre später vermählte er ihn auf der außerordentlich prächtigen Hochzeit in Landshut mit der Tochter des Königs von Polen. Georg hatte dabei viele Fürsten kennengelernt, darunter auch Verwandte und Freunde des Vaters. Schon ein Jahr vorher bei der Vermählung seiner Schwester in Amberg mit Philipp, dem in Heidelberg heranstehenden Erben des Kurfürsten Friedrich des Siegreichen, sah er auch sich in das Zusammenwirken des Vaters mit den Pfälzer Verwandten hineingestellt. 1480 reiste Herzog Georg nach Wien, um sich selbst vom Kaiser belehnen zu lassen, aber auch um diesen mit dem Ungarnkönig Matthias Corvinus zu versöhnen und einen gemeinsamen Feldzug gegen die Türken zu organisieren, was schon der Vater begonnen hatte. Seinen Kanzler Friedrich Mauerkircher setzte er gegen den Kandidaten des Kaisers als Fürstbischof von Passau durch und gewann dadurch eine Position wenigstens befristet zurück, die schon bei der ersten Staatsbildung Niederbayerns im 13. Jahrhundert nicht mehr zu erreichen gewesen war. Wie sein Großvater unterschrieb er bestimmte Urkunden mit einem religiösen Genehmigungsvermerk: »so gott wyll H(erzog) G(eorg).« Schon 1482 erließ er eine Gerichtsordnung, deren Konzept und Reinschrift heute noch die Sorgfalt seiner Regierungsarbeit beweisen.

Bereits 1480 hielt er einen gemeinsamen Landtag mit Bayern-München und mit den Landständen von Bayern-Straubing ab, wiewohl deren Land bereits 1430 zwischen den drei damaligen Bayernherzögen aufgeteilt worden war. 1481 erwarb er Heidenheim, die halbe Grafschaft Kirchberg, das Schloß Illerzell und die Herrschaft Wullenstätten. In eine große landespolitische Kombination stieg er dadurch ein, daß ihn der damals noch unvermählte Herzog Albrecht IV. von Bayern-München unter Übergehung der eigenen Brüder testamentarisch zum Erben einsetzte, wenn er ohne Söhne sterbe. Georg schloß 1487 in Erding mit ihm, dem gerade die Reichsstadt Regensburg aus finanziellen Gründen eine Oberherrschaft angetragen hatte, einen Bund. Er tat sich mit Albrecht auch zur Reformation des bayerischen Landrechts zusammen, das in der Fassung, die Kaiser Ludwig veranlaßt hatte, nur in Bayern-München galt. Gemeinsame Wege für das Rechtsverfahren wurden vereinbart, die die Rechtspflege in den beiden Teilherzogtümern verbesserten. Georg und Albrecht bemühten sich auch um ein gemeinsames neutrales Bündnis mit zehn Orten der Schweizer Eidgenossen. Vom schwäbischen Kloster Roggenburg um Hilfe gebeten, kam Georg durch die

Hilfeleistung in Gegensatz zu dem schwäbischen Städtebund. Er erzwang 1488 die Übergabe der Stadt Oettingen, wo er einen Erbteil gekauft hatte, mußte aber mit dem Römischen König Maximilian einen Vergleich schließen und ihm Burgau herausgeben, das er 1486 von dazu nicht berechtigten Inhabern gekauft hatte. Als Albrecht IV. 1487 Kunigunde, die Tochter des regierenden Kaisers Friedrich III., zunächst gegen den Willen ihres Vaters heiratete und ihm 1493 ein Sohn geboren wurde, wandte sich Georg von München ab. Seine Söhne waren bereits tot. Der Interessenunterschied zu Albrecht wuchs dadurch, daß Albrechts Gegner die Habsburger, Georgs Gegner die schwäbischen Reichsstädte und die Hohenzollern-Markgrafen waren. 1494 stiftete Georg an der von seinem Vater gegründeten Universität Ingolstadt für den Priesternachwuchs das nach ihm benannte Georgianum. Angelus Rumpler, seit 1501 Abt von Vornbach, Geschichtsschreiber und christlich-humanistischer Dichter, berichtet von Georg, daß er oft eine seiner Städte unerkannt in ärmlicher Kleidung betreten habe. Zweifellos lag Georg sehr am Herzen, Mißstände zu erkennen und zu beseitigen. Seinen Kanzler Wolfgang Kolberger ließ er eine neue Landesordnung entwerfen, prüfte sie, führte sie 1491 ein und ergänzte sie zehn Jahre später noch einmal wesentlich.

1496 setzte er in Umkehrung seiner früheren Politik gegenüber Albrecht IV. in seinem Testament den Pfälzer Kurfürsten Philipp zum Erben ein. Er verletzte damit den Teilungsvertrag von 1392, aufgrund dessen Albrecht IV. der Erbe war. Philipp selbst fühlte sich als Vertreter des Hauses Bayern, da er von Rudolf, dem älteren Bruder Kaiser Ludwigs, abstammte, setzte seine Söhne als Inhaber des Fürstbistums Regensburg durch und vermählte schließlich seinen Sprößling Ruprecht den Tugendhaften, der auf Regensburg verzichtete, mit Georgs Tochter Elisabeth. Als er den Eindruck zu gewinnen glaubte, sein Kanzler lasse seine Pfälzer Pläne vorzeitig in die Öffentlichkeit gelangen, verhaftete er ihn. Als er am 1. Dezember 1503 starb, war er bereits Großvater jenes Ottheinrich geworden, der als Herzog von Pfalz-Neuburg, seit 1559 Kurfürst von der Pfalz ein großer deutscher Renaissancefürst wurde. Georgs Fürsorge für einfache Menschen in wirtschaftlicher Not wie 1491 erweist auch diesen reichen Herzog von Bayern-Landshut als verantwortungsbewußten Landesvater.

LINIE BAYERN–MÜNCHEN

JOHANN II. † 1397
⚭ Katharina, Tochter
des Grafen Meinhard
von Görz und Tirol

- ERNST
  * 1373
  † 1438
  Siehe unter
  Herzog Ernst
  - ALBRECHT
    * 1401
    † 1460
    Siehe unter
    Herzog
    Albrecht III.
    - Linie
      blüht bis 1777
  - Beatrix
    * 1403?
    † 1447
    1. ⚭ Hermann II.,
    Graf von
    Cilley
    2. ⚭ Pfalzgraf und
    Herzog Johann
    von Neumarkt
  - Elisabeth
    * 1406?
    † 1468
    1. ⚭ Adolf, Herzog von
    Jülich und Berg
    2. ⚭ Hesso, Landgraf
    von Leiningen
  - Amalie
    * 1408
    † 1432
    Nonne im
    Kloster St. Klara
    am Anger
    in München
- WILHELM
  * 1375
  † 1435
  Siehe unter
  Herzog Wilhelm III.
- Sophie
  * 1376
  † 1425
  ⚭ Wenzel,
  König von
  Böhmen und
  Römischer König

Herzog Ernst

Herzog Ernst

* 1373 in ?
† 2. 7. 1438 in München
Grabstätte: Dom in München

⚭ 24. 2. 1396 in Pfaffenhofen a. d. Ilm
ELISABETH
Eltern: Signore Barnabas von Mailand aus dem Hause Visconti und Beatrix della Scala von Verona
* um 1374 in ?
† 2. 2. 1432 in München
Grabstätte: Dom in München

Ernst regiert zusammen mit seinem Bruder Wilhelm, der 1435 stirbt, in Bayern-München von 1397 bis 1438.

Durch die Landesteilung von 1392 entstanden drei nach ihren Hauptstädten benannte Herzogtümer: Bayern-Ingolstadt, Bayern-Landshut und Bayern-München. Nach dem Tode des Herzogs Johann II. 1397 regierten in Bayern-München in aufrichtiger Eintracht Ernst und sein Bruder Wilhelm. Ernst benützte schon vor seinem Regierungsantritt das Heiratsgut seiner Frau, einer reichen Visconti, um eine Reihe von Pfandschaften einzulösen, und bemühte sich erst recht seit 1397 um eine straffere Staatsorganisation. Er nahm im Hofgericht und im Rat Recht und Ordnung mehr als einmal selbst in die Hand. Vor allem gab er der Stellung des Richters mehr Beamtencharakter. Doch waren er und sein Bruder in ständiger Existenzsorge um den Staat, da die Ingolstädter Herzöge und auch der reiche Landshuter Teile des Herzogtums Bayern-München an sich reißen wollten, die Ingolstädter sogar in München selbst durch Verbindung mit den unteren Schichten die Regierung Ernsts bedrohten.

Ernst und Wilhelm belagerten, unterstützt von Bayern-Landshut, auch von Herzog Johann von Bayern-Straubing-Holland, erwähltem Fürstbischof von Lüttich (gest. 1425), ihre eigene Hauptstadt: Johann, ein Enkel Kaiser Ludwigs, war ein mächtiger, auch zu harten Taten entschlossener Herr. Durch die Vermittlung des Burggrafen Friedrich von Nürnberg am 31. Mai 1403 konnten am 1. Juni Herzog Ernst und Wilhelm in München einziehen und sich huldigen lassen.

Doch stand Ernst 1410 von einem weiteren Kampf um Tirol ab und opferte Kleinodien und Silber seiner Frau, um 1422 den Ingolstädter Herzog Ludwig im Bart zurückzuschlagen, der sich als Mitregent in Frankreich auf reiche Einnahmen stützen konnte. Gelang es Ernst auch, beim Erlöschen der Linie Straubing-Holland den Straubinger Bereich und die bayerischen Herzogsrechte in Regensburg zu erhalten, so war er doch von höchster Sorge um den Staat erfüllt, als sein einziger Sohn Albrecht, den er wegen der Wirren in München seiner kinderlosen Schwester, der Königin Sophie in Prag, zur Erziehung gegeben hatte, 1432, um die Zeit, da Ernsts Gattin starb, mit der schönen Agnes Bernauer wohl in einer heimlichen Ehe zusammenzuleben begann.

Agnes Bernauer widerrief ihr Eheverlöbnis nicht. So ließ Ernst, in seinem Vorhaben von dem Münchner Bürgermeister unterstützt, als am 12. September 1435 sein Bruder ohne sehr lebensfähige Erben starb, Agnes Bernauer am 12. Oktober 1435 wegen Liebeszauberei in der Donau ertränken. Ernst erreichte noch, daß sein Sohn mit der Prinzessin Anna von Braunschweig eine Ehe einging, deren Nachkommen nicht von den machtgierigen Vettern in ihrem Erbe angefochten werden konnten und der Staat ohne Gefahr von Zerreißungen und von Kriegen blieb. Wilhelms siebenjähriger Sohn starb 1441.

Herzog Wilhelm III.

Herzog Wilhelm III.

* 1375 in München
† 12. 9. 1435 in München
Grabstätte: Dom in München

⚭ 11. 5. 1433 in Basel
MARGARETE
Eltern: Adolf I., Herzog von Kleve und der Mark, und Marie, Tochter Herzog Johanns von Burgund
* 23. 2. 1416 in ?
† 20. 5. 1444 in Stuttgart
Grabstätte: Stiftskirche in Stuttgart

Wilhelm regierte von 1397 bis 1435 einträchtig, aber auch tatkräftig mit seinem Bruder Ernst zusammen. Er war eine innerlich stark religiöse Persönlichkeit und wirkte im Auftrag des Kaisers Sigismund verdienstvoll als Protektor des Basler Konzils, das 1431 begann.

Herzog Albrecht III.

Herzog Albrecht III.

* 27. 3. 1401 in München
† 29. 2. 1460 in München
Grabstätte: Klosterkirche Andechs

⚭ 22. 1. 1437 in München
Anna
Eltern: Erich I., Herzog von Braunschweig-Grubenhagen, und Elisabeth, Tochter des Herzogs Otto von Braunschweig-Göttingen
* um 1420 in ?
† 9. 10. 1474 in Nannhofen
Grabstätte: Klosterkirche Andechs

Nach Albrechts Tod vermählte sie sich im Februar 1463 mit Herzog Friedrich dem Unruhigen oder Stürmischen von Braunschweig-Kalenberg, kehrte 1467 nach Bayern zurück, starb 1474 und wurde in Nannhofen begraben, später nach Andechs transferiert. Dort ruht sie neben ihrem ersten Gatten.

Albrecht III. regiert in Bayern-München von 1438 bis 1460.

Albrechts Vater Herzog Ernst und dessen Bruder Wilhelm hatten ihr Herzogtum auch im militärischen Kampf gegen Herzog Ludwig im Bart von Bayern-Ingolstadt verteidigen müssen, der es als Vertreter der ältesten Linie im Glauben, diese sei bei der Teilung 1392 benachteiligt worden, vereinnahmen wollte; Ludwigs Vater Stefan III. hatte 1395 mit Johann von Bayern-München bereits eine gemeinsame Regierung eingerichtet. In der die Staatsexistenz rettenden Schlacht von 1422 hatte Albrecht so mutig mitgekämpft, daß ihn, den einzigen Sohn, Vater Ernst aus dem Kampfgetümmel befreien mußte. Als 1425 eine Auseinandersetzung um das Erbe an Bayern-Straubing-Holland begann, gab Ernst den Sohn zu seiner in Prag mit dem König verheirateten Schwester, holte ihn aber zur Einführung in die Regierungsgeschäfte nach München. Als 1432 hier die Mutter starb, begann Albrecht in einer heimlichen Ehe mit Agnes Bernauer, einer Baderstochter aus Augsburg, zusammenzuleben, arbeitete aber auch sehr viel in dem ihm zugewiesenen Bereich der Regierungsgeschäfte und führte wie der Vater und dessen Bruder Wilhelm je eine eigene Kanzlei. Als der Vater in Sorge vor Annexionskriegen des Ingolstädters auf eine ebenbürtige Ehe Albrechts hinarbeitete, leistete dieser Widerstand; Agnes widerrief ihre Ehe nicht. Onkel Wilhelm starb im September 1435 und hinterließ nur einen schwächlichen Sohn. Da ließ Ernst, unterstützt von dem Münchner Bürgermeister Liegsalz und Herzog Heinrich dem Reichen von Bayern-Landshut, Agnes Bernauer als Zauberin anklagen, zu dem durch das Gesetz für Hexen und Zauberer bestimmten Wassertod verurteilen und am 12. Oktober 1435 in der Donau bei Straubing ertränken. In fassungsloser Wut erhob sich Albrecht unter dem Beistand des Ingolstädters gegen den Vater. Er ließ sich aber durch den Stiftsdekan von Indersdorf, Johannes Prunner, der später Fürstenlehren für ihn niederlegte, und durch Kaiser Sigismund zur Versöhnung bewegen und heiratete auf Wunsch des Vaters 1437 Anna von Braunschweig-Grubenhagen.

Friedrich Hebbel brachte 1851 in seinem politischen Drama »Agnes Bernauer« den Konflikt zwischen Staat und Moral, Pflichterfüllung und Schuld auch für Generationen des 19. und 20. Jahrhunderts zum Ausdruck.

Albrecht übernahm 1438 die Regierung und wurde ein frommer und fürsorgender Landesherr. Er entschied sich für den Konzilspapst Felix V., den Schwiegervater des ihm politisch nahestehenden Pfälzer Kurfürsten Ludwig IV. Als ihm 1440 der böhmische Landtag die Krone anbot, schlug er sie in eigener Kenntnis der Verhältnisse in Böhmen aus und einigte sich mit dem König Georg Podiebrad. 1444 verbündete er sich zur Bekämpfung des Raubunwesens mit Christoph von Pfalz-Neumarkt, der damals bereits auch König von Dänemark,

Schweden und Norwegen war, mit Ludwig IV. von der Pfalz, mit dem Fürstbischof von Regensburg, das Jahr darauf auch mit dem Grafen von Württemberg. Als 1447 Heinrich der Reiche Albrecht als Miterben überging und das heimgefallene Herzogtum Bayern-Ingolstadt ganz an sich nahm, lehnte es Albrecht ab, einen Krieg zu führen. In der inneren Regierung sorgte er durch Register für die Kontrolle seiner Regierungsarbeit und nahm den Humanisten Dr. jur. Thomas Pirkheimer in seinen Rat auf. Dem Ziel der Gerechtigkeit in der Gesellschaft diente er durch Landgebote und durch Münzverträge mit Nachbarn. Die Münzen im eigenen Interesse zu verschlechtern lehnte er ab. Einen seiner Räte überführte er einmal der Bestechung, einen anderen Beamten der Erpressung einer armen Witwe. Als der Rat darauf nach dem Recht der Zeit den Schuldigen verurteilend diesem die Hand abhauen lassen wollte, beschränkte der Herzog die Strafe auf Entsetzung vom Amt. Durch das Konzil in Basel ermächtigt, ging er zusammen mit Nikolaus von Cues an eine Klosterreform und zog dazu auch Bernhard von Waging und Johann Grünwalder heran. Durch seine Einwirkung wurde 1458 das Säkularstift Andechs zum Benediktinerkloster. Der Papst zeichnete ihn schließlich mit der Goldenen Rose aus. Freilich geriet er durch seinen Beichtvater und seinen humanistisch gebildeten Leibarzt auch in einen religiösen Antisemitismus hinein und verfolgte Juden. Dabei war er selbst eher weich und empfand Neigung zu zarten Frauen. Er förderte die Dichter Michael Behaim und Hans Schiltberger, der ein deutsches Orientbuch verfaßte. Selbst außerordentlich musikalisch, berief er den Musiker Konrad Paumann.

Um der Notwendigkeit einer eigentumsrechtlich bedingten Landesteilung vorzubeugen, ließ er 1459 den Landtag in Straubing durch seine beiden ältesten Söhne Johann und Sigmund eröffnen und verfügte, daß nur die beiden ältesten Söhne regieren sollten. Durch regelmäßige Einberufung des Landtags wahrte er gewissenhaft das Recht der überlieferten Verfassung.

Die Nachkommen Herzog Albrechts III.

1. JOHANN

* 4. 10. 1437 in München
† 18. 11. 1463 in Haidhausen, damals bei München
Grabstätte: Klosterkirche Andechs

Johann regiert in Bayern-München mit seinem jüngeren Bruder Sigmund von 1460 bis 1463.

2. ERNST

* 26. 8. 1438 in München
† 29. 2. 1460 in Straubing
Grabstätte: Karmeliterkloster in Straubing

3. SIGMUND

* 26. 7. 1439 in Straubing?
† 1. 2. 1501 in Schloß Blutenburg bei Menzing
Grabstätte: Dom in München

Sigmund regiert in Bayern-München von 1460 bis 1463 mit seinem Bruder Johann, nach dessen Tod mit seinem Bruder Albrecht, verzichtet 1467.

Albrecht III. wollte nicht, daß seine Söhne einseitig im Stil der Ritter erzogen würden. Darum ließ er durch den Magister Artium Ulrich Greimolt in Sigmund wie seinem älteren Bruder Johann den Sinn für Kunst und Wissenschaft wecken, so daß besonders Sigmund ein echter Förderer vor allem der Kunst wurde. Als 1456 eine geplante Vermählung mit Margarete, Tochter des Kurfürsten Friedrich II. von Brandenburg, am Geldmangel des Münchner Herzogs scheiterte, lebte Sigmund ungebunden seinem Sinn für das Schöne. Der Musik verschrieb er sich wie sein Vater in besonderem Maß. Als Mitregent neben dem klugen und aufrichtigen Herzog Johann unterstützte er diesen. Beider Kanzler war der Regensburger Domherr Thomas Pirkheimer. Sigmund ging gegen die Anstellung ungeeigneter Leute als Richter und Beamte überhaupt vor und rügte, wenn die »armen Leute« beim ordentlichen Richter kein Gehör fanden. Doch entfaltete er keine größere Initiative, ließ nach Johanns Tod auf Wunsch der Landstände seinen jüngeren

Bruder Albrecht zur Mitregierung zu und verzichtete zu dessen Gunsten 1467 gegen Überlassung einiger Schlösser und Bezahlung seiner Schulden ganz auf die Regierung. Im Gegensatz zu seinen jüngeren Brüdern machte er dem begabten Herzog Albrecht IV. keine Schwierigkeiten auf seinem Weg zur Festlegung der Primogenitur-Nachfolge.
Am 9. Februar 1468 legte er den Grundstein zu der von den Münchner Bürgern zu bauen beschlossenen Frauenkirche. An den Stundengebeten seines Hofklerus nahm er gern teil, wie überhaupt sein Wahlspruch war: Von Tag zu Tag. Durch den Bau von Kirche und Schloß Blutenburg bei Menzing (heute ein Stadtteil von München) brachte er seinen religiösen wie seinen künstlerischen Sinn zum Ausdruck.

4. ALBRECHT

* 24. 12. 1440 in Straubing?
† ? 1445 in Straubing
Grabstätte: Karmeliterkirche in Straubing

5. MARGARETE

* 1. 1. 1442 in ?
† 14. 10. 1479 in Mantua
Grabstätte: St. Andreas in Mantua

⚭ 10. 5. 1463 in Mantua
FRIEDRICH I., Markgraf von Mantua aus dem Hause Gonzaga
Eltern: Ludwig III., Markgraf von Mantua aus dem Hause Gonzaga, und Barbara, Tochter des Markgrafen Johann des Alchemisten von Brandenburg
* 25. 6. 1441 in ?
† 14. 7. 1484 in Mantua
Grabstätte: St. Andreas in Mantua

6. ELISABETH

* 2. 2. 1443 in ?
† 5. 3. 1484 in Leipzig
Grabstätte: Dominikanerkloster St. Paul in Leipzig

⚭ 19. 11. 1460 in Leipzig
ERNST I., später Kurfürst von Sachsen
Eltern: Friedrich II. der Sanftmütige, Kurfürst von Sachsen (Wettin), und Margarete, Tochter Herzog Ernsts von Österreich
* 25. 3. 1441 in Meißen
† 26. 8. 1486 in Kolditz
Grabstätte: Dom in Meißen

7. ALBRECHT

⚭ KUNIGUNDE, Tochter Kaiser Friedrichs III.
Siehe unter Herzog Albrecht IV. dem Weisen

8. Christoph

* 6. 1. 1449 in München?
† 8. 8. 1493 in Rhodos auf Rhodos
Grabstätte: St.-Antons-Kapelle in Rhodos

Der sagenberühmte Herzog Christoph gewann in der Welt der bayerischen Ritter und bei der Bevölkerung überhaupt durch seine Schlagfertigkeit in Wort und Tat, seine Auffassung der Ritterehre, seine Sittenreinheit und seinen Mut, sichtbar in seinen Siegen in Turnieren auch 1475 auf der Landshuter Hochzeit gegen einen polnischen Ritter, viele Herzen. Heute noch erinnert an ihn in der Münchner Residenz ein schwerer Stein, den er werfen konnte. Seine Leistung als Hochspringer gewann ihm Bewunderer. Sein Lebensweg zwischen München, Rom und Rhodos erklärt sich daraus, daß er an dem Miteigentum an den Regierungsrechten festhielt, das ihm und seinen Brüdern in die Wiege gelegt war, bevor sein Vater bestimmte, daß jeweils nur die beiden ältesten Brüder regieren sollten. Nach dem Tode des ältesten Bruders Johann 1463 hatte auch der noch nicht volljährige dritte Bruder Albrecht gefordert mitzuregieren, es aber erst bei seiner Volljährigkeit 1465 erreicht. Albrecht, Christoph und Wolfgang studierten in Italien, Christoph war nach seiner Volljährigkeit noch einmal in Rom. Doch verstrickte er sich schon 1466 in die Umtriebe der Ritter der »Gesellschaft vom Eingehürn« (der Böckler), die sich zum Teil Reichsunmittelbarkeit erkämpfen wollten. Albrecht, seit 1465 Mitregent, 1467 durch den Verzicht des sich auf musische Lebensfreuden beschränkenden Sigmund Alleinregent, wollte den 1468 volljährig gewordenen Christoph nicht nachrücken lassen, sondern mit Nutzungsrechten an Schloß Pähl, an Weilheim und an Stadt und Schloß Landsberg am Lech ohne Regierungsrechte abfinden. Denn er glaubte an die Notwendigkeit der Alleinregierung. Die Landstände unterstützten ihn dabei. Albrecht steuerte auf eine Erbfolge nach dem nicht allgemein durchgeführten Prinzip der Primogenitur zu. Da er 1471 glaubte, Christoph habe wirklich geäußert, er werde ihn überfallen, ließ er seinen Bruder im Bade durch den Grafen von Abensberg in einem Turm der Neuen Feste (Residenz) gefangensetzen. Christoph rief nun den Kaiser, den Papst und verschiedene Fürsten, darunter den Pfälzer Kurfürsten Friedrich den Siegreichen und Pfalzgraf Otto von Neumarkt, um Hilfe zu seiner Befreiung an. Wieder in Freiheit gesetzt, tötete er im Krieg 1485 den Abensberger, dessen Grafschaft nun an Albrecht fiel, und verzichtete auf den Rat der Landstände hin auf Mitregierung, hielt sich daran aber nicht genau und trat 1488 dem Ritterbund der Löwler bei, der gegen Anwendung unrechter Gewalt kämpfen wollte. Aufgrund eines kaiserlichen Mandats mußten die Landstände 1492 Christoph und Wolfgang huldigen. Auf dem Landtag 1493 wurde zwischen allen Brüdern Friede geschlossen, Christoph setzte darauf Albrecht und dessen eheliche Erben als Haupterben ein, als er bereits in Venedig eine Pilgerfahrt ins Heilige Land antrat. Er starb auf der Rückreise im Johanniterspital auf der Insel Rhodos.

9. WOLFGANG

* 1. 11. 1451 in München?
† 24. 5. 1514 in Landsberg
Grabstätte: Klosterkirche Andechs

10. BARBARA

* 9. 6. 1454 in München
† 24. 6. 1472 in München
Grabstätte: Dom in München

Sie trat 1470 in das Kloster St. Klara am Anger in München ein und starb im Ruf der Heiligkeit.

Herzog Albrecht IV. der Weise

Herzog Albrecht IV. der Weise

* 15. 12. 1447 in München
† 18. 3. 1508 in München
Grabstätte: Dom in München

⚭ 3. 1. 1487 in Innsbruck
KUNIGUNDE
Eltern: Friedrich III., röm.-dt. Kaiser, und Eleonore, Infantin von Portugal, Tochter König Eduards von Portugal
* 16. 3. 1465 in Wiener Neustadt
† 6. 8. 1520 in München
Grabstätte: Dom in München

Albrecht IV. regiert in Bayern-München mit seinem älteren Bruder Sigmund von 1465 bis 1467, dann bis zu seinem Tod 1508 allein. 1505 wird Bayern-München mit Bayern-Landshut vereinigt. Von da an regiert er und jeder seiner Nachfolger das jeweilige Gesamtbayern.

Albrecht III. hatte in seinen Söhnen den Sinn für Kunst und Wissenschaft wecken lassen und bestimmte, daß die beiden Ältesten gemeinsam regieren sollten. Sein dritter Sohn Albrecht wurde für den geistlichen Stand bestimmt und ausgebildet und konnte seinen Gesichtskreis im Umgang mit dem Kirchenreformator Nikolaus von Cues und durch Aufenthalt in Italien weiten. Als der älteste Sohn Johann 1463 starb, wurde zwei Jahre später der nun regierende kulturfrohe, aber politisch passive Herzog Sigmund von den Landständen veranlaßt, seinen Bruder Albrecht an der Regierung zu beteiligen, 1467 diese ihm sogar ganz zu überlassen.

Der nunmehrige Herzog Albrecht IV. war von der Notwendigkeit der Alleinregierung überzeugt, konnte aber die jüngeren Brüder nur durch langwierige harte Bemühungen ausschalten, da sich diese auf das auch in der Öffentlichkeit anerkannte Recht stützten, daß die allodial begründete Befugnis zur Regierung allen ebenbürtigen volljährigen männlichen Mitgliedern des Hauses zustand; die jüngeren Brüder Albrechts IV. hatten die Öffentlichkeit, namentlich den Ritterstand, für sich. Albrecht selbst entwickelte bei der Durchsicht der Rechnungen und Akten unermüdliche Konsequenz und eine vielen geradezu unheimlich erscheinende Gründlichkeit. Mit päpstlicher Ermächtigung schritt er seit 1479 gegen Mißstände in den bayerischen Klöstern ein. Er ging auch gegen soziale Härten der Hofmarksherren vor. Zu seiner Unterstützung zog der Herzog, wie schon sein Vater, humanistisch gebildete Männer heran. Als er 1495 das Stiftskapitel für die neue Kirche zu Unserer Lieben Frau (Dom) in München gründete, bestimmte er bezeichnenderweise, daß von den zwölf Kapitelangehörigen mindestens vier Bürger und fünf Doktoren, also modern ausgebildete Männer, sein mußten.

In der Außenpolitik war seine Absicht, »das löbliche Haus Bayern zu erweitern, zumal an den Enden, die vormals dazugehörten«. Er hielt sich deshalb lange zu dem niederbayerisch-pfälzischen Block der Wittelsbacher und war trotz der Eifersucht des letzten niederbayerischen Herzogs von der Notwendigkeit des Zusammengehens der Wittelsbacher durchdrungen. Es gelang ihm zwar nur auf einige Jahre, die einstige bayerische Hauptstadt Regensburg zurückzugewinnen und den Ansatz zu einer Universitätsgründung dort 1487 zu machen. Der Kaiser und das Tiroler Staatsgefühl brachten auch seine finanziell bereits vorbereitete Erwerbung Tirols zum Scheitern. Er errang aber dauernde Erfolge nicht nur in der Erwerbung der Herrschaft Abensberg, sondern vor allem dadurch, daß er im Landshuter Erbfolgekrieg 1503 bis 1505 die Wiedervereinigung Ober- und Niederbayerns erkämpfte; freilich mußte er einwilligen, daß für die Pfälzer Enkel

Ottheinrich und Philipp des letzten niederbayerischen Herzogs auf Kosten des entstehenden Gesamtstaates Bayern das pfalzgräfliche Fürstentum Neuburg an der Donau gegründet und an König Maximilian das durch Bergwerke besonders wertvolle Gebiet um Kufstein, Rattenberg und Kitzbühel abgetreten wurde. Er sicherte aber den Gesamtstaat Bayern durch den Vertrag mit seinem letzten, noch lebenden Bruder Wolfgang über die Erbfolge nach dem Recht der Erstgeburt 1506, den er auch durch die Landstände mitbesiegeln ließ, und durch die Erziehung seiner drei Söhne im bayerischen Staatsdenken durch den großen Geschichtsschreiber Aventin.

Nach seinem Tod unterstützte seine Gemahlin Kunigunde, die Tochter Kaiser Friedrichs III., die Durchführung des Primogeniturgesetzes nicht, wonach die nachgeborenen Söhne nur Grafen von Bayern geworden wären. Dafür trat sie für vorteilhafte Verbindungen ihrer Söhne ein. Die Übereinkunft ihrer älteren Söhne Wilhelm IV. und Ludwig vom 15. Mai 1516, die unter ihrer Mitwirkung zustande gekommen war, beurkundete sie mit. Beide regierten aufgrund dieser Abmachung gemeinsam, Ludwig aber mit eigener Residenz in Landshut.

Bald nach der Bestattung ihres Gemahls nahm Kunigunde ihren Aufenthalt im St.-Christoph-Kloster in München (Püttrich-Regelhaus, Ecke Perusastraße/Max-Josef-Platz). Die Bücher, die ihr Gemahl und sie gesammelt hatten, hinterließ sie dem Kloster, in dem sie am 6. Dezember 1520 im Ruf der Heiligkeit starb.

Unter Albrecht IV. begann durch seine Förderung von Malern, Dichtern und Historikern und eines Musikers wie Konrad Paumann, die Renaissance in Bayern einzuziehen. Er ist neben dem ersten Kurfürsten und dem ersten König einer der drei Wittelsbacher, die den bayerischen Staat in einer bis heute wirksamen Weise gestalteten.

Die Nachkommen Herzog Albrechts IV. des Weisen

1. SIDONIE

* 1. 5. 1488 in München?
† 27. 3. 1505 in München als Braut des späteren Kurfürsten Ludwig V. von der Pfalz
Grabstätte: Dom in München

2. SIBILLE

* 16. 6. 1489 in ?
† 18. 4. 1519 in Heidelberg
Grabstätte: Heiliggeistkirche in Heidelberg

⚭ 23. 2. 1511 in Heidelberg
LUDWIG V. der Friedfertige, Kurfürst von der Pfalz
Eltern: Philipp der Aufrichtige, Kurfürst von der Pfalz, und Margarete, Tochter des Herzogs Ludwig des Reichen von Bayern-Landshut
* 2. 7. 1478 in Heidelberg
† 16. 3. 1544 in Heidelberg
Grabstätte: Heiliggeistkirche in Heidelberg

3. SABINE

* 24. 4. 1492 in ?
† 30. 8. 1564 in Nürtingen
Grabstätte: St. Georg in Tübingen

⚭ 2. 3. 1511 in Stuttgart
ULRICH I., Herzog von Württemberg
Eltern: Heinrich, Graf von Württemberg, und Elisabeth, Tochter des Grafen Simon VI. von Zweibrücken-Bitsch
* 8. 2. 1487 in Reichenweiher bei Rappoltsweiler/Elsaß
† 6. 11. 1550 in Tübingen
Grabstätte: St. Georg in Tübingen

4. WILHELM

⚭ JAKOBÄA MARIA von Baden
Siehe unter Herzog Wilhelm IV.

5. LUDWIG

* 18. 9. 1495 in Grünwald
† 22. 4. 1545 in Landshut
Grabstätte: Zisterzienserinnenkloster Seligenthal bei Landshut

6. Susanne

* 15. 7. 1499 in ?
† 1500 in München
Grabstätte: Dom in München

7. Ernst

* 13. 6. 1500 in München
† 7. 12. 1560 Schloß Glatz in Schlesien
Grabstätte: Dom in München

Als Ernst mit acht Jahren den Vater verlor, wurde er vor allem durch den bayerischen Geschichtsschreiber Aventin in Burghausen, München und Landshut erzogen und machte mit diesem auch Reisen ins romanische Ausland. 1515 Student in Ingolstadt, wurde er bald der Protektor der von Aventin dort gegründeten Sodalitas Ingolstatensis, einer literarischen Gesellschaft, wie sie der große Humanist Celtis auch dort angeregt hatte. Aventin widmete Ernst 1516 seine Schrift über die humanistischen Strömungen in der Musik. Ernst selbst sammelte aus vielseitigen geistigen Interessen bald viele Bücher. Da Ernsts Vater seine jüngeren Söhne von der Regierung ausschloß, seine Witwe aber nicht für die dadurch ermöglichten Primogeniturbestimmungen eintrat, ließ sich Ernst erst nach Verhandlungen dazu bewegen, seine in der bisherigen Rechtsauffassung begründeten Ansprüche auf Mitregierung und Besitz eines Drittels des Landes aufzugeben.
Ernst regierte von 1516 bis 1540 das Fürstbistum Passau als Administrator ohne die höheren Weihen. Seit der Abmachung von 1525 betrieben seine beiden älteren Brüder, daß er Salzburg gegen einen Habsburger Kandidaten übernehme. Nach dem Tode des Erzbischofs Lang 1540 regierte er auch hier als Administrator bis 1554. Schon in Passau bewies er gegenüber den Wiedertäufern mildere Haltung, Verständnis für die geistigen und sozialen Ursachen der Reformation und erkannte mit Scharfblick auch die gesellschaftlichen und wirtschaftlichen Entwicklungen seiner Zeit (Forschungen von Felix Strauss, New York). Er trug diesen auch angesichts der Türkengefahr durch die Einberufung von landständischen Landtagen in Salzburg Rechnung. Als Administrator straffte er in Passau wie in Salzburg die Verwaltung. In Salzburg wurde er durch bergmännische Fachkenntnis ein früh industriell, aber auch sozial denkender Unternehmer. Er entwickelte dabei organisatorische und kommerzielle Fähigkeiten. Seine letzten Lebensjahre verbrachte er seit Anfang 1556 in der 1549 erworbenen Grafschaft Glatz in Schlesien, wo er den katholischen Glauben aufrechterhielt.

8. Susanne II.

* 2. 4. 1502 in ?
† 23. 4. 1543 in Neuburg a. d. Donau
Grabstätte: Dom in München

1. ⚭ 25. 8. 1518 in Augsburg
Kasimir, Markgraf von Brandenburg-Kulmbach
Eltern: Friedrich V., Markgraf zu Ansbach und Bayreuth, und Sofie, Tochter Kasimirs IV., König von Polen
* 27. 9. 1481 in Ansbach
† 21. 9. 1527 bei der Belagerung von Ofen
Grabstätte: Zisterzienserkloster in Heilsbronn bei Ansbach

2. ⚭ 16. 10. 1529 in Neuburg a. d. Donau
Otto Heinrich (Ottheinrich), Pfalzgraf und Herzog von Pfalz-Neuburg (1556–1559 Kurfürst von der Pfalz)
Eltern: Ruprecht der Tugendhafte, Sohn des Kurfürsten Philipp des Aufrichtigen von der Pfalz, und Elisabeth, Tochter des Herzogs Georg des Reichen von Bayern-Landshut
* 10. 4. 1502 in Neuburg a. d. Donau
† 12. 2. 1559 in Heidelberg
Grabstätte: Heiliggeistkirche in Heidelberg

Herzog Wilhelm IV.

Herzog Wilhelm IV.

* 13. 11. 1493 in München
† 7. 3. 1550 in München
Grabstätte: Dom in München

⚭ 5. 10. 1522 in München
JAKOBÄA MARIA
Eltern: Philipp, Markgraf von Baden, und Elisabeth, Tochter des Kurfürsten Philipp des Aufrichtigen von der Pfalz
* 25. 6. 1507 in ?
† 16. 11. 1580 in München
Grabstätte: Dom in München

Wilhelm IV. regiert Bayern von 1508 bis 1550 (unter Vormundschaft seines Onkels Herzog Wolfgang bis 1511, von 1516 bis 1545 gemeinsam mit seinem Bruder Ludwig, der 1545 stirbt).

Wilhelm IV. wurde mit seinen Brüdern durch den bayerischen Geschichtsschreiber Aventin humanistisch und im bayerischen Geschichtsbewußtsein erzogen. Nach dem Tode des Vaters lernten er und sein Bruder Ludwig sehr bald gegen die Intrigen von verschiedenen Seiten brüderlich zusammenzuhalten. Gemeinsam beschlossen sie 1522, die Lehre Luthers in ihr Land nicht eindringen zu lassen. Gemeinsam gingen sie an innerkirchliche Reformen aufgrund ihrer landesherrlichen Autorität. Papst Hadrian VI. stärkte 1523 durch drei Bullen das Verfahren und die Stellung des Herzogs in der Kirche, Wilhelm nahm es auf sich, die Rechte der Kontrolle der kirchlichen Finanzen zu Aufgaben zu erweitern und durch sie die Heranbildung des Klerus zu verbessern. Er erließ 1548 eine erste landesherrliche Schulordnung und berief nach dem Tod des auch in Rom herangezogenen Professors Dr. Johann Eck Jesuiten. Im weltlichen Rechtsleben brachte er 1518 eine Reform des Landrechts, 1520 eine Gerichtsordnung für Ober- und Niederbayern zuwege. Mit Umsicht bestellte er die Kanzler und Räte. Besonders arbeitete er mit dem außergewöhnlich tüchtigen Rat Leonhard von Eck zusammen.

Als die aufständischen schwäbischen Bauern 1525 den Krieg auch in das Herzogtum Bayern tragen wollten, wurden sie von den bayerischen Bauern zurückgeschlagen. Wilhelm und Ludwig versprachen in einem Aufruf an sie dem, der eine »unbillige Beschwerung« zu leiden vermeine, »gnädige Untersuchung und billige Wendung, wie sie denn allezeit der Bauern gnädige Beschützer und die Schirmherren des Friedens und Rechtes« seien. Die Haltung der Wittelsbacher Landesherren aber wirkte auch im Umkreis Bayerns, vor allem in Salzburg und Eichstätt, so überzeugend, daß die dort sich erhebenden Bauern einen der beiden bayerischen Herzöge zum Landesherrn wollten.

Wilhelm IV., der wegen seiner maßvollen Haltung in der Reformation das Vertrauen vieler im Lande gewann, war ein christlicher Renaissancefürst. Er berief 1523 Ludwig Senfl als Kapellmeister und begründete die Wittelsbacher Gemäldesammlung.

Zum Besuch des Kaisers Karl V. 1530 dachte er sich mit Albrecht Altdorfer ein Lusthaus in oberitalienischer Palastarchitektur aus; der Maler schuf dafür seine berühmte Alexanderschlacht.

Wilhelm IV. lag in seiner Schulordnung von 1548 die Einführung in die griechischen Evangelientexte nicht weniger am Herzen als die in die heidnischen Klassiker. In Verbindung auch mit protestantisch gewordenen Reichsfürsten kämpfte er für die föderative Ordnung im Reich. Der Kaiser andererseits befragte, als er 1545 die Protestanten niederringen wollte, zuvor seinen »in den deutschen Dingen so erfahrenen Vetter« Wilhelm. Dieser blieb in dessen Krieg gegen die Protestanten neutral, vermählte aber 1546 seinen Thronfolger Albrecht mit der Tochter Anna des Römischen Königs und Erzherzogs Ferdinand. Nach dem Ehevertrag sollten Albrechts und Annas Nachkommen beim Aussterben der männlichen Habsburger all das erben, was ihren Nachkommen von Rechts wegen zustünde. Bayerns Herzöge glaubten, ihre Nachkommen würden im Erbfall die österreichischen Lande erben. Ferdinand beschränkte aber 1547 durch Kodizill zum Testament von 1543 den Erbfall auf das Aussterben der ehelichen Habsburger. Wilhelm bemühte sich vergeblich, seinen kunstsinnigen Schwager Ottheinrich von Pfalz-Neuburg von seinem Schritt abzuhalten, die evangelische Lehre als die eigentlich katholische anzunehmen. Mit einigem Erfolg aber trat er für den Katholizismus in der badischen Heimat seiner Frau Jakobäa Maria ein.

Die Nachkommen Herzog Wilhelms IV.

1. THEODO

* 10. 2. 1526 in ?
† 8. 7. 1534 in Wolfratshausen
Grabstätte: Klosterkirche Andechs

2. ALBRECHT V.

⚭ ANNA, Tochter des späteren Kaisers Ferdinand I.
Siehe unter Herzog Albrecht V.

3. WILHELM

* 17. 2. 1529 in ?
† 22. 10. 1530 in München?
Grabstätte: Dom in München

4. MECHTHILD

* 12. 7. 1532 in ?
† 1./2. 11. 1565 in Baden-Baden
Grabstätte: Stiftskirche in Baden-Baden

⚭ 17. 1. 1557 in Regensburg
PHILIBERT, Markgraf von Baden
Eltern: Bernhard IV., Markgraf von Baden-Baden, und Franziska, Tochter des Grafen Karl von Luxemburg
* 22. 1. 1536 in Baden-Baden
† 3. 10. 1569 in der Schlacht bei Montcontour
Grabstätte: Stiftskirche in Baden-Baden

Herzog Albrecht V.

Herzog Albrecht V.

* 29. 2. 1528 in München
† 24. 10. 1579 in München
Grabstätte: Dom in München

⚭ 4. 7. 1546 in München
ANNA
Eltern: Ferdinand (I.), später röm.-dt. Kaiser, und Anna, Tochter des Königs Wladislaw V. von Böhmen (Wladislaw II. von Ungarn)
* 7. 7. 1528 in Prag
† 16./17. 10. 1590 in München
Grabstätte: Dom in München

Albrecht V. regiert Bayern von 1550 bis 1579.

Albrecht begann mit zwölf Jahren das Studium in Ingolstadt. Seit seinem sechsten Lebensjahr wurde seine zukünftige Vermählung ein politisches Projekt zwischen Bayern und Österreich. Mit zweiundzwanzig Jahren zur Regierung gekommen, hielt er an den religiösen und religionspolitischen Grundsätzen des Vaters fest; er brachte sie aber in seiner konfessionellen Bundespolitik und durch seine Zustimmung zum Augsburger Religionsfrieden, durch den neben den katholischen Reichsständen die lutherischen reichsrechtlich anerkannt wurden, mildernd zum Ausdruck. Als Räte zog er Männer verschiedener Richtung heran. Er prägte mit Hilfe der Jesuiten, für die er mehrere Kollegien stiftete, eine katholische Renaissance-Kultur aus. Dazu zog er den bedeutenden Kirchenlehrer Petrus Canisius und den großen Musiker Orlando di Lasso heran.

Wie Ottheinrich von der Pfalz legte auch er mit Umsicht und Scharfsinn eine großartige Bibliothek an. Er sammelte in großem Stil auch Münzen sowie antike und zeitgenössische Kunstwerke. Für die Werke der Antike legte er in der Residenz das Antiquarium an, welches das erste Museum nördlich der Alpen wurde. In die von ihm errichtete Kunstkammer nahm er auch naturwissenschaftliche und technische Objekte auf. Sein weitgespannter Sinn bereitete dem aufblühenden Theater der Jesuiten den Weg. Bestimmte Kunstschätze band er 1565 an die Münchner Residenz als Standort; den Staat selbst kleidete er 1572 rechtlich in das Gewand eines Fideikommisses ein. Dadurch wurden Veräußerungen oder Abtretungen an die Zustimmung der ebenbürtigen Mitglieder des Herrscherhauses gebunden. Für die Erhaltung der Kunstsammlungen wie für die Sicherung des Gesamtstaates erwies sich sein Verfahren auf Jahrhunderte hinaus als eine entscheidende Tat.

Trotz finanzieller Schwierigkeiten und protestantischer Wünsche unter den bayerischen Rittern vermochte er auf dem Ingolstädter Landtag 1563 die Macht der Landstände einzuschränken. Beim Ausbau der landesherrlichen Behörden gründete er schon zu Regierungsbeginn eine eigene Finanzbehörde, die Hofkammer, sonderte aus dem allgemeinen Hofrat einen besonderen Kreis, der zum Geheimen Rat wurde. Um die seit den Papstbullen von 1523 erheblich anwachsenden Hoheitsrechte des Landesherrn gegenüber der Kirche sachgemäß und zu deren fortschreitender Reform auszuüben, begründete er 1557 den landesherrlichen Religions- und geistlichen Lehenrat und 1570 den aus geistlichen und weltlichen Personen zusammengesetzten landesherrlichen Geistlichen Rat.

Papst Gregor XIII. vertraute so sehr auf Albrecht V., daß er 1575 dessen Sohn Ernst zum Universalbischof für das katholische Deutschland ausersah.

Die Nachkommen Herzog Albrechts V.

1. KARL

* 7. 9. 1547 in Starnberg
† 7. 12. 1547 in München
Grabstätte: Klosterkirche Andechs

2. WILHELM

⚭ RENATA VON LOTHRINGEN
Siehe unter Herzog Wilhelm V.

3. FERDINAND

* 20. 1. 1550 in Landshut
† 30. 1. 1608 in München
Grabstätte: Dom in München

⚭ morganatisch 26. 9. 1588 in München
MARIA PETTENBECK
Eltern: Georg Pettenbeck, Herzoglicher Landrichter und Kastner zu Haag, und ...?
* 5. 2. 1573 in München
† 5. 12. 1619 in München
Grabstätte: Dom in München

Die 16 Kinder aus dieser morganatischen Ehe wurden zu Grafen und Gräfinnen von Wartenberg erhoben. Ihr Geschlecht erlosch 1736.
Ferdinand reiste mit fünfzehn Jahren nach Italien. Auf Befehl seines regierenden Bruders Wilhelm V. führte er 1583 die bayerischen Truppen gegen den protestantisch gewordenen Kurfürsten und Erzbischof von Köln. Obwohl er noch ohne Kriegserfahrung war, siegte er noch im selben Jahr bei Godesberg und errang in dem zehn Jahre dauernden Krieg entscheidende militärische Erfolge. 1583 versuchte Wilhelm V., seinen Bruder mit der verwitweten Königin Maria Stuart zu vermählen, die damals bereits Gefangene der Königin Elisabeth von England war. Als dieser Plan scheiterte, heiratete Ferdinand 1588 die Tochter Maria des Landrichters Pettenbeck. Wiewohl den Nachkommen nicht Fürsten-, sondern nur Adelsstand zuerkannt wurde, sollten sie nach dem Erlöschen der katholischen bayerischen Linie Erbrecht an Bayern haben.

4. Maria
* 21. 3. 1551 in München
† 29. 4. 1608 in Graz
Grabstätte: St. Katharina in Graz (heute Mausoleum)

⚭ 26. 8. 1571 in Wien
Karl II., Erzherzog von Innerösterreich
Eltern: Ferdinand I., röm.-dt. Kaiser, und Anna, Prinzessin von Böhmen und Ungarn
* 3. 7. 1540 in Wien
† 10. 7. 1590 in Graz
Grabstätte: Benediktinerabtei Seckau (Steiermark)

5. Maximiliana Maria
* 4. 7. 1552 in München
† 11. 7. 1614 in München
Grabstätte: Dom in München

6. Friedrich
* 26. 7. 1553 in München
† 18. 4. 1554 in München
Grabstätte: Klosterkirche Andechs

7. Ernst
* 17. 12. 1554 in München
† 17. 2. 1612 in Arnsberg/Westfalen
Grabstätte: Dom in Köln

Kurfürst und Erzbischof von Köln und Inhaber zahlreicher anderer kirchlicher Würden.

Herzog Wilhelm V.

Herzog Wilhelm V. der Fromme

* 29. 9. 1548 in Landshut
† 7. 2. 1626 in Schleißheim
Grabstätte: St.-Michaels-Kirche in München

⚭ 22. 2. 1568 in München
RENATA
Eltern: Franz I., Herzog von Lothringen, und Prinzessin Christine von Dänemark
* 20. 4. 1544 in Nancy
† 22. 5. 1602 in München
Grabstätte: St.-Michaels-Kirche in München

Wilhelm V. regiert Bayern von 1579 bis 1598.

Wilhelm wurde zusammen mit seinem Bruder Ferdinand von einem Adeligen und nacheinander von zwei Rechtsgelehrten erzogen. Eine kleine Abwechslung für die Knaben stellten jährlich wenige Landpartien und einige Tage auf der Jagd dar. Sonst war die vom Vater durch drei Instruktionen festgelegte Erziehung recht streng. Sie beeinträchtigte die zarte religiöse, aber auch renaissancehaft lebensfreudige Entwicklung Wilhelms aber nicht.

Mit zwanzig Jahren hielt er mit der weltoffenen Renata von Lothringen Hochzeit, die zu einem bis dahin in München ungekannten Renaissancefest wurde. Das Glockenspiel am Münchener Rathaus erinnert heute noch an jenes Fest. 1575 machte er den Rektor des Jesuitenkollegs in München, Pater Dominikus Menghin, der damals bereits der Beichtvater seiner Frau war, auch zu dem seinigen.

Mit einunddreißig Jahren kam Wilhelm selbst zur Regierung. Im Rahmen katholischer Politik plante er 1583 eine Verheiratung seines Bruders Ferdinand mit der verwitweten, gefangengehaltenen Königin Maria Stuart. Im selben Jahr schloß er mit dem Salzburger Erzbischof unter Mitwirkung des päpstlichen Nuntius ein Konkordat für Bayern und begann den Kampf für den Katholizismus im Kurfürstentum Köln, als der dortige Erzbischof zum neuen Glauben übertrat. Wilhelms Bruder Ernst wurde nun der neue Kölner Kurfürst. Von da an waren bis 1761 alle Kurfürsten in Köln altbayerische Wittelsbacher.

Es ist wie ein Symbol, daß Wilhelm V. in dem so schicksalhaften Jahr 1583 auch mit dem Bau der Sankt-Michaels-Kirche in München begann. Mit ihr zog eine typisch deutsche Renaissance in die Hauptstadt des Herzogtums ein. Die in Stockwerke gegliederte Fassade des Kirchenbaus zeigt hervorragende Gestalten aus dem pfalz-bayerischen Hause. In Erinnerung an den Escorial der spanischen Könige baute der Herzog, Zeitgenosse König Philipps II. von Spanien, um die Michaelskirche herum den Block des Wilhelminums. Daran schloß er das später Herzog-Max-Burg genannte Gebäude an, das an das Jesuitenkolleg seines Vaters, das sogenannte Albertinum, angefügt wurde. Vierzehn Jahre lang wurde hier unter Sustris gebaut. Wie früher in Landshut, ließ der Herzog auch die Münchner Residenz teilweise umgestalten. Die Kleinkunst wurde durch ihn gefördert, die Hofbibliothek und die Münzsammlung seines Vaters wurden erweitert. Eine aufrichtige Freundschaft verband Wilhelm mit Orlando di Lasso, dem Meister, den sein Vater gewonnen hatte.

Vor allem der Krieg für den Katholizismus am Rhein, der zehn Jahr lang dauerte, auch die Ausgaben für die Kunst und den wachsenden Hof, stürzten Wilhelm in immer tiefere Schulden. Trotz der Schaffung eines landesherrlichen

Salzhandelsmonopols und einer schon an sich notwendigen neuen Steuerveranlagung wurde die Finanzlage nicht besser. Er zog deshalb 1594 seinen damals erst einundzwanzigjährigen, aber hochbegabten Sohn Maximilian zur Mitregierung heran, dankte 1597 zu dessen Gunsten ab und entband 1598 alle vom Eid, um sich gemeinsam mit seiner Gattin Renata, die freilich schon vier Jahre später starb, ohne die Fesseln des Herrscherberufes ganz dem religiösen Ideal und der tätigen Nächstenliebe hinzugeben. Als er 1626 starb, hatte er noch Maximilians triumphale Siege für die katholische Sache und dessen Erhebung zum Kurfürsten erlebt. Wilhelm V. wird mit Grund Wilhelm der Fromme genannt.

Die Nachkommen Herzog Wilhelms V. des Frommen

1. CHRISTOPH
* und † 23. 1. 1570 in Friedberg bei Augsburg
Grabstätte: Klosterkirche Andechs

2. CHRISTINE
* 23. 9. 1571 in München
† 27. 4. 1580 in München
Grabstätte: Klosterkirche Andechs

3. MAXIMILIAN
1. ⚭ ELISABETH RENATA VON LOTHRINGEN
2. ⚭ MARIA ANNA VON ÖSTERREICH
Siehe unter Kurfürst Maximilian I.

4. MARIA ANNA
* 8. 12. 1574 in München
† 8. 3. 1616 in Graz
Grabstätte: St. Katharina in Graz (heute Mausoleum)

⚭ 23. 4. 1600 in Graz
FERDINAND, Erzherzog von Österreich, später Kaiser Ferdinand II.
Eltern: Karl, Erzherzog von Österreich, und Maria, Tochter
des Herzogs Albrecht V. von Bayern
* 9. 7. 1578 in Graz
† 15. 2. 1637 in Wien
Grabstätte: St. Katharina in Graz (heute Mausoleum)

5. PHILIPP WILHELM
* 22. 9. 1576 in München
† 18. 5. 1598 in Dachau
Grabstätte: Dom in München

Philipp, nach seinem Taufpaten König Philipp II. von Spanien genannt, wurde schon als Kind von drei Jahren 1579 zum Bischof von Regensburg von dort aus postuliert, da man durch einen Sohn des sich für die katholische Kirche sehr einsetzenden Bayernherzogs Schutz gegen die protestantische Bewegung aus der Reichsstadt Regensburg erhoffte. Auch sparte die bischöfliche Kasse, da ein minderjähriger postulierter Bischof wesentlich geringere Bezüge erhielt.

Philipp wuchs zu einem liebenswürdigen Jüngling mit guten Sitten heran und lebte einige Zeit zusammen mit seinem Bruder Ferdinand, der auch für den geistlichen Stand bestimmt war, 1592/93 als Gast des Papstes im Vatikan.
Von dem streng katholischen Geist Philipps und seiner Familie erwartete der wenig disziplinierte Freisinger Klerus unbequemere Reformen, so daß man dort seine Wahl zum Bischof ablehnte, als ihm sein Onkel Bischof Ernst das Freisinger Bistum überlassen wollte. Mit neunzehn Jahren wurde Philipp 1595 von einem Regensburger Hilfsbischof zum Subdiakon geweiht und 1597 durch Papst Klemens VIII. wegen seiner Verdienste um Reformen zum Kardinaldiakon gemacht sowie seine Wahl zum Oberhaupt eines weiteren Bistums oder einer Abtei freigestellt. Doch starb Philipp schon früh in Dachau an der Schwindsucht. Sein Bruder Herzog Max I. von Bayern errichtete ihm 1611 im Regensburger Dom, wo sein Herz beigesetzt wurde, ein Monument, für das Hans Krumper das Kruzifix und das Bildnis Philipps schuf.

6. Ferdinand

* 6. 10. 1577 in München
† 13. 9. 1650 in Arnsberg/Westfalen
Grabstätte: Dom in Köln

Kurfürst und Erzbischof von Köln und Inhaber anderer kirchlicher Würden.

Ferdinand, aufrichtig fromm und diszipliniert, studierte in Ingolstadt und orientierte sich im Winter 1592/93 in Rom. Papst Klemens VIII. ließ ihn als Koadjutor in Köln, Lüttich, Hildesheim und Münster zu, um fortzusetzen, was Gregor XIII. mit Ernst von Bayern, Ferdinands Onkel, begonnen hatte: den Katholizismus in Niederdeutschland durch die katholischen Münchner Wittelsbacher zu sichern. Ferdinands Bruder, Maximilian von Bayern, wollte ihn freilich zunächst nicht in seiner Liga, da er politisch-militärische Verpflichtungen dort scheute. Doch Ferdinand, seit 1612 Kurfürst und Erzbischof von Köln, stärkte, obwohl nie zum Priester geweiht, umsichtig überall das kirchliche Leben, stiftete 1615 ein Priesterseminar, hielt Visitationen und Synoden ab, gab Agende, Brevier und Missale neu heraus und konnte diplomatisch und militärisch als Landesherr den Krieg bis zum Erscheinen der Schweden von seinen Territorien fernhalten. Seinen Vetter, den Fürstbischof von Münster, Franz Wilhelm von Wartenberg, unterstützte er erfolgreich. Dessen Vater, ein Bruder des Herzogs Wilhelm des Frommen, hatte durch seine morganatische Ehe das Geschlecht der Wartenberger begründet, das Maximilian beim Aussterben der katholischen Wittelsbacher als erbberechtigt anerkannte, doch blieb Kurfürst Ferdinand wohl nur deshalb Laie, um in einem vorzeitigen Erbfall in Bayern als unbestreitbarer Erbe zur Verfügung zu sein. 1642 nahm er seinen Neffen Maximilian Heinrich, den Sohn seines Bruders Albrecht, als Koadjutor an, der ebenso sittenrein und fromm wie er war. Ferdinand war auch Fürstabt von Berchtesgaden und Stablo-Malmedy. Von den fünf in Köln von 1583 bis 1761 regierenden Wittelsbachern war er der bedeutendste.

7. Eleonore Magdalena
* 7. 10. 1578 in München
† 18. 4. 1579 in Landshut
Grabstätte: Zisterzienserinnenkloster Seligenthal bei Landshut

8. Karl
* 30. 5. 1580 in München
† 27. 10. 1587 in Salzburg
Grabstätte: Klosterkirche Andechs

9. Albrecht VI. der Leuchtenberger
* 13. 4. 1584 in München
† 5. 7. 1666 in München
Grabstätte: Wallfahrtskirche in Altötting

⚭ 26. 2. 1612 in München
Mechthild
Eltern: Georg Ludwig, Landgraf von Leuchtenberg, Reichshofratspräsident von 1594 bis 1595 und von 1600 bis 1604, und Maria Salome, Tochter des Markgrafen Philibert zu Baden und Hochberg
* 24. 10. 1588 in ?
† 1. 6. 1634 in Laufen
Grabstätte: Wallfahrtskirche in Altötting
1646 bis 1650 Landgraf von Leuchtenberg, das er 1650 seinem Bruder, dem Kurfürsten Maximilian gegen die Herrschaft Wiesensteig überließ. Dadurch konnte Maximilian die 1628 von der Pfalz übernommenen Lande der Oberpfalz zu einem geschlossenen Gebiet aufrunden.

10. Magdalene
* 4. 7. 1587 in München
† 25. 9. 1628 in Neuburg a. d. Donau
Grabstätte: Hofkirche in Neuburg a. d. Donau

⚭ 11. 11. 1613 in München
Wolfgang Wilhelm von Pfalz-Neuburg
Eltern: Philipp Ludwig, Herzog von Pfalz-Neuburg, und Anna, Tochter Herzog Wilhelms IV. des Reichen von Jülich, Kleve und Berg
* 4. 11. 1578 in Neuburg a. d. Donau
† 20. 3. 1653 in Düsseldorf
Grabstätte: St.-Andreas-Kirche in Düsseldorf

Kurfürst Maximilian I.

Kurfürst Maximilian I.

* 17. 4. 1573 in München
† 27. 9. 1651 in Ingolstadt
Grabstätte: St.-Michaels-Kirche in München

1. ⚭ 6. 2. 1595 in Nancy
Elisabeth Renata
Eltern: Karl II., Herzog von Lothringen, und Claudia, Tochter König Heinrichs II. von Frankreich
* 9. 10. 1574 in Nancy
† 4. 1. 1635 in Ranshofen bei Braunau am Inn
Grabstätte: St.-Michaels-Kirche in München

2. ⚭ 15. 7. 1635 in Wien
Maria Anna
Eltern: Ferdinand II., röm.-dt. Kaiser, und Maria Anna, Tochter des Herzogs Wilhelm V. von Bayern
* 13. 1. 1610 in Graz
† 25. 9. 1665 in München
Grabstätte: St.-Michaels-Kirche in München

Maximilian regiert in Bayern seit 1598 als Herzog, seit 1623 als Kurfürst bis 1651.

Das lernfreudige Kind Maximilian erwies sich bald als sehr begabt; der Knabe war aber wortkarg und von einem fast nüchtern erscheinenden Realismus. Seit dem achten Lebensjahr formten ihn der Vater und Erzieher wie Wenzeslaus Peträus aus Budweis nach durchdachten Regeln religiös und geistig. Peträus, der sich für den Aufschwung des katholischen Lebens in Prag tatkräftig eingesetzt hatte, wirkte religiös überzeugend auf Maximilian, der seit seinem siebenten Lebensjahr zusammen mit vornehmen Knaben aus Bayern, Tirol, Friaul, Schwaben, Mainz, Lothringen und Polen erzogen wurde. Religiös begründete Selbstkontrolle und Disziplin hielten Eigensinn und Stolz des Knaben in Schach. Mit zwölf Jahren las er bereits mit Vergnügen Cicero, angeleitet durch den vielseitigen, aber nicht überragenden Johann Baptist Fickler. Auch Livius, Horaz und Ovid, dann Tacitus, wurden ihm gut bekannt.

Während Griechisch weniger gepflegt wurde, lernte er vor allem Französisch und Italienisch, dann aber auch Böhmisch (d. h. Tschechisch). Kavaliersreisen nach Prag, Rom usw., in die Schweiz, später nach Nancy, gewannen ihm durch sein Wesen nicht nur Kaiser und Papst, sondern ergänzten, was er auf der Landesuniversität zusammen mit Brüdern und Erzherzögen unter meist bürgerlichen Studenten dreieinhalb Jahre studiert und schon vorher in Geographie gelernt hatte.

Praktische Rechtswissenschaft, Bekanntschaft mit den inneren Kräften Bayerns und der Festungsbau standen neben der Lektüre der Gespräche des großen christlichen Humanisten Erasmus von Rotterdam und neben Vorlesungen und Umgang mit dem großen aus Spanien gekommenen Theologen Gregor von Valencia und mit dessen Schüler, dem bedeutenden Gräzisten Jakob Gretser.

Hatte schon in früheren Jahren Max in körperlicher Ertüchtigung und auf der Jagd Tapferkeit und Verzicht auf Bequemlichkeit gelernt, so galt das ganze Erziehungsprogramm vor allem dem Ziel, einen Gott sich wirklich verantwortlich fühlenden christlichen Fürsten auf seine Aufgabe vorzubereiten. Daß dieses Ziel erreicht wurde, zeigt seine über 50 Jahre währende Regierungszeit. Maximilian schrieb später in seinem politischen Testament an seinen Sohn die Überzeugung nieder, daß der beste Krieg keiner sei. Trotzdem blieb es ihm nicht erspart, 1620 in den großen Krieg der Konfessionsparteien einzutreten, der damals bereits zwei Jahre dauerte. Er mußte jetzt diesen Staat einsetzen, den er durch Umsicht und Sparsamkeit, auch mit Hilfe der Landtage von 1605 und 1612, sowie durch zeitgemäße Fassung des bayerischen Landrechts 1616 erneuert hatte. 1609 hatte er dem ein Jahr vorher gegründeten protestantischen Bund Friedrichs IV. von der Pfalz die katholische Liga entgegengesetzt. Sein Ziel war, militärische und politische Konflikte zu lokalisieren und dadurch zu beseitigen. Durch seinen Friedensschluß mit dem lutherischen Markgrafen Joachim Ernst von Brandenburg-Ansbach im Juli 1620 beschränkte er den Konflikt auf Böhmen. Hier aber bekämpfte und besiegte er am 8. November 1620 zusammen mit seinem General Tilly den calvinistischen Böhmenkönig Friedrich V. von der Pfalz am Weißen Berg. Vergeblich hatte Friedrich 1618 Maximilian durch Wahl zum Römischen König für sich gewinnen wollen.

Siege in der Oberpfalz und am Rhein machten Maximilian zum tatsächlich mächtigsten Fürsten im Reich. Da Kaiser Ferdinand II. die vereinbarte Rückzahlung der Kriegskosten an den Wittelsbacher nicht leisten konnte, verpfändete er ihm Oberösterreich. Er verlieh ihm 1623 auch die dem geächteten Pfälzer aberkannte erste weltliche Kur, d. h. das kurfürstliche Recht, das Reichsoberhaupt zu wählen. Statt Oberösterreich, wo es zu Aufständen gekommen war, verkaufte Ferdinand II. dem neuen Kurfürsten 1628 die jetzt von ihm als Kaiser beanspruchte Oberpfalz und die untere Pfalz rechts des Rheins als Abzahlung seiner Schulden an Maximilian. Diese Land- und Rechtsgewinne waren nie Kriegsziele Maximilians gewesen, wohl aber ist zu diesen die Wiederherstellung des Katholizismus zu rechnen. Das Restitutionsedikt von 1629 entsprach jedoch nicht Maximilians realistischem Sinn.

Maximilian verschönte als regierender Herr durch den Neubau an der Münchner Residenz, durch Theateraufführungen und durch seine von den Söhnen Orlando di Lassos geleitete Hofkapelle das allgemeine Zusammenleben. Doch wurde sein eigenes Glück dadurch beeinträchtigt, daß die junge Frau keine Kinder gebar. Sie begleitete ihren Mann bei seinem größten Erfolg, als der Kaiser ihn in Regensburg durch Übergabe von Hut und Mantel mit der Pfälzer Kur belehnte, sie zog an seiner Seite mit, als er zum Kurfürstentag am 3. Juli 1630 von Neustadt a. d. Donau her in Regensburg landete und mit großem Gefolge in die Stadt einzog, wo auf seinen Wunsch Wallenstein, der anmaßende General des Kaisers, abgesetzt wurde.

Sein Realismus äußerte sich darin, daß er dem Prager Frieden von 1635 mit den Schweden und den deutschen Protestanten zustimmte, d. h. der Vereinbarung, die Ausführung des Restitutionsediktes auf Jahrzehnte zu verschieben. Als eben 1635 der Streit zwischen Frankreich und Spanien auf das Reich übergriff und diesen Friedensschluß umwarf, mußte auch Maximilian weiterkämpfen.

Mitten in den dunklen Kriegsjahren leuchtete dem schwergeprüften Kurfürsten ein großes persönliches Glück auf: Seine zweite Gemahlin schenkte ihm 1636 den Thronerben Ferdinand Maria. 1638 errichtete der für vieles religiös dankbare Kurfürst am Schrannenplatz in München zu Ehren der Gottesmutter, die 1854 auch dem Platz den Namen gab, die Mariensäule. Alles, was er in seinem langen Leben an menschlichen und politischen Erfahrungen gesammelt hatte, legte er als alter Mann in den väterlichen Ermahnungen an seinen Sohn und Nachfolger nieder. Er empfiehlt ihm vor allem Selbstkontrolle. Er warnt ihn vor übermäßiger Autorität, vor Hochmut und fordert »freundliche Autorität«.

»Vergnügtheit und guter Wille« der Untertanen sind ihm wichtiger als Kriegsmacht und Geld, so wenig er deren Bedeutung unterschätzt. Zu der von ihm erstrebten Art von Fürstenautorität erscheint ihm die Kontrolle der eigenen Beamten besonders notwendig. Für Maximilian setzte Gott den Fürsten als Vater und Hüter seiner Untertanen ein. Das gemeine Volk müsse den Fürsten sowohl über sich als für sich vorhanden fühlen. Nicht das Volk, sondern Gott aber ist es, »aus dessen Hand alle Gewalt herkommt«. »Indem ich anderen leuchte, verzehre ich mich.«

Im Hinblick auf die schwierigen Finanzprobleme arbeitete Maximilian 1640 eine Ordnung für die erste Finanzbehörde des Landes, die Hofkammer, aus, die sich mehr als ein Jahrhundert bewähren sollte. Er wirkte während des Krieges unermüdlich als Landesvater weiter, setzte z. B. die Abgaben für verarmte und erkrankte Bauern herab und wies ihnen in Notjahren Geld zu. Für Flüchtlingskinder sorgte er besonders. Außenpolitisch war er zu Kompromissen wie Gebietsabtretungen des Reiches am Oberrhein oder der Zusage an die Protestanten bereit, ihnen ihr Gebiet vom Umfang im Stichjahr 1618 zu überlassen, wenn sie bereit wären, zusammen mit dem Kaiser zu kämpfen. Er ließ sich durch Frankreich nicht bewegen, den Kaiser zu verlassen, verhandelte aber in Paris und Wien immer wieder, um den Krieg zu beenden. Als der neue Kaiser Ferdinand III. (1637–1657) das Zusammenwirken mit Madrid nicht aufgab, wandte sich Maximilian angesichts des Elends des Krieges im eigenen Lande gegen die spanische Bündnispolitik des Kaisers und schrieb ihm, er könne ihm nicht sein Volk und Land als Brandopfer darbringen. Er schloß deshalb am 14. März 1647 mit Frankreich und Schweden einen befristeten Waffenstillstand. Tatsächlich erreichte er dadurch, daß der Kaiser auf das Zusammengehen mit Spanien verzichtete, das bis 1659 dann allein gegen Frankreich weiterkämpfte. Als der Kaiser 1647 zum Frieden bereit wurde, kündigte der Kurfürst noch vor Ablauf der Frist den Waffenstillstand, um den Wiener Bundesgenossen nicht weiter zu schwächen. Nach dem Friedensschluß von 1648 rüstete Maximilian radikal ab, versuchte durch Steuerbefreiung und durch Unterstützung mit Holzlieferungen die oft verwilderten Heimkehrer wieder zu Bauern usw. zu machen und lockerte die Stimmung der Bevölkerung der Hauptstadt auf, indem er in München ein Theater nach italienischer Art errichtete.

Neben Albrecht dem Weisen, der Bayern wieder vereinigte, und dem ersten König, dem Begründer des größeren Bayern, das ein deutscher Mittelstaat von großer Lebensfähigkeit wurde, wirkte Kurfürst Maximilian I. durch seine Regierung am meisten bis in die Gegenwart fort.

Die Nachkommen des Kurfürsten Maximilian I.

AUS DER EHE MIT MARIA ANNA

1. Ferdinand Maria
   ⚭ Henriette Adelheid von Savoyen
   Siehe unter Kurfürst Ferdinand Maria

2. Maximilian Philipp Hieronymus
   * 30. 9. 1638 in München
   † 20. 3. 1705 in Schloß Türkheim
   Grabstätte: St.-Michaels-Kirche in München

   ⚭ 24. 5. 1668 in Château Thierry
   Mauritia Febronia de Latour d'Auvergne
   Eltern: Friedrich Moritz, Herzog von Bouillon, und Eleonore Katharina Febronia, Herzogin von Berg
   * 12. 4. 1652 in Château Thierry?
   † 20. 6. 1706 in Schloß Türkheim
   Grabstätte: St.-Michaels-Kirche in München

Wie in der Fürstenerziehung damals üblich, wuchs Maximilian Philipp bis zum sechsten Lebensjahr vor allem unter der Obhut der Mutter auf. Der Vater bestellte für ihn darauf als Hofmeister den Geheimrat und Kämmerer Johann Adolf Freiherrn Wolf, genannt Metternich, als Präzeptor den Juristen Dr. jur. Matthias Marquard, als Religionslehrer aber Pater Vervaux, der auch wie andere Lehrer Maximilian Philipps zugleich für die Erziehung des Kurprinzen Ferdinand Maria tätig war, aber auch Annalen des bayerischen Stammes verfaßte, die unter dem Namen des Kanzlers Adlzreiter herauskamen. 1649 lobte der alte Kurfürst die Fortschritte seines zweiten Sohnes in den schönen und nützlichen Wissenschaften, besonders in den Sprachen. Der Elfjährige konnte bereits sehr gut Latein. Der Vater wollte ihn vor allem zum Offizier ausbilden, doch geschah durch den seit 1653 tätigen neuen Hofmeister für dieses Ziel wenig, so daß an dessen Stelle die Mutter für den jetzt sich nicht mehr durch Jugendstreiche hervortuenden Sohn den Grafen Bonaventura Fugger setzte. Maximilian Philipp bestand 1656 ein nicht leichtes Examen in Latein, Redekunst und Geschichte, 1657 in Rechtswissenschaften und lebte darauf am Hofe des nun regierenden Bruders. Er verkörperte dort die altbayerische Art gegen das von seiner italienischen Schwägerin Kurfürstin Henriette Adelheid getragene italienisch-romanische Wesen. Bald zeigte er sich trotz seiner Derbheit als ein außergewöhnlich praktischer und geschäftskundiger Mann. Mit kleinem Gefolge reiste er 1663 über Augsburg–Würzburg–Koblenz–Köln nach Brüssel, der Hauptstadt der spanischen Niederlande, dann nach Hamburg, Leipzig und Prag. Der Heimkehrer übernahm die Verwaltung der ziemlich herabgekommenen Landgrafschaft Leuchtenberg in der heutigen Oberpfalz. Mit Hilfe der unverdrossen arbeitenden und auf Gott vertrauenden Einwohner stellte Maximilian Philipp trotz Inanspruchnahme vieler der Männer dort durch den Türkenkrieg 1663/64 schrittweise Ordnung und Wohlstand wieder her.

Der junge Wittelsbacher hätte gerne eine unabhängige eigene Stellung eingenommen, bemühte sich aber vergebens um die Hoch- und Deutschmeisterwürde und um die Statthalterschaft in Brüssel. Reisen nach Italien erweiterten sein Weltbild. Im Zug der frankreichfreundlichen Neutralitätspolitik seines kurfürstlichen Bruders heiratete Maximilian Philipp 1668 mit Unterstützung des Kölner Wittelsbachers Mauritia Febronia, die Tochter des Herzogs Friedrich Moritz von Bouillon. Sie war, gleich Maximilian Philipp, von einer den rationalistischen Lebensauffassungen abgewandten kirchlichen Religiosität. Die unter der Protektion Ludwigs XIV. mit der notwendigen Zustimmung des regierenden Bruders zustande gekommene Ehe führte aber nicht zu einer Annäherung der beiden Brüder und Schwägerinnen. Es kam sogar zu Differenzen zwischen den Brüdern in Geldfragen. Immerhin gelang es Maximilian Philipp, schon 1666 die Grafschaft Schwabegg mit Türkheim gegen Geld und dann noch 1680 Schloß Altenberg in der Landsberger Gegend zu erwerben. Kurfürst Ferdinand Maria stimmte der Kandidatur Maximilian Philipps für den polnischen Thron zu, und Henriette Adelheid agitierte bei dieser Gelegenheit lebhaft für ihren Schwager. Gleichwohl scheiterte das Projekt.

Durch den frühen Tod Ferdinand Marias am 27. Mai 1679 mußte Maximilian Philipp noch ein Jahr, bis zum 7. Juli 1680, für seinen noch nicht volljährigen Neffen Kurfürst Max Emanuel die Regentschaft führen. Maximilian Philipp zeigte dabei große politische Einsicht und Umsicht und gewann selbst erhebliche politische Bedeutung. Mit Einverständnis Max Emanuels willigte er zwar in die Vermählung von dessen Schwester Maria Anna Christine mit dem französischen Thronfolger ein, verhinderte aber eine französische Doppelhochzeit, um seinem Neffen den Weg für eigene Entscheidungen freizuhalten. Durch verschiedene Schritte hielt er überhaupt das Gleichgewicht Bayerns zwischen Wien und Paris, und zwar in einer Weise, die an die Politik seines Vaters erinnerte. Er konnte so ein unabhängiges Bayern 1680 dem neuen Landesherrn übergeben, übernahm aber später keine politischen Aufgaben mehr, obwohl ihn Max Emanuel im Türkenkrieg gelegentlich zu seinem Stellvertreter in München wünschte.

Kurfürst Ferdinand Maria

Kurfürst Ferdinand Maria

* 31. 10. 1636 in München
† 26. 5. 1679 in Schleißheim
Grabstätte: Theatinerkirche in München
⚭ 25. 6. 1652 in München
HENRIETTE ADELHEID
Eltern: Victor Amadeus I., Herzog von Savoyen, und Christine, Tochter König Heinrichs IV. von Frankreich
* 6. 11. 1636 in Turin
† 18. 3. 1676 in München
Grabstätte: Theatinerkirche in München

Ferdinand Maria regiert in Bayern von 1651 bis 1679 (unter der Vormundschaft seiner Mutter und seines Onkels Herzog Albrechts VI. [des Leuchtenbergers] bis 1654).

Ferdinand Maria war vom Vater Kurfürst Max I. sehr früh in die Geschäfte des Geheimen Rates eingeführt worden. Mit fünfzehn Jahren kam er unter der Vormundschaft seiner Mutter zur Regierung. Zwar hatte er zunächst keine besondere Freude an den Regierungsgeschäften, er arbeitete aber mit Einfühlung, selbständiger Entschlußkraft und Treffsicherheit.

Mit sechzehn Jahren war er mit der fast gleichaltrigen Prinzessin Henriette Adelheid von Savoyen verheiratet worden. Als er 1654 allein die Regierungsgeschäfte übernahm, wurde sein Pfälzer Verwandter aus der Zweibrücken-Kleeburger Linie, Karl Gustav, zum König von Schweden gekrönt. Karl XI. schlug ihm 1673 eine Wittelsbacher Hausunion vor, doch trat der nüchterne Realist Ferdinand Maria von Bayern nicht bei. Er war auch nicht Mitglied des vom Mainzer Kurfürsten Johann Philipp von Schönborn gegründeten Rheinbundes geworden. Denn dieser wollte auf Kosten des Kaisers den französisch-spanischen Streit beenden. Das deckte sich nicht mit Ferdinand Marias Bemühen, die deutschen Staaten aus dem Streit zwischen den Bourbonen und den Habsburgern herauszuhalten. Trotz seiner sonstigen Neutralität schickte er aber seine Truppen zur Abwehr nach Ungarn. Denn er erkannte umsichtig die wachsende Gefahr, die von den militärischen Fortschritten der Türken Europa drohte.

Dem klaren Rechner Ferdinand Maria schlug der merkantilistische Projektemacher Dr. Becher vergeblich vor, in der Gegend des heutigen New York über holländische Vermittlung eine bayerische Kolonie zu gründen. Als Realist griff der Kurfürst näher gelegene Probleme auf. Er reformierte Behörden und Heer, kämpfte gegen die Vetternwirtschaft durch seine Stadt- und Marktordnung von 1670, dämmte ein uferloses Wachstum des geistlichen Besitzes durch die Pragmatik von 1672 ein und leistete einem freien Bauerntum Vorschub.

Da Kaiser Leopold I. auf Bayern immer weniger Rücksicht nahm, bekämpfte Ferdinand Maria dessen zentralistische und absolutistische Tendenzen, indem er 1667 den frankreichfreundlichen Kaspar von Schmid zum Kanzler des Geheimen Rates machte. 1670 schloß er mit Frankreich einen Subsidienvertrag und versprach, einen Reichskrieg zu verhindern, wenn die Habsburger in Madrid oder in Wien aussterben sollten. Ludwig XIV. wollte in beiden Fällen mit Ferdinand Maria zusammenwirken, dem er an Bayern angrenzendes österreichisches Gebiet versprach. Der Möglichkeit, Kaiser zu werden, stand Ferdinand Maria wie schon bei der Wahl Kaiser Leopolds skeptisch gegenüber.

In der heraufziehenden italienisch gefärbten Barockkultur setzten Ferdinand Maria und seine Gemahlin Henriette Adelheid wichtige Akzente. Als beiden nach langjähriger Ehe endlich der Thronfolger geboren wurde, baute Ferdinand Maria aus Dankbarkeit die Theatinerkirche und als Geschenk für seine Gemahlin das später nach den Seiten erweiterte Hauptgebäude des Nymphenburger Schlosses.

Neben der Baukunst entfaltete sich durch ihn und seine Gattin ein reiches Musikleben. Zur Geburt des Kurprinzen schrieb der erste deutsche Opernmeister Johann Kaspar Kerrl die Musik zu einem italienischen Stück. Es entsprach der Ungezwungenheit und der Theaterfreudigkeit des Kurfürsten, wenn er gelegentlich selbst im Theater mitwirkte. 1674 gelang es Ferdinand Maria, Ercole Bernabei, einen Vertreter der Palestrina-Renaissance, von Sankt Peter in Rom nach München zu holen.

Die fast dreißig Jahre seiner Regierung wurden mit durch sein Verdienst eine fruchtbare Friedenszeit. Die Zeitgenossen nannten ihn mit Recht Vater des Vaterlandes und des Friedens.

Die Nachkommen des Kurfürsten Ferdinand Maria

1. MARIA ANNA CHRISTINE VICTORIE
   * 17. 11. 1660 in München
   † 20. 4. 1690 in Versailles
   Grabstätte: St. Denis bei Paris

   ⚭ 7. 3. 1680 in Châlons
   LUDWIG, Dauphin von Frankreich
   Eltern: Ludwig XIV., König von Frankreich, und Marie Therese, Tochter König Philipps IV. von Spanien
   * 1. 11. 1661 in Fontainebleau
   † 14. 4. 1711 auf Schloß Meudon
   Grabstätte: St. Denis bei Paris

2. MAXIMILIAN II. MARIA EMANUEL
   1. ⚭ MARIA ANTONIA, Erzherzogin von Österreich
   2. ⚭ THERESE KUNIGUNDE, Prinzessin von Polen
   Siehe unter Kurfürst Max Emanuel

3. LOUISE MARGARETE ANTONIE
   * 18. 9. 1663 in München
   † 10. 11. 1665 in München
   Grabstätte: Theatinerkirche in München

4. LUDWIG AMADEUS VICTOR
   * 6. 4. 1665 in München
   † 11. 12. 1665 in München
   Grabstätte: Theatinerkirche in München

5. EIN PRINZ
   * und † 4. 8. 1666 in Dachau
   Grabstätte: Theatinerkirche in München

6. KAJETAN MARIA FRANZ
   * 2. 5. 1670 in München?
   † 7. 12. 1670 in München?
   Grabstätte: Theatinerkirche in München

7. Joseph Klemens Kajetan
* 5. 12. 1671 in München
† 12. 11. 1723 in Bonn
Grabstätte: Dom in Köln

Kurfürst und Erzbischof von Köln und Inhaber anderer kirchlicher Würden.

Trotz geringer Eignung zum Priesterzölibat war Ernst, der jüngere Bruder Wilhelms des Frommen von Bayern, 1583 auch auf Wunsch des Papstes zum Erzbischof und Kurfürsten von Köln gemacht worden, um dort den Katholizismus zu retten. Seitdem waren dort zwei früh sich völlig auf die Kirche einstellende altbayerische Wittelsbacher aufeinander in derselben Aufgabe gefolgt. In Max Emanuels Zeit wurde Kurköln, das keineswegs eine Sekundogenitur der Münchner Wittelsbacher war, auch eine dynastische Position, da sich dieser als künftiger Statthalter des spanischen Königs in Brüssel auf seinen Bruder in Köln zu stützen hoffte, zumal wenn dieser es auch zum Fürstbischof von Lüttich brachte. Max Emanuel setzte Joseph Klemens 1688 gegen den Straßburger Bischof Wilhelm Egon von Fürstenberg durch, den Ludwig XIV. vorschob. Joseph Klemens wurde zwar gegen seinen Willen dem geistlichen Stande zugeführt, richtete sich aber nach dem Willen des Familienchefs Max Emanuel. In eigener stark religiöser Gesinnung stiftete er 1693 in Josephsburg in Laim bei München eine Bruderschaft zu Ehren des hl. Michael. In Verbindung damit gründete er den Ritterorden der Beschützer göttlicher Ehren unter dem Schutz des hl. Erzengels Michael (den bis in unsere Zeit bestehenden Michaelsorden). Um das 1689 zerstörte kurfürstliche Residenzschloß in Bonn wieder aufzubauen, beauftragte er den kurbayerischen Hofbaumeister Zuccali mit der Planung. Er blieb stets eng mit Bayern verbunden. Im bayerischen Interesse war er 1684 Fürstbischof von Regensburg und Fürstpropst von Berchtesgaden geworden. Das Problem des geistlichen Fürstentums wurde ihm mit Härte deutlich, als sich die Kurkölner Landstände und das Kölner Domkapitel zum Widerstand gegen ihn verbanden. Mit noch mehr Härte begann seine außenpolitische Funktion auf ihm zu lasten, als Max Emanuel, seit 1691/92 spanischer Statthalter in Brüssel, das letzte Testament des spanischen Königs von 1700 anerkannte, das den Enkel Ludwigs XIV. als Enkel auch einer spanischen Infantin zum Nachfolger bestimmte. Denn Max Emanuel mußte die Niederlagen Ludwigs, auf dessen Seite er getreten war, teilen. Der Habsburger Kaiser, der seinen Bruder als König von Spanien durchsetzen wollte, ächtete 1706 Max Emanuel und seinen Bruder in Kurköln. Joseph Klemens flüchtete sich nun ins spanische Belgien, dann nach Frankreich und dachte erschüttert über seine Lebensaufgaben nach. In harter Selbstkritik nahm er die Lehren des Bischofs von Cambrai, Fénelon, in sich auf und ließ sich 1706 zum Priester, 1707 zum Bischof weihen. Während der Verhandlungen über die Neuordnung Europas am Ende des Krieges trat er auch gegenüber seinem Bruder für eine selbständige Regierung Bayerns ein, das er als das gemeinsame Vaterland empfand. Durch die Friedensverträge von 1714 wurden die beiden Brüder wieder in ihre Kurfürstentümer eingesetzt. Joseph Klemens begann mit Hilfe des ihm in Frankreich bekannt gewordenen Architekten de Cotte nun das Schloß in Bonn in ein offenes Schloß zur Stadt hin im Frühstil des Rokoko umzugestalten und errichtete auch in Poppelsdorf ein Schloß. Mit Einfühlung pflegte er Musik und Theater an seinem Hof. In der Regierungsarbeit ließ er sich durch seinen Kanzler Karg von Bebenburg unterstützen, der sich in geistlichen Angelegenheiten an Kardinal Paolucci orientierte. Joseph Klemens machte 1722 Klemens August, einen Sohn seines Bruders, zu seinem Koadjutor und starb noch vor ihm 1723.

8. VIOLANTE BEATRIX

* 23. 1. 1673 in München
† 29. 5. 1731 in Florenz
Grabstätte: Klosterkirche der Karmeliterinnen di S. Teresa in Florenz

⚭ 19. 1. 1689 in Florenz
FERDINAND (III.), Erbprinz von Florenz aus dem Hause Medici
Eltern: Cosimo III. aus dem Hause Medici und Margarete Luise, Tochter des Herzogs Gaston von Orléans
* 9. 8. 1663 in Florenz
† 31. 10. 1713 in Florenz?
Grabstätte: San Lorenzo in Florenz

Kurfürst Maximilian II. Emanuel

Kurfürst Maximilian II. Emanuel

* 11. 7. 1662 in München
† 26. 2. 1726 in München
Grabstätte: Theatinerkirche in München

1. ⚭ 15. 7. 1685 in Wien
MARIA ANTONIA
Eltern: Leopold I., röm.-dt. Kaiser, und Margarete Theresia, Tochter König Philipps IV. von Spanien
* 18. 1. 1669 in Wien
† 24. 12. 1692 in Wien
Grabstätte: Kapuzinergruft in Wien

2. ⚭ 12. 1. 1695 in Wesel/Rhein
THERESE KUNIGUNDE
Eltern: Johann III. Sobieski, König von Polen, und Marie Kasimire Luise de la Grange, verwitwete Gräfin Zamoyski
* 4. 3. 1676 in Warschau
† 10. 3. 1730 in Venedig
Grabstätte: Theatinerkirche in München

Max Emanuel regiert in Bayern von 1679 bis 1726 (unter der Vormundschaft seines Onkels Maximilian Philipp bis 1680).

Max Emanuel wurde von den Eltern zu Religion und Freundlichkeit gegen jedermann erzogen; er lernte Latein und Französisch, von der Mutter schon als Kind Italienisch. Der Jurist Dr. (von) Joner gab bereits dem Siebenjährigen Unterricht. Marquis von Beauveau wurde zum Leiter der Erziehung bestellt, nach dem frühen Tod der Eltern aber von dem Vormund, Max Emanuels Onkel Maximilian Philipp, entlassen. Dieser führte für den noch nicht Volljährigen 1679 bis 1680 die Regentschaft, zog ihn aber auch zu Sitzungen in Regierungsfragen heran. Er ließ zwar die Vermählung von Max Emanuels älterer Schwester Maria Anna Christine mit dem französischen Thronfolger zu, nicht aber eine von Ludwig XIV. für Max Emanuel gewünschte mit einer französischen Prinzessin. Beim Regierungsantritt warnte ihn der schwedische Wittelsbacher König Karl XI. vor Frankreich. In den ersten beiden Jahrzehnten der Regierung stellte sich Max Emanuel auch tatsächlich auf die Seite des Kaisers, war empört über den Raub Straßburgs durch Ludwig XIV. und wirkte militärisch entscheidend an der Entsetzung Wiens 1683 mit. Er schlug die Türken mehrmals glänzend zurück und eroberte in persönlichem tapferen Einsatz 1688 Belgrad. Von den Türken wurde er deshalb der blaue König genannt. Max Emanuel, der wegen seines Mutes bei seinen Soldaten sehr beliebt war und bei ihnen das Tarockspiel einführte, bekämpfte zusammen mit dem Kaiser und seinen Verbündeten 1689 auch die in der Wittelsbacher Pfalz eingefallenen Franzosen. Hatte ihn schon der Türkenkrieg bis 1688 mehr als zehn Millionen Gulden gekostet, so betrieb der Kurfürst seit 1689 durch das neue Kommerzkollegium eine der Zeit entsprechende Handelspolitik. Aus Anlaß seiner Hochzeit mit der Kaisertochter Maria Antonia begann er schon ein Jahr vorher ein Wasserschloß in Lustheim durch Enrico Zuccalli zu bauen, dessen reiche, aber auch schwierige Künstlernatur Max Emanuel mit Einfühlung und Entschiedenheit zu behandeln verstand. Er baute damals auch das für seine Mutter begonnene Schloß Nymphenburg weiter. Die Hofmusik reorganisierte er, der selbst sehr musikalisch war, durch Giuseppe Antonio Bernabei. Am Cäcilientag spielte Max Emanuel selbst regelmäßig in der Cäcilienkapelle der Münchner Residenz die Viola da gamba. Da er in normalen Zeiten täglich die Messe in der Hofkapelle besuchte, ließ er Messen von Kerrl und Ercole wie Giuseppe Antonio Bernabei gern aufführen. Er spielte auch selbst die Orgel und war an kirchlicher Musik interessiert; deshalb widmete ihm Agostino Steffani eine dreistimmige Motettensammlung. Auf kirchlichem Gebiet überhaupt wurde der junge Kurfürst durch entscheidende Förderung der Gründung der bayerischen Benediktinerkongregation 1684 tätig. In seiner vielseitig aufgebauten Bibliothek hatte er auch zahlreiche religiöse Werke.

Durch die Herkunft seiner Frau als Enkelin des spanischen Königs Philipp IV. gewann der bayerische Kurfürst für seinen Sohn Joseph Ferdinand Ansprüche auf die Krone des kinderlosen letzten Habsburger Königs Karl II. von Spanien. Dieser ernannte Max Emanuel unter Berücksichtigung der Empfehlung auch des englischen Königs Wilhelm III. 1691 zum Statthalter der spanischen Niederlande in Brüssel. Max Emanuel ergriff die Initiative u. a. durch die Rückeroberung Namurs von den Franzosen, aber auch in Verwaltung und Wirtschaft mit Hilfe des tüchtigen Ministers Bergeyck durch Ausnützung überseeischer Verbindungen. Auf kulturellem Gebiet entschied er mit sicherem Geschmack: er machte Torri zum Kapellmeister der königlich spanischen Kapelle in Brüssel, die Oper aber unterstellte er dem Vizekapellmeister Fiocco. Auch zum kundigen Bildersammler wurde Max Emanuel in Brüssel. Er bevorzugte Niederländer, vor allem Rubens, erwarb aber auch Werke von Tintoretto und Murillo. Da seine Frau 1692 gestorben war, heiratete Max Emanuel im Einverständnis mit dem König von Spanien 1695 Therese Kunigunde, die Tochter des verstorbenen Polenkönigs Johann III. Sobieski.

1696 verband sich Max Emanuel mit dem Brandenburger Kurfürsten zur gegenseitigen Unterstützung bei Erwerb einer Königskrone, die laut dem Sachsenspiegel den deutschen Stämmen zukam. Karl II. von Spanien machte den bayerischen Kurprinzen Joseph Ferdinand 1698 mit Zustimmung Frankreichs und Englands zum Universalerben der spanischen Monarchie und stellte damit Max Emanuel eine weltgeschichtliche Aufgabe. Der Kurfürst war auf dem Höhepunkt glänzender Möglichkeiten.

Da starb 1699 Joseph Ferdinand. Jetzt ernannte Karl II. Philipp, den ebenfalls von Philipp IV. abstammenden Enkel Ludwigs XIV., zum Erben der Krone Spaniens. Max Emanuel hatte zuviel bayerisches Geld für die spanischen Niederlande aufgewandt, als daß er sich vor der Gefahr zurückgezogen hätte, die der Gegensatz zwischen Paris und Wien jetzt in Europa hervorrief. Kaiser Leopold I. stellte seinen zweiten Sohn Karl als König in Spanien auf, bot aber Max Emanuel nicht hinreichende Möglichkeiten auf seiner Seite. Andererseits war Max Emanuel als Statthalter der spanischen Krone durch den Entscheid Karls II. für den Bourbonen Philipp bereits festgelegt. Er überschätzte freilich die Möglichkeiten, die er als Kurfürst von Bayern und Statthalter in Brüssel bei einem Krieg in Spanien hatte. Schon bisher hatte er nicht die weise Mäßigung und Selbstdisziplin seines Großvaters, des ersten Kurfürsten, bewiesen, der sich 1618 zwei Jahre lang noch aus dem damaligen großen Krieg herausgehalten und auf dessen Lokalisierung hingearbeitet hatte. Max Emanuel baute während seiner ersten militärisch erfolgreichen Jahre im Spanischen Erbfolgekrieg anhand eigener Baupläne an Nymphenburg weiter und entscheidend am seit 1693 geplanten neuen Schloß in Schleißheim. Dort ließ er auch den nur für Gemälde bestimmten Ausstellungsraum, die Grande Galerie, erstehen. Sie ist eine der frühesten ausschließlichen Bildergalerien in Mitteleuropa. Da kam die bittere Wende: die Niederlage von 1704, die nicht von Max Emanuel, sondern von den französischen Generälen verschuldet worden war; sie ließ ihm nur einen geordneten Rückzug nach Westen. Die Österreicher besetzten Bayern und wollten es für Max Emanuel unbrauchbar machen. Sie forderten deshalb vier- bis siebenfache Steuern und hoben mit Zwang Rekruten für sich aus. Kurz bevor sich die oberbayerischen Bauern für ihren Kurfürsten erhoben, da sie den Abtransport auch seiner Kinder nach Österreich fürchteten, schrieb Max Emanuel an den zwanzig Jahre jüngeren, den Türkenbesieger bewundernden Wittelsbacher Schwedenkönig Karl XII., er möge sich beim Kaiser für eine mildernde Behandlung Bayerns und seines Kurhauses einsetzen. Tatsächlich leistete der schwedische Herrscher in seiner Eigenschaft als Reichsfürst, nämlich als Herzog von Zweibrücken, Widerstand gegen die Verhängung der Reichsacht gegen Max Emanuel, so daß dieser versuchte, ihn 1707 zu einem Marsch aus dem eroberten Sachsen nach Bayern zu bewegen, wo er durch entlassene bayerische Offiziere beinahe 12.000 Mann auf die Beine zu bringen hoffte; denn gerade damals stieß der französische Marschall Villars vom Schwarzwald in Richtung Bayern vor. Karl XII. aber marschierte von Sachsen aus, wo er als Sieger stand, nicht nach Süden, sondern nach Rußland, und Max Emanuel blieb nur das Exil auf spanisch-belgischem und französischem Boden. Er hatte dorthin u. a. den Dachauer Gärtnerssohn Josef Effner mitgenommen und ließ ihn in Paris ausbilden, wo auf seine Veranlassung auch der junge Wallone François Cuvilliés in die Lehre ging. Trotz der Niederlage Karls XII. in Rußland wandelte sich aber durch die Umbildung des Ministeriums in England die Lage in Europa und auch für Max Emanuel. Ludwig XIV. setzte nicht nur seinen Enkel Philipp V. in Spanien durch, sondern half Max Emanuel noch vor dem allgemeinen Friedensschluß durch einen außergewöhnlich günstigen Bündnisvertrag mit Subsidien und erreichte, daß Max Emanuel wieder in Bayern, sein Bruder Joseph Klemens, der geächtete Kurfürst von Köln, dort wieder eingesetzt wurde. Auch Karl XII. wirkte in diese Richtung.

Der Heimkehrer Max Emanuel wollte keine Feier, wurde aber in dem von der Besatzung befreiten Land trotz der allgemeinen Not mit Freude aufgenommen. Er widmete sich in seinem letzten Jahrzehnt Bayern mit seiner ganzen Tatkraft, wenn auch ohne ausreichende Sparsamkeit. Schon seit Regierungsantritt hatte er selbst, wenn er in Bayern war, Sitzungen des Geheimen Rates und gelegentlich auch des Hofrats geleitet. Hatte er den bayerischen Bergbau schon seit 1691 gefördert, so vermochte er 1715 den Absatz des bayerischen Salzes zu steigern und schrieb 1717 eine allgemeine Herdstätten-Anlage vor, d. h. eine Besteuerung aller, auch der Privilegierten. Freilich hatte die Besatzungsmacht mehr als ein Jahrzehnt lang das bayerische Beamtentum so demoralisiert und dadurch zerstört, daß dem Landesherrn jetzt eine wirkungsvolle Exekutive mangelte. Durch eine neue Steuerveranlagung, die erste seit 1593, schuf er 1721 wenigstens eine der Zeit entsprechende Grundlage für das Steuerwesen; sie war die letzte Steuerveranlagung vor Max Joseph und Montgelas. Denn die privilegierten, auch von der Steuer befreiten Landstände leisteten immer wieder

Widerstand gegen solche ordnende Maßnahmen. Max Emanuel konnte 1721 zusammen mit ihnen ein Schuldenabledigungswerk schaffen. 1726 betrugen die gesamten Schulden fast 27 Millionen Gulden, doch muß dieser Betrag mit den mehr als 10 Millionen von 1688 verglichen werden, die nach den Kriegen im Reichsinteresse gegen Frankreich 1692 auf 15 Millionen gestiegen waren.

Max Emanuel betrieb auch Mooskultivierung. 1723 verbot er den Bierzwang, d. h.: von nun an waren die Untertanen eines Hofmarksherrn nicht mehr gezwungen, dessen Bier zu kaufen, auch wenn es schlecht war. Das stehende Heer wurde 1722 so reorganisiert, daß die neun Regimenter Infanterie und Kavallerie und die Artilleriebrigade die Grundlage für die Armee noch im 19. Jahrhundert wurden. In der Reichskirchenpolitik verfolgte Max Emanuel die Linie seines Hauses weiter und bildete mit der Kurpfalz zusammen einen katholischen Block, der von Paris und Wien begünstigt wurde. Die protestantischen Mächte Preußen und England-Hannover machten nämlich dem katholischen Kurfürsten der Pfalz wegen seiner protestantischen Untertanen Schwierigkeiten, selbst als die eigentlichen konfessionellen Streitfragen bereits bereinigt waren. Auch in der Kultur setzte Max Emanuel, wohl der größte Mäzen seiner Zeit, noch neue Akzente, wie die 1716 bis 1719 erbaute Pagodenburg im Nymphenburger Park und andere Tatsachen beweisen.

Trotz der Feindschaft mit dem Pfälzer Kurfürsten Johann Wilhelm während des Spanischen Erbfolgekrieges vermochte sich Max Emanuel mit dessen Bruder und Nachfolger Karl Philipp 1718 an der Gruft der gemeinsamen Ahnen in Scheyern zu treffen und ein System der Hausverträge zu beginnen, das bis zum Ende des 18. Jahrhunderts fortgeführt wurde. Ohne dieses Vertragswerk, das 1777 und 1799 seine großen Konsequenzen zeitigte, wäre der selbständige Mittelstaat Bayern unter König Max I. aus der Pfalz-Zweibrücker Linie nicht möglich geworden.

Die Nachkommen des Kurfürsten Max Emanuel

AUS DER EHE MIT MARIA ANTONIA

1. Leopold Ferdinand
   * 22. 5. 1689 in München
   † 25. 5. 1689 in München
   Grabstätte: Theatinerkirche in München

2. Anton
   * und † 28. 11. 1690 in München
   Grabstätte: Theatinerkirche in München

3. Joseph Ferdinand Leopold
   * 28. 10. 1692 in Wien
   † 6. 2. 1699 in Brüssel als Erbe der gesamten spanischen Monarchie
   Grabstätte: St. Gudula und Michael in Brüssel

AUS DER EHE MIT THERESE KUNIGUNDE

4. Sohn
   tot geboren 12. 8. 1695 in Brüssel
   Grabstätte: St. Gudula und Michael in Brüssel

5. Maria Anna Karoline
   * 4. 8. 1696 in Brüssel
   † 9. 10. 1750 in München
   Grabstätte: Dom in München
   Maria Anna Karoline trat am 29. 10. 1720 unter dem Namen Therese Emanuele de corde Jesu in das Klarissinnenkloster in München ein.

6. Karl Albrecht
   ⚭ Amalia Maria Josepha Anna
   Siehe unter Kurfürst (Kaiser) Karl VII. Albrecht

7. Philipp Moritz Maria
   * 5. 8. 1698 in Brüssel
   † 12. 3. 1719 in Rom
   Grabstätte: S. Maria della Vittoria in Rom
   In Unkenntnis seines Ablebens gewählt am
   14. 3. 1719 zum Bischof von Paderborn,
   21. 3. 1719 zum Bischof von Münster.

8. Ferdinand Maria Innozenz

* 5. 8. 1699 in Brüssel
† 9. 12. 1738 in München
Grabstätte: Theatinerkirche in München

⚭ 5. 2. 1719 in Reichstadt/Böhmen
Maria Anna Karoline
Eltern: Philipp Wilhelm August, Pfalzgraf von Neuburg, und Maria Anna Franziska, Tochter des Julius Franz, Herzog von Sachsen-Lauenburg
* 30. 1. 1693 in Reichstadt/Böhmen
† 12. 9. 1751 in Ahaus(en?)/Westfalen
Grabstätte: Dom in Münster

Kaiserlicher Feldmarschall

9. Klemens August

* 17. 8. 1700 in Brüssel
† 6. 2. 1761 in Schloß Ehrenbreitstein
Grabstätte: Dom in Köln

Kurfürst und Erzbischof von Köln und Inhaber anderer kirchlicher Würden.

Klemens August wurde mit seinen drei älteren Brüdern während der österreichischen Besetzung Bayerns von dort weggeführt und in Klagenfurt von Beauftragten des Kaisers sehr sorgfältig erzogen. Erst das Jahr 1715 brachte das glückliche Wiedersehen mit den Eltern. 1717 gegen seinen Willen durch den Vater für den geistlichen Stand bestimmt, studierte er in Rom und wurde 1719 in Folge des unerwarteten Todes seines Bruders Philipp Moritz zum Fürstbischof von Münster und Paderborn gewählt. Sein Onkel Joseph Klemens von Köln machte ihn 1722 zu seinem Koadjutor. Klemens August versprach ihm die Vollendung seiner Bauten in Bonn und in Berg am Laim bei München. Durch dessen Tod wurde er 1723 sein Nachfolger. 1725 zum Priester geweiht, stand er seinem Vater 1726 beim Sterben bei. Benedikt XIII. weihte ihn 1727 in Viterbo zum Bischof. In Hinblick auf seine geistlichen Aufgaben muß gesagt werden, daß der geistliche Sprengel Kölns wesentlich größer war als das weltliche Herrschaftsgebiet Kurköln. Der geistliche Sprengel umfaßte auch die Herzogtümer Jülich und Berg, wo die Pfälzer Kurfürsten aus der Linie Pfalz-Neuburg als Herzoge regierten. Klemens August trat mit den Kurfürsten Karl Philipp und Karl Theodor oft in Verbindung. Als er 1725 an der Hochzeit Ludwigs XV. in Paris teilgenommen hatte, reiste er auch nach den nun österreichischen Niederlanden, wo sein Vater einst spanischer Statthalter gewesen war. Den Landtag der Kurkölner Landstände eröffnete er 1725 und 1726 in

Bonn persönlich und tat das später noch mehrmals. 1733 legte er in Bonn den Grundstein zum Rathaus. Bis 1733 regierte er in Kurköln mit Hilfe des sehr tüchtigen Ministers Grafen Ferdinand von Plettenberg. Außenpolitisch trug er die Wittelsbacher Hausunionen mit und trieb eine Außenpolitik im Interesse dieser Ziele, aber auch im Interesse seiner Staaten, trat also wie Karl Philipp und Karl Theodor auf die französische Seite. Sie entwickelten mit seinem Bruder Karl Albrecht von Bayern ein System von Hausverträgen zur gegenseitigen Beerbung. 1742 krönte er Karl Albrecht mit großer Pracht zum Kaiser, stellte sich nach dessen Niederlagen aber auch gut mit den Seemächten und Österreich und beteiligte sich seit 1756 am Reichskrieg gegen Preußen. Sein Wahlspruch »Nicht mir, sondern meinem Volke« entsprang mehr seinem Verantwortungsbewußtsein als weltlicher Landesherr. Gern besuchte er den Jahrmarkt bei dem Kloster Pützchen in der Nähe von Bonn und unterhielt sich lustig mit der Bevölkerung. Seine Liebenswürdigkeit machte ihn sehr beliebt. Einen Doktor phil. und Hofkammerrat beschäftigte er auch als Hofnarren. Man verübelte ihm nicht, daß er eine Tochter zeugte, die Gräfin Maria Anna von Löwenfeld, die den illegitimen Sohn seines Bruders Karl Albrecht heiratete, den späteren bayerischen Generalfeldzeugmeister Grafen Franz Ludwig von Holnstein. Die kirchliche Verwaltungsarbeit ließ er durch Hoftheologen aus dem Jesuitenorden wahrnehmen, die sich freilich untereinander stritten. Von großer Bedeutung war, daß er 1738 das Priesterseminar wiedererrichtete und 1749 verordnete, daß jeder künftige Priester mindestens ein Jahr das Seminar zu besuchen hatte. Seine eigene Frömmigkeit entsprach besonders in der Heiligenverehrung der barocken Volksfrömmigkeit. An seinem Hof herrschten Frohsinn und Glanz, aber auch Kultur. Er baute mit eigenem Geschmack die von Joseph Klemens begonnenen Bauten weiter, in der Gegend von München die großartige Kirche St. Michael in Berg am Laim, in Bonn das Residenzschloß und in der Nähe Schloß Poppelsdorf. Seine Architekten Schlaun, Balthasar Neumann und der aus Bayern herangeholte Cuvilliés der Ältere sowie seine Kunsthandwerker vollbrachten große Leistungen. Klemens August errichtete Augustusburg als Sommerresidenz, das kleine Schloß Falkenlust in Brühl und im Münsterland das Jagdschloß Klemenswerth. Bei Paderborn erweiterte er das Schloß Neuhaus, im Münsterland Schloß Ahaus. In Hildesheim stattete er den Dom barock aus. Wie Joseph Klemens pflegte er Musik und Theater mit großer Einfühlung. Er liebte die italienische Oper und das französische Schauspiel und Ballett. Gerne musizierte er selbst. In einem kurfürstlichen Trio in München spielte er 1752 zusammen mit Karl Theodor und Max III., er selbst die erste Viola da gamba, Karl Theodor die zweite, Max das Basselet.

Nicht nur die Ausstellung in Schloß Augustusburg in Brühl 1961 über Kurfürst Klemens August als Landesherrn und Mäzen belebte die Erinnerung an ihn. Unmittelbar nach seinem Tod gingen die Verse durchs Land:

Bei Klemens August trug man Blau und Weiß;
Da lebte man im Paradeis,
Bei Max Friedrich trug man Schwarz und Rot,
Litt man Hunger wie die schwere Not
(Kurfürst Max Friedrich von Königsegg-Rothenfels).

10. WILHELM

* 12. 7. 1701 in Schleißheim
† 12. 2. 1704 in München
Grabstätte: Theatinerkirche in München

11. ALOIS JOHANN ADOLF

* 21. 6. 1702 in München
† 18. 6. 1705 in München
Grabstätte: Theatinerkirche in München

12. THEODOR JOHANN

* 3. 9. 1703 in München
† 27. 1. 1763 in Lüttich
Grabstätte: Lambertusdom in Lüttich

Bischof von Regensburg, Freising und Lüttich, Kardinal.

13. MAXIMILIAN EMANUEL THOMAS

* 21. 12. 1704 in München
† 18. 2. 1709 in München?
Grabstätte: Theatinerkirche in München

Kurfürst Karl Albrecht
(Kaiser Karl VII.)

Kurfürst Karl Albrecht, als Kaiser: Karl VII. Albrecht

* 6. 8. 1697 in Brüssel
† 20. 1. 1745 in München
Grabstätte: Theatinerkirche in München

⚭ 5. 10. 1722 in Wien
Amalia Maria Josepha Anna
Eltern: Josef I., röm.-dt. Kaiser, und Wilhelmine Amalie, Prinzessin von Braunschweig-Lüneburg
* 22. 10. 1701 in Wien
† 11. 12. 1756 in München
Grabstätte: Theatinerkirche in München

Karl Albrecht regiert in Bayern von 1726 bis 1745, am 8. 12. 1741 wird er zum König von Böhmen gewählt, am 24. 1. 1742 zum Kaiser (gekrönt am 12. 2. 1742).

Als Karl Albrecht mit sieben Jahren die militärisch-politische Katastrophe seines Vaters 1704/05 bei der Mutter miterlebte, mochte alles davor verblassen, was er seit seiner Geburt in Brüssel, wo Kurfürst Max Emanuel Statthalter des Königs von Spanien war, an Glück, Glanz und farbiger Kultur erlebt hatte. Sein Weihnachtsbrief 1705 an den Vater war noch aus Bayern geschrieben, aus dem er im folgenden Jahr zusammen mit seinen im Alter folgenden drei Brüdern durch die österreichische Besatzungsmacht nach Klagenfurt, 1712 nach Graz verbracht wurde. Die Trennung von seiner Mutter wie von seiner einzigen älteren Schwester und den jüngeren Brüdern war schmerzlich. Doch wurden Karl Albrecht und seine nächsten Brüder in Österreich sehr gut erzogen. Der 1714 in Bayern wieder eingesetzte Kurfürst kümmerte sich viel um seine Kinder, vor allem um den ältesten Sohn. Durch die Schicksalsschläge war das Verhältnis zwischen Vater und Kindern noch enger geworden. Schon das Wiedersehen 1715 bewegte beide. Als Max Emanuel Ende dieses Jahres seinen achtzehnjährigen Ältesten als Grafen von Trausnitz eine Reise nach Italien machen ließ, begleiteten ihn die mit ihm erzogenen Brüder bis Salzburg, dann aber eilte Karl Albrecht allein mit seiner Begleitung über Südtirol nach Italien, besuchte Verona, Padua, genoß den Karneval in Venedig und erlebte Ostern in Rom, wo ihn Papst Klemens XI. mehrmals empfing. Beim Anblick der Werke Raffaels und anderer Künstler erwachte mit jugendlicher Erlebniskraft sein künstlerischer Geschmack. Doch besuchte er in Rom auch einen Gerichtsprozeß, bevor er nach Neapel weiterreiste. Von dort bestieg er auch den Vesuv. 1717 ließ Max Emanuel den Kurprinzen zusammen mit seinem Bruder Ferdinand Maria Innozenz im kaiserlichen Kriegslager des Prinzen Eugen von Savoyen, der mit den jungen Prinzen durch Kurfürstin Henriette Adelheid, ihre Großmutter, verwandt war, am Türkenkrieg teilnehmen. Es kam zur Eroberung Belgrads, das Max Emanuel einst erstürmt hatte, das aber dem Kaiser wieder verlorengegangen war. Karl Albrecht hatte bereits mehr als ein anderer seines Alters erlebt, als ihn der Vater 1722 mit Amalie Maria, der Tochter des ihm so feindlich gesinnt gewesenen Kaisers Josef I., vermählte. Wenn Max Emanuel damals auch die Pragmatische Sanktion zugunsten der weiblichen Erbfolge der Habsburger anerkannte, wurden in Karl Albrecht doch Hoffnungen durch diese Ehe geweckt. Denn das bevorstehende Aussterben der Habsburger im Mannesstamm eröffnete Bayern den Blick auf Wege, die 1156 durch die Abtrennung der Ostmark vom bayerischen Stammesherzogtum verschlossen worden waren, wenn auch Karl Albrechts Vater und Voreltern erbrechtliche Abmachungen zu ihrem Wiedergewinn getroffen hatten. Zugleich ergab sich auch eine gewisse Perspektive auf die seit Generationen von den Habsburgern getragene Kaiserkrone.

Der junge Kurfürst Karl Albrecht durchschaute 1726 noch nicht die Selbstsucht der Privilegierten und die Gefahren aus dem durch lange Besatzungszeit verdorbenen Beamtentum. So kam es noch 1726 zur Beseitigung des Verbots des Bierzwangs, und die Hofmarksherrn konnten wieder Bier von beliebiger Qualität den Hofmarksuntertanen aufzwingen. Doch setzte er nach dem Tod des Vaters aus vier Räten eine Geheime Konferenz zusammen und reorganisierte mit Hilfe des Kanzlers Unertl den Staat. Alsbald, 1729, machte Karl Albrecht Front gegen Verwendung landesherrlicher Beamter im Sonderinteresse der privilegierten Landstände, indem er verbot, daß ein Beamter diesen und zugleich dem Landesherrn diente. 1735 brandmarkte er durch ein Reskript die Versuche der Prälaten und Ritter überhaupt, ihre Privilegien auszuweiten, und traf durch eine Taxordnung Regelungen, die Mißstände wenigstens im Prinzip ausschlossen. Doch vermochte er weder 1738 eine Stadt- und Marktordnung noch im folgenden Jahr die landesherrliche Oberhoheit über Bodenschätze durchzusetzen. Beides gelang erst Max III. 1748 und 1752. Karl Albrecht empfand als Angehöriger einer jüngeren Generation den Stil des Rokoko als Ausdruck seiner Zeit. Als Gegengewicht zur Magdalenenklause seines Vaters ließ er durch François Cuvilliés den Älteren die seiner Gemahlin gewidmete Amalienburg im Nymphenburger Park und vor der Eingangstür des Schlosses das große Rondell bauen, das Ausgangspunkt einer geplanten »Carlstadt« werden sollte. Die 1729 abgebrannten Teile der Residenz stellte er großartig und mit Geschmack wieder her. In der Musik ließ er neben F. X. Murschhauser Pietro Torri noch ein Jahrzehnt lang, dann neue Kräfte wie Giovanni Porta und Andrea Bernasconi zur Geltung kommen. Karl Albrecht, in seiner Jugend leichtfertig, aber stets von außerordentlichem künstlerischen Geschmack, wurde immer mehr ein einsatzbereiter, unermüdlich auch am Schreibtisch arbeitender, militärisch tapferer Mann und entwickelte eine persönlich ausgeprägte Religiosität. In einem Mandat von 1738 bekannte er sich erneut zum Grundsatz der ausschließlichen Katholizität seines Landes. Zum Erzieher seines Sohnes Max aber bestimmte er den katholischen Aufklärer Ickstatt.

Obwohl Amalie Maria die Tochter des mit ihrem Schwiegervater verfeindet gewesenen Kaiser Josefs I. war und ihre Vermählung aus politischen Gründen erfolgte, fügte sie sich mit religiös begründeter Disziplin in ihren neuen Aufgabenkreis. Bei der Erneuerung des bayerischen Ritterordens des hl. Georg durch ihren Gatten 1729 wirkte sie tatkräftig mit. Als Karl Albrecht 1733 in Gegenwart seiner Gemahlin durch seinen Kanzler Unertl seine Ansprüche auf das Erbe der Habsburger vor allem auf die Eheabmachungen stützte, die bei der Vermählung des späteren Herzogs Albrecht V. mit Anna, der Tochter des späteren Kaisers Ferdinand I. getroffen wurden, ging sie den politischen Weg ihres Gatten mit. Sie wußte wohl aber so wenig wie er selbst, daß Annas Vater 1547 seine Willenskundgabe im Ehevertrag von 1546 durch das Kodizill seines Testaments dahin geändert hatte, daß der Erbfall für die Wittelsbacher nicht schon beim Aussterben der männlichen Habsburger eintreten sollte. Ferdinand sah das Erbrecht aller ehelichen ebenbürtigen Habsburger, d. h. auch der Töchter, vor. Durch Verträge mit Frankreich sicherten Karl Albrecht und der Pfälzer Karl Philipp ihre Außenpolitik; beide schlossen 1728 und 1734 Wittelsbacher Hausunionen miteinander. Den Kaiser unterstützte Karl Albrecht in dessen unglücklichem Türkenkrieg.

Als Kaiser Karl VI. 1740 starb, erhob Amalias Cousine, Maria Theresia, Ansprüche und führte gegen Karl Albrecht, der im Glauben an seine Rechtsansprüche sich zum Kaiser wählen ließ, einen harten Krieg. Die nunmehrige Kaiserin Amalie Maria stellte sich ganz auf die Seite ihres Gatten. Im gesellschaftlichen Leben des bayerischen Hofes zeichnete sie sich als gute Reiterin und Jägerin aus. Schon in den ersten Jahren nach dem Regierungsantritt baute ihr Gatte für sie die nach ihr benannte Amalienburg im Park des Nymphenburger Schlosses. Die fromme Kaiserin beschenkte die Wallfahrtskirchen Altötting, Padua und Loretto mit kostbaren Votivgaben.

Als 1740 der letzte männliche Habsburger mit Kaiser Karl VI. starb, schrieb Karl Albrecht an den leitenden französischen Staatsmann Kardinal Fleury, daß die großartige Gelegenheit zur Herstellung des Gleichgewichts im Reich gekommen sei, das die bei den Friedensverträgen von 1714 zu kurz gekommenen Staaten wünschten. Er bat den König Ludwig XV. von Frankreich um Hilfe. Dieser versprach militärische Unterstützung, wenn auch nicht in einem förmlichen Vertrag. Auf der Wittelsbacher Doppelhochzeit noch im Mannheim des Kurfürsten Karl Philipp erfuhr Karl Albrecht 1742 seine Wahl zum Kaiser, zu der vor allem Brandenburg-Preußen und Frankreich gedrängt hatten.

Am 12. Februar 1742 empfing er aus den Händen seines Bruders, des Kurfürsten Klemens August von Köln, die Kaiserkrone. »Seine Erhebung hätte an sich noch einmal ein bedeutendes Ereignis für Deutschland werden können«, urteilt der Geschichtsschreiber Leopold von Ranke. Karl Albrecht versuchte überall den neuen Kräften der Zeit Rechnung zu tragen. In Prag, das er nach Ausbruch des Krieges mit der Kaisertochter Maria Theresia im November 1741 im Sturm genommen hatte, berief er Einheimische in die Regierung. Als Kaiser setzte er sich mutig in dem bunten Spiel der Möglichkeiten ein, doch hatte er kaum eigene Macht. Als er im Sommer 1741 nur mehr 60 Kilometer vor Wien gestanden war, hatte ihn der französische Bundesgenosse zum Abschwenken nach Böhmen gezwungen. Zwei Tage nach seiner Kaiserkrönung in Frankfurt marschierten österreichische Truppen in die Hauptstadt seines Kurfürstentums ein. Er eroberte sie zwar im selben Jahr zurück, doch wechselte das Kriegsschicksal häufig. Karl Albrecht erkannte richtig, daß die Entscheidung über den Bestand seines Kaisertums in England-Hannover fiel. Er versuchte deshalb den englischen König für sich zu gewinnen. Im Gegensatz zu König Friedrich II. von Preußen, der eine Auflösung des Reichstags, also der Versammlung der Vertreter der Staaten des Reichs, gewünscht hatte, stützte der Wittelsbacher Kaiser die Existenz der Reichsstände und schlug ein Reformdekret für das Reichskammergericht vor, das von den Reichsständen gebildet wurde. Das Reichslehenrecht reformierte er. Er hatte aber weder als Kurfürst noch als Kaiser entsprechende Organe der Exekutive. Weder im Felde noch bei der Regierungsarbeit schonte er seine Person. Er glaubte bei seinem Einsatz für seine Ziele geradezu mit religiösem Sinn an sein Recht. Ranke rühmte an ihm, wieviel er persönlich leistete. Fast alle Regierungssachen schrieb er selbst. In Böhmen gewann er durch Aufhebung der Leibeigenschaft und Gewährung einer Steuerfreiheit von drei Jahren neue Soldaten. In Bayern gelang es ihm, durch Zusammenwirken mit den Landständen zwischen 1728 und 1741 7,5 Millionen Gulden Schulden zu tilgen.

Doch brachte der Wechsel des Kriegsschicksals Bayern in äußerste Not. Wie 1705 regte sich im Volk der Wille zur Selbstbehauptung gegen die Ausbeutung durch die österreichische Besatzung und Verwaltung. Bayerische Patrioten sandten das letzte Geld ihrem Landesherrn, und selbst Beamte, die jetzt im Dienste der österreichischen Administration die landesherrlichen Einnahmen einziehen sollten, ließen diese an Karl Albrecht gelangen. Dieser stellte mit Hilfe des Preußenkönigs eine Neutralitätsarmee auf. Der Sieg Georgs II. von Hannover-England 1743 traf Frankreich, nicht ihn. Friedrich II., der 1742 vorzeitig mit Maria Theresia Frieden geschlossen hatte, marschierte schließlich 1744 wieder, wie er erklärte, zur Verteidigung der Reichsfreiheit und der Kaiserwürde, natürlich aber auch zur Sicherung seines Gewinns in Schlesien. Maria Theresia bewertete Karl Albrechts Möglichkeiten noch so hoch, daß sie versuchte, ihn zu einem gemeinsamen Feldzug gegen Preußen und Frankreich zu gewinnen. Französische Projekte einer Vertauschung Bayerns wies Karl Albrecht eindeutig von sich. Der Kaiser des Rokoko, der Politiker mit den vielen Möglichkeiten ohne Macht, starb im Januar 1745.

Die Nachkommen des Kurfürsten Karl Albrecht

1. MAXIMILIANA MARIA
   * 12. 4. 1723 in München?
   † bald darauf
   Grabstätte: Theatinerkirche in München

2. ANTONIA MARIA WALBURGA SYMPHOROSA
   * 18. 7. 1724 in Nymphenburg
   † 23. 4. 1780 in Dresden
   Grabstätte: Hofkirche zur Hl. Dreieinigkeit in Dresden

   ⚭ 20. 6. 1747 in Dresden
   FRIEDRICH CHRISTIAN LEOPOLD (später Kurfürst von Sachsen)
   Eltern: Friedrich August II., Kurfürst von Sachsen und König von Polen, und Maria Josefa, Tochter Kaiser Josefs I.
   * 5. 9. 1722 in Dresden
   † 17. 12. 1763 in Dresden
   Grabstätte: Hofkirche zur Hl. Dreieinigkeit in Dresden

3. THERESIA BENEDICTE MARIA
   * 6. 12. 1725 in München
   † 29. 3. 1743 in Frankfurt am Main
   Grabstätte: St.-Michaels-Kirche in München

4. MAXIMILIAN III. JOSEPH KARL
   ⚭ MARIA ANNA SOPHIE
   Siehe unter Kurfürst Max III. Joseph

5. JOSEPH LUDWIG LEOPOLD
   * 25. 8. 1728 in Nymphenburg
   † 2. 12. 1733 in München
   Grabstätte: Theatinerkirche in München

6. MARIA ANNA JOSEPHA AUGUSTE
   * 7. 8. 1734 in Nymphenburg
   † 7. 5. 1776 in München
   Grabstätte: Theatinerkirche in München

⚭ 20. 7. 1755 in Ettlingen
LUDWIG GEORG, Markgraf von Baden-Baden
Eltern: Ludwig Wilhelm, Markgraf von Baden-Baden, und Sibylle Auguste, Tochter des Herzogs Julius Franz von Sachsen-Lauenburg
* 7. 6. 1702 in Ettlingen
† 22. 10. 1761 in Rastatt
Grabstätte: Stiftskirche in Baden-Baden

7. JOSEPHA MARIA ANTONIA WALBURGA
* 30. 3. 1739 in München
† 28. 5. 1767 in Wien
Grabstätte: Kapuzinergruft in Wien

⚭ 23. 1. 1765 in Schönbrunn
KAISER JOSEPH II. (als seine zweite Gemahlin)
Eltern: Franz III. Stephan, Herzog von Lothringen, später Kaiser Franz I., und Maria Theresia
* 13. 3. 1741 in Wien
† 20. 2. 1790 in Wien
Grabstätte: Kapuzinergruft in Wien

Kurfürst Maximilian III. Joseph

Kurfürst Maximilian III. Joseph

* 28. 3. 1727 in München
† 30. 12. 1777 in München
Grabstätte: Theatinerkirche in München

⚭ 9. 7. 1747 in München
MARIA ANNA SOPHIE
Eltern: Friedrich August III., König von Polen, als Kurfürst von Sachsen Friedrich August II., und Erzherzogin Maria Josefa, Tochter Kaiser Josefs I.
* 29. 8. 1728 in Dresden
† 17. 2. 1797 in München
Grabstätte: Theatinerkirche in München

Max III. Joseph regiert in Bayern von 1745 bis 1777.

Die Ehe blieb kinderlos.

Karl Albrechts Urgroßvater Kurfürst Maximilian I. hatte für seinen Sohn Ferdinand Maria eine Anleitung zur Lebensführung und Regierungsarbeit konzipiert, die sogenannten »Väterlichen Ermahnungen«. Sie waren zu seiner Zeit in lateinischer und erweiterter deutscher Fassung niedergelegt worden. Im Jahr 1730 wurden sie nun auch in den modernen Sprachen Italienisch und Französisch abgefaßt und als Buch dem Kurfürsten Karl Albrecht für seinen damals dreijährigen Sohn Max Joseph gewidmet. Damit war ein umfassendes Erziehungsprogramm festgelegt. Max Joseph wurde von dem katholischen Aufklärer und früheren Würzburger Professor der Rechte Adam Ickstatt und dem Jesuiten Daniel Stadler sehr gut erzogen. So stand er den schwierigen Problemen der Zeit offen gegenüber, als er mit noch nicht ganz 18 Jahren die Regierung übernahm. Er wurde Reichsvikar, warf aber außenpolitisch das Steuer ziemlich bald herum und entließ den in der bisherigen Richtung einer bayerischen Kaiserpolitik tätigen Minister Graf Törring; nach dem Frieden mit Österreich gewann Max Subsidien verschiedener Staaten. Er verwandte sie zum Wiederaufbau des Landes. Diesen betrieb er auch, indem er das Rechtsleben, vor allem das Gerichtsverfahren und das Zivilrecht, durch von Kreittmayr formulierte Gesetze von 1751 und von 1756 verbesserte und mit päpstlicher Genehmigung den unverhältnismäßig reichen Prälatenstand zu besonderen Steuerleistungen heranzuziehen versuchte. Fast alle Prälaten aber weigerten sich; der Freisinger Fürstbischof verbot sogar in den in Kurbayern gelegenen Teilen seines geistlichen Bereichs die Schrift gegen die Steuerfreiheit des Klerus, die der vom Kurfürsten zu staatskirchenrechtlichen Reformen herangezogene Peter von Osterwald verfaßt hatte. Max III. verhinderte die Durchführung dieses bischöflichen Gebots in Kurbayern, indem er 1770 sein überliefertes Recht verschärfte, kirchliche Verlautbarungen zu genehmigen. Seine übrigen Reformen auf dem Gebiet zwischen Kirche und Staat von 1768/69 gestaltete er seit dem Salzburger Kongreß der für Bayern zuständigen Bischöfe zu einem versöhnlichen Kompromiß. Im Hungerjahr 1770 griff er überall selbst mit zu. Er verpfändete seine eigenen Wertgegenstände, um sofort in Holland Getreide zu kaufen, ließ alles Wild in seinen Tiergärten schießen und verurteilte mit einer an ihm nicht gewohnten Strenge einige Kornwucherer zum Tode. 1771 versetzte er einen Teil seines Hausschatzes zu Anleihen. Durch möglichste Schonung der bayerischen Streitkräfte auch im Krieg des Reiches gegen Friedrich den Großen und durch steuerliche und wirtschaftliche Reformen unter Mitwirkung von Lori, Linprun, Stubenrauch usw. gelang es ihm, die Hälfte der von seinem Vorgänger übernommenen Schulden abzuzahlen.

In das geistige Leben brachte er einen frischen und wirksamen Zug, als er 1759 eine von Lori und anderen angeregte Akademie der Wissenschaften ins Leben rief. Er überarbeitete eigenhändig ihre Satzungen. Eine Zensur der Akademie durch andere lehnte er ab und übertrug ihr deshalb die Selbstzensur. Durch eine von Heinrich Braun 1770 ausgearbeitete Schulordnung entwickelte er vor allem die Volksschule, aber auch höhere Schularten. An der Schulaufsicht beteiligte er neben geistlichen Personen auch weltliche. Als der Papst 1773 den Jesuitenorden aufhob, verwandte der Kurfürst dessen Vermögen in Bayern für das Schulwesen. Auf künstlerischem Gebiet rief er eine öffentliche Zeichenschule ins Leben und ließ auch das deutsche Schauspiel zusammen mit dem Singspiel zur Geltung kommen. Durch François Cuvilliés den Älteren ließ er 1750 ein außerordentlich schönes Opernhaus erbauen. Bernasconi feierte hier noch einmal Triumphe. Max III. Joseph, noch stärker musikalisch begabt als sein Vater, komponierte wie seine Schwester Maria Antonia Walburga auch selbst. Einige seiner Kompositionen werden gelegentlich auch heute noch aufgeführt, z. B. sein »Stabat Mater«. Er wurde 1761 der Begründer der Porzellanmanufaktur Nymphenburg, die er von dem Grafen Heimhausen aus Neudeck übernahm. Sie wurde nach 1918 verstaatlicht, wird heute aber vom Wittelsbacher Ausgleichsfonds betrieben.

Bayerns staatliche Zukunft stärkte Max III. schon seit 1746 durch weitere Hausverträge mit den Pfälzer Wittelsbachern. Die Territorien der weltlichen Wittelsbacher wurden dadurch 1766 ein unteilbarer Gesamtbesitz, dessen künftige Hauptstadt München bleiben sollte. Das legte Max 1771 in München bei einer Zusammenkunft mit Kurfürst Karl Theodor von der Pfalz und im Zusammenwirken mit Herzog Christian IV. von Zweibrücken und dessen Thronfolger Karl August fest, dem Bruder des späteren ersten Königs. Als er 1777 an den schwarzen Blattern starb und keine Kinder hinterließ, trauerte das Volk um Max den Gütigen, genannt auch Max der Gute oder der Vielgeliebte. Mit Max III. Joseph erlosch die von Kaiser Ludwig dem Bayern begründete Hauptlinie der Wittelsbacher.

Pfalzgraf und Herzog Rudolf I.

Pfalzgraf und Herzog Rudolf I.

Rudolfinische Linie von 1294 bis zur Gegenwart

* 4. 10. 1274 in Basel (oder im Elsaß)
† 12. 8. 1319 vielleicht in England (so Aventin, Bayer. Chronik)
Grabstätte: ?

⚭ 1. 9. 1294 in Nürnberg
MECHTHILD
Eltern: Adolf Graf von Nassau, Römischer König, und Imagina,
Tochter des Grafen Gerlach I. von Isenburg-Limburg
* um 1280 in ?
† 19. 6. 1323 in Heidelberg
Grabstätte: Klarissinnenkloster Klarenthal bei Wiesbaden.

Rudolf regiert die Pfalz und Bayern seit 1294, seit 1302 auch tatsächlich zusammen mit seinem Bruder Ludwig, teilt Bayern mit ihm von 1310 bis 1313, regiert mit ihm wieder gemeinsam, verzichtet 1317 auf die Ausübung der Regierungsrechte (solange Ludwig gegen den zum König gewählten Friedrich den Schönen Krieg führt [Forschungen von Pater A. Sprinkhart]) und stirbt 1319.

Als Ludwig II. 1294 in Heidelberg starb, wo er 1229 geboren worden war, wurde er in dem von ihm gestifteten Kloster Fürstenfeld (Fürstenfeldbruck) durch seinen Nachfolger Rudolf bestattet. Dieser ergriff zugleich für seinen 12jährigen Bruder Ludwig – im Widerstreit mit der Mutter – als dessen Vormund die Regierung. Schon am 19. März verlobte er sich in Ulm mit Mechthild, der Tochter König Adolfs, des bisherigen Grafen von Nassau, und schloß am selben Tag mit dem angehenden Schwiegervater einen Schirmvertrag. Er drückte darin aus, bei der Pfalz am Rhein und der mit ihr verbundenen Kur bleiben zu wollen. Das entsprach der Praxis seines Vaters, dessen jüngerer Bruder Heinrich von Niederbayern 1273 nur mit der halben Wahlstimme für das Herzogtum Bayern den Grafen Rudolf von Habsburg zum König gewählt hatte. Ob Heinrichs Söhne nun diese halbe Kur beanspruchten, ließ er außer Betracht. Noch folgenschwerer war, daß Herzog Rudolf König Adolf versprach, seine Stimme, sei es eine »oder« zwei Kurstimmen, in Zukunft nur einem diesem König genehmen Kandidaten zu geben. Er tat das, weil sein Großvater König Rudolf von Habsburg später die Kur des Königs von Böhmen anerkannte, um diesen zu gewinnen, und dadurch das Recht Bayerns überging, bei der Königswahl mitzuwirken. Aber Rudolfs 1290 in einem Turnier tödlich verwundeter ältester Bruder Ludwig, der »Wohlerzogene« (Elegans), hatte am 7. Januar 1288 eine *Gleichberechtigung* der (damals drei) erbenden Brüder unter Zustimmung des Vaters und des Königs festgestellt. Wo blieb sie? Die Habsburger Mutter, Schwester des 1291 bei der Königswahl übergangenen Albrecht, der ein Habsburger Königtum fortsetzen wollte, ließ ihren jüngeren Sohn Ludwig nun oder spätestens damals zeitweise bei ihren Verwandten in Wien erziehen, wo er in seinem Vetter Friedrich dem Schönem einen Freund gewann. Von ihrem älteren Sohn aber ließ sie sich in Bayern ein ganzes Gebiet zuweisen, das sie in einer Urkunde vom 22. November 1301 als ihr Herrschaftsgebiet (dominium) bezeichnete. Ein Familiendrama begann.

Es wurzelte schon in dem Konflikt von 1283, als König Rudolf die Mitgift für Otto III. von Niederbayern, den späteren Ungarnkönig, verringerte und ihn schon vorher zum Verzicht auf das Land ob der Enns genötigt hatte. Der Bayernherzog Rudolf trat nun so eng an König Adolfs Seite, daß er sich von ihm einen Rat stellen ließ, um nach des Königs Wünschen zu handeln.

In der inneren Regierungsarbeit förderte er die Städte, gab bereits 1294 Amberg und München ein Stadtrecht, bald auch Nabburg und Schwandorf, verfuhr milde, als die Münchener, empört über die beim Regierungsantritt üblich werdende Münzerneuerung, d. h. meist Münzverschlechterung, seine Münzschmiede zerstörten.

Aber das äußere Drama begann sich zu schürzen. Als 1298 der Bruder seiner Mutter König wurde, trat Rudolf auf dessen Seite, beteiligte sich auch wenigstens an dessen zweiter Königswahl und an der Krönung. Als König Albrecht ihm aber Neumarkt in der Oberpfalz wegnahm, das ihm König Adolf zur Ausstattung der Tochter mitgegeben hatte, wagte er einen Krieg. Aus dessen Unglück rettete ihn die vermittelnde Mutter, und er nahm das nächste Jahr, also 1302, den 20jährigen Bruder Ludwig auf Habsburger Druck in die Regierung auf. Erzürnt auch über die Herrschaftsansprüche der Mutter, ließ er diese am 23. Juni 1302 und mit ihr ihren »Viztum« Konrad von Ettling(en) (Landkreis Eichstätt) verhaften, diesen wegen Verrats hinrichten. König Albrecht erreichte alsbald Rudolfs Aussöhnung mit der wieder freigegebenen Mutter. Rudolf und Ludwig wirkten zusammen, als sich Bayerns Ritter zu einer Opposition gegen die landesherrlichen Steuerforderungen zusammentaten. Diese fanden sich als »Landherren«, Inhaber also von Rechten an Land und Leuten, in »Snaitpach« (Oberschneitbach, Landkreis Aichach) zusammen. Die Herzöge erkannten deren Versammlungsrecht (Einung) an und erhielten eine außerordentliche Steuer, die durch Rudolfs Opfer für König Adolf notwendig geworden und auch durch den weiteren Krieg verursacht worden war. Rudolf entwickelte nun eine stärkere Tätigkeit als Ludwig. Das Drama schien zu Ende zu sein. Der Habsburger König aber starb 1308, der Ungarnkönig Otto von Niederbayern rüstete gegen dessen Söhne, und Rudolf und Ludwig bemühten sich selbst, König zu werden. Erneut schien ein Drama zu beginnen. Da aber der Luxemburger Heinrich König (Heinrich VII.) wurde, blieb Rudolf nur, für seinen ältesten Sohn die Tochter zu gewinnen. Das entsprang bereits der Wittelsbacher Tradition, seit der Stauferkönig Konrad IV. die Tochter des Bayernherzogs 1246 geheiratet hatte. Aber Rudolfs Sohn starb noch vor der Hochzeit (1312). Rudolf selbst hatte Heinrich nach Rom begleitet, dort sein Banner entfaltet und der erhofften Schwiegertochter, ohne seinen Bruder zu fragen, Pfälzer Burgen als Wittum verschrieben.

Ludwig, der bis jetzt mit Rudolf eine gemeinsame Kanzlei und einen gemeinsamen Rat hatte, drängte nun und erreichte am 1. Oktober 1310 eine noch von diesem Rat vorbereitete Nutzteilung. Da die Pfalzgrafschaft und das Reichsgut nicht geteilt wurden, behielt hier Rudolf praktisch die Vorhand. Außerdem blieb er jetzt unmittelbarer Landesherr in München und bestellte hier in seinem oberen Viztumsamt und außerdem in seinem niederen Viztumsamt Burglengenfeld je einen Viztum, während Ludwig nur einen einzigen in Amberg aufstellte. Sein Bruder Ludwig war nun selbständiger Landesherr in Amberg und Ingolstadt, das von ihm 1312 ein Stadtrecht erhielt. Ludwig regierte von Ingolstadt aus.

Rudolfs Hauptgebiet lag südlich der Donau. Die Teilung und in ihrem Gefolge die Überschneidungen von Rechten machte den Frieden zwischen den Brüdern nicht besser, zumal schon am 21. Dezember 1310 Stefan von Niederbayern, am 9. September 1312 Otto III. starben und beide Ludwig zum Vormund ihrer Kinder bestimmt hatten. Dieser verbündete sich am 13. November 1312 mit den österreichischen Herzögen, trieb aber durch hohe Steuern und seine Österreichpolitik die Städte Niederbayerns Rudolf in die Arme. Diesem deckten Mainz und Köln den Rücken, und so gelang ihm am 15. Mai 1313 ein Bundes- und Schirmvertrag mit den niederbayerischen Städten. Da schwenkte Ludwig zu seinem Bruder über und machte im Münchner Frieden am 21. Juni 1313 die Teilung rückgängig. In Erkenntnis der niederbayerischen Interessen schlug er die Österreicher noch 1313 bei Gammelsdorf. Rudolf und Ludwig richteten wieder einen gemeinsamen Rat und eine gemeinsame Kanzlei ein. Die Kurstimme sollte Rudolf führen.

Er gab sie am 19. Oktober 1314, da er für sich keine Aussicht mehr sah, selbst König zu werden, dem Habsburger Friedrich dem Schönen. Mit Rudolf stimmten der Kölner, der freilich vertriebene Böhmenkönig Herzog Heinrich von Kärnten und Herzog Rudolf von Sachsen-Wittenberg. Am Tag darauf aber kürten der Mainzer und der Trierer, der tatsächlich in Böhmen regierende König Johann aus dem Haus Luxemburg, Kurfürst Woldemar von Brandenburg und Herzog Johann von Sachsen-Lauenburg Ludwig, den Bruder Rudolfs. Als dieser 1314/15 seine Gegner am Rhein nicht auszuschalten vermochte, zog er nach Bayern. Vor München empfing ihn Rudolf und die Bürgerschaft.

König Ludwig und Herzog Rudolf vereinbarten am 6. Mai 1315, wahre und gute Freunde zu sein, brüderlich und in Güte zusammenzuwirken. Rudolf erkennt Ludwig als König an und will seine Reichslehen von ihm empfangen. Alle Ritter, Dienstmannen, Städte stehen in ihrer beider Diensten. Rudolf und seine Gattin verzichten zugunsten von Mainz auf Weinheim und Reichenstein. Ludwig erlegt den Gegenwert, ebenfalls für das von ihm an Mainz verpfändete Lindenfels. Rudolf darf Ludwig nicht hindern, gemeinsamen Besitz zu veräußern, stimmt aber erst nach seiner Entschädigung zu. Rudolf kann ebenso mit dem gemeinsamen Besitz verfahren. Beide sollen nicht mehr als die Hälfte Bayerns und der Pfalz ohne Zustimmung jeweils des andern veräußern oder versetzen. Gemeinsam ernennen beide die Viztume in Bayern und am Rhein, beide üben die Vormundschaft in Niederbayern aus. Beide geben über das eine Handfeste heraus, was beim Tode des einen und des andern den Kindern zufällt. Durch die Verpflichtung der Ritter und Städte auf das Bündnis der Brüder hatte jeder der Brüder viel in der eigenen Hand.

Rudolf hielt sich nicht an den Vertrag. Im Herbst 1315 kam es zum Krieg. Rudolf verlor. Da vereinbarten am 26. Februar 1317 die Brüder mit Hilfe ihrer Vertrauensleute: Rudolf überläßt für die Zeit, in der König Ludwig gegen seinen Gegenkönig Friedrich von Österreich Krieg führt, dem königlichen Bruder die Rechte der Regierung über Bayern und die Pfalz. Erklären die sieben Schiedsleute den Krieg für beendet, gibt Ludwig dem Bruder dessen Land zurück, d. h., er läßt ihn wieder regieren. Inzwischen bezieht Rudolf seinen Lebensunterhalt und den seiner Gattin durch zugewiesene Güter und Burgen, deren Leute jedoch wie die übrigen Ludwig huldigen (Forschungen von Alfons Sprinkhart).

Es ist falsch, von einer Abdankung Rudolfs zu sprechen. Beide Brüder sind im

April 1317 in Regensburg, Rudolf stellt dort am 22., Ludwig am 23. eine Urkunde für denselben Empfänger aus. Während Ludwig im Juni in Heidelberg ist, urkundet Rudolf dreimal in Regensburg. Obwohl Rudolf und seine Frau am 22. Februar 1318 in Wien dem König Friedrich und seinen Brüdern eine Urkunde ausstellten, beiden im Dezember dort Herzog Leopold dasselbe tut, kann Rudolf inzwischen am 6. Juli in Heidelberg urkunden, obwohl König Ludwig den Habsburger König bis 1322 bekriegte. Rudolf erlebte das Kriegsende nicht. Es gab weder zwischen den beiden Königen einen totalen Krieg noch war Rudolf ohne Rechte. Aufgrund des Vertrags von 1317 überträgt er den Gerichtsbann denen, denen Ludwig ein Amt übergibt. Sein Schreiber »J« begleitet ihn nach Wien und Heidelberg und schrieb noch 1323 eine Urkunde für seinen Sohn Adolf. Rudolf starb 1319, wir wissen nicht, wo. Seine Witwe wirkte für die hinterlassene Familie und wurde dabei von ihrem Bruder als Vormund der Kinder unterstützt. Als sie am 19. Juni 1323 in Heidelberg starb, wurde sie in der Grafschaft Nassau beigesetzt. Von ihren Söhnen wurde Ruprecht I. einer der großen Baumeister der Pfalzgrafschaft bei Rhein als Landesfürstentum.

Die Nachkommen des Pfalzgrafen und Herzogs Rudolf I.

1. LUDWIG

* 1297 in ?
† zwischen Mai und Juli 1312 in ?
Grabstätte: Klosterkirche Fürstenfeld (Fürstenfeldbruck)

2. ADOLF

* 27. 9. 1300 in Wolfratshausen
† 29. 1. 1327 in Neustadt a. d. Hardt
Grabstätte: Zisterzienserkloster Schönau bei Heidelberg (Grabstätte zerstört)

⚭ 1320
IRMINGARD
Eltern: Ludwig VII., Graf von Oettingen, und ...?
* ?
† 6. 11. 1399 Kloster Liebenau bei Worms (als Nonne eingetreten 1349)
Grabstätte: Dominikanerinnenkloster Liebenau bei Worms

3. RUDOLF

* 8. 8. 1306 in Wolfratshausen
† 4. 10. 1353 in Neustadt a. d. Hardt
Grabstätte: St.-Aegidius-Kirche in Neustadt a. d. Hardt

1. ⚭ 1328
ANNA
Eltern: Otto II., Herzog von Kärnten und Graf von Görz und Tirol, und Eufemia, Tochter des Herzogs Heinrich V. von Schlesien-Breslau
* um 1300
† zwischen 16. 5. 1331 und 4. 7. 1335 in Heidelberg?
Grabstätte: Zisterzienserkloster Schönau bei Heidelberg

2. ⚭ 1348? in Heidelberg?
MARGARETE
Eltern: Friedrich II., König von Sizilien aus dem Hause Aragon, und Eleonore, Tochter Karls II., König von Sizilien
* 1331? in ?
† 1377 in Neustadt a. d. Hardt
Grabstätte: St.-Aegidius-Kirche in Neustadt a. d. Hardt

4. RUPRECHT I.

1. ⚭ ELISABETH von Flandern und Namur aus dem Hause Dampierre

2. ⚭ BEATRIX von Berg
Siehe unter Kurfürst Ruprecht I.

5. MECHTHILD

* 1312 in ?
† 25. 11. 1375 in ?
Grabstätte: Zisterzienserkloster Himmerod, Landkreis Wittlich/Eifel

⚭ 20. 9. 1331
JOHANN III., Graf von Sponheim
* ?
† 20. 12. 1399
Grabstätte: Zisterzienserkloster Himmerod, Landkreis Wittlich/Eifel

Kurfürst Ruprecht I. von der Pfalz

Kurfürst Ruprecht I. von der Pfalz

* 9. 6. 1309 in Wolfratshausen
† 16. 2. 1390 in Neustadt a. d. Hardt
Grabstätte: St.-Aegidius-Kirche in Neustadt a. d. Hardt

1. ⚭ zwischen dem Herbst 1350 und dem Sommer 1358 in ? (Forschungen von Joachim Spiegel)
ELISABETH
Eltern: Johann I., Graf von Flandern und Namur aus dem Hause Dampierre, und Marie, Tochter des Grafen Philipp von Artois
* um 1340 in ?
† 29. 3. 1382 in Heidelberg
Grabstätte: Franziskanerkloster in Heidelberg

2. ⚭ 1385 in ?
BEATRIX
Eltern: Wilhelm I., Herzog von Berg, und Anna, Tochter des späteren Kurfürsten Ruprecht II. von der Pfalz
* um 1360? in ?
† 16. 5. 1395 in Neustadt a. d. Hardt
Grabstätte: St.-Aegidius-Kirche in Neustadt a. d. Hardt

Ruprecht I. regiert in der Kurpfalz von 1329 bis 1390 (mit seinem älteren Bruder Rudolf II. und seinem Neffen Ruprecht II. bis 1353, von da an bis 1390 nur mit Ruprecht II. zusammen).

Beide Ehen Ruprechts blieben kinderlos.

Ruprecht I. wurde in mehr als sechs wechselvollen Jahrzehnten der entscheidende Gestalter der Pfälzer Lande weit über das Gebiet der Pfalz hinaus, das 1816 wieder mit Bayern vereinigt wurde. Als jüngster Sohn Rudolfs, des Stifters der Pfälzer Linie, erlebte er mit, daß sich der Vater 1315 vorübergehend nach Wolfsratshausen zurückzog, wo er, Ruprecht, 1309 geboren worden war. Rudolf I. hatte für die Dauer des Krieges, den sein Bruder, der römische König Ludwig, gegen die Habsburger führte, darauf verzichten müssen, selbst zu regieren. Der 10jährige hatte im Todesjahr des Vaters wohl nichts davon erfahren, daß Onkel Ludwig vorübergehend bereit war, die Pfälzer Gebiete der Wittelsbacher an das Haus Luxemburg zu geben, dessen Stammland benachbart war, um dafür von diesem Haus das an Bayern grenzende Königreich Böhmen zu erhalten. Sicher aber wußte er, daß 1321 der Bruder seiner Mutter vom König zu einem gegen sie gerichteten Dienstvertrag veranlaßt worden war, so daß die Pfalzgräfin wesentlich an ihrer Selbständigkeit in Heidelberg einbüßte.

Ruprecht stand also seit seiner frühen Jugend in der Auseinandersetzung um die Pfalzgrafschaft bei Rhein, die nie ein geschlossenes Land wie etwa das Herzogtum Bayern gewesen war, sondern aus dem Herzogtum Lothringen heraus als Stützpunkte und Rechte in dessen Bereich bis hinunter zum Niederrhein entwickelt worden war. Im 12. Jahrhundert hatten Pfalzgraf Hermann von Stahleck und später Konrad, der Stiefbruder des Kaisers Friedrich Barbarossa, die Pfalzgrafschaft besonders eingerichtet. Sie bestand aus Rechten an Burgen und aus Gerichtsrechten, Eigentumsrechten (Allodien) in bestimmten Bereichen und aus Lehen.

Die beiden älteren Brüder Ruprechts stellten sich mit Onkel Ludwig gut, obwohl dieser seiner holländischen Gattin Gelder auf die Güter der Pfalzgrafschaft anwies. Ruprecht hielt auf die Eigenständigkeit der Pfalz, bestätigte schon 1327 dem Hauskloster Schönau bei Heidelberg seine Rechte und befreite ein anderes (Eberbach) von Zöllen in Bacherach und Kaub. Als der nächstältere Bruder Rudolf II. 1328 mit dem Kaiser eine Länderteilung vereinbarte und zu dessen Krönung mit nach Rom aufbrach, setzte sich Ruprecht, der nicht mitzog, immer fester in den Pfälzer Gebieten fest, wenn er auch im Hausvertrag des Kaisers mit Rudolf II. am 4. August 1329 in Pavia formell als Mitaussteller auftrat. Rudolf II. und Ruprecht I. sowie der Knabe Ruprecht II., der Sohn des 1327 verstorbenen ältesten Bruders Adolf, erhielten die Pfalzgrafschaft bei Rhein und ein später Oberpfalz genanntes Gebiet mit Amberg übereignet. Das Kurrecht sollten die Nachkommen Rudolfs I. und Ludwigs abwechselnd wahrnehmen. Der Kaiser erkannte den Nachkommen seines eigenen älteren Bruders 1330 das

Recht zu, daß kein Untertan eines Pfälzer Landesherrn mehr vor ein Reichsgericht zitiert werden oder dahin appellieren konnte. Im folgenden Jahr überwies der Kaiser seinen Neffen und dem Großneffen die Ausübung des bisherigen kaiserlichen Landgerichts im Speyergau mit dem Sitz in Neustadt an der Weinstraße, das schon seit 1285 eine Wittelsbacher Stadt geworden war. Die Ritter, die bisher die Landvögte des Kaisers im Speyergau gewesen waren, wurden samt ihren Burgen auf dem Trifels, in Neukastel, Germersheim usw. den Wittelsbacher Pfalzgrafen unterstellt. Diese ließen nun im Speyergau einen Viztum walten.

Als sich Rudolf II. mit mächtigen Grafen wie denen von Katzenelnbogen oder von Hohenberg verbündete, kam Ruprecht mit seinem allzu beweglichen Bruder in Zwistigkeiten. Das führte 1334 dazu, daß Ruprecht eine Teilung der Rechte und Stützpunkte ins Auge faßte. Dabei wollte er gemeinsam mit seinem Neffen Ruprecht II., der in Graf Johann von Nassau einen tatkräftigen Vormund hatte, die mit Rudolf zu teilenden Rechte und Gebiete verwalten. Das allodiale Recht aller ebenbürtigen Erben an der Regierungsnachfolge war zu berücksichtigen. Am 18. Februar 1338 erfolgte diese Teilung. Rudolf II. vermachte seine eigenen Rechte und Gebiete den Söhnen des Kaisers, da er selbst keine Söhne hatte. Er stellte damit die Einheit der Wittelsbacher Pfalzgrafschaft in Frage. Als der Kaiser im Frühjahr 1338 von dem englischen König Eduard III., seinem Bundesgenossen gegen Frankreich, am Rhein begrüßt wurde, gaben bald alle zur Teilnahme an einer Königswahl Berechtigten in Rhense (Rhens), auch Ruprecht I., die Erklärung ab, daß der von ihnen Gewählte ohne Anerkennung des Papstes Kaiser sei; in Rhense trafen sich dazu auch die Pfälzer Wittelsbacher Rudolf II. und Ruprecht II. Außerdem fühlte Ruprecht I. beim Papst in Avignon um eine Aussöhnung mit dem seit 1324 mit dem Kirchenbann belegten Onkel Ludwig vor, erhielt dafür zwar vom Papst die Goldene Rose, aber König Philipp VI. von Frankreich hintertrieb die Versöhnung. Da mit dem Kirchenbann das Interdikt verbunden worden war, durften im Reich formell nicht einmal Sakramente gespendet werden.

Trotz dieser Probleme in der größeren Welt des Reiches und der Kirche begann Ruprecht I. bereits 1340 landespolitisch tätig zu werden und nahm den Grafen von Zweibrücken in seinen »ewigen Dienst«. Er bereitete damit die Möglichkeit vor, die Grafschaft einmal zu erhalten. Ruprecht II. schuf sich 1345 durch seine Vermählung mit der Tochter des Königs Peter II. von Sizilien aus dem Hause Aragon eine Position in Europa. Ruprecht I. vermählte sich damals noch nicht. Dagegen heiratete der verwitwete Pfalzgraf Rudolf II. 1348, kaum, daß Kaiser Ludwig gestorben war, die Tochter des Königs Friedrich II. von Sizilien aus dem Hause Aragon. Auch der Kaisersohn Stefan II., der zunächst in Niederbayern regierte, hatte eine Tochter Friedrichs II. von Sizilien zur Gemahlin. Trotz dieser europäischen Verbindungen gelang es Rudolf II. und Ruprecht I. an der Spitze des Wittelsbacher Hauses nicht, sich mit einem neuen Kaiserkandidaten durchzusetzen. Der Luxemburger Karl IV. gewann als König immer mehr, zumal er am 4. März 1349 in Bacherach Anna, die Tochter Rudolfs II., heiratete. Bei seiner Krönung zum Römischen König in Aachen am 25. Juli 1349 nahm auch Ruprecht I. teil. Bei der ersten 1346, als Kaiser Ludwig noch lebte, war er natürlich nicht dabeigewesen.

Von 1349 bis 1368 arbeitete er eng mit Karl IV. zusammen. Freilich war ihm unerwünscht, daß dieser die ihm als Ausstattung Annas gegebene nördliche Oberpfalz (Sulzbach, Hilpoltstein, Lauffen, Eschenbach, Hersbruck usw. das sogenannte Neue Böhmen) behalten wollte und nach Rudolfs II. Tod 1353 die 20.000 Mark zurückforderte, die er seinem Wittelsbacher Schwiegervater geliehen hatte. Die beiden Ruprechte mußten sich fügen. Der Luxemburger Kaiser gewann aber Ruprecht I. schließlich, als er ihm in der Goldenen Bulle von 1356 ohne Rücksicht auf die übrigen Wittelsbacher das ausschließliche Recht übertrug, das Reichsoberhaupt mit zu wählen. Beim Krönungsmahl hatte er das Amt des Erztruchsessen zu versehen. Doch wurde jetzt das Wittelsbacher Reichsvikariat auf Süddeutschland beschränkt. In den Landen sächsischen Rechts wurde der Kurfürst von Sachsen Reichsverweser. Zu einem nicht genau datierbaren Zeitpunkt, zwischen dem Herbst 1350 und dem Sommer 1358, heiratete Ruprecht I. Elisabeth, die Tochter des Grafen Johann I. von Flandern und Namur aus dem Hause Dampierre. Die Ehe aber blieb kinderlos.

Mit seinem Neffen Ruprecht II., den er auch aus einer sächsischen Kriegsgefangenschaft loskaufen mußte, arbeitete er weiterhin zusammen. Schon auf dem Nürnberger Reichstag hatte er sich mit ihm am 27. Dezember 1355 über die Ausübung des Wittelsbacher Kurrechtes geeinigt. Karl IV. sprach es 1356 ausschließlich den Pfälzer Wittelsbachern zu. Für Ruprecht II. hatte auch in bezug auf das Kurrecht der Onkel grundsätzlich den Vorrang (Forschungen von Joachim Spiegel). Mit großer Umsicht stellte sich Ruprecht I. auf die wechselnde politische Situation ein und erreichte so, daß er die Pfalzgrafschaft zu einem Landesfürstentum von wachsender Bedeutung entwickeln konnte. 1357 erkannte ihm Karl IV. die Reichsstadt Kaiserslautern und die Burg Wolfstein zu. Für weitere Erwerbungen deckte er sich gegen den politisch um sich greifenden Grafen Eberhard von Württemberg durch ein Bündnis ab. Die Herren von Bolanden verpfändeten ihm, dann verkauften sie ihm 1359 Simmern. 1361 erwarb er Bergzabern und Billigheim. Durch gute Verwaltung mit Hilfe einer Kanzlei, die auch den Ein- und Auslauf in ein Register aufnahm, legte er Grundlagen zu einer guten Ordnung und verteidigte diese gegen die Räubereien, die verarmte Ritter immer mehr betrieben, mit der notwendigen Härte. Dazu verband er sich 1362 auch mit den benachbarten bischöflichen Landesherren und mit selbständigen Städten – auch mit reichsunmittelbaren Städten gegen die sogenannte »Böse Gesellschaft«, eine Bande wilder Friedensstörer, zu der auch ehemalige Soldaten aus dem englisch-französischen Krieg gehörten. Da bis 1361 Karl IV. keinen männlichen Erben besaß, bestand für Ruprecht die Aussicht, selbst Kaiser zu werden. Unter den wahlberechtigten Fürsten vertraute ihm ein großer Teil. Das änderte sich, als dem Luxemburger 1361 ein Sohn geboren wurde. Karl IV. versuchte eine Machtposition auch am Rhein zu errichten und erzwang 1368, daß ihm Ruprecht Kaiserslautern und Wolfstein herausgab.

Die Festigung seiner Rechte und Stützpunkte hatte der Pfälzer Landesherr in weiser Voraussicht seit langem vorbereitet, 1357 durch eine frühe Sicherung der Pfälzer Erbfolge durch die Primogenitur; für diese stand schon vor seiner eigenen Ehe sein Neffe heran, der seit 1352 in Ruprecht (III.) einen eigenen Sohn besaß. 1368 machte er bestimmte Gebiete unteilbar. Das wurde das Gebiet des Kurpräzipuums. Das am 2. November 1367 mit König Ludwig dem Großen von Ungarn, Titularkaiser Philipp von Byzanz und Herzog Karl von Durazzo geschlossene Bündnis erneuerte er am 13. April 1369. Das war um so notwendiger, als die Nachkommen Kaiser Ludwigs nicht hinnahmen, daß die abwechselnde Führung des Kurrechtes trotz des Hausvertrages von Pavia durch die Goldene Bulle von 1356 beseitigt worden war. Sie erreichten sogar 1362 Zusicherungen des Kaisers, der seinen neunjährigen Sohn 1370 mit Johanna, der ältesten Tochter des Herzogs Albrecht I. von Bayern-Straubing-Holland, vermählte. In den ausbrechenden Zwistigkeiten vermittelten 1371 König Ludwig von Ungarn und Stefan II., nun Herzog des vereinigten Bayern, einen förmlichen Waffenstillstand. In den Landen am Rhein wachte Ruprecht über die Ordnung. Graf Emicho von Leiningen war zwar sein Vasall geworden, befehdete aber die Reichsstädte Mainz, Worms und Speyer. Ruprecht machte dem 1376 ein Ende. Er war als ordnende Kraft so notwendig geworden, daß ihm und seinem Neffen der Kaiser Kaiserslautern und andere Plätze verpfänden mußte. Freilich mußten beide versprechen, die ihnen nur als Lehen übertragene Stadt niemals weiter zu verpfänden.

Als 1378 König Wenzel seinem Vater im Reich nachfolgte und sich für den nach Rom zurückgekehrten Papst Urban und damit gegen Klemens VI. in Avignon und gegen den französischen König entschied, trat auch Ruprecht nun für Urban VI. ein, der auch von England, Polen und Ungarn anerkannt wurde. Ruprecht ließ sich nicht durch die Theorie von der Ordnung der Papstfrage durch ein Konzil bestimmen, als ihm Konrad von Gelnhausen seinen Traktat über das Schisma überreichte. Durch die Errichtung eines Stiftes in Neustadt an der Weinstraße hatte er sein eigenes Verhältnis zur Kirche geordnet und dort, wo Rudolf II. sein Mausoleum hatte errichten lassen, auch seine Begräbnisstätte bestimmt.

Auf der Ebene der Politik verknüpfte er Notwendigkeiten der Praxis mit klaren Grundsätzen. Er bekämpfte die Friedensstörer und wirtschaftliche und gesellschaftliche Verelendung, wie sie im harten Winter von 1365 spürbar geworden war. Als Wenzel 1379 dem gefürchteten Herzog Leopold von Österreich die Landvogtei in Schwaben übertrug, schloß Ruprecht mit den schwäbischen Reichsstädten und dem Markgrafen von Baden eine Vereinigung. Er verbündete sich 1381 auch mit den rheinischen Reichsstädten, scheute aber auch keinen Streit mit den geistlichen Fürsten von Mainz und Speyer. Seine Bedeutung für Frieden und Ordnung im Reich war so groß geworden, daß ihn

1384 König Wenzel und andere Fürsten aufsuchten. Unter seiner wesentlichen Mitwirkung schlossen die Reichsstädte am Rhein, in der Wetterau und in Schwaben einen gemeinsamen Landfrieden. Da verbanden sich die Reichsstädte mit den Schweizer Kantonen. Die Fürsten aber schlossen ein eigenes Bündnis. Der 76jährige Pfälzer, der 1385 seine Großnichte, die Tochter des ersten Herzogs von Berg, geheiratet hatte, wurde außerordentlich politisch tätig. Er veranlaßte Wenzel zum Eingreifen. Der Landfriede wurde 1387 erneuert. Die Niederlagen der Habsburger in der Schweiz 1386 und 1388 und die Erhebung der Reichsstädte am Rhein und in Schwaben bedrohten den Landfrieden aufs neue. Ruprecht, eben beschäftigt mit der endgültigen Erwerbung der Grafschaft Zweibrücken 1385 und von Mosbach, Sinsheim und Neckargmünd, andererseits mit der Gründung der Universität in Heidelberg am 1. Oktober 1386, griff militärisch ein. Bei Döffingen besiegte er 1388 die schwäbischen Reichsstädte, veranlaßte aber auch seinen Neffen zuzuschlagen, als trotz seiner Mahnung zur Ruhe ihm die Reichsstädte Straßburg, Speyer, Worms und Mainz im Herbst Absagebriefe schickten und durch ihre Truppen kurfürstliche Gebiete plünderten. Seinem Separatfrieden mit den rheinischen Städten folgte der Friedensvertrag von Eger, wo König Wenzel die Städtebündnisse auflöste.

Noch in seinem Todesjahr erwarb der 81jährige Kurfürst von der Abtei Fulda das Amt Otzberg und die Hälfte von Umstadt. Obwohl er kein Latein konnte, hatte er mit großer Umsicht eine Universität nach dem Muster der in Paris durch eine Anzahl Dekrete ins Leben gerufen. Noch im Monat der Gründung begannen Marsilius von Inghen, der zweimal Rektor in Paris gewesen war, und andere ihre Vorlesungen. Dietmar von Swerthe kam aus Prag. Die Universität sollte auch im eigenen Land ausgebildete Räte für die Regierungsarbeit liefern, für die Ruprecht bereits seit Jahren tüchtige Kräfte hatte. Aber sie sollte auch geistige und gesellschaftliche Kräfte überhaupt entwickeln. Auch der alte Landesherr war stets wach für neue Tendenzen und Kräfte. Von allen seinen Taten wirkt die Universität, die 1986, ihr 600jähriges Jubiläum feierte, auch in unserem Jahrhundert am sichtbarsten fort. Als er 1390 starb, folgte ihm sein 65jähriger gleichnamiger Neffe, dessen Rechte er stets gewissenhaft gewahrt hatte.

Kurfürst Ruprecht II. von der Pfalz

Kurfürst Ruprecht II. von der Pfalz

* 12. 5. 1325 in Amberg
† 6. 1. 1398 in Amberg
Grabstätte: Zisterzienserkloster Schönau bei Heidelberg

⚭ 1345
Beatrix
Eltern: Peter II., König von Sizilien aus dem Hause Aragon, und Elisabeth von Tirol
* 1326 in ?
† 12. 10. 1365 in Heidelberg?
Grabstätte: Zisterzienserkloster Schönau bei Heidelberg

Ruprecht II. regiert in der Kurpfalz allein 1390 bis 1398 (vertreten durch seine Onkel Rudolf II. und Ruprecht I. von 1329 bis 1338, von da an bis 1353 nur mit Ruprecht I. in einem Teil der Kurpfalz, von 1353 bis 1390 mit ihm in der ganzen Kurpfalz [1356 Goldene Bulle!]).

Ruprecht II. war zwei Jahre alt, als er in die Rechte seines Vaters Adolf eintrat, drei Jahre, als sein Onkel Ludwig nach Rom zog, um sich zum Kaiser krönen zu lassen. Er war deshalb darauf angewiesen, daß die beiden jüngeren Brüder seines Vaters, Rudolf II. und Ruprecht I., seine Rechte für ihn wahrnahmen. Das geschah durch den Hausvertrag von Pavia 1329 und die Tätigkeit der beiden Oheime in der seit 1330 weiterentwickelten Pfalzgrafschaft bei Rhein. Doch war er erst 13 Jahre alt, als er am 18. Februar 1338 von Onkel Ruprecht bei der Pfälzer Teilung beigezogen wurde. Sein Vormund Graf Johann von Nassau wirkte tatkräftig für ihn. Als die beiden Oheime 1338 in Rhense mit den anderen zur Königswahl berechtigten Fürsten erklärten, der von ihnen Gewählte sei Kaiser auch ohne Anerkennung des Papstes, nahm auch Ruprecht II. an dieser reichspolitisch folgenreichen Versammlung teil. Seine Rechte an der Pfalzgrafschaft vor den beiden Oheimen wurden von Ruprecht I. immer wieder respektiert und unterstrichen. Doch vermachte später Rudolf II. seine Lande den Söhnen des Kaisers. Als Ruprecht II. 1345 Beatrix, die Tochter des Königs von Sizilien aus dem Hause Aragon, heiratete, gewann er eine europäische Stütze. Sie war vielleicht Anlaß, daß Papst Klemens VI. am 28. April 1346 den Onkel Ruprecht zur Wahl eines neuen Kaisers aufforderte und den beiden Ruprechten erlaubte, an den mit Interdikt belegten Orten Messen lesen zu lassen und selbst von geeigneten Priestern die Sakramente zu empfangen. Die Burgkapelle in Heidelberg durfte in Zukunft nur mit besonderer Erlaubnis des Papstes mit dem Interdikt belegt werden. Infolgedessen traten er und Onkel Ruprecht nicht mehr in der Umgebung des Kaisers auf. Noch bevor Kaiser Ludwig starb, wurde 1346 der Luxemburger Karl zum Römischen König gewählt und versuchte von Böhmen aus den Kaisersohn Ludwig den Brandenburger aus der Mark Brandenburg und aus dem Kurrecht Brandenburgs zu verdrängen. Doch Ludwig erschien mit einem Heer, in dem sich auch Ruprecht II. befand. Der junge Wittelsbacher fiel über die Feinde her, wurde isoliert und von Herzog Rudolf von Sachsen-Wittenberg gefangengenommen. Wenn sich auch Markgraf Ludwig in der Mark behauptete, mußte doch Ruprecht II. in der Gefangenschaft bleiben. Da er seit 1338 mit seinem gleichnamigen Onkel gemeinsam regiert hatte, stellte dieser während der Zeit seiner sächsischen Gefangenschaft 1348–1353 formell mit ihm Urkunden aus. Doch erhielt Ruprecht II. offenbar mehrmals den Besuch seiner Frau, da ihm während dieser Zeit nicht weniger als vier Kinder, darunter 1352 der Erbfolger Ruprecht III., geboren wurden. Onkel Rudolf II. zog sich wegen seiner Erblindung in den letzten Jahren von den Regierungsgeschäften zurück und starb am 4. Oktober 1353 in Neustadt. Was er an Rechten und Land besaß, kam an Ruprecht I. Er teilte am 17. Dezember 1353 mit Ruprecht II. Rechte und Lande. Der Neffe erhielt Lindenfels, Stromberg, Fürstenberg, Alzey, Diebach, ein Drittel von Kaub und Rechte und Plätze in der Oberpfalz. Häufig von Alzey aus stellte er nun allein für seinen Bereich Rechtsinstrumente aus; 1354 gab er ein Privilegium in und für Nabburg. Immer mehr arbeitete er mit dem Oheim zusammen, unterstützte dessen Landeserwerbungen und nachweisbar vor allem zwischen 1386 und 1388 dessen militärische Auseinandersetzungen zugunsten des Landfriedens am Rhein. Er war 65 Jahre alt, als er seinem Onkel 1390 in der Regierung nachfolgte.

Da nach den allodialen Rechtsauffassungen die Fürsten ihre Länder unter ihre Söhne zu teilen hatten, Ruprecht II. aber schon 1357 die Regelung seines Onkels durch die Primogenitur kannte und anerkannte, bekräftigte er bereits 1392 dessen Bestimmungen. Er rundete sie 1395 durch eine förmliche Konstitution auf. Es kam freilich darauf an, ob sie die folgenden Generationen durchführen würden.

Ruprecht II. wurde nach dem Tod des Onkels Hauptmann des Landfriedens. Um ihn aufrechtzuerhalten, verbündete er sich mit Kurfürst Konrad von Mainz, später mit verschiedenen Reichsstädten. Als König Wenzel 1394 von böhmischen Rebellen gefangengenommen wurde, übernahm er als Reichsverweser die Regierung, bot aber auch seinen mächtigen Einfluß für Wenzels Befreiung auf.

Diente sein Bund mit Johann von Mainz einem Wittelsbacher Königtum, da Wenzels Regierung immer unglücklicher verlief? War er es, der 1397/98 Wenzel von einer Verbindung mit Frankreich abriet? Jedenfalls leistete er in die Hände des Prokurators des um Stützung bemühten Königs Richard II. von England 1397 einen Vasalleneid und trat eindeutig für den Papst in Rom ein. Es stärkte sein Gewicht in Paris und London, daß sein Sohn Ruprecht (III.) 1393 eine Tochter mit Herzog Karl dem Kühnen von Lothringen vermählt hatte, und ließ ihn hoffen, daß das von ihm gefestigte Hausrecht, in dessen Rahmen auch die Enkelin geheiratet hatte, den Bestand der Pfalzgrafschaft durch seine Konstitution von 1395 weiter sichern würde.

Ruprecht II. starb am 6. Januar 1398 in Amberg. Sein Begräbnis im Kloster Schönau bei Heidelberg (dort war auch sein Vater begraben) erinnert an seine Tätigkeit in der Pfalz und in der Oberpfalz.

Die Nachkommen des Kurfürsten Ruprecht II. von der Pfalz

1. Anna

   * 1346 in ?
   † 22. 4. 1408 in ?
   Grabstätte: Lambertuskirche in Düsseldorf

   ⚭ 1360? in ?
   Wilhelm I., Herzog von Berg
   Eltern: Gerhard VI., Herzog von Jülich, Graf von Berg und Ravensberg, und Margarete, Tochter des Grafen Otto IV. von Ravensberg
   * um 1348 in ?
   † 25. 6. 1408 in ?
   Grabstätte: Lambertuskirche in Düsseldorf

2. Friedrich

   * 1347 in ?
   † ? Lebt noch 1395
   Grabstätte: ?

3. Johann

   * 1349 in ?
   † ? Lebt noch 1395
   Grabstätte: ?

4. Mechthild

   * 1350 in ?
   † ? in ?

   ⚭ 1378 in Germersheim?
   Sigost, Landgraf von Leuchtenberg und Graf zu Hals
   * 1349 in ?
   † 1393 in ?
   Grabstätte: ?

5. Elisabeth

   * um 1351 in ?
   † ? in ?

   Verlobt mit Albrecht, Burggraf von Nürnberg, Sohn Albrechts des Schönen, Burggraf von Nürnberg, und der Sophie, Tochter des Grafen Heinrich VIII. von Henneberg

6. Ruprecht III.

⚭ Elisabeth, Tochter des Burggrafen Friedrich V. von Nürnberg
Siehe unter Kurfürst Ruprecht III.

7. Adolf

* 1355 in ?
† 1. 5. 1358 in ?
Grabstätte: Dominikanerinnenkloster Liebenau bei Worms

Kurfürst Ruprecht III. von der Pfalz

Kurfürst Ruprecht III. von der Pfalz, als Römischer König: Ruprecht I.

* 5. 5. 1352 in Amberg/Oberpfalz
† 18. 5. 1410 auf Schloß Landskron bei Oppenheim
Grabstätte: Heiliggeistkirche in Heidelberg

⚭ 27. 6. 1374 in Amberg
ELISABETH
Eltern: Friedrich V., Burggraf von Nürnberg, und Elisabeth, Tochter Friedrichs II. des Ernsthaften, Markgrafen von Meißen und Landgrafen von Thüringen
* 1358 in ?
† 26. 6. 1411 in Heidelberg
Grabstätte: Heiliggeistkirche in Heidelberg

Ruprecht III. regiert in der Kurpfalz von 1398 bis 1410, im Reich als Römischer König von 1400 bis 1410.

Ruprecht III. hatte Jahrzehnte der Gestaltung der Pfalzgrafschaft durch seinen Großonkel Ruprecht I. und ihrer Mitgestaltung durch den eigenen Vater miterlebt, als dieser 1390 zur Regierung kam. Er war selbst in die Politik der Sicherung dieses Werkes hineingestellt worden, als er 1374 in Amberg die Tochter des Burggrafen von Nürnberg heiratete und sich die meiste Zeit dort aufhielt. Er hatte seinen ältesten Sohn Ruprecht Pipan in große weltpolitische Kombinationen hineingestellt, als er ihn als Dreijährigen mit der Tochter des Königs von Frankreich verlobte. Als er ihn 1392 mit der Erbtochter des Grafen von Sponheim und Vianden vermählte, gewann er eine nähergelegene Position, denn die Grafschaft Sponheim spielte von 1423 bis 1830 immer wieder bei den Fragen der Ausgestaltung der Pfalzgrafschaft und noch der Wittelsbacher Rechte darauf im 19. Jahrhundert eine gewichtige Rolle. Ruprechts Tochter Margarete wurde 1393 in Kaiserslautern mit Herzog Karl dem Kühnen von Lothringen, seine Tochter Agnes im März 1400 in Heidelberg, als er als Kurfürst dort regierte, mit Herzog Adolf I. von Kleve und der Mark vermählt. Stützpunkte für die Pfalzgrafschaft bei Rhein waren damit gewonnen, die immer wieder eine Rolle spielen sollten. Doch wurden diese hauspolitischen Überlegungen in den letzten Jahren der Regierung König Wenzels zurückgestellt. Als er 1399 die Grafschaft Solms als Lehen vergab, handelte er noch einmal als Landespolitiker und nicht unter dem Zwang des Geschehens im Reich. Da setzten die Kurfürsten durch den von Mainz, den Erzkanzler des Reichs, König Wenzel ab und wählten am 21. August 1400 in Rhense vom Königstuhl aus Ruprecht III. zum Römischen König. Seine Lage wurde durch die Position des Hauses Luxemburg in Böhmen und die Auseinandersetzungen zwischen Frankreich und Lothringen und zwischen Lothringen und der Wittelsbacher Linie Bayern-Straubing-Holland immer wieder schwierig. Als er seinen ersten Reichstag nach Nürnberg berief, verhandelte er umsichtig nach allen Seiten. Nach Oberitalien schickte er Albrecht von Thanheim und betrieb dort seine Anerkennung. Ludwig, sein nunmehr ältester Sohn, drang im Bunde mit aufständischen böhmischen Herren bis an die Mauern von Prag vor, erreichte aber keinen endgültigen Erfolg.

Unmittelbar nach seiner Königswahl hatten die Kurfürsten, dann er selbst, den Papst in Rom um Approbation seiner Person gebeten, um die Voraussetzung für seine Kaiserkrönung zu schaffen. Weder Ruprecht noch die Kurfürsten wollten dadurch Grundsätze in der Reichsverfassung festlegen. Papst Bonifaz IX. aber hielt sich angesichts der Macht der Luxemburger zurück. Er billigte das Vorgehen der Kurfürsten nur, um sich selbst ein Recht zur Absetzung eines Römischen Königs zu sichern. Er stellte Ruprecht Bedingungen, die dieser nicht annehmen konnte. Gleichwohl entschloß sich Ruprecht, zu einer Kaiserkrönung nach Rom zu ziehen. Doch mußte er in Oberitalien auf die Visconti, die der König Wenzel 1395 zu Herzögen über Mailand gemacht hatte, und ihre Gegner eingehen. Am 29. Juni 1401 stimmte der Reichstag in Mainz dem Plan Ruprechts zu, nach Italien zu ziehen. Er hatte also das Reich hinter sich. Bereits am 15. August gewann er England, als er seinen nun ältesten Sohn Ludwig in Köln mit Blanca, der Tochter des neuen Königs Heinrich IV. von England aus dem Hause Lancaster, vermählte. An diese Wittelsbacher Beziehung mit England erinnert heute noch in der Schatzkammer der Münchner Residenz die von Blanca mitgebrachte Krone, die sogenannte Pfalzkrone. Sie ist heute die einzige englische Krone, die von der Verunstaltung der englischen Kronen durch Cromwell, den Diktator der kurzlebigen englischen Republik, verschont geblieben war.

Florenz stellte dem König 200.000 Gulden zur Verfügung und gewährte ihm eine Anleihe in derselben Höhe. So brach König Ruprecht am 8. September 1401 von Augsburg nach Italien auf. Er konnte freilich das zum Mailänder Machtbereich gehörige und stark befestigte Verona nicht nehmen und rückte deshalb gegen Brescia vor. Dabei diente ihm Franz von Carrara als kundiger Feldherr. Er verhinderte durch sein mutiges Eingreifen ein größeres Unglück, als Ruprecht am 21. Oktober eine Schlacht verlor, in der der Nürnberger Burggraf zu ungestüm gekämpft hatte. Leopold von Österreich wurde gefangengenommen, zwar schnell entlassen, aber des Verrats beschuldigt. Er verließ das Heer. Die italienischen Truppen zogen sich nach Padua zurück. Ein schlimmes Vorzeichen war, daß Kurfürst Friedrich von Köln nach Hause marschierte. Auf Bitten von Franz von Carrara und aus Florenz blieb Ruprecht in Italien und marschierte von Padua nach Venedig. Die Verhandlungen mit dem Papst über eine Kaiserkrönung brachten freilich keinen Erfolg. Der altbayerische Vetter Ludwig im Bart, der in Ingolstadt noch seinen Vater Stefan III. als Stütze hatte und selbst durch seine Schwester, die Königin von Frankreich, in Paris Einfluß besaß, unterstützte Ruprecht tatkräftig. Nach den Winterquartieren in Padua eröffneten sich aber Ruprecht weder finanziell noch politisch günstige Aussichten. Er trat deshalb im April 1402 über Venedig den Rückmarsch an und traf am 2. Mai in München ein. Der hier regierende Herzog lebte aber in Konflikt mit Stefan und Ludwig von Bayern-Ingolstadt. Ruprechts Kurprinz Ludwig hatte als Reichsverweser die Auseinandersetzung des Herzogs Ernst von Bayern-München mit Bayern-Ingolstadt nicht verhindern können. Ruprecht trat nun mit großer Energie hier und am Rhein für den Landfrieden ein. Er scheute sich nicht, die Raubschlösser einiger Vasallen des Kurfürsten von Mainz zu brechen. Das hielten aber einige Reichsstände für eine Bedrohung ihrer Freiheiten. Sie leisteten Ruprecht Widerstand. Dessen Autorität war freilich nun so stark, daß ihn der Papst im Oktober 1403 in einem öffentlichen Konsistorium als König approbierte. Bonifaz IX., der die Erklärung der Kurfürsten von 1338 in Rhense austilgen wollte, deutete dabei Ruprechts Ansuchen als eine Bitte, vom Papst die Absetzung Wenzels und seine eigene Königswahl förmlich bestätigt zu bekommen. Freilich bedeutete diese Formulierung der Kurie nun nicht mehr so viel wie früher.

Viel schwieriger für Ruprecht wurde, daß sich am 14. September 1405 Markgraf Bernhard von Baden, Graf Eberhard III. von Württemberg und die Reichsstadt Straßburg mit 17 schwäbischen Reichsstädten in Marbach zusammentaten. Sie vermieden jedes feindselige Wort gegen den König, doch richtete sich ihr Bund gegen seine Schritte zur Wahrung des Reichs- und Landfriedens. Seit den Tagen des Saliers Heinrich IV. waren aber große Bünde im Reich eigene Faktoren geworden. Sie wirkten abgehoben von der Zentralgewalt und von den Einzelstaaten, die sich ja auf einem Reichstag zusammenfinden konnten. Ruprecht betonte jetzt aus seiner eigenen aufrichtigen religiösen Überzeugung das Recht überhaupt, auf der praktischen Ebene unterstrich er die Reichsrechte. Er hoffte, dadurch Anhänger zu gewinnen. Als er einen Reichstag nach Mainz berief, erschienen die Fürsten des Marbacher Bundes nicht. So rief Ruprecht die Reichsstände zu einer Tagung für den 6. Januar 1406 zusammen. Er ging hier offen auf die Beschwerden des Kurfürsten Johann von Mainz ein und widerlegte sie. Zugleich stellte er den Reichsständen seine ganze bisherige Regierung vor Augen. Der Zwiespalt im Reich wurde so groß, daß Ruprecht nicht vermochte, den Marbacher Bund aufzulösen. Der Kurfürst von Mainz, wiewohl Reichserzkanzler, schickte dem König einen Absagebrief. Ein Raubritter aus der Wetterau, den Ruprecht früher bestraft hatte, folgte dem Beispiel des Erzbischofs und Kurfürsten. Der Marbacher Bund dehnte sich weiter aus. Der abgesetzte König Wenzel näherte sich ihm. Da gestand Ruprecht im September 1406 zu, ohne besondere Erlaubnis Bündnisse und Einigungen zu schließen, wie er selbst vormals getan habe.

Er verglich sich mit Johann von Mainz, schloß Sonderverträge mit einigen Reichsständen und sprengte so die Koalition, die auch sein Pfälzer Landesfürstentum umklammerte. Am 14. November 1407 konnte er endlich den Thron Karls des Großen in Aachen besteigen. Denn die Stadt Aachen hatte sich bisher geweigert, ihm als Krönungsort zu dienen. Ruprecht erließ nun wichtige Regelungen für den Landfrieden. Er vergaß dabei nicht, schwierigste Probleme anzupacken, wie die Judensteuer und das Münzwesen. Er drang damit freilich nicht überall durch. Auch konnte er nicht verhindern, daß durch die Machenschaften Wenzels die Fürstentümer Brabant und Limburg dem Reich verlorengingen, aber er vermochte 1407 seine Tochter Elisabeth in Innsbruck mit Herzog Friedrich IV. von Österreich zu vermählen. Die Witwe seines frühverstorbenen erstgeborenen Sohnes bewog er 1408 zu dem Versprechen, nach ihrem Tode den fünften Teil der Grafschaft Sponheim den Wittelsbacher Pfalzgrafen zuzuwenden. Zu diesen dynastischen Positionen konnte er 1408 einen realen Gewinn fügen: er erwarb die Grafschaft Kirchberg auf dem Hunsrück. Überhaupt gelang ihm, gestützt auf das Königtum, der Kurpfalz eine führende Stellung im Südwesten des Reiches zu sichern.

In den geistespolitischen Fragen der Zeit vermochte Ruprecht bedeutende

Männer einzuschalten. An die Universität Heidelberg berief er Nikolaus Bovin und Mathäus von Krakau. Er brach mit solchen Kräften auch der kirchlichen Reform Bahn. Das Problem der Ordnung in der Kirche wurde erneut aufgerollt, als auf dem Konzil von Pisa ein dritter Papst gewählt wurde und auch der abgesetzte König Wenzel auf diese Karte setzte. König Ruprecht hielt unerschütterlich am Papst in Rom fest. Als auf einer Tagung in Frankfurt im Januar 1409 Legaten des römischen Papstes ihre Linie festlegten, entwickelte König Ruprecht selbst seine Gedanken in der Kirchenfrage und ließ sie durch seine Heidelberger Gelehrten weiter ausführen. Er ließ sie auch in Pisa vortragen.

Doch das Konzil dort wählte als dritten Papst Alexander V. Wenzel erkannte ihn an, und Johann von Mainz betrieb nun als Legat Alexanders sogar Ruprechts Absetzung. Da rüstete Ruprecht. Es gelang ihm, die Erneuerung des Marbacher Bundes und auch den vollen Erfolg des Konzils von Pisa zu verhindern. Beim römischen Papst Gregor XII. erreichte er, daß dieser ihn selber und den König Ladislaus von Neapel zu Verhandlungen über die Beendigung des Schismas bevollmächtigte und beiden für den Notfall das Recht zugestand, mit den Gegnern ein allgemeines Konzil zu vereinbaren. Das war ein außerordentlicher Erfolg des Königs.

Am 4. März 1410 zog er in Marburg den Landgrafen von Hessen und die Herzöge von Braunschweig auf seine Seite. Auf dem Fürstentag in Nürnberg im April gewann er die fränkischen Bischöfe. Ruprechts Aussichten auf weitere Erfolge waren nicht gering, da keinesfalls alle Anhänger des Konzils von Pisa oder des Papstes Alexander V. zugleich auch politisch mit Wenzel zusammengingen. Da erkrankte Ruprecht auf seinem Schloß Landskron bei Oppenheim. Nur in Eile konnte er sein Haus bestellen.

Weder sein Vater noch sein Großonkel hatten das Primogeniturrecht als Grundsatz der Nachfolge durchsetzen können, da das allgemeine eigentumsrechtliche Denken Teilungen, also auch Landesteilungen, forderte. Er entschloß sich deshalb, diesem Denken Rechnung zu tragen und die Gefahr gewaltsamer Auseinandersetzungen zu verhindern. Deshalb beauftragte er sieben Männer seines besonderen Vertrauens, die Pfälzer Gebiete mit Ausnahme des von Ruprecht I. 1368 festgelegten Kurpräzipuums um Heidelberg, Alzey, Neustadt und Amberg durch ein Schiedsgericht unter seine vier Söhne zu teilen. Der Älteste sollte außer seinem Kurpräzipuum ebenfalls ein Teilgebiet erhalten. Ruprecht entschied als Landesfürst und konnte nur mehr den Rechtsakt vorbereiten, der am 3. Oktober 1410 stattfand. Ein schneller Tod raffte ihn am 18. Mai 1410 hinweg.

König Ruprecht war kein so erfolgreicher Kriegsmann wie Kaiser Ludwig. Doch hatte er mit ihm die Zähigkeit und Wendigkeit im Handeln gemeinsam. Bei beiden ist die Aufrichtigkeit der Gesinnung, auch der religiösen, nicht zu bezweifeln. Beide fielen einem plötzlichen Tod zum Opfer. Ruprecht wurde in der Heiliggeistkirche in Heidelberg beigesetzt, Ludwig in der alten Liebfrauenkirche in München, doch focht das bald der Freisinger Bischof an, da Ludwig im

Bann gestorben war. Kurfürst Maximilian I. versuchte den Toten vergeblich vom Bann zu lösen. Ruprechts Wirken in der Kirchenfrage wurde dagegen von Mit- und Nachwelt immer wieder anerkannt. Kaiser Ludwig und die Wittelsbacher bis zu König Ruprecht bleiben ein farbenreiches und bedeutendes Kapitel der Wittelsbacher Geschichte.

Die Nachkommen des Kurfürsten Ruprecht III. von der Pfalz

1. RUPRECHT (Pipan)
* 20. 2. 1375 in Amberg
† 25. 1. 1397 in Amberg
Grabstätte: St.-Martins-Kirche in Amberg

⚭ 30. 8. 1392 in Alzey
ELISABETH, Witwe Engelberts III., Grafen von der Mark
Eltern: Simon III., Graf von Sponheim und Vianden, und ...?
* 1365 in ?
† 3. 9. 1417 in Kreuznach
Grabstätte: Pfarrkirche in Kreuznach

2. MARGARETE
* 1376 in ?
† 27. 8. 1434 in Einville bei Lunéville
Grabstätte: St. Georg in Nancy

⚭ 6. 2. 1393 in Kaiserslautern
KARL I. DER KÜHNE, Herzog von Lothringen
Eltern: Johann I., Herzog von Lothringen, und Sofie, Tochter des Grafen Eberhard III. von Württemberg
* 1364 in ?
† 25. 1. 1431 in ?
Grabstätte: St. Georg in Nancy

3. FRIEDRICH
* um 1377 in Amberg
† vor dem 7. 3. 1401 in Amberg
Grabstätte: St.-Martins-Kirche in Amberg

4. LUDWIG III.

1. ⚭ BLANCA, Tochter König Heinrichs IV. von England aus dem Hause Lancaster

2. ⚭ MECHTHILD, Tochter des Herzogs Amadeus von Savoyen und Fürsten von Achaja

Siehe unter Kurfürst Ludwig III. von der Pfalz

5. AGNES

* 1379 in ?
† 9. 2.? 1401 in Köln
Grabstätte: St. Johann in Köln

⚭ 7. 3. 1400 in Heidelberg
ADOLF I., Herzog von Kleve und der Mark
Eltern: Adolf I., Graf von Kleve und der Mark, und Margarete, Tochter des Grafen Gerhard von Jülich, Berg und Ravensberg
* 2. 8. 1373 in Kleve
† 10. 9. 1448 in ?
Grabstätte: Dominikanerkirche in Wesel

6. ELISABETH

* um 1381 in Amberg?
† 31. 12. 1409 in Innsbruck
Grabstätte: Zisterzienserkloster Stams in Tirol

⚭ 24. 12. 1407 in Innsbruck
FRIEDRICH IV., Herzog von Österreich
Eltern: Leopold III., Herzog von Österreich, und Viridis, Tochter des Signore Barnabas von Mailand aus dem Hause Visconti
* nach dem 2. 10. 1382
† 24. 6. 1439 in Innsbruck
Grabstätte: Zisterzienserkloster Stams in Tirol

7. JOHANN

* um 1383 in Neunburg vorm Wald
† 13. 3. 1443 im Benediktinerkloster Kastl (Oberpfalz)
Grabstätte: St. Georg in Neunburg vorm Wald

1. ⚭ 15. 8. 1407 in Kopenhagen
KATHARINA
Eltern: Wratislaw VII., Herzog von Pommern, und Maria, Tochter Heinrichs III., Herzog von Mecklenburg-Schwerin
* um 1390 in ?
† 12. 3. 1426 im Brigittinnenkloster Gnadenberg
Grabstätte: Brigittinnenkloster Gnadenberg

Regiert als Pfalzgraf und Herzog in Neumarkt/Oberpfalz.
Von den sieben Kindern wurde *Christoph*
* 26. 2. 1416 in Neumarkt,
† 5. 1. 1448 in Helsingborg
erwählt
zum König von Dänemark 10. 4. 1440,
zum König von Schweden 4. 10. 1440,
zum König von Norwegen 4. 6. 1441.
Siehe unter den Schwedenkönigen (Anhang)

2. ⚭ 7. 9. 1428 in Riedenburg
BEATRIX, Witwe Hermanns III., Grafen von Cilley und in dem Säger
Eltern: Ernst, Herzog von Bayern-München, und Elisabeth, Tochter des Signore Barnabas von Mailand aus dem Hause Visconti
* um 1403 in ?
† 12. 3. 1447 in Neumarkt/Oberpfalz
Grabstätte: Brigittinnenkloster Gnadenberg

8. STEFAN
* 23. 6. 1385
† 14. 2. 1459 in Simmern
Grabstätte: Ehemalige Deutschordenskirche – Veldenzsches Erbbegräbnis – in Meisenheim

⚭ 13. 6. 1410 in Heidelberg
ANNA
Eltern: Friedrich III., Graf von Veldenz, und ...?
* um 1390 in ?
† 16. 11. 1439 in Wachenheim
Grabstätte: Ehemalige Deutschordenskirche – Veldenzsches Erbbegräbnis – in Meisenheim

Regiert als Pfalzgraf und Herzog von Simmern-Zweibrücken-Veldenz und in einem Teil der Grafschaft Sponheim von 1410 bis 1459.

9. OTTO
* 24. 8. 1387 in ?
† 5. 7. 1461 im Benediktinerkloster Reichenbach/Oberpfalz
Grabstätte: Benediktinerkloster Reichenbach

⚭ Mitte Januar 1430 in Burghausen
JOHANNA
Eltern: Heinrich der Reiche, Herzog von Bayern-Landshut, und Margarete, Tochter des Herzogs Albrecht IV. von Österreich
* 1413 in ?
† 20. 7. 1444 in Mosbach
Grabstätte: Stiftskirche in Mosbach

Regiert als Pfalzgraf und Herzog in Mosbach von 1410 bis 1461, als vormundschaftlicher Regent für seinen Neffen, Kurfürst Ludwig IV. von der Pfalz, von 1436 bis 1445.

Im Mai 1410 legte Ruprecht III. (König Ruprecht I.) eine Teilung unter seinen vier Söhnen fest. Sie wurde nach seinem Tode ausgeführt, und zwar am 3. 10. 1410:
Ludwig erhielt die Kurwürde, das Kurpräzipuum (u. a. Heidelberg, Amberg) und weitere Teile der Rhein- und Oberpfalz, auch Kaiserslautern (seine Linie erlosch 1556 bzw. 1559);
Johann erhielt Neumarkt (seine Linie erlosch 1448);
Stefan erhielt Simmern-Zweibrücken (seine Linie blüht heute noch);
Otto erhielt Mosbach (seine Linie erlosch 1499).

Kurfürst Ludwig III. von der Pfalz

Kurfürst Ludwig III. von der Pfalz

* 23. 1. 1378 in ?
† 30. 12. 1436 in Heidelberg
Grabstätte: Heiliggeistkirche in Heidelberg

1. ⚭ 15. 8. 1401 in Köln
BLANCA
Eltern: Heinrich IV., König von England aus dem Hause Lancaster, und Maria, Tochter Humfrieds X. von Bohun, Earl of Hereford
* um 1382 in ?
† 31. 5. 1409 in Hagenau
Grabstätte: St.-Aegidius-Kirche in Neustadt a. d. Hardt

2. ⚭ 30. 11. 1417 in Pignerol
MECHTHILD (Mathilde)
Eltern: Amadeus, Herzog von Savoyen und Fürst von Achaja, und Katharina, Tochter des Grafen Amadeus III. von Genf
* 1390? in ?
† 4. 5. 1438 in Germersheim
Grabstätte: Heiliggeistkirche in Heidelberg

Ludwig III. regiert in der Kurpfalz von 1410 bis 1436.

König Ruprecht, der dritte der Kurfürsten dieses Namens, hatte vor seinem Tod noch in Eile verordnet, daß sieben Männer seines sehr persönlichen Vertrauens, darunter der Fürstbischof von Speyer aus der Familie der Pfälzer Ritter von Helmstadt und der Ritter Hans von Hirschhorn, das Pfälzer Gebiet mit Ausnahme des Kurpräzipuums um Heidelberg, Alzey, Neustadt und Amberg unter seine überlebenden vier Söhne in einem Schiedsgericht teilen sollten. Ludwig III. erhielt als nachfolgender Kurfürst dieses unteilbare Gebiet und das 1378 an Ruprecht I. verpfändete Kaiserslautern, dann Germersheim, Bretten, Heidelsheim, Winzingen, Waldeck auf dem Hunsrück usw. Der Rechtsakt vom 3. Oktober 1410 wurde durch die allgemein verbreitete Auffassung von der Rechtsnotwendigkeit der Teilung des Eigentums bedingt, widersprach aber der Forderung der Goldenen Bulle in bezug auf die Kurfürstentümer und außerdem der Festlegung der Nachfolge durch die Erstgeburt 1395 durch Kurfürst Ruprecht II. Dieser hatte in dieser Konstitution die Gedanken Ruprechts I. von 1357 weitergeführt.

Von Ludwigs drei Brüdern erhielt Johann in der Oberpfalz Neumarkt und Neunburg vorm Wald. Da sein Sohn Christoph König von Dänemark, Schweden und Norwegen wurde, erreichte durch ihn die moderne Wittelsbacher Förderung der Städte auch den skandinavischen Bereich. Kopenhagen wurde durch Christoph zur Hauptstadt Dänemarks.

Ludwigs Bruder Stefan erhielt Simmern, Zweibrücken und Veldenz und begründete die heute noch bestehende Linie der Wittelsbacher.

Otto, der jüngste Bruder, erhielt Mosbach in der Gegend des Neckar, 42 Kilometer von Heidelberg entfernt. Ludwig schaltete Otto, der, 1387 geboren, fast zehn Jahre jünger als er war, mehr als einmal in seine Regierungsarbeit ein. Da Otto eine Schwester Ludwigs des Reichen von Bayern-Landshut heiratete, konnte sich Ludwig auch durch ihn auf das fortschrittliche Herzogtum stützen, dessen Inhaber sich gerne mit Kräften aus der Pfalz verbanden.

Ludwig III. residierte außer in Heidelberg gerne auch in Amberg. Bereits 1411 erkannten der Markgraf Bernhard von Baden und das Kloster Maulbronn seine Persönlichkeit und seine Position als Pfälzer Kurfürst an, als sie ihn in einem Streit zum Schiedsrichter machten. Ludwig stützte sich bei der Entscheidung auf seine bereits sehr zahlreichen Räte, die er für seine Regierungsarbeit einschaltete, aber zog auch noch andere als Räte für das Schiedsgericht und überhaupt als Räte bei. Im allgemeinen arbeitete er als Kurfürst mit 30 Räten; obwohl andere Fürsten immer weniger Geistliche in ihren Rat holten, setzte Ludwig III. seinen Rat zur Hälfte aus Juristen des geistlichen und weltlichen Rechts zusammen, die auch ein Hofamt innehaben oder Heidelberger Universitätsprofessoren sein konnten. In die andere Hälfte des Rates berief Ludwig III. auch seine Brüder Stefan und Otto und reichsunmittelbare Fürsten wie den Bischof Hraban von Speyer, den Kanzler schon seines Vaters, oder den Doktor beider Rechte, Job Vener, einen der wichtigsten Diplomaten König Ruprechts.

Große Aufgaben wurden Ludwig gestellt, der sich für die Anerkennung des Luxemburger Königs Sigismund im Reich entschieden hatte. Dieser erkannte die hausgesetzlichen Regelungen von Ludwigs Vater die Kraft von im Reich gültigen Gesetzen zu. Seit 1415 hatte Ludwig als Stellvertreter des Reichsoberhauptes und als Reichsrichter die richterlich-polizeiliche Gewalt über das Konzil von Konstanz auszuüben. Er bekam den geflohenen Gegenpapst Johannes XXIII. als Gefangenen übergeben und verwahrte ihn in Heidelberg, später auf der Burg Rheinhausen bei Mannheim. Als Reichsrichter vollstreckte er an Hus die Befehle des Reichsoberhauptes und ließ ihn verbrennen. Selbständig beteiligte er sich an den Verhandlungen, durch die sich der römische Papst Gregor XII. zur Abdankung bewegen ließ.

Über all dem nahm Ludwig III. mit Umsicht die Regierungsarbeit als Landesherr wahr. Er entwickelte die schriftliche Exekutive, als er nicht weniger als sechs Sachregister für die Regierungsaufgaben anlegen ließ. Dabei unterstützte ihn als Protonotar Johann von Winheim, der das Testament seines Vaters geschrieben hatte. Das Vertrauen zu Ludwig wuchs derart, daß er mit den anderen Kurfürsten am Rhein im Dezember 1417 das geprägte Geld kontrollieren konnte und dadurch für alle Kreise der Bevölkerung eindeutige Zahlungsmittel erreichte. Außenpolitisch verband er sich mit seinem Schwager König Heinrich V. von England, der sich seit 1415 militärisch und politisch gegen Frankreich durchsetzte. Da seine englische Gattin schon 1409 gestorben war, führte Ludwig am 30. November 1417 in Pignerol Mechthild, die Tochter des Grafen Amadeus von Savoyen und Fürsten von Achaja, heim. Ihre große Mitgift von 60.000 Gulden verpflichtete ihn, ihr Besitzungen von einem Jahresertrag von 3000 Gulden zuzuweisen. Unter den sechs Kindern, die sie ihm schenkte, waren auch die späteren Kurfürsten Ludwig IV. und Friedrich I. der Siegreiche, einer der bedeutendsten Baumeister am Pfälzer Landesfürstentum. Zunächst führte Ludwig seinen ältesten Sohn Ruprecht in die Regierungsgeschäfte ein. Als dieser am 20. Mai 1426 starb, war er über den Tod dieses hoffnungsvollen Sohnes, der Ruprecht der Engländer genannt wurde, so erschüttert, daß er sich vornahm, ins Heilige Land zu ziehen. Bevor er diesen Vorsatz ausführte, schloß er aber am 5. Oktober 1427 mit seinem jüngsten Bruder Otto, der bis 1430 noch unverheiratet war, einen Vertrag über gegenseitige Beerbung und darüber, daß Otto Vormund seiner Söhne werde, wenn er selbst sterbe. Er band ihn jedoch an seine eigenen Räte, wenn er als sein Stellvertreter wirke. Unter diesen Voraussetzungen zog er ins Heilige Land.

Als er aus Palästina zurückkehrte, hatte sich gegen die Kurpfalz der Markgraf Bernhard von Baden erhoben, der ihn einst als Schiedsrichter in Anspruch genommen hatte. Ludwig III. verband sich mit den Städten Straßburg, Basel, Freiburg und Breisach und besiegte ihn. Gleichwohl war er damals bereits ein kranker Mann. Der ergraute Heimkehrer ging so stark auf religiöse Anliegen der Öffentlichkeit ein, daß er der »Gottesfromm« oder der »Pfaffentrost« genannt wurde. Die religiösen und die geistigen Kräfte zu fördern war zweifellos schon früh sein Anliegen. An der Universität kam es ihm darauf an, daß die Fächer der theologischen, der philosophischen und der juristischen Fakultät gefördert wurden und nicht Professoren schlechthin belohnt würden. 1413 führte er die vom Vater begonnene Umwandlung der Heiliggeistkirche in ein Kollegiatstift für vierzehn Mitglieder der Universität zu Ende. 1421 vermachte er seine eigenen Bücher der Universität zum freien Gebrauch für die Studenten. Auf seinem Schloß auf dem Jettenbühel verwahrte er kostbare Handschriften. Beide Büchersammlungen wuchsen durch Ankäufe seiner Nachfolger zur großartigen »Bibliotheca Palatina« des 16. Jahrhunderts.

Seit 1430 erblindete Ludwig mehr und mehr. Dieses furchtbare Schicksal zwang ihn, seinen Bruder Otto schrittweise zum Regenten zu machen. Er band ihn bei allen wichtigen Entscheidungen aber an das Gremium des Rates. Otto fügte sich dieser Forderung freilich nicht immer. Ludwig bestimmte deshalb, daß der Bruder stets mindestens zwei der Räte in seiner Umgebung haben müsse. Ludwig verhalf 1430 noch dem bewährten Mitarbeiter Fürstbischof Hraban von Speyer dazu, Kurfürst von Trier zu werden.

Sein eigener Lebensweg wurde zur Tragödie. Am 9. Juni 1435 nahmen ihm Otto, seine eigene Frau und 25 Räte die Regierung ab und übernahmen seine Herrschaft. Dazu gaben sie an, die Zustimmung Bischof Hrabans zu haben. Ludwig III. erwarb eben damals noch Oggersheim für die Kurpfalz. Er starb am 30. Dezember 1436 und wurde in der Heiliggeistkirche in Heidelberg beigesetzt, wo ein Grabstein im Chor an ihn erinnert. Dort wurde 1438 auch seine Gattin, als sie in Germersheim gestorben war, zur Ruhe gebettet.

Die Nachkommen des Kurfürsten Ludwig III. von der Pfalz

AUS DER EHE MIT BLANCA

1. Ruprecht der Engländer
   * 22. 5. 1406 in Heidelberg
   † 20. 5. 1426 in Heidelberg
   Grabstätte: Heiliggeistkirche in Heidelberg

AUS DER EHE MIT MECHTHILD

2. Mechthild
   * 7. 3. 1419 in Heidelberg
   † 1. 10. 1482 in Heidelberg (22. 8.?)
   Grabstätte: Stiftskirche St. Georg in Tübingen

   1. ⚭ 17. 10. 1434 in Stuttgart
   Ludwig I., Graf von Württemberg-Urach
   Eltern: Eberhard IV. der Jüngere, Graf von Württemberg-Urach, und Henriette, Tochter des Grafen Heinrich von Mömpelgard
   * um 1411 in ?
   † 23. 9. 1450 in Urach
   Grabstätte: Stiftskirche St. Georg in Tübingen

   2. ⚭ 10.(?) 8. 1452 in Böblingen
   Albrecht VI., Erzherzog von Österreich
   Eltern: Ernst, Erzherzog von Österreich, und Zimburga, Tochter des Herzogs Ziemowit IV. von Masowien
   * 18. 12. 1418 in Wien
   † 2. 12. 1463 in Wien
   Grabstätte: Stephansdom in Wien

3. Ludwig IV.
   ⚭ Margarete, Tochter Amadeus' VIII., Herzog von Savoyen
   Siehe unter Kurfürst Ludwig IV. von der Pfalz

4. Friedrich
   Siehe unter Kurfürst Friedrich I. von der Pfalz

5. Ruprecht

* 27. 2. 1427 in Heidelberg
† 26. 7. 1480 in Blankenstein
Grabstätte: St. Martin in Bonn

Kurfürst und Erzbischof von Köln 1463.

6. Margarete

* um 1428 in ?
† 23. 11. 1466 im Dominikanerinnenkloster Liebenau bei Worms
Grabstätte: Dominikanerinnenkloster Liebenau bei Worms

7. Tochter

* und † ?

Nonne in Köln?

Kurfürst Ludwig IV. von der Pfalz

Kurfürst Ludwig IV. von der Pfalz

* 1. 1. 1424 in Heidelberg
† 13. 8. 1449 in Worms
Grabstätte: Heiliggeistkirche in Heidelberg

⚭ 18. 10. 1445 in Heidelberg
MARGARETE, Witwe des (Titular-)Königs Ludwig III. von Neapel aus dem Hause Anjou
Eltern: Amadeus VIII., Herzog von Savoyen, und Marie, Tochter des Herzogs Philipp II. von Burgund
* um 1410 in Morges
† 30. 9. 1479 in Stuttgart
Grabstätte: Stiftskirche in Stuttgart

Ludwig IV. regiert in der Kurpfalz von 1436 bis 1449 (bis 1445 unter der Vormundschaft seines Onkels, des 1410 bis 1461 in Pfalz-Mosbach regierenden Pfalzgrafen Otto I.).

Ludwig IV. war zwölf Jahre alt, als er rechtlich dem Vater Ludwig III. nachfolgte. Er hatte erlebt, daß der Vater trotz der Regierungsübernahme am 9. Juni 1435 durch die Mutter, 25 Räte und seinen Onkel Otto, der in Pfalz-Mosbach regierte, am 9. Juli mit Otto und dem Markgrafen Jakob von Baden sowie den Grafen Ludwig und Ulrich von Württemberg auf drei Jahre zur Sicherung der neuen Rechtsverhältnisse einen Vertrag schloß. Der Sohn hatte auch die Erblindung des Vaters seit 1430 und ihre schmerzlichen Folgen in sich verarbeiten müssen, zumal die Mutter schon 1438 starb. Seine Vormünder waren Onkel Otto und der einstige treue Mitarbeiter des Vaters und des Großvaters, der nunmehrige Kurfürst Hraban von Trier, der aus dem Pfälzer Rittergeschlecht der Helmstadt stammte. Obwohl nach den Bestimmungen des Goldenen Bulle von 1356 Ludwig mit 18 Jahren volljährig wurde, war die Vormundschaft nicht 1442, sondern erst am 31. Dezember 1445 zu Ende gegangen. Die Verschiebung der Volljährigkeit auf ein späteres Alter geschah durch die Verfügungsberechtigten in der Pfälzer Linie mehr als einmal. Das lag nicht an Onkel Otto, denn Ludwig IV. trat schon 1443 in die Verhandlungen des seit 1438 bestehenden Neutralitätsbundes der Kurfürsten ein, die eine größere Geschlossenheit der Kirche im Reich erstrebten. Am 18. Oktober 1445 wurde er in Heidelberg mit Margarete, der Witwe des Titularkönigs Ludwig III. von Neapel aus dem Hause Anjou, vermählt. Sie war eine Tochter des Herzogs Amadeus VIII., des Friedfertigen, von Savoyen. Da dieser 1439 als Felix V. zum Papst gewählt worden war, hatte damit Ludwig IV. einen Papst, freilich einen Gegenpapst, zum Schwiegervater. Die kinderlose Witwe gebar, soweit wir wissen, dem um viele Jahre jüngeren Gatten erst am 14. Juli 1448 einen Sohn, den späteren Kurfürsten Philipp den Aufrichtigen.

An der Savoyenpolitik des Pfalzgrafen Otto beteiligten sich die Kurfürsten von Trier und Mainz mit eigenen Berechnungen. Das sagte dem 1440 gewählten Römischen König Friedrich III., einem Habsburger, gar nicht zu. Sein Geschlecht hatte schwierige Auseinandersetzungen mit den Schweizer Kantonen. Friedrich rief gegen die unerwünschte Politik der Kurfürsten am Rhein und die Schweizer die gefürchteten Söldner des französischen Königs Karl VII. (1422–1461), die sogenannten Armagnaken, zu Hilfe. Als diese 1444 über die Schweizer bei St. Jakob an der Birs siegten, wurde der Sundgau schwer bedrängt. Die Kurfürsten von Mainz und von Köln stellten sich mit dem König von Frankreich gut, der junge Pfälzer Kurfürst aber forderte auf einer Tagung in Speyer vor vielen deutschen Reichsständen einen Reichskrieg gegen diese Landplage. Das Habsburger Reichsoberhaupt hielt Ludwig noch durch Verhandlungen mit dem französischen Thronfolger hin, ihr Ergebnis gipfelte in dem Zugeständnis, die Armagnaken sollten die von ihnen eingenommenen Plätze behalten, Ludwig die Waffen niederlegen. Er tat das Gegenteil und schlug bei Illkirch zur Genugtuung der Bevölkerung die rücksichtslosen fremden Söldner empfindlich. Sein Erfolg war derart, daß er nun sogar als Schiedsrichter zwischen dem Habsburger und den Schweizern auftreten konnte. Der 22jährige brachte am 9. Juni 1445 in Konstanz einen Vertrag zustande, durch den ein Waffenstillstand geschlossen und die endgültige Entscheidung auf eine kommende Versammlung verschoben wurde. 1447 erwarb er Lützelstein. Er erlebte noch das für Familie und Staat glückliche Ereignis der Geburt seines Sohnes 1448, starb aber am 13. August 1449 in der Dompropstei in Worms.

Die Nachkommen des Kurfürsten Ludwig IV. von der Pfalz

PHILIPP

⚭ MARGARETE, Tochter Herzog Ludwigs des Reichen von Bayern-Landshut
Siehe unter Kurfürst Philipp der Aufrichtige

Kurfürst Friedrich I. der Siegreiche
von der Pfalz

Kurfürst Friedrich I. der Siegreiche von der Pfalz

* 1. 8. 1425 in Heidelberg
† 12. 12. 1476 in Heidelberg
Grabstätte: Franziskanerkloster in Heidelberg
verlobt 10. 2. 1427 in Landshut
ELISABETH (* 1419)
Eltern: Heinrich der Reiche, Herzog von Bayern-Landshut, und Margarete, Tochter Herzog Albrechts IV. von Österreich
Die Verlobung wurde gelöst; Elisabeth heiratete am 7. 2. 1445 in Stuttgart Graf Ulrich V. von Württemberg-Stuttgart.

⚭ morganatisch 1472 mit Erlaubnis seines Neffen Philipp
KLARA DETT(IN) (Tettin), Tochter des Christoph Dett (Tett) aus Augsburg, Hoffräulein am Herzogshof in München
Die Nachkommen sind die Grafen und Fürsten von Löwenstein-Wertheim.

Friedrich regiert als Vormund für Philipp, den Sohn seines Bruders, des Kurfürsten Ludwig IV. von der Pfalz (1436–1449), vom 13. 8. 1449 an, seit 6. 9. 1451 als Kurfürst und trifft 1472 mit Philipp eine Vereinbarung über seine Ehe und seine Regierungsaufgaben und Rechte. Aufgrund dieser Vereinbarung regiert er als Kurfürst bis zu seinem Tode 1476 weiter.

Friedrich war 24 Jahre alt, als er für Philipp, den 13 Monate alten Sohn seines so plötzlich nach einer kurzen erfolgreichen Herrschertätigkeit verstorbenen Bruders, des Kurfürsten Ludwig IV., die Regierung übernehmen mußte. Er war erst zwei Jahre alt gewesen, als er 1427 mit Elisabeth, der Tochter des Herzogs Heinrich des Reichen von Bayern-Landshut, verlobt worden war, doch wurde dieser Eheplan zunichte, als die 15jährige Braut 1444 mit Graf Ulrich dem Vielgeliebten von Württemberg-Stuttgart (1433–1480) verlobt, 1445 verheiratet wurde. Friedrich hatte die Erfolge, noch vielmehr die Tragödie seines Vaters Ludwigs III. und die glänzenden Taten seines regierenden Bruders miterlebt. Die Vormundschaft, die er nun übernehmen sollte, erstreckte sich auf einen Zeitraum von 17 Jahren. Er stand damit vor ähnlichen Aufgaben wie einst Kurfürst Ruprecht I. Er war aber auch, ähnlich wie dieser, außerordentlich tatkräftig und als Staatsmann begabt. Er versammelte 1450 in Oppenheim die »merklichsten Räthe und Glieder der Pfalzgrafschaft«. Unter ihnen waren die hervorragenden Mitarbeiter Ludwigs IV., Amtleute, Geistliche und Ritter. Da die Beratung zu keinem Ergebnis führte, holte Friedrich seinen Bruder Ruprecht, der seit 1446 Domherr in Köln war, und die Brüder seines Vaters, den in Pfalz-Mosbach regierenden Onkel Otto und den in Zweibrücken-Simmern wirkenden Onkel Stefan sowie den seit 1450 in Bayern-Landshut erst die Regierung beginnenden Herzog Ludwig den Reichen, zu einer Tagung nach Speyer. Er bat dorthin auch die Fürstbischöfe von Speyer, Worms und Mainz, außerdem den Grafen von Württemberg und die Markgrafen von Brandenburg und von Baden. Trotz der Teilnahme auch vieler Pfälzer Vasallen verlief auch diese Tagung im Sande.

Die auftretenden Schwierigkeiten bewiesen, wie notwendig gerade in Heidelberg eine voll berechtigte Hand zur Regierung auf so lange Jahre wurde. Die beschränkte Befugnis einer vormundschaftlichen Regierung mußte nach den Erfahrungen mit den Armagnaken und den sich überkreuzenden Interessen der nächsten und übernächsten Nachbarschaft eine Gefahr für Land und Leute in den verschiedenen, nicht zusammenhängenden Gebieten der Kurpfalz werden.

Friedrich berief im September 1451 eine neue Versammlung nach Heidelberg. Sie bestand aus Amtmännern und Burggrafen, aus Pfälzer Rittern und auch aus reichsunmittelbaren Grafen wie dem von Nassau, die Dienste in der Pfalz leisteten oder Pfälzer Lehen trugen. Am 6. September 1451 entschieden ihre Teilnehmer auf ihren Dienst- bzw. Lehenseid einstimmig, daß Friedrich als regierender Landesherr die Regierung antrete, seinen Neffen Philipp an Kindes Statt annehme und verspreche, nicht zu heiraten. Sein persönliches Erbteil sollte er an das Kurpfälzer Territorium anschließen. Friedrich nahm an und erklärte, er werde auch alles, was er erwerben werde, dem Kurfpälzer Landesfürstentum hinzufügen. Philipps Mutter billigte am 9. September die Adoption ihres Sohnes durch ihren Schwager. Sie heiratete bereits 1453 in einer dritten Ehe den Grafen Ulrich V., den Vielgeliebten, von Württemberg.

Der Rechtsvorgang von 1451, der als Arrogation bezeichnet wird, wurde durch den Papst, aber nicht durch Friedrich III. als Reichsoberhaupt, bestätigt, der am 19. März 1452 zum Kaiser gekrönt wurde. Die Haltung des Habsburgers wurde als Mißbilligung gedeutet, so daß sich gegen den nunmehrigen Kurfürsten Friedrich I. von der Pfalz in der Oberpfalz, vor allem in Amberg, offener Widerstand erhob.

Der Wittelsbacher Ludwig der Schwarze, der seit 1444 unter seinem Vater Stefan die Grafschaft Veldenz regierte, und die Grafen von Lützelstein kämpften offen gegen Friedrich. Dieser aber nahm den Lützelsteinern ihre Burgen, unterwarf 1454 die Oberpfälzer und nötigte das Jahr darauf durch die Eroberung von Bergzabern Ludwig den Schwarzen, eine früher verweigerte Lehensabhängigkeit Bergzaberns vom Kurfürsten anzuerkennen. Friedrich, der Schlag auf Schlag Siege erfocht und sich den Beinamen des Siegreichen zu erwerben begann, war so stark, daß nicht einmal der mit Ludwig dem Schwarzen befreundete Herzog von Burgund einen militärischen Schritt wagte.

Als im März 1455 Papst Nikolaus V. starb, verlangte Friedrich mit den übrigen Kurfürsten, daß dem neuen Papst nicht eher Gehorsam geleistet werde, als bis er auf die seit den Reformkonzilien vorgebrachten »Beschwerden der Deutschen Nation« in der Kirchenfrage Rücksicht genommen und die seit dem Reichskonkordat von 1448 heranstehenden »Forderungen der Deutschen Nation« erfüllt habe. Der Habsburger Kaiser aber, beraten durch seinen Geheimsekretär Enea Silvio Piccolomini, leistete dem neuen Papst Kalixt III. ohne Vorbehalt in seinem und der Deutschen Nation Namen Obödienz (Gehorsam). Auf einer Tagung in dem pfälzischen Neustadt wurden die Pläne der Reichsreform zusammengefaßt. Kurfürsten und Fürsten erstrebten ein kaiserliches Gericht, zu dem die Kurfürsten und Fürsten Richter entsenden sollten. Das Gericht sollte föderalistisch besetzt werden. Doch erklärte Kaiser Friedrich III. durch den Markgrafen Albrecht Achilles von Brandenburg-Ansbach, daß er in diesen Vorschlägen des Pfälzers nur die Absicht erkenne, ihn zu beleidigen. Da ritt Kurfürst Friedrich nach Eger und schloß mit König Georg Podiebrad von Böhmen ein Bündnis. Sein Wert wurde durch andere Verträge des Böhmenkönigs freilich sehr verringert. Friedrichs Grundlage, auch die der späteren Erfolge Friedrichs, war, daß er mit den Bundesgenossen fest zusammenhielt. Er trennte sich nicht von Herzog Ludwig von Bayern-Landshut, auch als ihm vorgelogen wurde, Ludwig habe den in Nürnberg gefällten Schiedssprüchen über Friedrichs Streit mit Mainz, Pfalz-Veldenz und Württemberg zugestimmt.

Die wegen ihrer Ergebnislosigkeit »Blinde Sprüche« genannten Entscheidungen von Nürnberg verhinderten den Krieg nicht, der am Rhein, in Franken,

Schwaben und in Bayern ausbrach. Aber Friedrich schlug am 4. Juli 1460 bei Pfeddersheim den neuen Kurfürsten von Mainz, Dieter von Isenburg, und erreichte dadurch, daß bereits am 8. August Graf Ulrich von Württemberg mit ihm einen günstigen Stillstand schloß. Friedrich bezwang nun auch den Grafen von Leiningen und Ludwig den Schwarzen von Veldenz, der durch den Rücktritt seines Vaters Stefan 1453 auch Herzog von Zweibrücken geworden war. So gingen zunächst der Mainzer und Albrecht Achilles mit Friedrich zur Durchführung der Reichsreform zusammen. Doch schwenkte der Hohenzoller zu Papst und Kaiser ab, Dieter von Mainz wurde im August 1461 abgesetzt. Friedrich unterstützte ihn, obwohl Graf Adolf von Nassau zum Erzbischof und Kurfürsten von Mainz bestellt wurde. Vom gestürzten Kirchenfürsten erhielt Friedrich Städte und Burgen an der Bergstraße verpfändet. Den in Meisenheim residierenden Ludwig den Schwarzen zwang er von neuem dazu, anzuerkennen, daß er Bergzabern von ihm zu Lehen trage.

Als Friedrich nicht in die Gebiete, die Erzbischof Graf Adolf von Nassau in Händen hatte, einzudringen vermochte, erhoben sich gegen ihn seine alten Feinde Ulrich von Württemberg und Karl von Baden sowie dessen Bruder Fürstbischof Georg von Metz. Sie drangen in die Pfalz ein und vernichteten die Ernte. Friedrich überfiel sie am 30. Juni 1462 bei Seckenheim und nahm die drei Fürsten trotz tapferer Gegenwehr gefangen. Nicht ganz drei Wochen später, am 19. Juli, schlug Herzog Ludwig der Reiche bei Giengen den Markgrafen Albrecht Achilles. Friedrich forderte nun für die Freilassung seiner fürstlichen Gefangenen sehr hohe Lösegelder. Für außerordentlich viel Geld ließ er im Januar 1463 nur den Fürstbischof von Metz frei. Doch bestrafte der neue Papst Pius II., vordem der Sekretär des Habsburger Kaisers, schon zu Anfang 1462 den Pfälzer mit dem Kirchenbann, da er den vom Papst abgesetzten Mainzer unterstützt hatte. Gleichwohl gelang es Friedrich, daß am 30. März 1463 sein Bruder Ruprecht zum Erzbischof von Köln gewählt wurde. Da nötigten die Gegner des Pfälzer Kurfürsten durch ein gefälschtes Schreiben Friedrichs den abgesetzten Kurfürsten Dieter von Mainz zum Verzicht. Friedrich protestierte, konnte aber den Verzicht nicht unwirksam machen. Er ließ sich deshalb mit Adolf von Mainz auf Frieden und Freundschaft ein, bekam dafür von diesem die Verpfändungen an der Bergstraße bestätigt, die ihm Dieter von Mainz gemacht hatte, und erhielt außerdem die Stadt Pfeddersheim. Der Papst ließ die Forderung fallen, daß Friedrichs Bruder Ruprecht auf Köln verzichte, da Friedrich ja Adolf von Mainz anerkannte. Am 13. März 1464 sprach Pius II. den Pfälzer vom Bann frei.

Kurfürst Friedrich hatte seit seinen Siegen die Hände frei, um das Kurfürstentum zu reorganisieren. Schon 1462 setzte er ein Hofgericht ein, das viermal im Jahr Sitzungen abhielt und die Tätigkeit der Gerichte in den Pfälzer Ämtern kontrollierte. Er machte den bewährten Ritter Hans von Gemmingen zum Hofrichter, Ritter und Doktoren des weltlichen und kanonischen Rechts zu Mitgliedern des Hofgerichts. Außerdem berief er einen Regierungsrat, der häufig zusammentrat. Als Kanzler diente der Fürstbischof Matthias Ramung von Speyer. Der Hofmeister an der Spitze des Regierungsrats verknüpfte die Ritterkreise ähnlich wie der Hofrichter Hans von Gemmingen auch gesellschaftspolitisch mit dem Kurfürsten. Dieser richtete an seinem Hof das Erbamt des Truchsessen, des Marschalls und des Mundschenken ein. Zu Inhabern bestellte er stets Mitglieder aus denselben Familien, einen Hirschhorn als Truchsessen, einen Rheingrafen als Marschall, einen Grafen von Erbach als Mundschenken. Die Inhaber dieser Erbhofämter leisteten nur bei sehr feierlichem Anlaß Dienst. Für den Alltag verwendete er kleinere Herren in solchen Stellungen. Durch dieses Verfahren organisierte er den Hofdienst ebenso, wie es die Herzöge von Bayern seit langem taten.

Den Landesbereich teilte er in achtzehn Ämter ein. Ein Amt wurde entsprechend der verschiedenen Herkunft seines Bereichs durch einen Amtmann, einen Vizedom oder einen Vogt verwaltet. In der Landvogtei Hagenau schaltete ein besonderer Unterlandvogt.

Während seiner Regierung erwarb Friedrich das Amt Weinsperg, zwölf Orte der Grafen von Leiningen, sogar Alt- und Neuleiningen selbst, Besigheim, Heidelsheim, eine Reihe von Orten entlang der neuerworbenen Bergstraße. Kaiserswerth und Wachenheim gewann er zurück. 30 Orte gewann Friedrich durch Verträge, 40 in den Kriegen, in die er verwickelt wurde. Dadurch, daß er tüchtige Landeskinder und angeworbene Schweizer in sein Heer aufnahm, beschränkte er die Rolle der Ritter darin. Gegenüber dem Kaiser trieb er geschickte Rechtspolitik. Als dieser ihn zu einem Landfrieden nicht auf den Reichstag nach Ulm einlud, nahm er auch nicht am Landfrieden von Nürnberg teil, übte aber seine Pflichten als Schutzherr aus, sooft er darum angerufen wurde. Als der Kaiser 1468 nach Italien zog und nicht Friedrich, sondern Albrecht Achilles als Reichsvikar einsetzte, übernahm Friedrich unter Zustimmung der drei Kurfürsten am Rhein das Reichvikariat dort. Als Landvogt im Kloster Weißenburg an der Lauter verwies er untaugliche Klosterobere des Landes. Er setzte neue Obere in das Kloster ein. Der Papst und der Kaiser forderten aber die Wiederherstellung der bisherigen formalen Rechtsverhältnisse. Als die Stadt Weißenburg den früheren Abt zurückrief, belagerte sie Friedrich. Darauf ernannte der Kaiser den Pfalzgrafen Ludwig den Schwarzen von Zweibrücken-Veldenz zum Reichshauptmann und setzte Friedrich als Landvogt ab. Dieser aber besiegte Ludwig so gründlich, daß er 1471 selbst die Landvogtei zurückbekam und seine Eroberungen behalten konnte. Auch die Stadt Weißenburg schloß mit ihm Frieden.

Friedrich leistete ebensowenig wie die bayerischen Wittelsbacher dem Kaiser gegen den Böhmenkönig Georg Podiebrad Hilfe. Außerdem verband er sich mit dem ihm in moderner Staatsgesinnung gleichen Burgunderherzog Karl dem Kühnen. Er unterhandelte sogar über dessen Wahl zum Römischen König. Dadurch hoffte er seinen Bruder Ruprecht, der seit 1463 Kurfürst von Köln war, zu unterstützen. Denn dieser lag in einem bedrohlichen Konflikt mit den erstarkenden Landständen dieses Kurfürstentums, besonders als er Neuß an sich nahm und als Gegengewicht gegen die Stadt Köln ausspielte. Der Kaiser und der Landgraf von Hessen aber stürzten ihn. Köln wurde 1475 Reichsstadt. Der Kaiser zitierte schon 1474 Friedrich vor ein Fürstengericht in Augsburg. Als dessen Vorsitzender, der nunmehrige Brandenburger Kurfürst Albrecht Achilles, der Form des Rechtsgangs Rechnung trug, nahm ihm der Kaiser den Stab zur Rechtsprechung aus der Hand, setzte Friedrich als Kurfürsten ab und tat ihn in die Acht und Aberacht.

Friedrich vermochte die Stadt Neuß nicht auf die Dauer zu behaupten, der Kaiser aber und der Burgunder verhandelten miteinander. Friedrich vermählte 1474 in Amberg Philipp mit der Tochter seines politischen Freundes Ludwig von Bayern-Landshut. Der Kaiser begann nun den Wittelsbacher Block zu respektieren und nahm 1475 an der prächtigen Hochzeit in Landshut teil, die Ludwig der Reiche für seinen Sohn Georg und die Tochter des Königs von Polen ausrichtete. Friedrichs Bruder Ruprecht, der in hessische Gefangenschaft geraten war, wurde trotzdem nicht mehr frei. Der Kaiser vermochte nach einer Niederlage des Burgunders dessen Tochter Maria mit seinem Sohn Maximilian zu vermählen.

Friedrich sah sich zur Neutralität genötigt und verzichtete darauf, auf die mitteleuropäische Politik einzuwirken, hielt sich aber trotz der Reichsacht und arbeitete weiter als geradezu vorbildlicher Landesvater. Er liebte humanistische Poesie, interessierte sich für Mathematik und Astronomie und pflegte Musik. Den Studenten der Universität erlaubte er, ihre Bursen frei zu wählen und auch zu wechseln. Da dort ihre Lebensführung im Rahmen der Unterkunft geregelt war, blieb ihnen so viel Geld, daß besser gestellte einen Kleiderluxus entfalteten. Friedrich traf dagegen 1470 förmliche Bestimmungen.

In dynastischem Verantwortungsbewußtsein hatte Friedrich für seinen Neffen Philipp gewirkt. Ein Jahr, nachdem dieser volljährig geworden war, 1467, machte er sein Testament, vereinbarte aber mit ihm, daß er, wenn dieser 24 Jahre alt geworden sei, eine weitere Regelung treffen könne. Denn er hatte von der Hofjungfer Klara Dett, die er 1459 in München kennengelernt hatte, zwei Söhne, Friedrich und Ludwig. Da er sie mit Geld und Gut versorgen wollte, bat er seinen Adoptivsohn Philipp um dessen Einverständnis. Der 24jährige erlaubte am 21. Januar 1472 die nachträgliche kirchliche Einsegnung der Verbindung des Onkels, der nicht zu heiraten versprochen hatte, und erklärte sich mit einer fürstlichen Versorgung der Söhne Friedrichs einverstanden. Friedrich selbst stellte am 24. Januar in einer Urkunde alle Rechte und Besitzungen zusammen, die bis 1449 die Kurpfälzer Landesherren innehatten, sowie die, die er selbst erworben hatte, hielt in der Urkunde aber auch fest, was er aus seinen eigenen Erwerbungen mit Philipps Erlaubnis etwa seinen Söhnen zuwenden wollte. Landesherrliche Rechte erhielten sie nicht. Während Friedrichs gleichnamiger älterer Sohn 1474 ohne Nachkommen starb, ging mit dem Sohn Ludwig die Linie weiter. Philipp aber, Kurfürst geworden, machte Ludwig 1488 zum Inhaber der seit 1441 pfälzischen Grafschaft Löwenstein. Am 24. Februar 1494 wurde Ludwigs Familie durch das Reichsoberhaupt in den Reichsgrafenstand erhoben. Von ihm stammen die heutigen Fürsten Löwenstein-Wertheim.

Friedrich besuchte in der letzten Zeit seines Lebens häufig das Kloster der Barfüßermönche in Heidelberg und ließ sich in ihrer Kirche ein Grabmal bauen. Als er am 12. Dezember 1476 gestorben war, wurde er nach seinem Willen dort in ganz einfachem Gewand bestattet. Neben Kurfürst Ruprecht I. ist Kurfürst Friedrich I. der bedeutendste Baumeister am Pfälzer Landesstaat.

Kurfürst Philipp der Aufrichtige
von der Pfalz

Kurfürst Philipp der Aufrichtige von der Pfalz

* 14. 7. 1448 in Heidelberg
† 28. 2. 1508 in Germersheim
Grabstätte: Heiliggeistkirche in Heidelberg

⚭ 17. 4. 1474 in Amberg
MARGARETE
Eltern: Ludwig IX. der Reiche von Bayern-Landshut und Amalie, Tochter des Kurfürsten Friedrich II. von Sachsen
* 7. 11. 1456 in Amberg
† 24./25. 1. 1501 in Heidelberg
Grabstätte: Heiliggeistkirche in Heidelberg

Philipp der Aufrichtige regiert in der Kurpfalz von 1476 bis 1508.

Philipp, der Sohn Ludwigs IV., wuchs als Adoptivsohn des Kurfürsten Friedrich I. des Siegreichen auf. Seine Mutter heiratete bereits am 9. Juli 1453 in Stuttgart in einer dritten Ehe den Grafen Ulrich V. den Vielgeliebten von Württemberg und starb dort 1479, als Philipp bereits Kurfürst war. Er erlebte die umsichtige und tatkräftige Regierungsarbeit seines Onkels Friedrich und lernte ihn als Menschen und Landesvater kennen. Als er 1466 volljährig wurde, übernahm er nicht die Regierung, zumal die Auseinandersetzungen seines Adoptivvaters mit dem Kaiser und mit den Problemen, in die sein Onkel Ruprecht als Kurfürst von Köln gestellt wurde, schwer durch eine andere Hand zu bewältigen waren. Philipp entwickelte keinen falschen Ehrgeiz und nahm als junger Mensch an dem Schicksal des Kurfürsten teil, der in dem Vertrag bei der Übernahme der Regierungsgeschäfte auf eine Ehe verzichtet hatte. Er vereinbarte mit Friedrich, bis zu seinem eigenen 24. Lebensjahr mit einer weiteren Abmachung zu warten. Am 21. Januar 1472 erlaubte er ihm die nachträgliche kirchliche Einsegnung der Verbindung mit dem Münchner Hoffräulein Klara Dett aus Augsburg, von der er zwei Söhne hatte. Rechte und Einkünfte aus Städten, Schlössern und Gebieten sollten ihren materiellen fürstlichen Unterhalt garantieren; die zuständigen Amtleute sollten ihnen huldigen und gehorchen. Friedrich stellte formell am 24. Januar eine dem Adoptivsohn Philipp schon vorher bekannte Urkunde aus, in der er versprach, auch nach der kirchlichen Einsegnung seiner Ehe den eigenen Söhnen keine Ansprüche auf eine landesherrliche Gewalt zu übertragen. Er beschrieb den unveräußerlichen Kurpfälzer Hausbesitz und übergab Philipp die von ihm gemachten neuen Erwerbungen; die seiner Frau und seinen Söhnen zu übergebenden Rechte und Besitzungen, einen zweifellos beträchtlichen Komplex, beschrieb er besonders: Burg und Stadt Weinsberg, Burg und Stadt Löwenstein.

Der Adoptivvater dachte Philipp bedeutende Positionen in naher Zukunft zu. Er plante dessen Vermählung mit Maria, der Tochter und Erbin des Herzogs Karl des Kühnen von Burgund. Doch der Plan, der für einen Kurfürsten in Heidelberg außergewöhnliche Möglichkeiten bot, scheiterte. Darauf vermählte sich Philipp im Einverständnis mit dem Adoptivvater am 21. Februar 1474 auf einer berühmt gewordenen Hochzeit zu Amberg mit Margarete, der Tochter des Herzogs Ludwig des Reichen von Bayern-Landshut, der mehrmals eng mit Kurfürst Friedrich I. zusammenarbeitete. Philipp begann sich wie schon sein Großvater Ludwig III. als Haupt des Gesamthauses Bayern zu fühlen. Aufenthalte in Amberg ließen ihn auch die Probleme und Möglichkeiten der Verbindung der Pfalz mit der Oberpfalz erkennen.

Durch den Tod seines Onkels und Adoptivvaters wurde Philipp am 12. Dezember 1476 regierender Kurfürst. Er arbeitete sich in die Regierungsgeschäfte ein. Später gewann er Johann von Dalberg, den Sohn des Pfälzer Hofmarschalls Wolf von Dalberg, einen geistlichen Herrn, zum Kanzler, der 1482 trotz dieser Tätigkeit beim Kurfürsten auch Fürstbischof von Worms wurde. Philipp befreundete sich mit ihm. Beide vertraten die Ideale eines christlichen Humanismus.

Der Kurfürst machte 1488 Ludwig, den nicht ebenbürtigen Sohn seines Adoptivvaters, zum Inhaber der seit 1441 pfälzischen Grafschaft Löwenstein, deren Stadt und Burg schon Kurfürst Friedrich I. zur Versorgung seiner mit Klara Dett gegründeten Familie ausersehen hatte. Philipp bewirkte, daß das Reichsoberhaupt 1494 Ludwigs Familie in den Reichsgrafenstand erhob. Als Kaiser Friedrich III. seit 1479 durch die Ehe seines Sohnes Maximilian mit der Erbtochter des 1477 gefallenen Herzogs von Burgund auch im Rahmen dieses Bereichs seine Politik aufbaute, orientierte sich Philipp, der Schwiegersohn des Herzogs von Bayern-Landshut, vor allem an diesem sehr fortschrittlich entwickelten Herzogtum. Sein Schwiegervater hatte 1472 in Ingolstadt eine Universität gegründet.

Obwohl auf der Universität Heidelberg die Scholastik vorherrschte und Philipp ihr Eigenleben respektierte, gelang es ihm doch, in seiner Residenz »die älteste Burg der Schönen Wissenschaften« aufzubauen. Vergeblich versuchte er das, was ihn selbst an der Entdeckung der Antike so sehr anzog, in die Universität zu verpflanzen. Immerhin vermochte er 1484 Rudolf Agricola für die Universität zu gewinnen und mit einer Weltchronik zu beauftragen, die in einer neuen Konzeption verfaßt wurde. Er schätzte seinen Unabhängigkeitssinn und seine Weltweite. Deshalb bestellte er ihn zum Erzieher seiner Söhne, von denen zwei ihm nachfolgen sollten: Ludwig V. und Friedrich II. 1484 kam auch Conrad Celtis aus Wipfeld bei Schweinfurt nach Heidelberg und erkor Agricola zu seinem Lehrer. Beide trugen zu dem Zug der Weltläufigkeit in der Familie und am Hof Philipps bei: Agricola stammte aus Gröningen und hatte in Ferrara den nunmehrigen Kanzler Philipps, Dalberg, kennengelernt, Celtis war nach Studien an der Universität Köln fünf Jahre lang hin und her gestreift. Obwohl er wieder auf Wanderschaft ging, kehrte er, in Wien vom Kaiser zum Dichter gekrönt, nach Begegnungen mit bedeutenden italienischen Humanisten und Tätigkeiten an den Universitäten Krakau und Ingolstadt 1495 nach Heidelberg zurück und gründete hier eine literarische Gesellschaft, blieb aber nur ein halbes Jahr. Der gebildete und feinfühlige Kurfürst verkehrte so liebenswürdig und großzügig mit Persönlichkeiten verschiedener Art, daß sie wachsen und sich entfalten konnten. So kam auch Jakob Wimfeling aus dem Elsaß zum Studium, später als Professor nach Heidelberg. Der junge Johannes Ökolampadius aus Württemberg lernte in Heidelberg den Humanismus kennen und erzog wie Celtis eine Zeitlang auch Philipps Söhne. Johann Reuchlin aus Pforzheim flüchtete 1496 nach dem Tod seines Gönners, des Herzogs Eberhard im Bart, von Württemberg nach Heidelberg und schrieb hier witzige lateinische Komödien gegen seine Feinde, wirkte aber ebenfalls auf die Bildung der kurfürstlichen Söhne. Philipp selbst besuchte den berühmten Abt Johannes Zeller aus Trittenheim an der Mosel – Trithemius – in seinem Kloster Sponheim bei Kreuznach und ersuchte ihn, ein Buch über den Ursprung des Stammes der Bayern und ihrer Herzöge und Könige zu schreiben. Den in Paris gebildeten Philosophen Johann Wessel aus Groningen, der die Theologie nur auf die Bibel gründete, berief er an die Universität. Mehr als später Ottheinrich entwickelte Philipp der Aufrichtige den Humanismus in Deutschland.

Zur Unterstützung der Ordnung innerhalb der Wittelsbacher Landesfürstentümer schloß er 1490 mit Albrecht IV. von Bayern-München einen Bund gegen aufsässige Ritter. In seinem eigenen Land, wo sich durch die Protektion vor allem des Kaisers Friedrich III. die Ritter zu Reichsrittern emanzipierten, organisierte er die Rechtspflege weiter. 1499 setzte er in Amberg ein eigenes Hofgericht ein. Das Gebäude der Regierungskanzlei und das Schloß dort baute er im Stil der Renaissance um.

Als Kaiser Friedrich III. 1493 starb, wurde Erzherzog Philipp der Schöne als Reichsverweser eingeschaltet und Philipp von der Pfalz weitgehend übergangen. Das hing damit zusammen, daß er seit 1492 französische Subsidien bezog. Philipp verbündete sich jetzt aber auch mit Paris und verstärkte die Beziehung zum Schwager Georg dem Reichen von Bayern-Landshut, der ihn 1496 testamentarisch zum Erben einsetzte. Die historisch-politisch bereits eingeschlagene Linie, die Kurpfalz mit einem der beiden Teilherzogtümer zu verbinden, entschied die Politik Philipps bis zu seinem Tod. Schon 1497 setzte er seinen gleichnamigen Sohn als Administrator des Bistums Freising, 1499 als Bischof durch. Am 10. Februar 1499 vermählte der Kurfürst in Heidelberg seinen Sohn Ruprecht den Tugendhaften mit Elisabeth, der Tochter Georgs des Reichen. Ruprecht war schon vor Philipp zum Bischof von Freising gewählt worden, hatte aber 1498 auf alle geistlichen Würden verzichtet. Dem jungen Paar wurden in Ottheinrich und Philipp Söhne geboren, noch bevor 1503 Georg der Reiche starb. Gemäß dem Vertrag von 1392 zwischen den Söhnen des Herzogs Stefan II. von Bayern hatte aber Herzog Albrecht IV., der Weise, von Bayern-München auch das Herzogtum Bayern-Landshut zu übernehmen. Ein Rechtsstreit entstand. Im April 1504 eröffneten Ruprecht und seine niederbayerische Gattin, unterstützt von vielen, die ihre niederbayerische Eigenständigkeit erhalten wollten, die Feindseligkeiten. Pfalzgraf Ruprecht starb aber schon am 20. August 1504. Bereits am folgenden Tag setzte sich seine Witwe an die Spitze der Kämpfer für die niederbayerische Eigenständigkeit. Sie erblickten in Ottheinrich und Philipp ihre Landesherren. Kurfürst Philipp und Elisabeth führten böhmische Söldner in den Krieg. Der Römische König Maximilian schlug sie bereits am 12. September entscheidend. Markgraf Christoph von Baden und andere Nachbarn begannen nun gegen Kurfürst Philipp den Krieg. König Maximilian verhängte über Philipp die Reichsacht. Wenn der Habsburger sich auch durch die Vermittlung des

Kurfürsten von Sachsen 1505 auf dem Reichstag in Köln mit Philipp versöhnte, löste er ihn doch nicht aus der Reichsacht. Er hatte den Herzog von Bayern-München sofort nach dem Tod des Herzogs Georg mit Bayern-Landshut belehnt, begann zu vermitteln, aber verlangte für seine Tätigkeit, etwa vor der Festung Kufstein, auch auf militärischem Gebiet, Kufstein, Rattenberg und Kitzbühel, wo wertvolle Bergwerke lagen, für sich. Für Ottheinrich und Philipp wurde 1505 aus fünf Gebietsteilen in Niederbayern und der Oberpfalz das Fürstentum Pfalz-Neuburg geschaffen. Kurfürst Philipp mußte hinnehmen, daß die Reichsstadt Nürnberg infolge ihrer Haltung für Maximilian Stücke aus der Oberpfalz herausbrach, die Landesherren von Hessen und von Württemberg sowie die Vettern von Pfalz-Veldenz auf seine Kosten Gewinne erzielten. Doch vermochte er seinen Sohn Johann am 27. Oktober 1507 als Administrator des Bistums Regensburg, am 13. Dezember als Bischof durchzusetzen. Er hielt bis zuletzt an den Möglichkeiten fest, die Pfalz und Bayern verbinden. Er starb am 28. Februar 1508 in Germersheim, seine niederbayerische Gattin war bereits 1501 in Heidelberg verstorben.

Die Nachkommen des Kurfürsten Philipp des Aufrichtigen von der Pfalz

1. LUDWIG V.

⚭ SIBILLE

Siehe unter Kurfürst Ludwig V. von der Pfalz

2. PHILIPP

* 7. 5. 1480 in Heidelberg

† 5. 1. 1541 in Freising

Grabstätte: Dom in Freising

Domherr in Mainz, 1499 Bischof von Freising

3. RUPRECHT DER TUGENDHAFTE

* 14. 5. 1481 in Heidelberg

† 20. 8. 1504 in Landshut

Grabstätte: Zisterzienserinnenkloster Seligenthal bei Landshut

⚭ 10. 2. 1499 in Heidelberg

ELISABETH

Eltern: Georg der Reiche, Herzog von Bayern-Landshut, und Hedwig, Tochter des Königs Kasimir IV. von Polen

KINDER RUPRECHTS

1. *Georg*

* Anfang November 1500 in Landshut

2. *Ruprecht*, Zwillingsbruder Georgs

Beide starben 1504 vor dem Vater und ruhen im Zisterzienserinnenkloster Seligenthal bei Landshut.

3. *Otto Heinrich* (Ottheinrich)

Siehe unter Kurfürst Ottheinrich von der Pfalz

4. *Philipp*

* 12. 11. 1503 in Heidelberg

† 4. 7. 1548 in Heidelberg

Grabstätte: Heiliggeistkirche in Heidelberg

4. FRIEDRICH II.

⚭ DOROTHEA, Prinzessin von Dänemark

Siehe unter Kurfürst Friedrich II. von der Pfalz

5. ELISABETH
* 16. 11. 1483 in Heidelberg
† 24. 6. 1522 in Baden-Baden
Grabstätte: Stiftskirche in Baden-Baden

1. ⚭ 30. 9. 1498 in Frankfurt am Main
WILHELM III., Landgraf von Hessen
Eltern: Heinrich III., Landgraf von Hessen, und Anna, Tochter des Grafen Philipp von Katzenelnbogen
* 8. 9. 1471 auf Schloß Blankenstein
† 17. 2. 1500 in Rauschenberg
Grabstätte: St. Elisabeth in Marburg

2. ⚭ 30. 1. 1503 in Heidelberg
PHILIPP I., Markgraf von Baden
Eltern: Christoph I., Markgraf von Baden, und Ottilie, Tochter des Grafen Philipp von Katzenelnbogen
* 6. 11. 1479 in ?
† 17. 9. 1533 in ?
Grabstätte: Stiftskirche in Baden-Baden

6. GEORG
* 10. 2. 1486 in Heidelberg
† 27. 9. 1529 auf Schloß Kisslau bei Bruchsal
Grabstätte: Kaiserdom in Speyer

1513 Bischof von Speyer.

7. HEINRICH
* 15. 2. 1487 in Heidelberg
† 3. 1. 1552 in Ladenburg
Grabstätte: Dom in Worms

Bischof von Utrecht, Freising und Worms.

8. JOHANN III.
* 7. 5. 1488 in Heidelberg
† 3. 2. 1538 in Regensburg
Grabstätte: Dom in Regensburg

Bischof von Regensburg.

9. AMALIE
* 25. 7. 1490 in Heidelberg
† 6. 1. 1524 in Altstettin
Grabstätte: St. Otto in Altstettin

⚭ 22. 5. 1513 in Wolgast oder Altstettin
GEORG I., Herzog von Pommern
Eltern: Bogislaw X., Herzog von Pommern, und Margarete, Tochter des Kurfürsten Friedrich II. von Brandenburg
* 11. 4. 1493 in Rügenwalde
† 9. 5. 1551 in Altstettin (9./10. 5. 1531 in Wolgast?)
Grabstätte: St. Otto in Altstettin

10. BARBARA
* 28. 8. 1491 in Heidelberg
† 15. 8. 1505 in Heidelberg
Grabstätte: Heiliggeistkirche in Heidelberg

11. HELENE
* 9. 2. 1493 in Heidelberg
† 4. 8. 1524 in Schwerin
Grabstätte: Dom in Schwerin

⚭ 12. 8. 1513 in Wismar
HEINRICH V. der Friedfertige, Herzog von Mecklenburg
Eltern: Magnus II., Herzog von Schwerin und Güstrow, und Sophie, Tochter des Herzogs Erich II. von Pommern-Stettin
* 3. 5. 1479 in Schwerin
† 6. 2. 1552 in Schwerin
Grabstätte: Dom in Schwerin

12. WOLFGANG
* 31. 10. 1494 in Heidelberg
† 2. 4. 1558 in Neumarkt in der Oberpfalz
Grabstätte: Heiliggeistkirche in Heidelberg

13. OTTO HEINRICH
* 6. 5. 1496 in Heidelberg?
† 31. 5. 1496 in Heidelberg?
Grabstätte: Heiliggeistkirche in Heidelberg

14. KATHARINA
* 14. 10. 1499 in Heidelberg
† 16. 1. 1526 in Neuburg am Neckar
Grabstätte: Benediktinerinnenkloster in Neuburg am Neckar

Äbtissin des Benediktinerinnenklosters in Neuburg am Neckar.

Kurfürst Ludwig V. von der Pfalz

Kurfürst Ludwig V. der Friedfertige von der Pfalz

* 2. 7. 1478 in Heidelberg
† 16. 3. 1544 in Heidelberg
Grabstätte: Heiliggeistkirche in Heidelberg

⚭ 23. 2. 1511 in Heidelberg
SIBILLE
Eltern: Albrecht IV. der Weise, Herzog von Bayern-München, und Kunigunde, Tochter Kaiser Friedrichs III.
* 16. 6. 1489 in ?
† 18. 4. 1519 in Heidelberg
Grabstätte: Heiliggeistkirche in Heidelberg

Ludwig V. regiert in der Kurpfalz von 1508 bis 1544.

Die Ehe blieb kinderlos.

Ludwig war mit seinen zahlreichen Geschwistern in dem großzügigen, durch Humanismus und Renaissance bestimmten Lebenskreis aufgewachsen, den sein Vater Kurfürst Philipp der Aufrichtige in Heidelberg geschaffen hatte. Als Sohn der Tochter des Herzogs Ludwigs des Reichen von Bayern-Landshut war er aber auch geradezu in die Aufgabe hineingeboren worden, die sein Vater in der Vereinigung der Kurpfalz mit Bayern sah. Er hatte erlebt, wie seine Brüder Philipp und Ruprecht in der Bischofsstadt Freising Stufen für die Bischofswürde erreichten, Ruprecht darauf verzichtet und die Tochter des letzten Herzogs von Bayern-Landshut geheiratet hatte und sein Bruder Johann 1507 Bischof von Regensburg geworden war. Seine Neffen Ottheinrich und Philipp waren zwar noch Kinder, aber seit 1505 Herzöge von Pfalz-Neuburg. Von 1505 bis 1522 hatte Ludwigs Bruder Friedrich die Vormundschaft dort über sie zu führen und nach der Kurpfälzer Tradition auch die Regierungsgeschäfte in Amberg wahrzunehmen. Sein eigener Vater hatte ihm nicht nur die Bewältigung der Niederlage im Erbfolgekrieg um Bayern-Landshut, sondern die Hypothek der Reichsacht hinterlassen, die nun auch ihn traf. Erst nach zehn Jahren wurde er reichslehensrechtlich belehnt. Doch wurde er vom Reichsoberhaupt bis dahin nicht bekämpft; dazu trug auch bei, daß sein jüngerer Bruder Friedrich zu Kaiser Maximilian und vor allem zu dessen Enkel Karl in eine geradezu freundschaftlich enge Beziehung trat.

Mit neun Lebensjahren war Ludwig mit Sidonie, der Tochter des Herzogs Albrecht IV. von Bayern-München und der Kaisertochter Kunigunde, verlobt worden. Als diese 1505 starb, verlobte er sich 1510 selbst mit deren Schwester Sibille, um sie am 23. Februar 1511 in Heidelberg zu heiraten. Sie gebar ihm keine Kinder. Obwohl sie bereits 1519 starb, heiratete er nicht mehr. Sein Bruder Friedrich war dadurch von vornherein als sein Nachfolger bestimmt. Seine natürliche Tochter, die Gräfin Maria von Lützelstein, heiratete später den Grafen Ludwig von Öttingen.

In den Fragen der großen Politik steuerte Ludwig stets auf Ausgleich, Versöhnung und Frieden zu. Als 1519 Kaiser Maximilian starb und sein Enkel Karl, bereits König von Spanien und Herr der Spanischen Niederlande, zur Kaiserwahl heranstand, versuchte König Franz I. von Frankreich die Kaiserkrone zu gewinnen, zumal er die Umfassung seines Landes durch Karl fürchtete. Er gewann im Reich Trier und Köln, Brandenburg und Württemberg. Dem Pfälzer Kurfürsten versprach er Subsidien und die diesem landespolitisch wichtige, früher in Pfälzer Hand gewesene Landvogtei Hagenau im Elsaß. Ludwig führte als Reichsvikar in Frankfurt mit den Mitkurfürsten Besprechungen, hörte aber auch auf seinen mit Karl befreundeten Bruder Friedrich. Da es Kurfürst Friedrich der Weise von Sachsen ablehnte, Kaiser zu werden, siegte Karl, dem der Pfälzer Friedrich das Wahlergebnis nach Spanien überbrachte. Ludwig erschien mit glänzendem Gefolge zu Karls Königskrönung in Aachen und kam 1521 auf den Reichstag nach Worms. Von 1521 an nahm er, besonders auch sein Bruder Friedrich, teil an dem Reichsregiment, das bei Karls Abwesenheit dessen Regierungsgeschäfte in Deutschland führte.

Als der kranke Kurfürst von Sachsen vom Reichstag abreiste, geleitete ihn Ludwig und vermied dadurch wie dieser, an dem Beschluß der Reichsacht gegen Martin Luther teilzunehmen. Er wußte in der Frage der kritischen kirchlichen Bewegung bereits mindestens seit 1518 Bescheid, als sein Hofkaplan Butzer mit Luther in Heidelberg sprach. Er war mit seinen Untertanen vertraut genug, um zu wissen, welche Probleme sich durch die kirchlichen Mißstände, durch die Entwertung der Pfründen als eine ihrer Ursachen, aber auch durch neue Auffassungen der kirchlichen Lehre aufgetan hatten. Er hielt sie nicht für richtig, bekam aber von dem Pfälzer Ritter Hans von Landschad die Besorgnisse vorgetragen, die in gewissen Kreisen durch das Lob des Papstes für den katholischen Glaubenseifer der Universität entstanden. Wenn Ludwig aber überträte, werde dies das ganze Kurfürstentum tun.

Ludwigs Amtmann zu Kreuznach, der Reichsritter Franz von Sickingen, der auch sein Ministeriale war, schuf im August 1522 als Vorsitzender der Ritterversammlung zu Landau eine für Ludwig sehr unangenehme Lage: Er griff den langjährigen Bundesgenossen seines Herrn, den Kurfürsten von Trier, wegen dessen Franzosenfreundlichkeit an und begann als von Ludwig unabhängiger reichsunmittelbarer Ritter unter Berufung auf einen Auftrag des Kaisers einen Feldzug. Verschiedene sprachen davon, daß Sickingen dem »Evangelium eine Öffnung machen wolle«. Der Reichsritter Ulrich von Hutten griff den Kurfürsten selbst an. So schrieb Ludwig bereits am 1. September 1522 seinem Bruder Friedrich, daß Sickingens Kriegszug den gemeinen Mann zu einer Empörung mit fortreiße. Er ließ nun auch seinen bisherigen Amtmann Sickingen, der für Luther zur Feder griff, fallen und zog gegen ihn, unterstützt von anderen unwillig gewordenen Fürsten, zu Felde und besiegte ihn.

Ludwig trat mit seinen in Pfalz-Neuburg regierenden Neffen Ottheinrich und Philipp in den Schwäbischen Bund ein und näherte sich Herzog Wilhelm IV. von Bayern und dessen dort formlos mitregierendem Bruder Ludwig. Die Wittelsbacher trafen sich auf dem Reichstag in Nürnberg und schlossen dort am 15. März 1524 ein Bündnis zur Erneuerung der von ihren Voreltern aufgerichteten Erbeinigungen. Am selben Tage einigten sich diese Wittelsbacher auch über ein gemeinsames Vorgehen in der in Böhmen drohenden Gefahr. Dort war nämlich der noch unvermählte König Ludwig II., zugleich König von Ungarn, außerstande, sich gegen die Adelsparteien zu behaupten. Nach Reichstagsschluß trafen sich die Wittelsbacher bei Ludwig in Heidelberg. Die am 28. Mai 1524 mit einem Festschießen begonnene Tagung brachte ein noch engeres Zusammengehen zwischen Heidelberg und München, außerdem interne Beratungen über die Pfälzer Linien. Herzog Ludwig II. von Zweibrücken führte durch Pfarrer Schwebel 1524 bei sich die Reformation schrittweise ein. Ludwigs eigener Bruder Wolfgang verzichtete 1524 auf seine geistlichen Würden und erhielt Neumarkt in der Oberpfalz als Deputat. Er wandte sich der neuen Lehre zu. Sein Einblick in die Gemüter führte den Kurfürsten dazu, 1526 den Studenten die Notwendigkeit des Besuches der heiligen Messe einzuschärfen und schon vorher einen seiner Hofprediger zu ersetzen.

In den vormaligen Herzogtümern Lothringen, Franken und Schwaben waren Grafen und kleine Herren zu einer Vielzahl von Obrigkeiten geworden. Die Last der Abgaben an sie und die wirtschaftliche Entwicklung, die auch die geistlichen Pfründen entwertete, führten zu einem Aufstand. Die Bauern interpretierten Luthers Lehre für die von ihnen beanspruchte Stellung. Der im März 1524 im südlichen Odenwald ausgebrochene Aufstand griff auch auf das Kurpfälzer Amt Weinsperg über, ebenso auf das Fürstbistum Speyer, das Ludwigs Bruder Georg innehatte. Ludwig hielt einen Teil der Forderungen der Bauern für gerecht, sein Bruder Friedrich setzte sich im Reichsregiment für die Aufhebung der Leibeigenschaft ein. Der Kurfürst schritt trotz der Hilferufe der Fürsten zunächst nicht ein und traf sich bei dem Pfälzer Weinort Forst mit 8000 Bauern, die in Schlachtreihe trotzig Aufstellung genommen hatten. Er ritt, begleitet nur von dreißig Personen, auf sie zu und sprach mit ihnen. Er sagte ihnen Prüfung der zwölf Artikel zu. Die Bauern versprachen Verzicht auf Gewalt. Als sie aber dann doch zu plündern begannen, griff Ludwig zum Schwert, verbot aber den Kriegsleuten mehr zu nehmen, als der unmittelbare Lebensbedarf erfordere. Er unterwarf, unterstützt durch Ottheinrich von Pfalz-Neuburg, die Bauern am Rhein und in Franken hinauf bis nach Würzburg, vermittelte aber dann auf dem Rittertag im September 1525 in Heidelberg.

Der Doktor beider Rechte Florenz Venningen leistete ihm eine Zeitlang als Kanzler gute Dienste. 1533 gelang es Ludwig, zwischen Kaiser Karl V. und den protestantischen Reichsständen einen Frieden zu vermitteln. Denselben Erfolg erzielte er 1539. Der Kaiser versuchte nun durch ein Religionsgespräch in Regensburg die Versöhnung. Ludwig entsandte dazu den Theologen Heinrich Stoll, der in der umstrittenen Lehre der Rechtfertigung einen Standpunkt vertrat, der durch die Formulierung den neuen Auffassungen entgegenkam. Bei der Problematik der Rechtsentscheidungen des Reiches war es für die Kurpfalz wichtig, daß Ludwig 1541 das Privilegium de non appellando erreichte, das heißt das Recht, daß Kurpfälzer Untertanen nicht an ein Reichsgericht zu appellieren hatten.

Als Ludwig V. am 16. März 1544 starb, sprachen Mit- und Nachwelt von ihm als dem Friedfertigen oder dem Friedmacher.

Kurfürst Friedrich II. von der Pfalz

Kurfürst Friedrich II. der Weise von der Pfalz

* 9. 12. 1482 in Schloß Winzingen bei Neustadt a. d. Weinstraße
† 26. 2. 1556 in Alzey
Grabstätte: Heiliggeistkirche in Heidelberg

⚭ 26. 9. 1535 in Heidelberg
DOROTHEA
Eltern: Christian II., König von Dänemark, und Isabella,
Tochter König Philipps I. von Spanien
* 10. 11. 1520 in ?
† 31. 5. 1580 oder 20. 9. 1580 in Neumarkt/Oberpfalz
Grabstätte: Heiliggeistkirche in Heidelberg

Friedrich II. regiert in der Kurpfalz von 1544 bis 1556.

Die Ehe blieb kinderlos. Mit seinem Neffen erlischt die alte Kurlinie der Pfalz.

Friedrich II. folgte seinem fünf Jahre älteren Bruder, dem Kurfürsten Ludwig V. dem Friedfertigen. Er hatte nicht nur an dessen Regierungssystem des Ausgleichs mitgewirkt und war sogar im Reichsregiment, an dem er seit 1521 teilnahm, für die Aufhebung der Leibeigenschaft eingetreten. Er war durch seinen Vater Philipp den Aufrichtigen, der den älteren Bruder an den französischen Hof sandte, zum Ausgleich dafür früh mit den Habsburgern in Verbindung gebracht worden. Sein Freund Erzherzog Philipp der Schöne, der Sohn des Kaisers Maximilian, war der Vater des 1500 in Gent geborenen Erzherzogs Karl, der durch seine Mutter auch Erbe der Krone Spaniens war und 1519 Kaiser des Reichs wurde. Pfalzgraf Friedrich begleitete Philipp, den befreundeten Habsburger, als dieser wegen der lebensgefährlichen Erkrankung der Schwiegermutter nach Kastilien reiste, um deren Königreich zu übernehmen. Er begleitete diesen dabei auch zu König Heinrich VII. von England und zu König Ludwig XII. von Frankreich, der eine ausgewogenere Politik betrieb. Der kluge, aber kalt berechnende Engländer bereitete die Wege seines Sohnes Heinrich VIII. vor. Gesellschaft und Kultur nahm Friedrich, selbst eine gute Erscheinung, überall auch in sich auf. Mit Leichtigkeit lernte er fremde Sprachen. In der Umgebung Philipps wurde er aber auch ein großer Kavalier, der sich in Ritterspielen und auf der Jagd auszeichnete. Besonders gern widmete er sich der Musik. Die 1498 geborene Erzherzogin Eleonore, Tochter seines Freundes Philipp und damit Schwester des späteren Kaisers Karl V., faßte zu dem Wittelsbacher eine tiefe Neigung. Er erwiderte sie, doch wurde Eleonore aus politischen Gründen 1519 mit König Emanuel von Portugal verheiratet, der aber schon 1521 starb, und 1530 mit König Franz I. von Frankreich. Friedrich regierte bereits in Amberg, wo pfälzische Erbfolger seit langem Regierungsgeschäfte wahrnahmen, hatte aber angesichts dieser doch nur zweitrangigen Position bei seinen Brautwerbungen keinen Erfolg gehabt, bis er sich in Brüssel mit Dorothea, der 1520 geborenen Tochter des Königs Christian II. von Dänemark, verlobte und diese ihm im September 1535 in Heidelberg angetraut wurde.

Als er Kurfürst wurde, wußte er, daß die zur neuen Lehre neigenden Kreise der Bevölkerung lieber Ottheinrich als Landesherrn gesehen hätten. Dieser war 1542 als Herzog von Pfalz-Neuburg zum Luthertum übergetreten und, da Friedrich II. keine berechtigten Erben hatte, auch als dessen Erbe zu erwarten. Friedrich versuchte deshalb, der Labilität der religiösen und gesellschaftlichen Situation in Heidelberg und in der Kurpfalz Rechnung zu tragen und durch praktische Rücksicht seine Regierungstätigkeit zu erreichbaren Erfolgen zu gestalten. Er übernahm die Räte seines Bruders, berief aber ausgewählte Juristen und schuf eine eigene Rechenkammer. Sein bereits bewährter Sekretär Hubert Thomas hatte die französische Korrespondenz zu führen.

Ostentativ besuchte Friedrich die beliebten Predigten Heinrich Stolls, der in der Rechtfertigungslehre eine den Lutheranern entgegenkommende, aber katholische Formulierung ausdrückte. Zu Ostern 1545 nahmen Friedrich und seine junge Gattin das Abendmahl unter beiden Gestalten ein, was im Prinzip mit der katholischen Auffassung vereinbar war. Vergeblich versuchte er den gebürtigen Pfälzer Philipp Melanchthon, der 1530 die neue Lehre sehr maßvoll formuliert hatte, für die Universität zu gewinnen, wo es nun große theologische Streitigkeiten gab. Am Weihnachtstag 1545 erlebte er, daß seine Frau mit ihren Damen in der Schloßkapelle das Abendmahl im Rahmen einer Liturgie einnahm, die als Übertritt zur Reformation gedeutet werden konnte. Dasselbe taten in den Weihnachtstagen auch sein Kanzler und viele Personen des Hofes, am 3. Januar 1546 ein großer Teil der Gemeinde in der Heiliggeistkirche. Friedrich bewilligte offenbar den Anhängern der neuen Auffassungen die Wahl des Gottesdienstes. In der Kirchenordnung vom 2. Mai 1546 ließ er die Bevölkerung in Stadt und Land darum beten, Gott möge ihre Arbeit segnen. In den Bestimmungen über Messe und Hochamt wurde durch Fortlassungen zum Teil der Aufbau der Liturgie geändert und deutscher neben dem lateinischen Kirchengesang eingeführt.

Friedrich sandte dem Herzog von Württemberg aufgrund eines Erbvertrags und Hilfeversprechens 1546 900 Mann. Da diese aber auch zusammen mit den Truppen der protestantischen Fürsten des Schmalkaldischen Bundes tätig wurden, nahm das der Kaiser dem Kurfürsten übel, zumal dessen Kirchenordnung an der unkatholischen Kirchenordnung von 1539 für Brandenburg und der Ottheinrichs für Pfalz-Neuburg orientiert war und auf die Hauptteile der Messe nicht einging. Friedrich leistete dem Kaiser zwar im Dezember 1546 in gebückter Stellung Abbitte, und dieser ließ ihm die Kurwürde. Karl hatte diese bereits dem Bayernherzog versprochen, falls der Pfälzer Kurfürst Protestant sei. Friedrich II. versuchte diese Gefahr für die Kurpfalz 1545 auch dadurch abzuwenden, daß er mit dem katholischen Landesherrn Johann von Pfalz-Simmern und dem lutherischen Herzog Wolfgang von Zweibrücken sowie den Neuburger Wittelsbachern einen Vertrag schloß. Sie vereinbarten, alles Mögliche zu tun, um die Kurwürde als ein ererbtes Recht bei einer Pfälzer Linie zu erhalten. Friedrich II. und die beiden Neuburger waren einverstanden, daß sie es zu diesem Zweck geschehen lassen wollten, daß sich Johann II. von Simmern und Wolfgang von Zweibrücken um die Mitbelehnung mit der Kur bewerben würden. – Der Kaiser siegte 1547 im Krieg über die lutherischen Fürsten und nahm drei von ihnen gefangen. Er besetzte auch das pfälzische Schloß Boxberg. Aber er kam Friedrichs Haltung, deren Zweckmäßigkeit er einsah, entgegen und ließ ein katholisches Glaubensbekenntnis mit einer den Protestanten in der Rechtfertigungslehre entgegenkommenden Formulierung in Augsburg (das »Interim«) konstruieren. Friedrich führte es im Mai 1548 in der Kurpfalz ein und bat Karl V., den Gebrauch des

Kelches beim Abendmahl und die Priesterehe zu dulden. Doch verwies ihn der Kaiser dafür an ein allgemeines Konzil.

Auf der Universität stiftete er Lehrstühle für Ethik und Mathematik und gründete 1546 das Pädagogium. Die wirtschaftliche Unterlage dafür gewann er dadurch, daß er von Papst Julius III. die Genehmigung erbat und erhielt, zwölf Klöster aufzuheben. Die Universität beschickte darauf 1551 auf Einladung des Papstes das nach Trient einberufene Konzil. Im September 1555 rief Friedrich das Sapienzkollegium ins Leben, eine Anstalt für arme, aber talentierte Studenten.

Im März 1553 gründete er mit Herzog Albrecht V. von Bayern, aber auch mit evangelischen Fürsten in Heidelberg einen Bund und gewann den römischen König Ferdinand dazu, ihn zu bestätigen. Auf dem Augsburger Reichstag von 1555 erreichte er zusammen mit Albrecht V. von Bayern, daß auch lutherische – nicht calvinistische – Reichsstände reichsrechtlich anerkannt wurden. Im Januar 1556 erkrankte der Kurfürst schwer, ließ sich die Sterbesakramente reichen und starb am 26. Februar in sorgenvollen Gedanken über seinen Nachfolger. Wir wissen über sein Leben aus der Niederschrift durch seinen langjährigen Sekretär Hubert Thomas aus Lüttich (Leodius). Viele gaben ihm den Beinamen »der Weise«, da er durch seine Ausgleichspolitik auf allen Gebieten den Bedürfnissen der ihm anvertrauten Menschen immer wieder Rechnung trug und erreichbare Ziele nie aus dem Auge verlor.

Kurfürst Ottheinrich von der Pfalz

Kurfürst Ottheinrich von der Pfalz

* 10. 4. 1502 in Neuburg an der Donau
† 12. 2. 1559 in Heidelberg
Grabstätte: Heiliggeistkirche in Heidelberg

⚭ 16. 10. 1529 in Neuburg an der Donau
SUSANNA, Witwe des Markgrafen Kasimir von Brandenburg-Kulmbach
Eltern: Albrecht IV. der Weise, Herzog von Bayern-München, und Kunigunde, Tochter Kaiser Friedrichs III.
* 2. 4. 1502 in ?
† 23. 4. 1543 in Neuburg an der Donau
Grabstätte: Dom in München

Ottheinrich regiert in der Kurpfalz von 1556 bis 1559. Er regiert in Pfalz-Neuburg zusammen mit seinem Bruder Philipp unter der Vormundschaft seines Onkels Friedrich (des späteren Pfälzer Kurfürsten Friedrich II.) von 1505 bis 1523, von 1523 bis 1535 gemeinsam mit seinem Bruder Philipp, mit dem er es 1535 teilt. Von 1541 bis 1559 regiert er in Pfalz-Neuburg allein, wo durch seine Schenkung an Herzog Wolfgang von Zweibrücken dieser 1559 sein Nachfolger wird.

Die Ehe blieb kinderlos. Mit Ottheinrich erlischt die von Ludwig III. begründete alte Kurlinie.

Ottheinrich entstammte der Ehe des Pfälzer Kurfürstensohnes Ruprecht des Tugendhaften mit der Erbprinzessin Elisabeth von Bayern-Landshut. Für ihn und seinen Bruder Philipp wurde 1505 das Fürstentum Pfalz-Neuburg geschaffen, das der spätere Kurfürst Friedrich II. von der Pfalz als sein Vormund regierte. Kurz vor seiner Volljährigkeit zog Ottheinrich ins Heilige Land und wurde in der Kirche des Heiligen Grabes in Jerusalem zum Ritter des für dieses Grab gegründeten Ordens geschlagen, dem auch heute wieder ein Wittelsbacher (Herzog Albrecht von Bayern, siehe Seite 376ff) angehört. 1522 übernahmen er und Philipp die Regierung in Pfalz-Neuburg. Dessen Landstände, 8 Prälaten, 126 Ritter und 31 Vertreter der Städte und Märkte, wirkten auf Landtagen mit den Brüdern zusammen. 1527 begann Ottheinrich den großartigen Neubau an dem Alten Schloß in Neuburg und wählte vor allem zu dessen Ausstattung mit außerordentlichem Scharfblick hervorragende Künstler und Kunsthandwerker aus. Als er 1529 nach dem mutigen Kampf seines Bruders um die Befreiung Wiens vor den Türken die Schwester des Bayernherzogs Wilhelm IV. heiratete, baute er ihr als Morgengabe 1530/31 einige Kilometer von der Residenz entfernt das kleine Jagdschloß Grünau. Seine derb-lustigen Wandmalereien bringen die gemeinsame Freude am Natürlichen und Lustigen zum Ausdruck. Seine Gattin war bereits Witwe. Ihr erster Gemahl Markgraf Kasimir von Brandenburg-Kulmbach war im September 1527 bei Ofen-Budapest im Kampf gegen die Türken gefallen. Ein Schatten fiel auf das Glück Ottheinrichs, da die Gattin nach zwei Fehlgeburten keine Kinder zur Welt brachte und bereits 1543 starb. Ein Jahr zuvor war Ottheinrich zum Luthertum als der eigentlich katholischen Lehre übergetreten. Seine Lebensgefährtin vollzog den Schritt nicht mit. Im Schloß zu Neuburg gestaltete Ottheinrich den ersten evangelischen Kirchenraum, der sich heute in Bayern befindet. Da sein verschuldeter Bruder eine Teilung Pfalz-Neuburgs begehrte, kam es zu einem finanziellen Zusammenbruch. 1544 übernahmen die Landstände die Verwaltung, Ottheinrich zog sich nach Heidelberg, später nach Weinheim zurück. Der Pfälzer Kurfürst Friedrich II., sein Onkel, behauptete sich durch seine Ausgleichspolitik zwar gegenüber dem Kaiser, konnte aber die Plünderung des Schlosses in Neuburg nicht verhindern, als es die Kaiserlichen im Krieg 1546/47 besetzten.

Ottheinrich erhielt erst 1552 durch den Vertrag von Passau sein rekatholisiertes Fürstentum wieder. Im Zusammenwirken mit den Landständen ging er an die Abzahlung der Schulden. Doch schenkte er bereits 1553 das Fürstentum, wo er sich auf Lebensdauer die Regierung vorbehielt, an seinen lutherischen Zweibrücker Vetter Herzog Wolfgang. 1555 wiederholte er die Schenkung unter demselben Vorbehalt. Am Augsburger Religionsfrieden beteiligte er sich nicht, da die Rechtsstellung der lutherischen Reichsstände darin nicht seinen Maßstäben genügte.

Durch den Tod des Kurfürsten Friedrich II. wurde Ottheinrich Kurfürst in Heidelberg. Er stützte sich außenpolitisch auf König Heinrich II. von Frankreich und erhielt von diesem offenbar auch Zahlungen. Auf dem Fürstentag in Frankfurt erreichte er nach Aussprachen mit den Kurfürsten von Sachsen und von Brandenburg den sogenannten Frankfurter Rezeß. Er war ein religiöses Bekenntnis, keine politische Aktion. Die Wahl des Habsburgers Ferdinand zum Kaiser zögerte er bis 1558 hinaus. Auf den Pfandbesitz an der Reichsvogtei Hagenau im Elsaß verzichtete er lieber, als daß er in die Bedingungen des Römischen Königs Ferdinand gewilligt hätte, dort keine kirchlichen Veränderungen vorzunehmen. Familienpolitisch entschied er sich für seinen umstrittenen Stiefsohn, den Markgrafen Albrecht Alkibiades von Brandenburg-Kulmbach, der ein Herzogtum Franken errichten wollte, aber schließlich sogar die Plassenburg ob Kulmbach einbüßte und zum König von Frankreich flüchtete. In der Kurpfalz selbst führte Ottheinrich das Luthertum ein. Er konnte sich dabei bereits auf zahlreiche Kreise stützen, die diese Auffassung schon lange vertreten hatten. Ottheinrich ging aufgrund des 1555 ausgesprochenen Prinzips, daß der Glaube des Landesherrn den des Landes bestimmt, in der Kurpfalz besonders gegen die Klöster mit Härte vor. Er holte aber auch deren wertvolle Bibliotheken nach Heidelberg. In seiner neuen Residenz erbaute er mit außerordentlichem Kunstgeschmack den nach ihm benannten Trakt des Schlosses und ließ auch hier viele Werke der Kleinkunst zur Ausstattung des Schlosses herstellen. Sein »Ottheinrichs-Bau« galt schon den Zeitgenossen als ein Werk von solch klassischer Schönheit, daß sie seine Ausführung – wenn auch nicht zutreffend – keinem Geringeren als Michelangelo zuschrieben.

Kurfürst Friedrich III. von der Pfalz

Kurfürst Friedrich III. der Fromme von der Pfalz

Kurlinie Pfalz-Simmern 1559 bis 1685

* 14. 2. 1515 in Simmern
† 26. 10. 1576 in Heidelberg
Grabstätte: Heiliggeistkirche in Heidelberg

1. ⚭ 12. 6. 1537 in Crailsheim
MARIA
Eltern: Kasimir, Markgraf von Brandenburg-Kulmbach, und Susanne, Tochter des Herzogs Albrecht IV. von Bayern
* 11. 10. 1519 in ?
† 31. 10. 1567 in Heidelberg
Grabstätte: Heiliggeistkirche in Heidelberg

2. ⚭ 25. 4. 1569 in Heidelberg
AMALIE, Witwe Heinrichs I., Grafen von Brederode, Burggrafen von Utrecht
Eltern: Gumbert IV., Graf von Neuenar zu Limburg, und ...?
* um 1540? in ?
† 10. 4. 1602 in Schloß Lorbach bei Mosbach
Grabstätte: Heiliggeistkirche in Heidelberg

Friedrich regiert als Pfalzgraf in Simmern von 1557 bis 1559, tritt dann Simmern an seinen Bruder Georg ab. Von 1559 bis 1576 regiert er in der Kurpfalz. Er nimmt dort ein calvinisches Bekenntnis an, das mit Ausnahme seines lutherischen Sohnes Ludwig VI. alle seine Nachfolger aus der Linie Simmern bekennen.

Mit Friedrich III. dem Frommen übernahm die Linie Simmern 1559 die Kurpfalz. Diese Linie war bei der großen Pfälzer Teilung von 1410 von Stephan von Simmern-Zweibrücken begründet worden. Sie gewann für die Entwicklung der christlichen Bekenntnisse in Deutschland, ja in Westeuropa, große Bedeutung. Denn sie vertrat bis zu ihrem Erlöschen 1685 die protestantischen Auffassungen in verschiedener Konzeption. Der katholisch aufgewachsene spätere Kurfürst Friedrich III. wurde zuerst Lutheraner, dann Calvinist. Gesellschaft und Recht wurden durch die Linie Simmern wesentlich mitgeprägt. Jeder der acht Kurfürsten und der Vormund für Friedrich IV. wirkte bei seiner Regierungsarbeit aus seinem christlichen Gewissen. Die Leistungen auf dem Gebiet der weltlichen Regierung wirkten bei Ludwig VI. (1576–1583) und Karl Ludwig (1648–1680) in der Gesellschaft am wesentlichsten.

Friedrich III. wurde wie der Bayernherzog Wilhelm V. (1579–1598) der Fromme genannt. Beide entschieden alles aus ihrem konfessionellen Gewissen. Friedrich III., der Sohn eines gläubigen katholischen Vaters, wurde in Nancy, Lüttich, Brüssel und Paris erzogen und sah vier Schwestern in unbezweifelbarer Glaubensüberzeugung in Klöstern wirken. Mit 17 Jahren focht er bei Budapest gegen die Türken. 1537 vermählte ihn sein Vater mit Maria, der Tochter des gegen die Türken gefallenen Markgrafen von Brandenburg-Kulmbach, die sich nach einer schweren Kindheit der lutherischen Auffassung ihres Onkels Georg von Brandenburg-Kulmbach zuwandte. Die Ehe wurde katholisch geschlossen, doch ging Friedrich immer mehr auf die Überzeugung seiner Frau ein. Die Familie mit ihren elf Kindern lebte zunächst in Simmern, dann in Kreuznach und auf der Burg Birkenfeld. Marias Bruder, der ehrgeizige und rücksichtslose Markgraf Albrecht Alkibiades, machte Friedrich während des Schmalkaldischen Krieges zu seinem Stellvertreter in seiner Residenz Plassenburg. Friedrich wagte die von seiner Frau gewonnene lutherische Überzeugung erst zu bekennen, als ihn der lutherische Kurfürst Ottheinrich 1556/57 zu seinem Stellvertreter in der Oberpfalz machte. Durch den Tod des Vaters wurde er 1557 Landesherr von Simmern, durch den Ottheinrichs 1559 Pfälzer Kurfürst. Infolge des öffentlichen Streites der evangelischen Theologen in der Kurpfalz zu eigenem Bibelstudium gezwungen, entschied er sich trotz der Einwände seiner Frau nun für die calvinistische Richtung, freilich nicht für die Lehre der Prädestination. In dem berühmt gewordenen Heidelberger Katechismus des Melanchthon-Schülers Zacharias Ursinus und des Calvinisten Caspar Olevian fügte er 1563 die 80. Frage und die Antwort darauf ein und verwarf darin die Messe als »vermaledeite Abgötterei«. In der Oberpfalz, wo sein lutherisch erzogener Sohn als Statthalter wirkte, setzte er aber seine calvinistische Auffassung nicht durch, ebensowenig in Simmern, das er 1559 seinem Bruder Georg überlassen hatte. Auf dem Reichstag in Augsburg 1566 legte er ohne Rechtsfolgen ein calvinisches Bekenntnis ab.

Obwohl der lutherische Herzog Wolfgang von Zweibrücken Calvins Lehre bekämpfte, wirkte Friedrich doch mit ihm zusammen, als Wolfgang für die Hugenotten nach Frankreich zu Felde zog. In Zusammenarbeit mit Kaiser Maximilian II. drang er auf die Entfernung des Herzogs von Alba aus den Spanischen Niederlanden, bemühte sich aber 1568 vergeblich um ein Militärbündnis mit England, das dort Königin Elisabeth finanzieren sollte. Seinen jüngeren calvinistisch eingestellten Sohn Johann Kasimir vermählte er 1570 mit Elisabeth, der Tochter des lutherischen Kurfürsten August von Sachsen. In Frankenthal versuchte er 1571 durch ein Religionsgespräch vergeblich, alle protestantischen Richtungen zu vereinigen. In weite Bereiche der Gesellschaft griff er durch seine Ordnung über die niedere Gerichtsbarkeit und den Versuch ein, das Betteln abzuschaffen. Immer wieder kümmerte er sich um das Schulwesen und errichtete 1575 in Selz eine Ritterakademie. Mit 17.000 Mann aber ließ er Johann Kasimir über Lothringen nach Burgund marschieren und sich mit dem Bruder des französischen Königs vereinigen. Er zwang so König Heinrich III., in ganz Frankreich mit Ausnahme von Paris freie Religionsausübung zu gewähren.

Da seinem lutherischen Erbfolger Ludwig erst 1574 ein lebensfähiger Sohn, nämlich Friedrich, geboren wurde, war es von außerordentlicher Bedeutung, daß der Kurfürst 1577 Johann Kasimir durch einen Vertrag mit Ludwig in vier Oberpfälzer Ämter einsetzte. Durch eine letztwillige Verfügung gab er Johann Kasimir am 27. Januar 1578 als Deputat Neustadt an der Weinstraße und Lautern, so daß dieser auch während der Regierung des lutherischen Bruders den Calvinismus aufrechterhalten konnte.

Friedrichs Bedeutung bestand darin, daß er seinen sich wandelnden religiösen Erkenntnissen alles ihm anvertraute Leben zuordnen wollte, aber auch weite Probleme der Gesellschaft wenigstens anzupacken begann. Obwohl er bei konfessionellen Konsequenzen mit Härte vorging, nannte der weitblickende lutherische Kurfürst August von Sachsen diesen Friedrich den »frömmsten von uns allen«.

Die Nachkommen des Kurfürsten Friedrich III. von der Pfalz

AUS DER EHE MIT MARIA

1. ALBERTA

* 4. 4. 1538 in Simmern
† 19. 3. 1553 in ?
Grabstätte: Reformierte Kirche in Simmern (ehemalige St.-Stephans-Kirche)

2. LUDWIG VI.

1. ⚭ ELISABETH, Tochter Philipps I., Landgraf von Hessen
2. ⚭ ANNA, Tochter Edzards II., Fürst von Ostfriesland
Siehe unter Kurfürst Ludwig VI. von der Pfalz

3. ELISABETH

* 30. 6. 1540 in Birkenfeld
† 8. 2. 1594 in Wiener Neustadt
Grabstätte: St. Moriz in Coburg

⚭ 12. 6. 1558 in Weimar
JOHANN FRIEDRICH II., Herzog von Sachsen-Gotha
Eltern: Johann Friedrich I., Herzog von Sachsen, Kurfürst von Sachsen 1532, und Sibylle, Tochter des Herzogs Johann III. von Jülich-Kleve und Berg
* 8. 1. 1529 in Torgau
† 19. 5. 1595 in Steyer
Grabstätte: St. Moriz in Coburg

4. HERMANN LUDWIG

* 6. 10. 1541 in Kreuznach
† 1. 7. 1556 in Bourges (verunglückt)
Grabstätte: Heiliggeistkirche in Heidelberg

5. JOHANN KASIMIR

⚭ ELISABETH, Tochter des Kurfürsten August von Sachsen
Siehe unter Pfalzgraf und Herzog Johann Kasimir

6. DOROTHEA SUSANNE

* 15. 11. 1544 in Simmern
† 8. 4. 1592 in Weimar
Grabstätte: Stadtkirche St. Peter und Paul in Weimar

⚭ 15. 6. 1560 in Heidelberg
Johann Wilhelm I., Herzog von Sachsen-Weimar
Eltern: Johann Friedrich I., Herzog von Sachsen, Kurfürst von Sachsen 1532, und Sibylle, Tochter des Herzogs Johann III. von Jülich-Kleve und Berg
* 11. 3. 1530 in Torgau
† 2. 3. 1573 in Weimar
Grabstätte: Stadtkirche St. Peter und Paul in Weimar

7. Albrecht
* 30. 9. 1546 auf der Plassenburg/Kulmbach
† 30. 4. 1547 auf der Plassenburg/Kulmbach
Grabstätte: Heiliggeistkirche in Heidelberg

8. Anna Elisabeth
* 23. 7. 1549 in Simmern
† 20. 9. 1609 in Lützelstein
Grabstätte: Pfarrkirche in Lützelstein

1. ⚭ 17. 1. 1569 in Heidelberg
Philipp II., Landgraf von Hessen-Rheinfels
Eltern: Philipp I., Landgraf von Hessen-Kassel, und Christine, Tochter Herzog Georgs von Sachsen
* 22. 4. 1541 in Marburg
† 30. 11. 1583 in Rheinfels
Grabstätte: Stiftskirche in St. Goar

2. ⚭ 30. 1. 1599 in ?
Johann August, Pfalzgraf von Veldenz-Lützelstein
Eltern: Georg Johann I., Pfalzgraf von Veldenz-Gutenberg-(Guttenburg-) Lützelstein, und Anna Maria, Tochter König Gustavs I. von Schweden aus dem Hause Wasa
* 26. 11. 1575 auf Schloß Lemberg im Westrich
† 18. 9. 1611 auf Schloß Lemberg im Westrich
Grabstätte: Pfarrkirche in Lützelstein

9. Christoph
* 13. 6. 1551 in Simmern
† 14. 4. 1574 in der Schlacht auf der Mockerheide bei Nijmwegen (seine Leiche wurde nicht mehr aufgefunden)

10. Karl
* 28. 12. 1552 in Hochberg im Breisgau
† 12. 9. 1555 in Pforzheim
Grabstätte: Heiliggeistkirche in Heidelberg

11. KUNIGUNDE JAKOBÄA

* 9. 10. 1556 in Simmern
† 26. 1. 1586 in Dillenburg (Baden)
Grabstätte: Pfarrkirche in Dillenburg

⚭ 13. 9. 1580 in Dillenburg
JOHANN, Graf von Nassau-Katzenelnbogen, Dillenburg, Vianden und Dietz
Eltern: Wilhelm I. der Reiche, Graf von Nassau-Dillenburg,
und Juliane, Tochter des Grafen Botho III. von Stolberg-Wernigerode
* 22. 11. 1535 in Dillenburg
† 8. 10. 1606 in Dillenburg
Grabstätte: Pfarrkirche in Dillenburg

Kurfürst Ludwig VI. von der Pfalz

Kurfürst Ludwig VI. von der Pfalz

* 4. 7. 1539 in Simmern
† 22. 10. 1583 in Heidelberg
Grabstätte: Heiliggeistkirche in Heidelberg

1. ⚭ 8. 7. 1560 in Marburg
ELISABETH
Eltern: Philipp I., Landgraf von Hessen-Kassel, und Christine, Tochter des Herzogs Georg von Sachsen
* 13. 2. 1539 in Kassel
† 24. 3. 1582 in Heidelberg
Grabstätte: Heiliggeistkirche in Heidelberg

2. ⚭ 12. 7. 1583 in Heidelberg
ANNA
Eltern: Edzard II., Fürst von Ostfriesland aus dem Hause Gretsyhl, und ...?
* 26. 6. 1562 in Aurich
† 27. 4. 1621 in Neuhaus/Böhmen
Grabstätte: Heiliggeistkirche in Heidelberg

Ludwig VI. regiert in der Kurpfalz von 1576 bis 1583.

Ludwig VI. setzte sein kurzes Leben (1539–1583) ahnungsvoll unter den Wahlspruch: »Alle Dinge sind vergänglich.« Er wurde unter dem lutherischen Einfluß seiner Mutter und zunächst auch des Vaters in diesen religiösen, aber auch in humanistischen Vorstellungen erzogen und besuchte 1554 die burgundische Universität Dôle, wo er sich zu seinem Latein auch französische Sprachkenntnisse erwarb. Der Vater hielt gerade diese für unentbehrlich. Ludwig selbst entwickelte großes Interesse an der Geschichte und sah an den sittlichen und politischen Beispielen darin eine wichtige Orientierung. Er wurde dadurch milder und duldsamer, so daß er den Beinamen »der Milde« erhielt. Der Vater schickte ihn zu Kurfürst Ottheinrich nach Heidelberg und ließ ihn, 1559 selbst Kurfürst geworden, an allen wichtigen Regierungsgeschäften teilnehmen. Am 8. Juli 1560 heiratete er Elisabeth, die Tochter des lutherischen Landgrafen Philipp des Großmütigen, in Marburg. Von den zwölf Kindern des Paares starben nicht weniger als neun in frühen Jahren. 1561 machte ihn der Vater für kurze Zeit zum Statthalter in Heidelberg. Dessen Schritte zum Calvinismus erschütterten den Sohn tief. Als der Vater 1563 den berühmten Heidelberger Katechismus erscheinen ließ, wurde Ludwig als Statthalter nach Amberg versetzt. Seine Gattin unterstützte ihn in der Verteidigung der lutherischen Auffassungen gegen die Versuche des Vaters, ihn zu seiner neugewonnenen Überzeugung herüberzuziehen, der der jüngere Bruder Johann Kasimir ohne Bedenken folgte. Er wurde dadurch der Lieblingssohn. Ludwig mußte erleben, daß der Vater den jüngeren Bruder am liebsten zur Regierungsnachfolge eingesetzt hätte. Trotzdem schickte er ihn 1575 und 1576 als seinen Vertreter auf den Reichstag, da er als Lutheraner dort leichter mitarbeiten konnte. Der Calvinismus wurde reichsrechtlich ja erst 1648 anerkannt. Da Ludwig erst 1574 ein lebensfähiger Sohn geboren wurde, war es von folgenschwerer Bedeutung, daß Kurfürst Friedrich III. durch sein Testament von 1575 und das Kodizill von 1576 die haus- und staatsrechtliche Frage nicht eindeutig regelte. Ludwig war zwar Universalerbe, mußte aber 1577 mit Johann Kasimir einen Vertrag schließen, wodurch er ihm in vier der Oberpfälzer Ämter einsetzte. 1578 erhielt Johann Kasimir durch letztwillige Verfügung des Vaters Neustadt an der Weinstraße und Lautern als Deputat. Als der Vater am 26. Oktober 1576 in Heidelberg starb, regelte Ludwig erst noch die Frage der riesigen Schulden in Amberg. Die lutherisch gesinnten Oberpfälzer Landstände entschieden dabei über die Abzahlung der landesherrlichen Schulden und der Landesschulden mit. So traf Ludwig VI. erst vierzehn Tage nach dem Tod des Vaters in Heidelberg zu dessen Beisetzung ein. In Gegenwart des jüngeren Bruders nahm er die Huldigung in Heidelberg entgegen. Er nahm alle bisherigen weltlichen Räte in seine Pflicht, nicht aber die Kirchenräte. Die Amtleute in den Pfälzer Ämtern außerhalb der Hauptstadt fragte er so wenig wie die weltlichen Räte nach ihrer Konfession. Auch später behielt er calvinistische weltliche Räte in seinem Dienst. In dem Kurpfälzer Gebiet an der Bergstraße ließ er sich allein huldigen. Das Testament des Vaters und das Kodizill dazu übergab er zwei Räten, da die Vollstreckung Schwierigkeiten bereiten mußte. Diese baten ihn zu ermessen, wie der gemeine Mann betrübt und unwillig würde, wenn er eine religiöse Änderung hinnehmen müßte. Noch vor Weihnachten aber hob Ludwig das vom Vater eingesetzte Geistliche Ministerium und das Pädagogium in Heidelberg auf und ließ in der Hofkapelle in Heidelberg am 4. Januar den calvinistischen Gottesdienst einstellen. Dem jüngeren Bruder überließ er Neustadt und auch Frankenthal, wo Friedrich III. wallonische Calvinisten aufgenommen hatte. Johann Kasimir kehrte zu seinem Aufenthaltsort (Kaisers-)Lautern zurück, das der Vater ihm ebenfalls bestimmt hatte.

Während der jüngere Bruder in seinen Bereichen den Calvinismus aufrechterhielt, begann Ludwig VI. das Luthertum in der Kurpfalz wiederherzustellen. Er schloß sogar die vom Vater gegründete Ritterakademie in Selz und verbot Vorlesungen der calvinistischen Theologen in Heidelberg. In der Oberpfalz veranstaltete er den Rechtsakt der Huldigung für sich und gestattete diesen dort dem Bruder nicht. Obwohl er in der Kurpfalz nicht weniger als 600 lutherische Pfarrer und Lehrer einsetzte, wirkte er bei der Abfassung der lutherischen Konkordienformel in Sachsen darauf hin, daß die Calvinisten nicht förmlich verworfen würden. Er korrespondierte sogar mit seinem Bruder darüber und nahm die Formel erst nach Streichung einer bestimmten Stelle an.

Für das allgemeine Schicksal der Gesellschaft war von großer Bedeutung, daß Ludwig VI. 1582 eine milde und geradezu moderne Fassung des Pfälzer Landrechts und eine erneuerte und verbesserte Landesordnung herausbrachte. Denn sein Landrecht schützte den Bauern davor, daß ihm der Grundeigentümer willkürlich das Leiheverhältnis kündigte oder der Lehensherr eines bäuerlichen Gutes willkürlich gegen den Bauern verfuhr. Er strich die Todesstrafe für Jugendliche unter 18 Jahren überhaupt und außerdem für leichtere Fälle von Diebstahl, auf den im bisherigen deutschen Recht allgemein die Todesstrafe stand. Die Bauern sollten das von der Frau eingebrachte Heiratsgut nicht ohne Rücksicht auf diese und auf die Kinder veräußern. Im Interesse einer echten und schnellen Rechtspflege ließ er die Untergerichte möglichst viele Fälle selbst entscheiden. Sein Hofgericht fällte die Urteile mit Hilfe von Beisitzern. Wie sehr Ludwig VI. selbst diese Anliegen des Rechtslebens mittrug, ist daraus zu ersehen, daß er in der Einleitung selbst verständnisvolle Worte für die Lage aller Gesellschaftsschichten aussprach.

Der 44jährige glaubte noch 1583 sehr an seine Zukunft und seine Aufgaben. Da er am 24. März 1582 seine Gattin verloren hatte, vermählte er sich am 12. Juli 1583 in Heidelberg mit Anna, der Tochter des Fürsten Edzard II. von Ostfriesland aus dem Hause der Gretsyhl. Er gab damit seinem neunjährigen Sohn

Friedrich eine lutherische Stiefmutter und wollte ihn dadurch vor der Konfessionspolitik bewahren, die sein rechtlicher Vormund Johann Kasimir zu betreiben beabsichtigte. Im Hinblick auf die Anfangserfolge der katholischen Politik Wilhelms des Frommen von Bayern in der Auseinandersetzung darüber, ob im geistlichen Kurfürstentum Köln ein Katholik Nachfolger würde, schrieb er am 21. August 1583 einen Konvent sämtlicher evangelischer Reichsstände auf den 28. Oktober nach Mülhausen aus. Er wollte dort ein protestantisches Verteidigungsbündnis anregen. Doch starb er, da er seiner schwachen Gesundheit oft zuviel zugemutet hatte, bereits am 12. Oktober in Heidelberg. Sein Wille zur militärischen Selbstbehauptung war bereits durch den Artillerieturm und den Stückgarten auf dem Heidelberger Schloß zum Ausdruck gebracht worden. Bei seinem Tode erkannten Freunde und Gegner fast einstimmig seine oft bewiesene Herzensgüte an.

Die Nachkommen des Kurfürsten Ludwig VI. von der Pfalz

AUS DER EHE MIT ELISABETH

1. Maria

* 24. 7. 1561 in Heidelberg
† 29. 7. 1589 auf Schloß Eskilstuna (Schweden)
Grabstätte: Dom in Stregnaes

⚭ 11. 5. 1579 in Heidelberg
Karl, Herzog von Södermanland, Nerike und Wermeland, später König Karl IX. von Schweden
Eltern: Gustav I., König von Schweden, und Margarete, Tochter des Erich Lejonhufvud
* 4. 10. 1550 in Stockholm
† 30. 10. 1611 in Nyköping
Grabstätte: Dom in Stregnaes

2. Elisabeth

* 15. 6. 1562 in Heidelberg
† 2. 11. 1562 in Heidelberg
Grabstätte: Heiliggeistkirche in Heidelberg

3. Dorothea Elisabeth

* 12. 1. 1565 im Jagdschloß Deinschwang in der Oberpfalz
† 7. 3. 1565 im Jagdschloß Deinschwang in der Oberpfalz
Grabstätte: St.-Martins-Kirche in Amberg

4. Dorothea

* 4. 8. 1566 in Amberg
† 10. 3. 1568 in Amberg
Grabstätte: St.-Martins-Kirche in Amberg

5. Friedrich Philipp

* 19. 10. 1567 in Amberg
† 14. 11. 1567 in Amberg
Grabstätte: St.-Martins-Kirche in Amberg

6. Johann Friedrich
* 17. 2. 1569 in Amberg
† 20. 3. 1569 in Amberg
Grabstätte: St.-Martins-Kirche in Amberg

7. Ludwig
* 30. 12. 1570 in Amberg
† 7. 5. 1571 in Amberg
Grabstätte: St.-Martins-Kirche in Amberg

8. Katharina
* im April 1572 in Amberg?
† 16. 10. 1586 in ?
Grabstätte: Heiliggeistkirche in Heidelberg

9. Christine
* 6. 1. 1573 auf Schloß Hirschwald in der Oberpfalz
† 21. 7. 1619 in Zweibrücken
Grabstätte: Alexanderskirche in Zweibrücken

10. Friedrich IV.
⚭ Louise Juliane, Tochter des Prinzen Wilhelm I. von Nassau-Oranien
Siehe unter Kurfürst Friedrich IV.

11. Philipp
* 4. 5. 1575 in Amberg
† 8. 8. 1575 in Amberg
Grabstätte: St.-Martins-Kirche in Amberg

12. Elisabeth
* 24. 11. 1576 in Amberg
† 10. 4. 1577 in Heidelberg
Grabstätte: Heiliggeistkirche in Heidelberg

Pfalzgraf und Herzog Johann Kasimir

Pfalzgraf und Herzog Johann Kasimir

* 7. 3. 1543 in Simmern
† 16. 1. 1592 in Heidelberg
Grabstätte: Heiliggeistkirche in Heidelberg

⚭ 14. 6. 1570 in Heidelberg
ELISABETH
Eltern: August, Kurfürst von Sachsen, und Anna, Tochter des Königs Christian III. von Dänemark
* 18. 10. 1552 in Wolkenstein
† 12. 4. 1590 in Heidelberg
Grabstätte: Heiliggeistkirche in Heidelberg

Johann Kasimir ist Verweser des Kurfürstentums von 1583 bis 1591.

Der calvinistische Pfalzgraf Johann Kasimir führte die konfessionelle Politik seines Vaters Friedrich III. in großzügigen Linien und mit Erfolg weiter. Er hatte in dem ihm zugewiesenen Deputat, das Neustadt an der Weinstraße und Kaiserslautern umfaßte, ein kraftvolles Zentrum des Calvinismus entwickelt und in Neustadt sogar eine calvinistische Hochschule geschaffen, die für die in Heidelberg enthobenen calvinistischen Professoren eine fruchtbare Wirkungsstätte wurde. Calvinisten aus England und Polen und aus Frankreich besuchten sie. Auch die Stadt selbst nahm dadurch einen Aufschwung. Freilich mußte diese Hohe Schule 1582 wegen einer Pest vorübergehend nach Frankenthal verlegt werden. Durch den frühen Tod seines Bruders Ludwig VI. wurde Johann Kasimir 1583 Administrator der Pfalz, seine Hohe Schule in Neustadt sank zu einem »Gymnasium illustre« herab, die Universität in Heidelberg aber vertrat wieder die calvinische Weltauffassung. Um 1583 einen Nichtkatholiken als Kurfürsten und Erzbischof von Köln durchzusetzen, verhandelte Johann Kasimir mit Königin Elisabeth von England und König Friedrich II. von Dänemark. Wenn auch der Schöpfer der Union der Niederlande, Prinz Wilhelm von Oranien, 1584 ermordet worden war, gewann Johann Kasimir doch den damals reformierten König Heinrich von Navarra. England und Frankreich finanzierten Johann Kasimirs Heer, freilich so unzureichend, daß es bald aufgelöst werden mußte. Dafür schloß er sich mit Kurfürst Christian von Sachsen, seinem Schwager, zusammen. 1591 sandten die wichtigsten protestantischen Reichsstände ihre Vertreter auf den von den beiden Schwägern veranstalteten Konvent von Torgau. Sie spendeten so viel Geld, daß Johann Kasimir 1591 den Hugenotten über 15.000 Mann unter der Führung des Fürsten Christian von Anhalt zu Hilfe schicken konnte. Im Kurpfälzer Land mediatisierte er die meist lutherisch gesinnten Ritter, die zu Reichsrittern aufzusteigen im Begriffe waren. Da starb am 25. September 1591 sein Schwager Christian von Sachsen. Nun stand er vor der Frage, ob er allein die Ziele der Torgauer Union durchsetzen würde.

Darüber traf ihn ein Schlaganfall. Er starb am 6. Januar 1592. Sein Nachfolger wurde der noch nicht ganz volljährige Kurfürst Friedrich IV., den er zum Calvinismus gepreßt hatte. Von den sechs Kindern aus der Ehe Johann Kasimirs wurden drei tot geboren, zwei starben früh.

Dorothea, geboren am 6. Januar 1581, heiratete am 31. August 1595 in Heidelberg Johann Georg I. Fürst von Anhalt-Dessau als dessen zweite Gemahlin. Sie gebar ihm elf Kinder und starb am 18. September 1631 in Sandersleben. Sie ruht in Dessau in der Schloßkirche St. Maria.

Kurfürst Friedrich IV. von der Pfalz

Kurfürst Friedrich IV. von der Pfalz

* 5. 3. 1574 in Amberg
† 9. 9. 1610 in Heidelberg
Grabstätte: Heiliggeistkirche in Heidelberg

⚭ 23. 6. 1593 in Dillenburg
LOUISE JULIANE
Eltern: Wilhelm I., Prinz von Nassau-Oranien, und Charlotte, Tochter des Herzogs Ludwig III. von Bourbon-Montpensier
* 31. 3. 1576 in Delft
† 15. 3. 1644 in Königsberg
Grabstätte: Dom in Königsberg

Friedrich IV. regiert in der Kurpfalz von 1583 bis 1610 (bis 1591 unter der Vormundschaft seines Onkels Johann Kasimir).

Friedrich IV., der Sohn des lutherischen Kurfürsten Ludwig VI., war bis zu seinem neunten Lebensjahr von seinen lutherischen Eltern in deren Religion erzogen worden, dann aber von seinem calvinistischen Hauptvormund Johann Kasimir, dem Bruder seines Vaters, zum Calvinismus gezwungen worden. Trotz seiner Tränen und Bitten mußte er calvinistische Predigten besuchen, trotz der Fürsprache der lutherischen Gattin des Vormunds einen anderen konfessionellen Weg beschreiten. Obwohl sein lutherischer Mitvormund Pfalzgraf Reichard von Simmern ein Urteil des Reichskammergerichts gegen Johann Kasimir erwirkte, gelang es dessen Rat Ehem, am Revisionsgericht eine endgültige Verurteilung Johann Kasimirs zu verhindern. Ehem war ein begabter, schon von Friedrich III. erprobter Jurist. So legte Friedrich 1587 das reformierte Glaubensbekenntnis ab.

Er begann selbst die Regierung, obwohl Pfalzgraf Reichard von Simmern, der zur Beisetzung Johann Kasimirs in Heidelberg erschienen war, noch für eine bestimmte Zeit die Vormundschaft beanspruchte. Wenn er nicht einmal das 18., sondern das 25. Lebensjahr zur Festsetzung der Volljährigkeit erstrebte, hoffte er damit, den jungen Friedrich von den calvinischen Auffassungen abzubringen, die ihm aufgezwungen worden waren. Die lutherische Oberpfalz vertrat Reichards Rechtsauffassung.

Friedrich betete am Morgen und ließ sich ein Kapitel aus der Bibel vorlesen. Dann arbeitete er im Rat (Oberrat) bis zum Mittagessen. Einmal im Monat nahm er im Kirchenrat auch dessen Berichte entgegen und erließ gute Verfügungen für das kirchliche Leben. In seinen Rat übernahm er die von Johann Kasimir übernommenen Männer, den fränkischen Ritter Georg Ludwig von Hutten als Großhofmeister, Obersten Rat und Amtmann, daneben aber auch etwa einen seiner Lehrer Michael Lingelsheim, seinen bisherigen Kammerjunker, den Mecklenburger Volrad von Plessen, der mit Lingelsheim zusammen studiert hatte und an französischen und italienischen Universitäten ein kundiger Neuhumanist geworden war. Obwohl Johann Kasimir aus Friedrich »keinen Doktor« machen wollte und nicht einmal auf Pflege der französischen Sprache bei seinem Nachfolger großen Wert gelegt hatte, interessierte sich Friedrich für viele geistige Bereiche. Seine Räte, darunter der Vizekanzler Dr. Ludwig Culmann, überlegten eine Vermählung Friedrichs mit einer Tochter des lutherischen Herzogs Philipp Ludwig von Pfalz-Neuburg. Da das Kanzleramt bis 1598 unbesetzt blieb, waren die Berater in der Heiratsfrage von verschiedenen Kombinationen ausgegangen.

Obwohl einige abrieten, heiratete Friedrich IV. am 23. Juni 1593 in Dillenburg Louise Juliane, die Tochter des berühmten, den lutherischen Glauben bekennenden Wilhelm des Schweigers aus dem Haus Nassau-Oranien. Er tat damit einen Schritt in die konfessionspolitische Welt.

Friedrich, der während der Statthalterschaft seines Vaters in Amberg geboren worden war, reiste dorthin, zumal ihn auch die Oberpfälzer Landstände einluden. Er machte dort den Fürsten Johann Georg I. von Anhalt-Dessau, den er noch in Heidelberg mit seiner Cousine Dorothea, der Tochter Johann Kasimirs, vermählte, zum Statthalter. Das war im Jahr 1595. Für den Februar 1593 schrieb Friedrich einen Landtag in der Oberpfalz aus und bestätigte dort die Freiheiten der Oberpfälzer Landsassen. Ihre lutherische Einstellung tastete er nicht an. Am 13. Januar 1593 fiel durch den Tod des Pfalzgrafen Reichard auch Simmern an den Kurfürsten. Die Pfarrer dort traten aus eigener Initiative zum Calvinismus über.

Friedrich führte 1593/94 durch das sogenannte Institutionswerk eine allgemeine religiöse Volksbelehrung durch. Er war gesellschaftlich und geistig so offen, daß er in Heidelberg Professuren für Geschichte, für die arabische Sprache und für den Orientalisten Jakob Christmann schuf. Für besondere Fragen bildete er neben dem Oberrat einen Nebenrat und berief in diesen den juristischen Hofrat noch Johann Kasimirs und Historiker Marquard Freher; er verwendete ihn später auch als Vizepräsidenten des Hofgerichts und als Diplomaten in Polen. Er gewann in ihm zugleich einen Verfechter seiner Rechte als Kurfürst und Reichsvikar gegen die von Christoph Gewold aus München vorgetragenen Ansprüche. In Heidelberg begegneten sich geistige Persönlichkeiten aus der Schweiz, aus Frankreich und den Niederlanden, denen Friedrich große Gastfreundschaft erwies. 1598 holte er Ludwig Camerarius als Beisitzer in sein Hofgericht und gewann in ihm geradezu einen Freund. Große gesellschaftliche Offenheit Friedrichs verrät die Weitergestaltung des Strafrechts im Pfälzer Landrecht. Die Folter durfte nur mehr mit Genehmigung durch den Landesherrn selbst angewandt werden. Wie sein Vater verbesserte er das Rechtsleben und bemühte sich um einen protestantischen Verteidigungsbund. Doch ließ er sich 1601 förmlich in den Verein aller Kurfürsten aufnehmen. 1603 schuf er aus Bürgern und Bauern Gemeindestände, um in Geldfragen Verhandlungspartner zu haben. Das war auch für militärische Zwecke nützlich. Aufgrund des Beschlusses seines Oberrates machte er das Fischerdorf Mannheim 1606/07 zu einer Festung. Als Herzog Maximilian von Bayern im Dezember 1607 die Reichsacht an der Reichsstadt Donauwörth vollstreckte, gewann Friedrich auch Lutheraner wie den väterlich-gütigen und fürsorglichen Herzog Philipp Ludwig von Pfalz-Neuburg für die Union, die er am 4. Mai 1608 auf zehn Jahre zu gemeinsamer Abwehr katholischer Aktionen schloß.

Religiöse Zwistigkeiten sollten die Bundesglieder nicht voneinander trennen. Der lutherische Markgraf Joachim Ernst von Brandenburg-Ansbach erhielt das Direktorium der Union für die Bereiche, die nicht zur Kurpfalz gehörten. Der tatkräftige und zur Tat drängende Fürst von Anhalt wurde General-Oberstleutnant. Der zum Calvinismus neigende Brandenburger Kurfürst Johann Sigismund trat im Juli 1608 bei. Friedrich verabredete eine Vermählung von dessen damals 14jährigem Enkel Georg Wilhelm mit seiner 12jährigen Tochter Elisabeth Charlotte. Friedrich vereinbarte bereits 1604 mit Johann II. von Zweibrücken und dessen Bruder Friedrich Kasimir, daß er Vormund für ihren jüngsten Bruder Johann Kasimir würde. Er überlegte bereits dessen Vermählung mit Katharina, der Tochter König Karls IX. von Schweden, der seit 1593 das Luthertum in seinem Lande zum Sieg führte. Der Sohn aus der 1615 zustande gekommenen Ehe war jener Karl X. Gustav, der nach dem Verzicht von Christine, der Tochter Gustav Adolfs, die Regierung als König von Schweden übernahm.

Da es in der Linie Simmern im Unterschied zu der in Zweibrücken keine Primogenitur gab, bestimmte Friedrich IV. als Vormund für seinen Kurprinzen den calvinistisch gewordenen Herzog Johann I. von Zweibrücken und dessen lutherischen Bruder Philipp Ludwig. Eine politische Union der beiden protestantischen Kirchen blieb sein Ziel.

Friedrich IV. war ein leidenschaftlicher Freund der Bücher. Die ihm vorgeworfene Verschwendung wurde durch seine Mitarbeiter mitverschuldet. Der wohltätige Landesvater, der bis in sein letztes Lebensjahr an der Verbesserung des Rechtslebens arbeitete, war leutselig und beliebt. Ein (späteres?) Studentenlied läßt ihn singen: »Heute wieder voll gewest.« Das hing damit zusammen, daß er nicht nur durch seine spätere Förderung der Wissenschaften, sondern schon 1587 immer wieder in Beziehung zu Studentenkreisen getreten war. Damals war er durch schweren Wein gezwungen worden, das calvinistische Glaubensbekenntnis abzulegen, war aber auch, der Sitte der Zeit entsprechend, zum Rektor der Universität gewählt worden.

Seine politische Bedeutung ist groß. Er setzte die alten Verbindungen mit Elisabeth I. von England fort, nahm solche mit dem Stuartkönig Jakob I. auf und war schon von König Heinrich IV. von Frankreich 1596 zu einem Bündnis angeregt worden. Sein Tod 1610, ein Jahr nach der Gründung der katholischen Liga, schuf eine neue Lage.

Die Nachkommen des Kurfürsten Friedrich IV. von der Pfalz

1. LOUISE JULIANE
   * 16. 7. 1594 in Heidelberg
   † 28. 4. 1640 in Meisenheim
   Grabstätte: Reformierte Stadtkirche in Meisenheim

   ⚭ 13. 5. 1612 in Heidelberg
   JOHANN II., Pfalzgraf und Herzog von Zweibrücken-Veldenz
   Eltern: Johann I., Pfalzgraf und Herzog von Zweibrücken-Veldenz, und Magdalena, Tochter Herzog Wilhelms IV. von Jülich-Kleve-Berg
   * 26. 3. 1584 in Bergzabern
   † 9. 8. 1635 in Metz
   Grabstätte: Alexanderskirche in Zweibrücken

2. KATHARINA SOPHIE
   * 10. 6. 1595 in Heidelberg
   † 28. 6. 1626 in Zweibrücken
   Grabstätte: Alexanderskirche in Zweibrücken?

3. FRIEDRICH V.
   ⚭ ELISABETH, Tochter König Jakobs I. von England
   Siehe unter Kurfürst Friedrich V.

4. ELISABETH CHARLOTTE
   * 19. 11. 1597 in Neumarkt/Oberpfalz
   † 26. 4. 1660 in Krossen/Schlesien
   Grabstätte: Dom in Berlin

   ⚭ 14. 7. 1616 in Heidelberg
   GEORG WILHELM, Kurfürst von Brandenburg
   Eltern: Johann Sigismund, Kurfürst von Brandenburg, und Anna, Tochter des Herzogs Albrecht Friedrich von Preußen
   * 13. 11. 1595 in Berlin
   † 1. 12. 1640 in Königsberg
   Grabstätte: Dom in Königsberg

5. ANNA ELEONORE
   * 4. 1. 1599 in Heidelberg
   † 3. 6. 1600 in Heidelberg
   Grabstätte: Heiliggeistkirche in Heidelberg

6. Ludwig Wilhelm
* 5. 8. 1600 in Heidelberg
† 10. 10. 1600 in Heidelberg
Grabstätte: Heiliggeistkirche in Heidelberg

7. Moritz Christian
* 18. 9. 1601 in Heidelberg
† 28. 3. 1605 in Heidelberg
Grabstätte: Heiliggeistkirche in Heidelberg

8. Ludwig Philipp
* 23. 11. 1602 in Heidelberg
† 6. 1. 1655 in Krossen/Schlesien
Grabstätte: Reformierte Stadtkirche in Simmern

⚭ 4. 12. 1631 in Cölln an der Spree
Maria Eleonore
Eltern: Joachim Friedrich, Kurfürst von Brandenburg, und Eleonore, Tochter des Herzogs Albrecht Friedrich von Preußen
* 1. 4. 1607 (22. 3.?) in Cölln an der Spree
† 18. 2. 1675 in Kreuznach
Grabstätte: Reformierte Stadtkirche in Simmern

Ludwig Philipp begründet die jüngere Linie Simmern und regiert in Simmern, einem Teil der Grafschaft Sponheim und im Fürstentum Lautern. Die Linie erlischt 1673 mit dem Tod seines Sohnes Ludwig Heinrich Moritz.

Kurfürst Friedrich V. von der Pfalz

Kurfürst Friedrich V. von der Pfalz

* 26. 8. 1596 auf dem Jagdschloß Deinschwang in der Oberpfalz
† 29. 11. 1632 in Mainz
Grabstätte: Sedan?

⚭ 24. 2. 1613 in London
ELISABETH
Eltern: Jakob I., König von England aus dem Hause Stuart, und Anna, Tochter König Friedrichs II. von Dänemark
* 19. 8. 1596 in London
† 23. 2. 1662 in London
Grabstätte: Westminster Abbey in London

Friedrich V. regiert in der Kurpfalz von 1610 bis 1632, als König von Böhmen von 1619 bis 1620 (gekrönt am 4. 11. 1619).

Friedrich V., der Sohn Friedrichs IV., war 14 Jahre alt, als er am 9. September 1610 Kurfürst wurde. Sein Hauptvormund Herzog Johann II. von Zweibrücken und Administrator der Kur stand in Unterhandlungen mit Herzog Maximilian von Bayern, noch bevor am 17. Oktober Friedrich IV. beigesetzt wurde. Am 24. Oktober kam es zu einem Vergleich zwischen der Union und der Liga. Beide verpflichteten sich, unverzüglich ihre Truppen zu entlassen und Forderungen aneinander auf dem Rechtswege oder gütlich zu regeln. Der lutherische Herzog Philipp Ludwig von Pfalz-Neuburg machte nun sein dynastisch näheres Anrecht auf Vormundschaft und vormundschaftliche Regierung derart geltend, daß Johann II. von Zweibrücken noch 1610 beim Kaiser und den Reichsständen, ein zweites Mal nach Philipp Ludwigs Tod 1614, die ihm übertragene Aufgabe auch rechtlich anerkannt bekommen mußte. Kaiser Rudolf II. erkannte sie 1611 nur für so lange an, bis der Neuburger ein besseres Recht für sich erweise. Als der Kaiser im Januar 1612 starb, bestritt Philipp Ludwig dem Zweibrücker das Recht der Reichsverwesung. Der Herzog von Bayern aber forderte nun diese für sich. Doch der Zweibrücker setzte sich durch und heiratete im Mai 1612 Louise Juliane, die Schwester seines Mündels. Friedrich V. selbst war von 1608 bis 1612 bei dem reformierten Herzog von Bouillon in Sedan erzogen worden. Seine deutschen Lehrer unterrichteten ihn in Theologie und Sprachen, in Mathematik und Kriegswissenschaft. Was er bereits in Geschichte und Geographie wußte, mußte er dem Vormund selbst vortragen. Nach dessen Instruktion sollte Friedrich besonders lernen, »mit fremden ausländischen Nationen wohl umzugehen und deren Gunst und Affektion zu erlangen«. Friedrich war kein einfacher Charakter wie sein Vater, disziplinierter, aber weniger realistisch.

Mit auf Vorschlag des Herzogs von Bouillon und des Fürsten Christian von Anhalt vermählte sich Friedrich V. am 24. Februar 1613 in London mit Elisabeth, der Tochter König Jakobs I. von England. Aufgrund der – lateinischen – Eheverträge von 1612 zahlte der englische König zwischen 1615 und 1618 über Amsterdam an Friedrich 40.000 Pfund Sterling. Friedrich wies ihr als Wittum Neustadt an der Weinstraße usw., als Residenz als Witwe Frankenthal und Friedelsheim zu. Außerdem versprach er ihr jedes Jahr 1500 Pfund Sterling und 10.000 Pfund als Wittum. Friedrich lernte das England eines Shakespeare auch in Cambridge und Oxford kennen. Bei der Heimkehr bereiteten ihm seine holländischen Verbündeten große Feste. Er besprach sich im Haag und in Utrecht aber auch mit seinem Nassauer Oheim und verschiedenen holländischen Staatsmännern. In Frankenthal und Heidelberg wurde das kurfürstliche Paar besonders begrüßt. Auf die Pracht und die aufsteigende Macht, die bei dieser

Hochzeit sichtbar wurde, fiel freilich bereits am 9. Oktober 1613 ein schwerer Schatten, als sich Kaiser Matthias an den Administrator Johann von Zweibrücken wegen des Überfalls und der Einnahme der fürstbischöflich Speyerischen Residenz Bruchsal durch Kurpfälzer Truppen 1609 wandte und Auslieferung der Rädelsführer forderte. Die Ablösung der Reichspfandschaft über Waibstatt und über die Kastenvogtei des Stiftes Odenheim sei Anmaßung, die Huldigung in diesem Stift und einigen seiner Dörfer sei erzwungen gewesen. Das schrieb der Kaiser am 12. Oktober 1613 an Friedrich V. selbst. Auch die Erbfrage in Jülich war nicht gelöst. Erzherzog Albrecht bedrohte von den Spanischen Niederlanden aus Holland. Da gelang es Friedrich und seinen Beratern, auch dem Herzog von Zweibrücken, einen drohenden Kriegsausbruch zu vermeiden. Der am 26. August 1613 volljährig gewordene Kurfürst bediente sich vor allem seines Mitarbeiters im Rat, des Reichserbschenken Heinrich von Limpurg, der auch im Reichshofrat tätig war. Schon 1616 bemühten sich aber auch Friedrichs Männer um Maximilian von Bayern. Dieser legte damals das Amt des Bundesobersten der Liga nieder, die 1609 als katholischer Bund gegründet worden war. Er lehnte einen Angriffskrieg um das Jülicher Erbe ab. Unter seinem Einfluß war Wolfgang Wilhelm von Pfalz-Neuburg katholisch geworden und am 25. Mai 1614 in Düsseldorf offen zum katholischen Glauben übergetreten. Er wurde am 22. August Nachfolger seines Vaters Philipp Ludwig. Kurfürst Johann Sigismund von Brandenburg schloß mit Wolfgang Wilhelm in der Erbfrage einen Vergleich.

Friedrich V., beraten von Ludwig Camerarius, entwickelte die politische Freundschaft mit Maximilian von Bayern so weit, daß er Maximilian zum Kaiser wählen und dadurch eine gemeinsame Wittelsbacher Front gegen Konfessionskriege bilden wollte. Friedrich V. reiste am 3. Februar 1618 nach München und sprach an den beiden nächsten Tagen mit Maximilian unter vier Augen. Er schlug ihm vor, sich nach dem Tod des kranken Habsburgers Matthias selbst zum Kaiser wählen zu lassen. Der Bayernherzog ging darauf aber nicht ein, denn sein Studienfreund Erzherzog Ferdinand hatte sich am 29. Juni 1617 zum König von Böhmen gemacht, mißachtete aber wie seine Habsburger Vorgänger seit 1526 die Verfassung Böhmens.

Selbst die von Kaiser Rudolf II. 1609 den Protestanten in Böhmen gewährte Toleranz geriet ins Wanken. Ferdinands Statthalter wurde am 23. Mai 1618 in Prag aus dem Fenster gestürzt und floh nach München. Maximilian unternahm daraufhin aber keinen politischen Schritt. Friedrich V. unterstützte die aufständischen Protestanten in Böhmen, setzte aber seinen Briefwechsel mit Maximilian fort. Obwohl Ferdinand am 1. Juli auch die Krone Ungarns gewann, bekam Friedrich V. von Maximilian zu lesen, daß er den Starrsinn nicht billige, den Wolfgang Wilhelm – sein neuer Konfessionsgenosse – in der Jülicher Erbfolge seinen jüngeren lutherischen Brüdern gegenüber zeige. Da starb am 20. März 1619 Kaiser Matthias. Die böhmischen Landstände erklärten nun am 17. August den unter Intrigen zum König gewordenen Erzherzog Ferdinand seiner Ansprüche für verlustig und wählten zehn Tage später den Pfälzer Kurfürsten zu ihrem

König. Friedrich, dem seine eigene Mutter, die Tochter Wilhelms von Oranien, von der Krone abriet, bat Maximilian um seinen Rat. Dieser, in den der Papst und der König von Spanien drängten, für Ferdinand einzutreten, riet seinem Pfälzer Vetter offen ab. Durch diese Krone erwachse dem eigenen Hause Friedrichs Gefahr. Der König von England versuchte bei Maximilian und dann bei Ferdinand zu vermitteln. Maximilian antwortete einer Gesandtschaft Friedrichs am 24. September, wenn Böhmen dem Haus Österreich entrissen werde, würde ganz Deutschland gewaltig erschüttert. Ferdinand werde seine Rechte verteidigen und alle gekrönten Häupter auf seiner Seite haben. Friedrich V. aber hielt es für seine Pflicht, den in Gefahr geratenen Protestanten in Böhmen beizustehen, und nahm die Krone an. Als er das am 7. Oktober Maximilian mitteilte, schrieb ihm dieser noch am 26. seine abermalige Mißbilligung. Der neue Kaiser bedrohte den nunmehrigen Böhmenkönig mit der Reichsacht. Friedrich war seit Oktober 1619 nach Prag übersiedelt und blieb dort mit seiner Gattin bis zum November 1620, also wesentlich länger, als sein späterer Spottname »der Winterkönig« besagt. Maximilian, der die katholische Liga erneuert hatte, schloß mit dem lutherischen Markgrafen Joachim Ernst von Brandenburg-Ansbach, der die Union vertrat, Frieden. Der Pfälzer in Prag war ohne einen Schwertstreich isoliert. Friedrichs böhmische Truppen trugen weißblaue Binden am Arm, als sie am 8. November 1620 westlich von Prag am Weißen Berg von Soldaten mit weißen Armbinden unter Maximilian und seinem Feldherrn Tilly geschlagen wurden.

Am 22. Januar 1621 sprach der Kaiser über Friedrich die Acht und Aberacht aus. Er war mit seiner Gattin über Brandenburg nach Holland geflohen. Herzog Johann von Zweibrücken aber übergab dem in Böhmen nicht besiegten Grafen Ernst von Mansfeld eine bemessene Summe zur Aufstellung eines neuen Heeres. Die Union löste sich im April/Mai 1621 selbst auf. Tilly eroberte 1622 Heidelberg und schenkte die kostbare Bibliothek (Palatina) als erobertes Gut dem Papst. Der neue Kaiser belehnte den Bayernherzog 1623 mit der Pfälzer Kur. Der von Friedrich V. zu Hilfe gerufene König von Dänemark wurde besiegt. Kaiser Ferdinand II. verkaufte die Oberpfalz am 22. Februar 1628 an Maximilian. An den Pfalz-Neuburger Wolfgang Wilhelm hatte er bereits 1623 die Ämter Parkstein, Weiden und Pleystein abgegeben. Friedrich V. ließ, durch den englischen Gesandten unterstützt, dem Kaiser einen Brief übergeben und bat das Schicksal seiner armen unschuldigen Untertanen günstiger zu gestalten und das Geschehen »seiner mißleiteten Jugend zugute zu halten«. Doch der Kaiser forderte, trotz katholischer Vermittler, bedingungslose Unterwerfung. Da vermittelte Friedrichs Mutter, die zu ihrem kurfürstlichen Schwiegersohn nach Berlin gezogen war, in den Verhandlungen über ein Bündnis, das der lutherische Schwedenkönig Gustav Adolf nur mit Mühe zustande brachte. Gustav Adolf wollte die durch das Restitutionsedikt von 1629 hart getroffenen protestantischen Staaten retten. Er marschierte in das Reich ein und dachte sogar daran, sich zum Römischen König wählen zu lassen. Friedrich wandte sich an ihn, und dieser versprach, ihn wiedereinzusetzen, wenn nur auch England tätig würde. Am 10. Februar 1631 besprachen sich Gustav Adolf und Friedrich in Frankfurt. Friedrich reiste in die befreiten Pfälzer Gebiete. Nur Heidelberg war noch durch Maximilians Truppen besetzt. Gustav Adolf marschierte in die fränkischen Fürstbistümer, sprengte die Liga und besiegte Tilly. Im Mai 1632 zogen Friedrich und Gustav Adolf in München ein und hofften auf die Eroberung Heidelbergs. Friedrich bewunderte Maximilians Kunstschätze, schrieb aber seiner Gattin, er würde davon nichts nehmen. Auch Frankreich unterstützte den Pfälzer. Friedrich hatte in Holland eine Exilregierung eingerichtet, aber erleben müssen, daß sein begabter ältester Sohn Heinrich Friedrich in der Nähe von Harlem ertrank. Kurz nach dem Tod Gustav Adolfs am 16. November in der Schlacht bei Lützen starb Friedrich während seiner Tätigkeit in der Pfalz – schwer erkrankt und erschüttert über den Tod des Schwedenkönigs, als er aus politischen Gründen nach Mainz reiste – am 29. November. »Treu bis zum Grabe«, schrieb er seiner geliebten Gattin nach Rhenen. Stets war sein Wahlspruch gewesen »Treu bis zum Tode«.

Die Nachkommen des Kurfürsten Friedrich V. von der Pfalz

1. HEINRICH FRIEDRICH

   * 11. 1. 1614 in Heidelberg
   † 17. 1. 1629, verunglückt in der Nähe von Harlem
   Grabstätte: St.-Vinzenz-Kloster oder Prinzenkirche in s'Gravenhage (Den Haag, Niederlande)

2. KARL LUDWIG

   ⚭ CHARLOTTE, Tochter Wilhelms V., Landgraf von Hessen-Kassel
   Siehe unter Kurfürst Karl Ludwig von der Pfalz

3. ELISABETH

   * 5. 1. 1619 in Heidelberg
   † 21. 2. 1680 im Stift Herford
   Grabstätte: Münster in Herford

   1667 Äbtissin des reformierten Stiftes Herford.

4. RUPRECHT der Kavalier

   * 27. 12. 1619 in Prag
   † 29. 11. 1682 in London
   Grabstätte: Westminster Abbey in London

   Von den 13 Kindern des Pfälzer Kurfürsten Friedrich V. aus seiner glücklichen Ehe mit der Schwester des späteren englischen Königs Karl I. (1625–1649) hatte der achtjährige Ruprecht wie sein älterer Bruder Karl Ludwig in Leiden Studien begonnen, sich aber weniger als dieser durch das bittere Schicksal seiner Familie im holländischen Exil davon abhalten lassen, zusammen mit einem Zweibrücker Vetter altersgemäße Streiche zu unternehmen. Der schöne, hochgewachsene Knabe mit nach der Mode langen, herabwallenden Locken wurde früh mit holländischen Malern bekannt, von denen ihn 1632 Anton van Dyck mit seinem Lieblingshund malte. Bald nach seinem Bruder 1635 in England gelandet, gewann er die Sympathie der katholischen Königin Henriette Maria, der Tochter des französischen Königs Heinrich IV., die ihm in den Schlössern die englische Geschichte erzählte, während ihn van Dyck ebenfalls dort gelegentlich zum Malen anleitete. Der den

beiden Brüdern 1636 in Oxford verliehene Doktorgrad ermunterte ihn auch zu wissenschaftlicher Arbeit.
Als der König den 17jährigen mit einer Prinzessin von Rohan vermählen wollte, sagte er lächelnd ab, erlag aber keinen Versuchungen und kehrte ein Jahr später ins Reich zurück. Er geriet 1638 in einer unglücklichen Schlacht in die Kriegsgefangenschaft des neuen Kaisers Ferdinand III. (1637–1657), der ihn nach einem etwas romantischen Aufenthalt in Regensburg in Wien aus der Haft entließ. Nach kurzem Besuch bei der Mutter wieder in England, brachte er zusammen mit der Königin die englischen Kronjuwelen nach Holland und kämpfte in England als Anführer der sogenannten Kavaliere seit 1642 als tapferer Reiterführer für den König und eroberte Bristol, wurde 1643 zum Herzog von Cumberland gemacht, 1644 zum Befehlshaber der englischen Truppen, konnte aber den König nicht vor Cromwell retten. Trotz seiner Kriegsdienste nun für Frankreich in Flandern, stand er dem nunmehr im holländischen Exil lebenden König Karl II. zur Verfügung; er verlegte seine Flotte nach Lissabon. »Rache für den Königsmord« blieb Ruprechts Ziel auch nach Cromwells Seesieg 1651. Die Sehnsucht nach der Heimat seiner Familie ließ ihn 1654 in die Pfalz reisen, wo seit 1648/49 sein Bruder Karl Ludwig regierte. Er erhielt von diesem eine finanzielle Apanage, aber kein Pfälzer Regierungsgebiet. Seltsamerweise verliebte er sich in dasselbe Hoffräulein wie dieser. Aus verschiedenen Gründen wurde er nun von Karl Ludwig nicht mehr empfangen. Tief erschüttert reiste er für immer aus der Pfalz ab, bot 1657 vergebens seine Dienste dem mit Karl Ludwig als Reichsverweser konkurrierenden Kurfürsten Ferdinand Maria von Bayern an und reiste wieder nach England. Dort war 1658 der Republikgründer und Diktator Cromwell unter starken Gewissensbissen gestorben; das Parlament begrüßte die Anträge des Königs Karl II., und dieser lud Ruprecht zur Arbeit in seinem Geheimen Rat ein. Der vielseitig begabte Wittelsbacher hatte sich in Deutschland mit dem Landgrafen Wilhelm VI. von Hessen-Kassel befreundet, der sich wie er für Kunst und für Chemie interessierte. Ruprecht erfand u. a. das Prinz-Metall und unabhängig von dem hessischen Offizier und Kupferstecher Ludwig von Siegen die Schabkunst. Karl II. gründete 1660 die »Royal Society«, eine Art Akademie der Wissenschaften, in London und machte 1663 Ruprecht zu ihrem Mitglied.
1662 war seine Mutter in aller Stille nach England zurückgekehrt und starb 1662 in Ruprechts Armen. Der fast 45jährige knüpfte damals Beziehungen zur Tochter des Lords Bellamont an und ging mit ihr eine von Kaiser Leopold I. als morganatische Ehe anerkannte Verbindung ein. Sein Sohn Dudley Bard (nach dem mütterlichen Großvater benannt) widmete sich später den Kriegswissenschaften und fiel 1686 unter Max Emanuel bei der Eroberung Ofens. Als seine Frau bei der Geburt eines

zweiten Kindes starb, ging Ruprecht später nochmals eine nicht ebenbürtige Verbindung mit Margarete Hewes (Hughes?) ein, der ersten weiblichen Darstellerin der Desdemona aus Shakespeares Othello. Die Tochter Roperta heiratete später den Generalleutnant Howe.

In dieser Zeit entfaltete Ruprecht noch einmal eine bedeutende Tätigkeit für England. Als ihn ein Gesandter seines in London regierenden Vetters auf die Möglichkeit aufmerksam machte, daß an der Hudson-Bay der mit England konkurrierenden Seemacht Holland eine Grenze gesetzt werden könnte, besprach Ruprecht das mit Karl II. Das dorthin entsandte englische Schiff eilte mit Ruprecht an die Mündung des Hudson, der König ernannte ihn zum Gouverneur des neuen Gebietes. Ruprecht ließ in dem nach ihm benannten Rupertsland alsbald ein nach Karl II. benanntes Fort anlegen. 1669 gab der König ihm und neun anderen Personen das ausschließliche Recht des Handels und der Gründung von Niederlassungen in diesem Gebiet. So entstand unter Ruprechts Mitwirkung die Hudson-Bay-Company. Rupertsland wurde später ein Teil des Gebietes von Kanada.

Karl II. vertraute so sehr auf Ruprecht, daß er ihn auch an die Spitze der Kommission stellte, die in dem Streit der Grundbesitzer in Irland zu entscheiden hatte, wo die königstreu gebliebenen Grundbesitzer von Cromwell durch andere ersetzt worden waren. Es war nicht Ruprechts Schuld, daß die Kommission nichts zustande brachte. Doch gelang es ihm 1673, den Vorstoß holländischer Schiffe bei Vliessingen und später einen zweiten bei Kuikduin an der Zuidersee abzuwehren. Nach dem Friedensschluß widmete er sich noch einmal seinen künstlerischen und wissenschaftlichen Arbeiten. Er starb als Admiral und Gouverneur von Windsor 1682 in London und wurde in der Kapelle Heinrichs VII. in der Westminster Abbey beigesetzt, wo bereits seine Mutter lag.

5. MORITZ

* 6. 1. 1621 in Küstrin

† im Spätherbst 1652 (entweder bei einem Schiffbruch auf hoher See oder als Gefangener in Algier)

6. LOUISE MARIA (Luise-Hollandine), Malerin

* 28. 4. 1622 in Den Haag

† 11. 2. 1709 im Zisterzienserkloster Maubuisson

Grabstätte: Zisterzienserkloster Maubuisson (heute Ruine)

1664 Äbtissin des Klosters.

7. LUDWIG

* 31. 8. 1623 in Den Haag

† 24. 12. 1623 in Den Haag

Grabstätte: St.-Vinzenz-Kloster oder Prinzenkirche in Den Haag?

8. EDUARD
* 16. 10. 1624 in Den Haag † 23. 3. 1663 in Paris
Grabstätte: Klosterkirche Val de Grace in Paris?
⚭ 4. 5. 1645 in Paris
ANNA, Tochter Karls I. von Gonzaga, Fürst von Mantua, Herzog von Nevers, Rethel und Mayenne
* 1616 in ? † 6. 7. 1684 in Paris
Grabstätte: Klosterkirche Val de Grace in Paris

9. HENRIETTE MARIA
* 17. 7. 1626 in Den Haag † 20. 12. 1651 in Patak
Grabstätte: St. Michael in Karlsburg (heute Alba Julia in Rumänien)
⚭ 16. 5. 1651 in Patak
SIGMUND, Fürst Rákoczy von Siebenbürgen, Graf von Mongatsch
*1623? in ? † 4. 2. 1652 in Fogaras
Grabstätte: St. Michael in Karlsburg (heute Alba Julia in Rumänien)

10. PHILIPP
* 6. 10. 1627 in Den Haag
† 15. 12. 1650 (gefallen in der Schlacht bei Rethel als lothringischer Reiteroberst)
Grabstätte: Heiliggeistkirche in Heidelberg

11. CHARLOTTE
* 19. 12. 1628 in Den Haag † 24. 1. 1631 in Den Haag
Grabstätte: Klosterkirche in Den Haag?

12. SOPHIE (die große Kurfürstin)
* 23. 10. 1630 in Den Haag
† 8. 6. 1714 in Herrenhausen
Grabstätte: Schloßkirche in Hannover
⚭ 17. 10. 1658 in Heidelberg
ERNST AUGUST, Herzog von Braunschweig-Lüneburg zu Kalenberg, später Kurfürst von Hannover
Eltern: Georg, Herzog von Braunschweig-Lüneburg zu Kalenberg, und Anna Eleonore, Tochter des Landgrafen Ludwig V. von Hessen-Darmstadt
* 20. 11. 1629 in Herzberg
† 23. 1. 1698 in Herrenhausen
Grabstätte: Schloßkirche in Hannover

13. GUSTAV ADOLF
* 14. 1. 1632 in Den Haag
† 9. 1. 1641 in ?
Grabstätte: Klosterkirche in Den Haag?

Kurfürst Karl I. Ludwig von der Pfalz

Kurfürst Karl I. Ludwig von der Pfalz

* 1. 1. 1618 in Heidelberg
† 28. 8. 1680 bei Edingen (Heidelberg)
Grabstätte: Heiliggeistkirche in Heidelberg

⚭ 22. 2. 1650 in Kassel, geschieden 14. 4. 1657 in Heidelberg
Charlotte
Eltern: Wilhelm V., Landgraf von Hessen-Kassel, und Amalie Elisabeth, Tochter des Grafen Philipp Ludwig II. von Hanau-Münzenberg
* 30. 11. 1627 in ?
† 26. 3. 1686 in Kassel
Grabstätte: Heiliggeistkirche in Heidelberg

Kurfürst Karl Ludwig regiert in der Kurpfalz von 1648 bis 1680. Karl Ludwig vermählte sich nach seiner Scheidung morganatisch mit Louise (Loysa) von Degenfeld am 6. 1. 1658 in Schwetzingen. Aus dieser Verbindung gingen 13 Kinder hervor, die sogenannten Raugrafen.

Karl Ludwig, Sohn Friedrichs V., der einer der bedeutendsten Kurfürsten der Pfalz wurde, war ein Flüchtlingskind. Den Zweijährigen hatte die Großmutter Louise Juliane vor den spanischen Truppen aus Heidelberg nach Brandenburg mitgenommen. Seit 1624 lebte er bei seiner Mutter in Rhenen in den Niederlanden. Diese, die englische Königstochter und Enkelin der unglücklichen schottischen Königin Maria Stuart, hatte dort mit ihrem Mann ein Landhaus eingerichtet, das mit Gemälden aus Heidelberg geschmückt war. So wuchs Karl Ludwig inmitten von mahnenden Erinnerungen an seine Geburtsstadt auf. Er und sein Bruder Ruprecht wuchsen unter dem noch vom Vater vorgeschlagenen Erziehungsprogramm heran. Beide studierten an der Universität in Leiden, bekamen aber auch rücksichtslose Bemerkungen von Söhnen reicher Kaufherren zu hören, daß ihre Familie aus den Kassen ihrer Eltern lebe. Ludwig Philipp, der jüngste Bruder Friedrichs V., nahm die Rechte als Landesherr in Simmern, Lautern und dem Wittelsbacher Teil der Grafschaft Sponheim wahr, so daß Karl Ludwig auf ihn hoffen konnte, zumal dieser 1631 Maria Eleonore, die Tochter des Kurfürsten Joachim Friedrich von Brandenburg, geheiratet hatte. Ludwig Philipp traf mit dem schwedischen Gesandten Oxenstiernas in Heidelberg eine Vereinbarung, so daß Ludwig Philipp auch Huldigungen von Pfälzer Städten entgegennehmen konnte. Doch vernichteten der kaiserliche Sieg bei Nördlingen und der Prager Friede im Jahr darauf (1635) alle Hoffnungen Karl Ludwigs. Da reisten dieser und einige Wochen später sein Bruder Ruprecht zu König Karl I. nach England und konnten es bereits als einen Erfolg buchen, daß ihm und seinem Bruder 1636 im Beisein des Königspaares in Oxford der Doktorgrad verliehen wurde. 1637 machte er in einem Manifest an den Kaiser seine Rechte öffentlich geltend. Mutig unternahm er darauf militärische Versuche im Emsland. Doch scheiterten sie ebenso wie seine Bemühungen, die Truppen des Herzogs Bernhard von Sachsen-Weimar im Elsaß oder solche des Landgrafen Wilhelm V. von Hessen-Kassel zu übernehmen. Der die französische Politik leitende Kardinal Richelieu internierte ihn bei der Reise durch Frankreich. Sein Bruder Ruprecht geriet nach einer unglücklichen Schlacht schon 1638 in die Kriegsgefangenschaft des neuen Kaisers Ferdinand III. Als Karl Ludwig nach England zurückkehren konnte und auch sein Bruder wieder dort eingetroffen war, kämpften Ruprecht und der auch bereits herangewachsene Bruder Moritz für König Karl, so daß sie sogar das Parlament ächtete. Karl Ludwig aber setzte nüchtern alles ein, um Kräfte für die Wiedergewinnung der Pfälzer Heimat zu finden, und reiste schließlich in Den Haag ab. Da England seit 1635 in Wien und Madrid, dann auf dem Kongreß in Hamburg 1638/39 und auf dem Reichstag in

Regensburg 1640/41 wegen der Wiedereinsetzung Karl Ludwigs als Kurfürst verhandelte, wurde Karl Ludwig durch die Friedensverträge von 1648 zunächst in Teilen der Kurpfalz rechtlich eingesetzt. Da Maximilian von Bayern die Pfälzer Kur, die erste der weltlichen Kurwürden, die auch mit der Reichsverweserschaft in den Rheinlanden, in Schwaben und in den Ländern fränkischen Rechts verbunden war, behielt, wurde für Karl Ludwig eine achte Kur geschaffen. Die Kurpfälzer Gebiete, die Maximilian sehr gut verwaltet hatte, wurden zunächst hessischen Exekutionstruppen übergeben. Karl Ludwig, nun 32 Jahre alt, zog im Herbst 1649 in die Pfalz ein. Während er sich in Alzey huldigen ließ, schossen dort noch französische Besatzungstruppen aus der Festung. Karl Gustav von Zweibrücken-Kleeburg unterstützte ihn im Ringen um die Räumung des befestigten Frankenthal von den Spaniern. Überall ergriff er sofort zweckmäßige Maßnahmen für die Bevölkerung. Dadurch gewann er so schnell an Boden bei den Pfälzern, daß er 1651 drohen konnte, die von ihm nach außen eingegangenen Verpflichtungen nicht zu erfüllen, wenn er nicht das versprochene Frankenthal erhalte. Im November eröffnete er die Universität wieder, 1652 rückte er demonstrativ mit seinem Hofstaat und 18.000 Mann Truppen vor Frankenthal und erreichte den Abmarsch der Spanier. Das Reich erkannte seine starke Stellung dadurch an, daß es 1652 das Erzschatzmeisteramt schuf und mit seiner Kur verknüpfte. Sein Prunkschwert von 1653 erinnert seit 1782 in der Münchner Residenz an ihn. Der Realist Karl Ludwig dankte dem alten Kurfürsten in München für seine gute Verwaltung der Pfalz und heiratete 1650 in Kassel Charlotte, die Tochter des Landgrafen Wilhelm V. von Hessen-Kassel. Denn dieser und seine 1637 verwitwete Gattin hatten sehr viel für die Wiedereinsetzung Karl Ludwigs getan. Charlotte gebar im April 1651 einen freilich kränklichen Sohn, den späteren Kurfürsten Karl II., mit dem die Linie Simmern ausstarb. Im April 1652 schenkte die Kurfürstin ihrem Gatten eine gesunde, fröhliche und lebenskräftige Tochter; sie wurde als Liselotte von der Pfalz seit ihrer Ehe mit dem Bruder Ludwigs XIV. eine außerordentliche Wittelsbacher Persönlichkeit.

Seine um zwölf Jahre jüngere Schwester Sophie, die in ihm geradezu ihren »lieben Papa« verehrte, vermählte er 1658 mit Herzog Ernst August von Braunschweig-Lüneburg, nachmals Kurfürst von Hannover. Der – französische – Briefwechsel der Geschwister bis ins Alter enthält viele auch geistesgeschichtliche Aussagen. Denn Sophie nahm Leibniz in ihren Dienst und förderte ihn entscheidend.

Karl Ludwig und Ruprecht, der für die englische Seeherrschaft (Rupertsbay!) entscheidende Fortschritte erzielte, trafen auch in Heidelberg zusammen. Beide verliebten sich damals in das bescheidene, aber heitere und schöne Kammerfräulein Louise (Loysa) Maria Susanne von Degenfeld. Sie lehnte zunächst beide ab. Karl Ludwig hatte freilich für seine politische Ehe nicht die notwendige Disziplin. Die Mutter mahnte ihn, da dieser seit 1657 einen lutherischen Pfarrer einschaltete, um seine Ehe mit der Kurfürstin zu scheiden. Loysa von Degenfeld wies er Frankenthal als Aufenthaltsort an. Die Kurfürstin aber, die einst einmal einen geliebten Württemberger Prinzen infolge der Heiratspolitik ihrer Mutter hatte ausschlagen müssen, verweigerte die Scheidung. Sie erkannte den Scheidungsakt vom 14. April 1657 ebensowenig an wie die Trauung, die der lutherische Pfarrer zwischen dem calvinistischen Kurfürsten und seiner »herzallerliebsten signora« vornahm. Sie gebar Karl Ludwig acht Söhne und fünf Töchter. Der Kurfürst erhob diese 1657 in den Rang der Raugrafen zu Pfalz. Der älteste Sohn starb als Württemberger Generalmajor auf der griechischen Insel Euböa. Loysa und ihre Kinder verzichteten bei ihrer Erhebung zu Raugrafen auf alle Rechtsansprüche auf die Kurpfalz. Für die Kurfürstin Charlotte regelte Karl Ludwig Unterhalt, Bedienung und Bekleidung 1660 und 1663. Eine anerkannte Ehescheidung gelang ihm nicht.

Karl Ludwigs fortwirkende Bedeutung wird durch die Tatsache begründet, daß er unermüdlich die Pflichten und Rechte wahrnahm, die ihm aus seiner angeborenen Stellung und aus seiner Verantwortung als christlicher Landesherr erwuchsen. Die von seinem Vater während der Exilregierung in Holland veranlaßten Aktenvorgänge übernahm er systematisch in seine wiedererrichtete Regierung in Heidelberg. Er baute die Spitzenbehörden nach neuen Grundsätzen auf, vergaß seine Erfahrungen in England nicht und gewann solche auch durch Entsendung von Räten nach Holland und Frankreich. Er griff aber nicht auf die von Friedrich IV. 1603 geschaffenen Gemeindestände der Bürger und Bauern zurück. In dem verhältnismäßig gut erhaltenen Friedrichsbau bezog er auf dem Heidelberger Schloß Residenz, versammelte einen Geheimen Rat um sich und schuf zur Durchführung seiner Entscheidungen im Schloß selbst die Secretkanzlei. Über die bisherige Rechenkammer stellte er eine Hofkammer mit eigener Kanzlei. Da Frankreich bis 1659 mit den Habsburgern in Spanien Krieg führte und eine entsprechende Machtpolitik im Reich durchführte, ergänzte Karl Ludwig sein Militärwesen durch einen Kriegsrat. An der Universität machte er Samuel von Pufendorf, von dem er einst unterrichtet worden war, zum Professor. Er gewann in diesem Begründer des Natur- und Völkerrechts einen kritischen Juristen, der in seinem Interesse das Reichsrecht und das Kirchenrecht entwikkelte.

Die wirtschaftlichen Schwierigkeiten der Bevölkerung behob er Schritt für Schritt durch praktische Maßnahmen. Schon am 9. Mai 1650 gewährte er jedem Steuerfreiheit auf zwei Jahre, der ein zerfallenes Haus wiederherstellte, auf drei Jahre, wenn er ein neues errichtete. Schon früh verschenkte er Land zum Bebauen, geriet aber in Schwierigkeiten, wenn sich eines Tages der Eigentümer des nun von einem andern bebauten Grundstückes meldete. Für die Bauarbeiten stellte er kostenlos Steine aus den Steinbrüchen bei Heidelberg zur Verfügung, ließ Hölzer zollfrei in die Kurpfalz einführen und übernahm als Landesherr selbst den Ankauf und den Verkauf von Ziegelsteinen. Zum Absatz der Lebensmittel gründete er Fruchthallen und Fruchtmärkte. Wenn er auch in Hinblick auf Frankreichs Machtpolitik fast die Hälfte seiner Einnahmen für ein jederzeit bereitstehendes Pfälzer Heer ausgab und hier ähnlich wie der ihm verschwägerte Kurfürst Friedrich Wilhelm von Brandenburg handelte, so sparte er doch bei sich und seiner Familie in einer Weise, daß bei seinen Untertanen sein wirtschaftliches Verfahren Vertrauen erweckte. Jede Woche ließ er sich über Vorgänge in den Finanzen berichten. Gegen Unterschlagungen und Nachlässigkeiten ging er mit Strenge vor. 1661 ließ er in den Bereichen der Magistrate und Gerichte sowie in den Städten unabhängige Ausschüsse durch die Bürger wählen. Sie hatten die Steuererklärungen der Untertanen zu überprüfen und die Steuerhöhe für die einzelnen Personen festzusetzen.

Da ihm der Weinbau zu sehr vom Wetter abhängig war, förderte er das Brauen des Bieres als eines billigen und guten Volksgetränkes. Wie Wilhelm IV. schon 1516 in München die Qualität des Bieres durch ein Reinheitsgebot schützte, entschied sich auch Karl Ludwig: Er führte das Amt des Bierkosters ein.

Da der Dreißigjährige Krieg die Bevölkerung furchtbar dezimiert hatte, lud Karl Ludwig Menschen aller Konfessionen, auch Mennoniten und Juden, deren Konfession reichsrechtlich nicht geregelt war, zur Einwanderung ein. In Mannheim errichtete er demonstrativ für alle drei christlichen Konfessionen die Konkordienkirche. Den Calvinismus als Staatsreligion baute er wie schon Friedrich IV., aber viel weitgehender, ab. Als sich reformierte Pfarrer über gottesdienstliche Handlungen der Lutheraner beschwerten, die in ihrer Kirche stattfanden, baute er eine lutherische Kirche. Wie Herzog Christian August von Sulzbach (1656–1708) wollte er niemand zu einem Glaubensbekenntnis zwingen. Doch versuchte er vergebens, für Reformierte und Lutheraner eine gemeinsame Kirchenordnung zu erstellen. Durch die Zulassung der Katholiken in der Konkordienkirche stellte er in der Öffentlichkeit der Gesellschaft klar, daß auch katholische Untertanen ihre kirchlichen Rechte wahrnehmen konnten. In Heidelberg und Mannheim setzte er regelrechte Volksschulen durch. Für ärmere junge Leute, die die Universität besuchen wollten, stiftete er die Neckarschule. Kundig des Griechischen und des Lateinischen, des Italienischen, des Englischen und besonders des Französischen und des Niederländischen, überblickte er politische Zusammenhänge und juristische sowie theologische Probleme sehr selbständig. Mit Descartes, der mit seiner Schwester Elisabeth befreundet war, korrespondierte er auch über seine politische Situation von 1648. Das Theater, besonders das englische, aber auch einen Peter Squentz liebte er sehr.

Das innere Leben im Lande forderte von ihm, daß er seine Stellung nach außen wahrte. Mazarins Diplomatie bei der Kaiserwahl 1658 unterstützend, bezog er auch französische Subsidien. Den Verlust des Reichsvikariats in Süddeutschland griff er auf, als bei der Kaiserwahl 1658 in Frankfurt der bayerische Wahlgesandte seinen Vater sehr herabsetzte. Karl Ludwig warf auf ihn ein Tintenfaß. Der Vorfall wurde beigelegt, der Vikariatsstreit erst 1724. Dem Rheinbund des Mainzer Kurfürsten trat Karl Ludwig nicht bei. Der Streit um seine Rechte in Parkstein, Peilstein und Weiden wurde 1663 durch den Verkauf der Kurpfälzer Rechte an den Pfalz-Neuburger Philipp Wilhelm und durch den Abzug der Kurpfälzer Soldaten praktisch entschieden. Doch gaben 1667 Frankreich und Schweden, die den Frieden von 1648 garantierten, Karl Ludwigs Ansprüchen weitgehend Recht. Der Krieg in Lothringen ging im Jahr darauf für Karl Ludwig in erwünschter Weise zu Ende. Er sah sich aber doch gezwungen, 1671 seine Tochter Elisabeth Charlotte mit dem Herzog Philipp von Orléans zu vermählen und gegen ihren Übertritt zum Katholizismus keinen Einspruch zu erheben. Da der Bruder seines Schwiegersohns, Ludwig XIV., seine Macht immer mehr vorschob, schuf sich Karl Ludwig ein Gegengewicht und verbündete sich 1674 mit Kaiser Leopold zum Reichskrieg gegen Frankreich. Vergeblich forderte er Turenne, der in der Pfalz den Krieg grausam führte, zum Duell heraus. Doch gelang es 1676 den Truppen des Reiches, Philippsburg zurückzuerobern. Karl Ludwig stimmte dem Friedensschluß des Kaisers in Nijmwegen zu. Er stellte sich aber auch mit Paris gut, um den Abzug der Franzosen aus dem Reich zu erreichen und die Pfalz vielleicht zu einem Mittelstaat zu machen, wie es einst das Austrasien der Merowinger gewesen war. Das war auch im Interesse des Landes Simmern, das 1673 an Karl Ludwig gefallen war.

Als er im Schatten eines Nußbaums und einer Rebenlaube bei dem Dorf Ebingen am 28. August 1680 starb, blickte er noch auf das Stammschloß in Heidelberg. Die Pfälzer behielten ihn bis zur Gegenwart in dankbarer Erinnerung. Der Wittelsbacher, der Jahrzehnte vor dem Toleranzedikt des jungen Preußenkönigs von 1740 die praktische Toleranzpolitik begonnen hatte, behauptete sich stets zwischen Paris und Wien und gab der Pfalz durch ihren Wiederaufbau ein neues Gepräge.

Die Nachkommen des Kurfürsten Karl I. Ludwig von der Pfalz

1. Karl

⚭ Wilhelmine Ernestine, Tochter König Friedrichs III. von Dänemark
Siehe unter Kurfürst Karl II. von der Pfalz

2. Elisabeth Charlotte (Liselotte von der Pfalz)

* 27. 5. 1652 in Heidelberg
† 8. 12. 1722 in St. Cloud
Grabstätte: St. Denis bei Paris

⚭ 21. 11. 1671 in Châlons
Philipp I., Herzog von Orléans und Valois
Eltern: Ludwig XIII., König von Frankreich, und Anna, Tochter König Philipps III. von Spanien
* 21. 9. 1640 in St. Germain
† 9. 6. 1701 in St. Cloud
Grabstätte: St. Denis bei Paris

Obwohl eine Prinzessin, die in eine andere Familie hineinheiratet, aus ihrer Herkunftsfamilie rechtlich und meist auch politisch ausscheidet, ist Liselotte geschichtlich auch nach 1671 als Wittelsbacherin einzuordnen. Mit Lebensmut, Humor und einem scharfen natürlichen Verstand überwand sie die Schwierigkeiten, die ihr als Kind entstanden waren, als sich der Vater von der Mutter trennte. Die Siebenjährige wurde zur Schwester ihres Vaters Sophie von Braunschweig-Hannover, der späteren Förderin von Leibniz, gebracht und verlebte bei ihr wie bei einer zweiten Mutter glückliche Kinderjahre. 1663 zum Vater nach Heidelberg zurückgekehrt, machte sie sich mit allen Straßen und Winkeln dort und mit den Orten vertraut, wo man Heidelbeeren pflücken konnte, aber auch mit den vom Vater so geförderten Arbeitsstätten der Handwerker in Mannheim und mit Schwetzingen.

Zum Schutz der Pfälzer Heimat vermählte sie ihr Vater 1671 mit dem Bruder Ludwigs XIV., ahnte freilich nicht, wie die Machtpolitiker in Paris eines Tages diese Ehe zu Rechtsfolgerungen für Annexionen benützen würden. Bevor sie die Ehe einging, trat sie in Metz vom reformierten zum katholischen Glaubensbekenntnis über, vollzog diesen Schritt aber ohne Abkehr von ihren eigenen sich entwickelnden christlichen Überzeugungen. Ihr Gatte Herzog Philipp von Orléans und Valois, zwölf Jahre älter als sie, war nicht unbegabt und im Grunde gutartig, aber ziemlich weich und war von seinem königlichen Bruder in eine politisch bedeutungslose Rolle herabgedrückt worden. Er besaß mehr weibliche als männliche Manieren (Forschung Peter Fuchs). In seiner ersten Ehe mit Henriette Anne, der hübschen und charmanten Tochter König Karls I. von England, verheiratet, waren ihm andere Vorstellungen entstanden, als sie jetzt in seiner zweiten politischen Ehe mit der nicht gerade schönen Pfälzerin zum Zuge kamen. Liselotte ihrerseits war sich bewußt, daß man sie gegen ihren Willen nach Paris »gesteckt« hatte. Von den Kindern dieser Ehe war Philipp reich begabt, geradezu genial, wurde aber nach den Erziehungsgrundsätzen der Zeit der Mutter früh entzogen, außerdem einem sittenlosen Erzieher überantwortet. Liselotte bewahrte ihm gleichwohl wie den anderen Kindern stets ihre Mutterliebe. Seit 1676 lebten die Ehegatten lange Zeit praktisch getrennt, was Liselotte dem Einfluß des Chevalier de Lorraine zuschrieb, fanden aber unter dem Einfluß seines Beichtvaters wieder zusammen. Als 1680 Liselottes Vater starb und ihr nun regierender Bruder die Mutter in die Pfalz zurückholte, fand Liselotte deren Rückkehr vernünftig. Andererseits besuchte sie zu ihrer Freude ihr Halbbruder Raugraf Karl Lutz, einer der Sprößlinge aus der Verbindung ihres Vaters mit Louise von Degenfeld. Liselotte fand zu ihren Halbgeschwistern geradezu freundschaftliche Kontakte und bemühte sich für ihre Interessen.

Der frühe Tod ihres regierenden Bruders Karl II. von der Pfalz 1685 beschwor großes politisches Unglück herauf. Es kündigte sich an, als Ludwig XIV. 1682 Karl zwang, ihm Germersheim zu verpfänden. 1685 behauptete er allodiale Rechte Liselottes auf Pfälzer Gebiete zugunsten seines Bruders, obwohl diese vor ihrer Verheiratung den üblichen Erbverzicht beurkundet hatte. Doch schwankte der König in seinen Konsequenzen, wurde aber von seinem Kriegsminister Louvois schließlich 1688 zu einem neuen Krieg bestimmt, als der nunmehrige Pfälzer Kurfürst Philipp Wilhelm eine Tochter mit dem König von Spanien vermählte. Als er von der Eroberung Belgrads 1688 durch Max Emanuel erfuhr, die die Macht des Kaisers stärkte, ließ er Truppen in die Pfalz einmarschieren. Abgesandte der von den Franzosen bedrohten Stadt Heidelberg baten Liselotte um Hilfe. Sie tat alles für sie, konnte aber die von Louvois befohlene Zerstörung der eroberten Stadt nicht verhindern. 1695 besuchte sie der spätere König Karl XII. von Schweden, von dem sie in einem Brief betonte, daß er aus »unserm Hauß« sei, aber auch viel »von meinem armen Bruder selig« habe. An vier Tagen der Woche korrespondierte sie in deutscher und französischer Sprache mit vielen

Persönlichkeiten, vor allem aus den europäischen Fürstenhäusern, aber auch mit Leibniz. Sie wußte, daß ihre Korrespondenz kontrolliert, aber nie beschlagnahmt wurde. In dem europäischen Krieg um das Erbe an der Krone Spanien, die Ludwig XIV., aber auch Kaiser Leopold für Angehörige ihrer Familien beanspruchten, kam sie zu dem Urteil: »Ich würde (es) christlicher finden, daß die zwey Könige sich um ihr Königreich schlügen als soviel Christenbludt vergießen zu machen.« Die von Ludwig XIV. verehrte, mit ihrer Religiosität hervortretende Madame de Maintenon war für sie die »alte Zott«. 1709 lernte sie Max Emanuel persönlich kennen, der sie sehr liebgewann.
Mit Ludwig XIV. verstand sie sich mit der Zeit sehr gut. Beide hatten einen starken natürlichen Verstand, gingen gern auf die Jagd und freuten sich am Theater. Sie liebte die Schauspiele eines Molière, Racine oder Corneille und schätzte den Maler Rigaud. Nach dem Tod ihres Mannes, den sie aufrichtig betrauerte, und dem des Königs 1715 wurde ihr Sohn Philipp Regent für Ludwig XV. Liselotte wahrte die Stellung der bourbonischen Dynastie als eine Art Königinmutter, mischte sich aber auch jetzt nicht in die Tagespolitik ein. Bei aller Liebe zur Pfälzer Heimat und aller Kritik an ihrer Umwelt wurde sie nie eine Nationalistin im Sinn des 19. oder 20. Jahrhunderts. Bei den Feierlichkeiten für die Krönung Ludwigs XV. zog sie sich 1722 die Krankheit zu, die zu ihrem Tode führte.

3. FRIEDRICH

* 12. 5. 1653 in Augsburg
† 13. 5. 1654 in Augsburg
Grabstätte: Heiliggeistkirche in Heidelberg

Kurfürst Karl II. von der Pfalz

Kurfürst Karl II. von der Pfalz

* 10. 4. 1651 in Heidelberg
† 26. 5. 1685 in Heidelberg
Grabstätte: Heiliggeistkirche in Heidelberg

⚭ 30. 9. 1671 in Heidelberg
WILHELMINE ERNESTINE
Eltern: Friedrich III., König von Dänemark, und Sophie, Tochter des Herzogs Georg von Braunschweig-Lüneburg
* 20. 6. 1650 in Schloß Kopenhagen
† 23. 4. 1706 in Lichtenberg in Sachsen
Grabstätte: Heiliggeistkirche in Heidelberg

Karl II. regiert in der Kurpfalz von 1680 bis 1685.

Die Ehe blieb kinderlos. Mit ihm erlischt die Linie Pfalz-Simmern.

Kurfürst Karl II. weilte in England, das dem Vater Karl Ludwig und dem Großvater Friedrich V. oft eine starke Stütze vor allem gegen Frankreich gewesen war, als sein Vater nach 30 schwierigen, aber doch erfolgreichen Regierungsjahren gestorben war. Auch Karl II. machte alle Anstrengungen, seinen Onkel, den König Karl II. von England, zu Schritten gegen Ludwig XIV. zu bewegen, der durch seine Reunionskammern immer mehr kleine Stadtgebiete, 1681 sogar Straßburg, an sich riß. Seine lutherische Gattin Wilhelmine Ernestine, die Tochter des Königs Friedrich III. von Dänemark, erlebte mit Schmerz, wie Karl II. jetzt einen strengen Calvinismus belebte. Die Lutheraner durften keine eigenen Schulen mehr unterhalten. Der herrschsüchtige Hofprediger Langhanns, der im Gegensatz zu Karl keine eigentlich fromme Persönlichkeit war, arbeitete auch als Minister. Da Karl nicht mit derselben Härte und Unermüdlichkeit wie der Vater seine Behörden in die Hand nahm, rissen Mißstände, sogar Stellenhandel, ein. Karl, der in England zum Dr. med. promoviert worden war, dotierte die vom Vater aus Sparsamkeit knapp gehaltenen Schulen reichlich, hob aber das herabgesunkene Sapienz-Kollegium Friedrichs II. in Heidelberg auf. Verfolgte Protestanten aus Frankreich, Österreich und Ungarn und auch die Reformierten, die in der Reichsstadt Frankfurt unterdrückt wurden, nahm Karl großzügig auf und stattete ihre Gemeinden mit Privilegien aus. Ludwig XIV. zwang 1682 den Kurfürsten, ihm das Oberamt Germersheim gegen eine Summe Geldes auf 20 Jahre zu verpfänden. Es wurde im Frieden von 1697 der Kurpfalz zurückgegeben. Karl II. stand weder mit der Mutter, obwohl er sie aus ihrer hessischen Heimat nach Heidelberg zurückgeholt hatte, noch mit seiner Gattin gut. Da er keine Kinder hatte, brachten Personen seiner Umgebung zuwege, daß er eine Beziehung zu dem Hoffräulein Rüdt von Collenberg einging. Sie arbeiteten auf eine Ehescheidung Karls hin, um ein Aussterben der Linie Simmern zu verhindern. Dem theaterbegeisterten Kurfürsten fehlte der Realismus des Vaters, so daß seine politisch notwendige Beschäftigung mit dem Militärwesen mehr zur Spielerei wurde. Doch ersparte er dem Lande einen Erbfolgekrieg, als er sich mit Herzog Philipp Wilhelm von Pfalz-Neuburg, dem Herzog auch von Jülich und Berg, durch einen Vertrag in Schwäbisch-Hall in der Frage der hausrechtlichen Nachfolge und der Konfession einigte. Er verhinderte dadurch natürlich nicht, daß Ludwig XIV. die Pfälzer Lande für Karls Schwester Liselotte, die nunmehrige Herzogin von Orléans, in Anspruch nahm. Haus- und reichsrechtlich wurde die Nachfolge Philipp Wilhelms vergeblich von Leopold Ludwig von Pfalz-Veldenz (gest. 1694) bestritten, dessen Sohn Karl Georg in kaiserlichen Diensten 1686 bei der Belagerung von Budapest fiel.

Der überzeugt katholische Neuburger versprach im Artikel II des Vertrags, daß er die beiden protestantischen Konfessionen gemäß den Bestimmungen des Friedens von 1648 dulden werde, alle Pfarrer und Lehrer belassen und ihnen tüchtige Nachfolger ihrer eigenen Konfession geben werde. Die Beamtenstellen sollten mit Angehörigen der drei Konfessionen besetzt werden. Ebenso werde er an der Universität verfahren. Die Fakultät der calvinistischen Theologen werde weiter bestehen. Der Vertrag war bereits vier Tage abgeschlossen, als Karl II. starb, ohne ihn unterschrieben zu haben. Doch erklärte ihn Philipp Wilhelm für gültig und verbindlich. Karl II. wurde in der Pfalz sehr betrauert, denn sie verlor nun ihre seit 1559 regierende geliebte »eigene« Dynastie.

Pfalzgraf und Herzog Philipp Wilhelm
von Pfalz-Neuburg

Pfalzgraf und Herzog Philipp Wilhelm von Pfalz-Neuburg, Herzog von Jülich und Berg, Kurfürst von der Pfalz

Kurlinie Pfalz-Neuburg 1685 bis 1742

* 4. 10. 1615 in Neuburg a. d. Donau
† 12. 9. 1690 in Wien
Grabstätte: Jesuitenhofkirche in Neuburg a. d. Donau

1. ⚭ 9. 6. 1642 in Warschau
ANNA KATHARINA KONSTANZE
Eltern: Sigismund III., König von Polen, und Konstanze, Tochter Erzherzog Karls von Österreich
* 7. 8. 1619 in Warschau
† 9. 10. 1651 in Köln
Grabstätte: St.-Andreas-Kirche in Düsseldorf

2. ⚭ 3. 9. 1653 in Langenschwalbach
ELISABETH AMALIA MAGDALENA
Eltern: Georg II., Landgraf von Hessen-Darmstadt, und Sophie Eleonore, Tochter des Kurfürsten Johann Georg I. von Sachsen
* 30. 3. 1635 in Gießen
† 4. 8. 1709 in Neuburg a. d. Donau
Grabstätte: Jesuitenhofkirche in Neuburg a. d. Donau

Philipp Wilhelm regiert in Pfalz-Neuburg von 1653 bis 1690, in Jülich und Berg von 1653 bis 1690, in der Kurpfalz von 1685 bis 1690.

Als die vier Söhne des Königs Ruprecht 1410 die Pfälzer Lande teilten, erhielt Stefan Simmern und Zweibrücken. 1685 erlosch die durch seinen ältesten Sohn Friedrich, den Hunsrücker, begründete Linie Simmern. Darauf erbte die von seinem jüngeren Sohn Ludwig dem Schwarzen abstammende Linie Zweibrücken. Herzog Wolfgang von Zweibrücken bestimmte 1568, daß sein älterer Sohn Philipp August das ihm von Kurfürst Ottheinrich geschenkte Fürstentum Neuburg übernehme, der jüngere das Herzogtum Zweibrücken. Herzog Philipp Ludwig von Pfalz-Neuburg ist der Großvater des Kurfürsten Philipp Wilhelm. Da seine Großmutter die Tochter Wilhelms des Reichen von Jülich, Kleve, Berg, Mark und Ravensberg war und dieses Geschlecht 1609 erlosch, fielen Jülich und Berg an Philipp Ludwig und seine Söhne, von denen Wolfgang Wilhelm der Vater Philipp Wilhelms war. Wolfgang Wilhelm war katholisch geworden und hatte die Schwester des späteren Kurfürsten Maximilian von Bayern geheiratet. Wolfgang Wilhelms Brüder blieben evangelisch. Aus diesen landesgeschichtlichen und konfessionellen Tatbeständen erwuchs Wolfgang Wilhelms Sohn Philipp Wilhelm ein schwieriges Schicksal.

Der Vater bereitete ihn auf die Regierungsarbeit gut vor. Schon im Alter von 13 Jahren war er in die Dialektik und in das römische Recht eingeführt worden. Nach der Wittelsbacher Erziehungstradition erlernte er auch ein Handwerk. Er entschied sich für das der Drechsler. Zu seiner politischen Ausbildung wurde er auf Reisen zu den Kaisern in Wien und zum Kurfürsten nach München geschickt, 1642 aber vermählte er sich mit der polnischen Königstochter in Warschau. Als sie 1651 starb, stand er vor der Frage, ob er Nachfolger der polnischen Wasa-Könige werden sollte. Der Vater heiratete damals eine Gräfin von Fürstenberg-Heiligenberg; er trug damit den Regierungsaufgaben in den Herzogtümern Jülich und Berg Rechnung. Ost- und Westorientierung blieben für Philipp Wilhelm ein besonderes Problem. Nach dem Tod des Vaters 1653 Herzog von Pfalz-Neuburg, aber auch von Jülich und Berg, heiratete er die Tochter des Landgrafen von Hessen-Darmstadt und regierte oft von Düsseldorf aus. In Neuburg begrüßte ihn 1654 der Hofprediger Jakob Balde. Philipp Wilhelm trug auch der Tatsache Rechnung, daß sein lutherischer Vetter Christian August in Sulzbach eine Art Regierungsgewalt aufbaute und sich auf die Zweibrücken-Kleeburger Verwandtschaft mit Gustav Adolfs Tochter, der Königin Christine von Schweden, stützte. Philipp Wilhelm hatte ihm noch hinter dem Rücken des Vaters bei einem Übertritt zum Katholizismus zwar Hoffnung gemacht, seinen Sulzbacher Bereich zu verselbständigen, hielt aber den Übertritt wohl für unmöglich und benützte ihn deshalb als Bedingung für das politische Ziel des Vetters, das er verhindern wollte. Doch wurde dieser aus Überzeugung katholisch, und Philipp Wilhelm mußte dareinwilligen, ein Fürstentum Pfalz-Sulzbach aus seinem eigenen Pfalz-Neuburger Bereich auszuscheiden und anzuerkennen.

Von großer Skepsis gegen Kaiser und Reich erfüllt, trat er nach der Wahl des Habsburger Kaisers Leopold I. dem 1658 gegründeten Verteidigungsbund rheinischer Fürsten bei. 1666 erreichte er eine Abgrenzung und Befestigung seiner Rechte über die Herzogtümer am Niederrhein bei dem für Kleve, Mark und Ravensberg zuständigen Kurfürsten Friedrich Wilhelm von Brandenburg und gewann dadurch ein besseres Verhältnis zu ihm. Zehn Jahre später heiratete der Kaiser Philipp Wilhelms älteste Tochter und stützte dadurch Philipp Wilhelms Anrechte auf die Kurpfalz, wo 1685 die Linie Simmern ausstarb. Ludwig XIV. aber wandte sich durch Politik und Kriege gegen diese Nachfolge in Heidelberg. Liselotte, die Schwester des letzten Kurfürsten aus der Linie Simmern, war mit Ludwigs Bruder, dem Herzog von Orléans, verheiratet worden, der König hatte jenem bereits 1682 Germersheim abgepreßt und konstruierte jetzt Anrechte seines Bruders und seiner Schwägerin auf die Kurpfalz.

Philipp Wilhelm versprach aufgrund der Vereinbarung mit dem Kurfürsten Karl II. aus der Linie Simmern in der Kurpfalz die Calvinisten in ihren Rechten zu belassen, erkannte, 1685 dort zur Regierung gekommen, durch Patent vom 13. Oktober 1685 alle drei Konfessionen, also auch die Lutheraner, an und ließ seine eigenen katholischen Konfessionsgenossen in der Kurpfalz zu. Das Jubiläum der Universität, die 1386 von Ruprecht I. gegründet worden war, begingen Professoren und Studenten aus drei Konfessionen. Schon 1679 hatte Philipp Wilhelm seinen Sohn Johann Wilhelm als Statthalter in Düsseldorf eingesetzt, dadurch zu einem regierenden Herrn erhoben und den durch diesen Rang besonders Ausgewiesenen zum Gatten der Halbschwester des Kaisers gemacht. Jedenfalls hatte Philipp Wilhelm so die Hände auch frei für Heidelberg. Außenpolitische Bastionen gegen Frankreich baute er durch die Ehe seiner Tochter Sophie mit König Peter II. von Portugal aus. Am 11. Oktober 1687 ernannte er seinen ältesten Sohn auch zum Statthalter in Heidelberg, 1689 Ludwig Anton, da Johann Wilhelm Jülich und Berg zu schützen hatte (Forschungen von Maria Helbig). Das war bei Philipp Wilhelms eigenem Alter und den Rechtspraktiken aus Paris sehr notwendig geworden. Ludwig XIV. versuchte 1688, in Köln den von ihm gekauften Straßburger Bischof Wilhelm von Fürstenberg statt eines altbayerischen Wittelsbachers als Nachfolger durchzusetzen. Doch siegte dort ein solcher, Joseph Klemens, ein Bruder des 1679 zur Regierung gekommenen Kurfürsten Max Emanuel. Wenige Wochen später eroberte Max Emanuel Belgrad. Ludwig XIV. ließ, kaum daß er das im September 1688 erfuhr, in der Kurpfalz einmarschieren. Der französische Thronfolger, der Schwager Max Emanuels, wollte Heidelberg verschonen, das gleich Mannheim und Frankenthal übergeben wurde. Aber General Mélac vernichtete auf Befehl des französischen Kriegsministers einen großen Teil der Stadt und das Schloß in Heidelberg.

In den Kämpfen gegen die Franzosen fiel am 23. Juli 1689 Philipp Wilhelms Sohn Friedrich Wilhelm bei Mainz. Der alte Kurfürst verstärkte den Druck auf Frankreich durch das habsburgische Spanien, indem er Verhandlungen über die Wiedervermählung von dessen König Karl II. mit seiner Tochter Maria Anna führte. Er nahm zusammen mit Max Emanuel persönlich an der Krönung seines Enkels, des Römischen Königs Josef I., in Augsburg teil, erlebte noch die Ehe seiner Tochter mit Karl II. und starb erschüttert durch das harte Kriegsschicksal seiner Lande im September 1690.

Die Nachkommen des Kurfürsten Philipp Wilhelm von Pfalz-Neuburg

AUS DER EHE MIT ANNA KATHARINA KONSTANZE

1. Sohn
tot geboren 18. 7. 1645 in Neuburg a. d. Donau
Grabstätte: Hofkirche (frühere Jesuitenkirche) in Neuburg a. d. Donau

AUS DER EHE MIT ELISABETH AMALIA MAGDALENA

2. Eleonore Magdalene Therese
* 6. 1. 1655 in Düsseldorf
† 19. 1. 1720 in Wien
Grabstätte: Kapuzinergruft in Wien

⚭ 14. 12. 1676 in Passau
Leopold I., röm.-dt. Kaiser
Eltern: Ferdinand III., röm.-dt. Kaiser, und Maria Anna, Tochter König Philipps III. von Spanien
* 9. 6. 1640 in Wien
† 5. 5. 1705 in Wien
Grabstätte: Kapuzinergruft in Wien

3. Maria Adelheid Anna
* 6. 1. 1656 in Neuburg a. d. Donau
† 22. 12. 1656 in Düsseldorf
Grabstätte: St.-Andreas-Kirche in Düsseldorf

4. Sophie Elisabeth
* 27. 5. 1657 in Düsseldorf
† 7. 2. 1658 in Düsseldorf
Grabstätte: St.-Andreas-Kirche in Düsseldorf

5. Johann Wilhelm
1. ⚭ Maria Anna Josepha, Tochter Kaiser Ferdinands III.
2. ⚭ Anna Maria Luise, Tochter Großherzog Cosimos III. von Toskana
Siehe unter Kurfürst Johann Wilhelm

6. Wolfgang Georg Friedrich
* 5. 6. 1659 in Düsseldorf
† 4. 6. 1683 in Wiener Neustadt
Grabstätte: Hofkirche (frühere Jesuitenkirche) in Neuburg a. d. Donau
Weihbischof von Köln 1680.

7. Ludwig Anton
* 9. 6. 1660 in Düsseldorf
† 4. 5. 1694 in Lüttich
Grabstätte: St.-Andreas-Kirche in Düsseldorf (Forschungen Maria Helbig)
U. a. Domherr in Lüttich 1678, Oberstfeldwachtmeister des Kaisers gegen die Türken 1683, Deutschmeister 1684, Bischof von Worms 1691.

8. Karl Philipp
1. ⚭ Louise Charlotte, Tochter des Fürsten Boguslaw von Radziwill, Herzog von Birza

2. ⚭ Theresia Katharina, Tochter des Fürsten Joseph Karl Lubomirsky von Ostrog

3. ⚭ Violanthe Therese, Tochter des Grafen Sebastian Franz von Thurn und Taxis
Siehe unter Kurfürst Karl Philipp

9. Alexander Sigmund
* 16. 4. 1663 in Neuburg a. d. Donau
† 24. 1. 1737 in Augsburg
Grabstätte: Dom in Augsburg
Bischof von Augsburg 1690.

10. Franz Ludwig
* 18. 7. 1664 in Neuburg a. d. Donau
† 18./19. 4. 1732 in Breslau
Grabstätte: Dom in Breslau
Bischof von Breslau 1683, Bischof von Worms 1694, Kurfürst von Trier 1716 bis 1729, Kurfürst von Mainz 1729 bis 1732.

11. Friedrich Wilhelm
* 20. 7. 1665 in Düsseldorf
† 23. 7. 1689, gefallen als kaiserlicher General bei der Belagerung von Mainz
Grabstätte: St.-Andreas-Kirche in Düsseldorf

12. Marie Sophie Elisabeth
* 6. 8. 1666 in Schloß Benrath bei Düsseldorf
† 4. 8. 1699 in Lissabon
Grabstätte: San Vincente de Fora in Lissabon

⚭ 30. 8. 1687 in Lissabon
PETER II., König von Portugal aus dem Hause Bragança
Eltern: Johann IV., König von Portugal, und Luise von Guzman, Tochter des Herzogs Johann Emanuel von Medina-Sidonia
* 26. 4. 1648 in Lissabon
† 9. 12. 1706 in Schloß Alcantara
Grabstätte: San Vincente de Fora in Lissabon

13. MARIA ANNA
* 28. 10. 1667 in Schloß Benrath
† 16. 7. 1740 in Quadalaxara
Grabstätte: Escorial

⚭ 14. 5. 1690 im Kloster San Diego bei Valladolid
KARL II., König von Spanien
Eltern: Philipp IV., König von Spanien, und Maria Anna, Tochter Kaiser Ferdinands III.
* 6. 11. 1661 in Madrid
† 1. 11. 1700 in Madrid
Grabstätte: Escorial

14. PHILIPP WILHELM AUGUST
* 19. 11. 1668 in Neuburg a. d. Donau
† 5. 4. 1693 in Reichstadt (Böhmen)
Grabstätte: Stadtpfarrkirche in Reichstadt (Böhmen)

⚭ 29. 10. 1690 in Raudnitz in Böhmen
ANNA MARIA FRANZISKA
Eltern: Julius Franz, Herzog von Sachsen-Lauenburg, und Hedwig, Tochter des Pfalzgrafen Christian August von Pfalz-Sulzbach
* 13. 6. 1672 in ?
† 15. 10. 1741 in Reichstadt (Böhmen)
Grabstätte: Stadtpfarrkirche in Reichstadt (Böhmen)

15. DOROTHEA SOPHIE
* 8. 7. 1670 in Neuburg a. d. Donau
† 15. 9. 1748 in Parma
Grabstätte: Kirche Madonna della Steccata in Parma

1. ⚭ 17. 9. 1690 in Parma
ODOARDO II. Farnese, Herzog von Parma und Piacenza
Eltern: Rainuntio, Herzog von Parma und Piacenza, und Isabella Este, Tochter des Herzogs Franz I. von Modena
* 12. 8. 1666 in Colorno
† 6. 9. 1693 in Parma
Grabstätte: Kirche Madonna della Steccata in Parma

2. ⚭ 7. 9. 1696 in Parma
FRANZ I. MARIA Farnese, Herzog von Parma und Piacenza, Halbbruder Odoardos
Eltern: Rainuntio, Herzog von Parma und Piacenza, und Maria Este, Tochter des Herzogs Franz I. von Modena
* 19. 5. 1678 in Parma
† 26. 2. 1727 in Piacenza
Grabstätte: Kirche Madonna della Steccata in Parma

16. HEDWIG ELISABETH AMALIE
* 18. 7. 1673 in Düsseldorf
† 11. 8. 1722 in Ohlau (Schlesien)
Grabstätte: Breslau?

⚭ 25. 3. 1691 in Warschau
JAKOB LUDWIG SOBIESKI
Eltern: Johann III. Sobieski, König von Polen, und Marie Kasimire Louise de la Grange, Tochter des Marquis Heinrich Albert d'Arquien
* 15. 5. 1668 in Paris
† 19. 12. 1737 in Zolkiew in Polen
Grabstätte: Pfarrkirche in Zolkiew

17. JOHANN
* 1. 2. 1675 in Düsseldorf
† 2. 2. 1675 in Düsseldorf
Grabstätte: ?

18. LEOPOLDINE ELEONORE
* 27. 5. 1679 in Neuburg a. d. Donau
† 8. 3. 1693 in Düsseldorf
Grabstätte: St.-Andreas-Kirche in Düsseldorf

Leopoldine starb als Braut des Kurfürsten Max Emanuel von Bayern, der seit dem 24. 12. 1692 Witwer war.

Kurfürst Johann Wilhelm von der Pfalz

Kurfürst Johann Wilhelm von der Pfalz

* 19. 4. 1658 in Düsseldorf
† 18. 6. 1716 in Düsseldorf
Grabstätte: St.-Andreas-Kirche in Düsseldorf

1. ⚭ 25. 10. 1678 in Wiener Neustadt
Maria Anna Josepha
Eltern: Ferdinand III., röm.-dt. Kaiser, und Eleonore, Tochter Karls II., Herzog von Rethel aus dem Hause Gonzaga
* 30. 12. 1654 in Regensburg
† 14. 4. 1689 in Wien
Grabstätte: Kapuzinergruft in Wien

2. ⚭ 5. 6. 1691 in Neuburg a. d. Donau
Anna Maria Louise
Eltern: Cosimo III., Großherzog von Toskana (Haus Medici), und Margarete Louise, Tochter des Herzogs Gaston von Orléans
* 11. 8. 1667 in Florenz
† 18. 2. 1743 in Florenz
Grabstätte: San Lorenzo in Florenz

Johann Wilhelm regiert in der Kurpfalz, in Pfalz-Neuburg und in Jülich und Berg von 1690 bis 1716.

Unter zahlreichen Geschwistern aufgewachsen, von Jesuiten und rheinischen Adeligen miterzogen, machte Johann Wilhelm, der Sohn des späteren Kurfürsten Philipp Wilhelm, 1674 bis 1677 Kavaliersreisen nach Den Haag, Antwerpen, Paris, dann nach London, aber auch nach Turin, Rom, Neapel, Venedig und Wien. Er empfing entscheidende politische, aber auch geistige und überhaupt kulturelle Eindrücke. 1678 heiratete er die Halbschwester des Kaisers, 1679 wurde er Statthalter seines Vaters in Düsseldorf.

Aufgrund der Disposition seines Vaters übernahm er nach dessen Tod allein die Regierung in Pfalz-Neuburg, in der Kurpfalz und in Jülich und Berg, also in vier Fürstentümern, von denen drei weit voneinander entfernt lagen. Seine Brüder verzichteten auf ihre allodialen Rechte. Von ihnen stützte Franz Ludwig, der nur die niederen Weihen empfing, seit 1683 als Fürstbischof von Breslau die Ostpolitik des Vaters, seit 1694 als Fürstbischof von Worms die rheinische Politik des nun regierenden Bruders, Alexander Sigmund, als geweihter Bischof von Augsburg und Fürstbischof dort die Position gegenüber Bayern. Während des Krieges gegen Frankreich um die Rechte an der Kurpfalz stellte Johann Wilhelm in Düsseldorf starke Truppen auf. Gegen Subsidien gab er sie auch in den Dienst des Bundes Österreichs mit den Seemächten.

Johann Wilhelm war 1689 bereits Witwer geworden. 1691 heiratete er als regierender Herr die Tochter des Großherzogs von Toskana, die ihm aber keine Kinder schenkte, so daß sich das haus- und staatsrechtliche Interesse an der Nachfolge auf seinen Bruder Karl Philipp konzentrierte. Auch dieser hatte keine Söhne. Von seinen Töchtern wurde nur eine erwachsen und heiratete 1717 den Erbprinzen von Pfalz-Sulzbach.

Während des wieder notwendig gewordenen Abwehrkampfes gegen die Türken, die Prinz Eugen 1697 schlug, beschäftigte sich 1698 Johann Wilhelm mit dem an ihn herangetragenen Plan, mit einigen Truppen durch Böhmen nach Südrußland bis zur unteren Wolga zu eilen, auf russischen Schiffen von Astrachan aus über das Kaspische Meer zu setzen und in Persien einzumarschieren. Als Befreier von dem dort aufgezwungenen Islam sollte er König der christlichen Armenier werden.

Doch zwangen ihn die Regierungsaufgaben am Rhein und der Tod des in Europa, auch auf Paris einwirkenden Schwedenkönigs Karl XI. schon 1697 zu Entscheidungen, die durch die Macht Frankreichs diktiert wurden. Im Friedensschluß zu Rijswijk willigte er in die Bestimmung, daß die von den Franzosen mit Gewalt rekatholisierten Pfälzer Gebiete katholisch bleiben sollten. Er hielt sich 1698/99 oft in der Kurpfalz auf und plante Maßnahmen zu deren Wiederaufbau, auch ein neues Schloß in der Rheinebene bei der zerstörten Residenz Heidelberg. Er richtete dort 1698 einen protestantischen Kirchenrat ein und nahm auf die Beschwerden der Calvinisten und Lutheraner nun mehr Rücksicht, zumal sie sich bei Kaiser Leopold I. beschwerten und auch an dessen Verbündeten Wilhelm III. von England wandten, dem 1702 seine Schwester Anna, 1714 Georg von Hannover folgten, dessen Mutter die Schwester des verdienten Kurfürsten Karl Ludwig von der Pfalz aus der Linie Simmern war. Johann Wilhelm stellte die Protektoren seiner protestantischen Untertanen in politische Rechnung, zu denen auch Kurfürst Friedrich III. von Brandenburg, seit 1701 König in Preußen, gehörte. Da rief Ludwig XIV. den Papst als Schiedsrichter an, dieser aber bezeichnete 1702 die Pfalz als Reichslehen und strich damit die hausrechtlich konstruierten Ansprüche Ludwigs. Johann Wilhelm setzte 1703 eine Kommission zur Behandlung der Religionsbeschwerden ein und erließ 1705 eine Religionsdeklaration, die ihm freilich den Tadel des Papstes zuzog. Johann Wilhelm war jetzt einverstanden, daß gemischte Ehen in den Kirchen der drei Konfessionen getraut wurden, gab den Reformierten Kirchen zurück und setzte sie wieder in die Rechte ein, die sie auf der Universität und in Gymnasien noch unter seinem Vater hatten. Von der Heiliggeistkirche in Heidelberg, zugleich der Wittelsbacher Begräbniskirche, behielt er nur den Chor.

In dem 1701 ausgebrochenen Krieg um die Erbfolge in Spanien, in dem der Kaiser den Habsburger Karl gegen Philipp, den Enkel Ludwigs XIV., als König durchsetzen wollte, ließ Johann Wilhelm seine Regimenter auf der Seite des Kaisers kämpfen. War zu seiner Enttäuschung nicht er, sondern Max Emanuel Statthalter der Spanischen Niederlande geworden, so erreichte er jetzt, daß er mit der Oberpfalz belehnt wurde, die von dem Bayern des geächteten Kurfürsten Max Emanuel abgetrennt wurde; auch bekam er die ältere Kurwürde zurück. Er hielt in Amberg einen Landtag ab, wo der Kaiser die Landstände anerkannte. 1709 konnte er sogar zwischen Kaiser und Papst vermitteln. Nach dem Tod Josefs I. 1711 wirkte er als Reichsvikar für die Wahl seines Neffen Karl VI., erntete aber keinen politischen Dank. Er mußte die Oberpfalz und die erste weltliche Kurwürde an den wieder anerkannten Max Emanuel abtreten. Enttäuscht näherte er sich diesem. Beiden wurde jetzt unter anderem Sardinien als Königreich angeboten, doch beide wollten nur Zusatzgewinne, nicht ihre Länder vertauschen. 300.000 Scudi hatte er aus seinem Allodialvermögen zur Ablösung der Orléans-Erbansprüche zu zahlen.

In der inneren Regierung arbeitete Johann Wilhelm, wiewohl ein guter Rechner, nicht so sparsam wie der Vater und hinterließ nicht geringe Schulden. Sein Leitbild war ein katholischer Hof im österreichisch-spanisch-burgundischen Stil. Nach Wiener Vorbild richtete er 1704 eine Geheime Konferenz ein, nahm sich sehr menschlich der Armen an, vermehrte an der Universität die Lehrstühle und die Bibliothek. Ein besonderes Anliegen waren ihm die »Acta Sanctorum«, eine wissenschaftliche Quellensammlung von Biographien der Heiligen. Dabei wurde er von dem aus Niederbayern gebürtigen Jesuiten Orban beraten. Den holländischen Physiker und Mathematiker Hartsoeker zog er ebenfalls heran. Der Musiker Agostino Steffani wurde auch ein politischer Vertrauter. Fast in jedem Karneval kam eine neue italienische Oper heraus. Wie sein Großvater Wolfgang Wilhelm, der mit Rubens befreundet war, sammelte er dessen Bilder, auch in Konkurrenz zu Max Emanuel, erwarb aber auch van Dyck, Raffael usw. Über Baron Heinrich von Wiser beschaffte er sich auch Bilder von Murillo.

Eigene Aufträge gab er seinem Lieblingsmaler Adrien van der Werff und dem Bildhauer Gabriel Grupello, der 1711 sein Reiterstandbild schuf. In Rom ließ er vorzügliche Kopien antiker Skulpturen für seine Düsseldorfer Sammlung herstellen. Er bereicherte diese auch durch Münzen und Medaillen, seine zweite Gemahlin durch Porzellan. Für die Bilder errichtete er dort 1710 eine Galerie. Sein Schloß Bensberg gestaltet die Landschaft mit. Wenn seine Bilder später vor den französischen Revolutionstruppen auch nach München gerettet werden mußten, so blieb »Jan Wellem« doch Düsseldorfs populärster Landesherr, der es zu einem kulturellen Mittelpunkt Europas gestaltet hatte.

Die Nachkommen des Kurfürsten Johann Wilhelm von der Pfalz

AUS DER EHE MIT MARIA ANNA JOSEPHA

1. Prinz

* und † 6. 2. 1683 in Düsseldorf
Grabstätte: St.-Andreas-Kirche in Düsseldorf

2. Prinz

tot geboren 5. 2. 1686 in Wien
Grabstätte: Kapuzinergruft in Wien

Kurfürst Karl Philipp von der Pfalz

Kurfürst Karl Philipp von der Pfalz

* 4. 11. 1661 in Neuburg a. d. Donau
† 31. 12. 1742 in Mannheim
Grabstätte: Schloßkapelle in Mannheim

1. ⚭ 10. 8. 1688 in Berlin
LOUISE CHARLOTTE, Witwe des Markgrafen Ludwig von Brandenburg-Schwedt
Eltern: Fürst Boguslaw von Radziwill, Herzog von Birza, und ...?
* 24. 3. 1667 in ?
† 23. 3. 1695 in Brieg/Schlesien
Grabstätte: Heiliggeistkirche in Heidelberg

2. ⚭ 15. 12. 1701 in Krakau
THERESIA KATHARINA
Eltern: Joseph Karl Lubomirsky, Fürst von Ostrog, und ...?
* 1683 in ?
† 17. 1. 1712 in Innsbruck
Grabstätte: Heiliggeistkirche in Heidelberg

3. ⚭ morganatisch
VIOLANTE MARIE THERESE
Eltern: Graf Franz von Thurn und Taxis und ...?
* 1. 4. 1683 in ?
† 2. 11. 1734 in Mannheim
Grabstätte: Schloßkapelle in Mannheim

Karl Philipp regiert in der Kurpfalz, in Pfalz-Neuburg und in Jülich und Berg von 1716 bis 1742.

Karl Philipp, ein Sohn des Kurfürsten Philipp Wilhelm, wuchs wie sein bis 1716 regierender Bruder mit zahlreichen Geschwistern auf, von denen Franz Ludwig als Fürstbischof von Breslau seit 1695 das Ostinteresse der Pfalz-Neuburger zum Ausdruck brachte. Schon 1688 hatte Karl Philipp selbst in Berlin in der Witwe des Markgrafen von Brandenburg eine Tochter des Fürsten von Radziwill und Herzogs von Birza geheiratet, also für die von der französischen Politik bedrohte Kurpfalz eine Ostposition gewonnen und Güter im Großfürstentum Litauen zur wirtschaftlichen Unterlage in die Hand bekommen. 1696 potentieller Königskandidat in Polen, besaß er gleichwohl nicht ausreichende Mittel zu der üblichen Bestechung in einer polnischen Königswahl. Er behauptete die ostpolitische Position weiter, als er 1701 in einer zweiten Ehe die Tochter des Fürsten Lubomirsky von Ostrog zur Gemahlin nahm. Infolge des Zusammengehens seines regierenden Bruders mit Kaiser Leopold I. wurde er 1705 bevollmächtigter Gouvernator des Kaisers für die oberösterreichischen und vorderösterreichischen Lande und traf im Februar 1706 in Innsbruck, dem Ort der Regierungsgeschäfte für diese Bereiche, ein. Er hatte wie sein Vorgänger, der Herzog von Lothringen, dem Kaiser militärische Dienste geleistet, sich in den Türkenkriegen, besonders 1686 vor Ofen-Budapest, ausgezeichnet und war seit 1693 kaiserlicher Feldmarschall. So war es in Innsbruck, daß er 1716 von dem überraschenden Tod seines Bruders erfuhr. Er instruierte das Regierungsgremium in Düsseldorf zur Wahrnehmung der Geschäfte, reiste aber erst 1717 über Bayern nach Neuburg. Im Mai traf er sich mit Max Emanuel in Scheyern an der Gruft der gemeinsamen Ahnen und vereinbarte mit ihm fünf Punkte für eine mit ihm abzuschließende Erb- und Hausunion. Die aus einer morganatischen Ehe eines Sohnes des Bayernherzogs Wilhelm V. abstammenden Grafen von Wartenberg und die Reichsgrafen von Löwenstein, Nachkommen aus der morganatischen Verbindung Friedrichs des Siegreichen von der Pfalz, wurden von der Regierungsnachfolge ausgeschlossen. Vom Mai 1717 bis zum August 1718 führte Karl Philipp die Regierung über seine vier Länder in Neuburg, wo er nach dem Vorbild der Vorgänger die Rechte der Landstände bestätigte, die auf Landtagen auch der Regierung Geld bewilligten. Er hielt hier wie bisher in Innsbruck glänzend Hof und ließ prächtige Opern aufführen, die auch die toskanische Witwe seines Bruders auf ihrer Heimreise bewunderte. Schon am 2. Mai 1717 hatte er noch in Innsbruck seine Tochter mit dem Erbprinzen von Pfalz-Sulzbach vermählt und dadurch dieses 1656 verselbständigte Fürstentum wieder in den Pfalz-Neuburger Bereich einbezogen. Noch von Neuburg aus hatte er aber auch die drückende Last des Beitrages für den Türkenkrieg von 1717 zu bewältigen versucht, zu der er auch die von der Steuer befreiten Landstände heranziehen wollte, wie das Max Emanuel eben damals durch seine Herdstättenanlage in Bayern tat. Er erreichte von Papst Klemens XI., daß ihm der privilegierte Klerus in seinen Bereichen 200.000 Reichstaler zahlte.

Auf Pfälzer Boden traf er konfessionellen Streit an. Die Reformierten beschwerten sich über Angriffe des Professors Usleber SJ; der Reichshofrat gab ihnen Recht. Karl Philipp hatte den Reformierten im Oberamt Germersheim öffentliche und freie Religionsausübung gestattet, bevor er in Heidelberg eintraf. Dort ließ er am 24. April 1719 durch ein Mandat den Heidelberger Katechismus einziehen, der – 1563 unter Mitwirkung des Kurfürsten Friedrich III. verfaßt – die katholische Messe als vermaledeite Abgötterei verurteilte. Dem reformierten Kirchenrat bot er eine neue Kirche an, da er die Heiliggeistkirche als Wittelsbacher Begräbniskirche zu einem katholischen Raum umgestalten wollte. Durch die Entscheidung seines Bruders besaßen die Katholiken nur den Chor. Der Kirchenrat rief protestantische Staaten, darunter Preußen, um Schutz an. Dessen König Friedrich Wilhelm I. drohte in drei Städten mit Maßnahmen gegen katholische Kirchen. Als Karl Philipp nach Darlegung des Sachverhalts an den Kaiser beschloß, 1720 die Beschwerden des Kirchenrats abzustellen, traf er rechtzeitig eine eigene Entscheidung, noch bevor der Kaiser am 9. März die Rückgabe des Kirchenschiffs der Heiliggeistkirche anordnete. Am 10. Mai 1720 verlegte er die Residenz von Heidelberg nach Mannheim. Doch verbanden sich verschiedene seiner engagierten protestantischen Untertanen weiterhin mit dem Ausland. Da verbot er am 19. Dezember 1720 unter Androhung von Geld- und Leibesstrafen, sich in Religionsangelegenheiten mit Ausländern in Verbindung zu setzen.

Innere Reformen, Einsparungen an Beamten und Künstlern, Wiedereinführung der Schatzung als direkter Steuer kamen trotz allem zustande. Der Kurfürst schrieb eigenhändig Reskripte. Die Verlegung der Residenz beseitigte zwar die Einmischung und Auseinandersetzung mit protestantischen Staaten nicht sofort, aber wahrte die Unabhängigkeit der Regierungsarbeit.

1724 schloß Karl Philipp mit Max Emanuel eine Hausunion, sicherte dadurch die gegenseitige Beerbung und auch die Staatsexistenz von Jülich und Berg, strich aber aus dem bayerischen Entwurf mit Einverständnis Max Emanuels die Erwähnung des Hausvertrags von Pavia 1329. Denn darin war eine abwechselnde Ausübung der Kurstimme durch beide Linien festgelegt, die Goldene Bulle Karls IV. von 1356 hatte die Kur aber ausschließlich der Pfälzer Linie zugesprochen. Aufgrund eines Abkommens sollte 1724 das Reichsvikariat gemeinsam geführt werden. Das wurde nach Karl Philipps Tod und dem des Wittelsbacher Kaisers Karl VII. Albrecht dahin abgeändert, daß 1745 Max III., das nächste Mal Karl Philipps Erbe Karl Theodor Reichsvikar wurde.

Die Erbfolge in Jülich und Berg wurde durch Friedrich Wilhelm I. von Preußen in Frage gestellt. Karl Philipp gelang es, diese Belastung durch eine geschickte Außenpolitik und eine konsequente konfessionelle Toleranzpolitik auszuschalten. Mit Max Emanuels Nachfolger Karl Albrecht (1726–1745) erneuerte er die Hausunion, der auch sein Bruder Franz Ludwig, seit 1716 Kurfürst von Trier, statt dessen 1729 Kurfürst von Mainz, und Klemens August, der Köln regierende Sohn Max Emanuels, beitraten. Nach der Erneuerung der Hausunion mit Karl Albrecht 1728 schloß Karl Philipp 1729 zur Sicherung der Hausinteressen und der Ruhe im Reich einen Vertrag mit Ludwig XV., ähnlich wie 1727 Karl Albrecht. Durch diesen Vertrag von Marly beendete er das Lavieren zwischen Wien und Paris. Sein Leben erhielt durch seine morganatische Ehe mit der Tochter des Grafen von Thurn und Taxis zu Rohrenfels eben 1729 einen neuen Akzent.

Mit dem seit 1731 in Zweibrücken regierenden Herzog Christian III. aus der Linie Birkenfeld gelang ihm 1733 ein Vergleich über die Nachfolge in Pfalz-Veldenz, durch seinen Juristen Johann Kasimir von Zachmann erreichte er die Rückgabe der Rechte und Einkünfte aus der Propstei Eußerthal bei Ludwig XV. Die Wirtschaftsbeziehungen regelte er durch einen Kommerzienrat. Mit drei bis vier Hofkonferenzräten regierte er im Zusammenwirken mit dem Geheimen Rat und der Hofkammer die 19 Oberämter der Kurpfalz im Mannheimer Schloß, das Alessandro Galli da Bibiena, Paul Egell und die Gebrüder Asam gestalteten und in dem ein hervorragendes Orchester musizierte.

In der Auseinandersetzung über die Erbfolge in Polen mußte Karl Philipp sein Truppenkontingent dem Kaiser zur Verfügung stellen. Frankreich und Spanien, Hannover-England und der Kaiser traten aber auch für den jungen Sulzbacher Karl Theodor als Erben in Jülich und Berg ein. Der neue Preußenkönig Friedrich II. verzichtete 1741 auf Ansprüche dort. In dem wechselvollen Türkenkrieg des Kaisers zahlte Karl Philipp keine Türkensteuer, da dieser seine Geldforderungen aufgrund des Polenkrieges nicht beglich. Als der Kaiser 1740 starb, wirkte Karl Philipp zusammen mit dem jungen Preußenkönig für die Wahl Karl Albrechts. Am 17. Januar 1742 vermählte er zwei seiner Enkelinnen, eine mit dem seit 1733 als Landesherrn in Sulzbach nachfolgenden Karl Theodor, eine mit Herzog Klemens von Bayern, und freute sich, daß am 24. Januar der Münchner Vetter zum Kaiser gewählt wurde. Er schickte ihm 4600 Pfälzer Soldaten zu Hilfe, als er gegen die Habsburgerin Maria Theresia kämpfen mußte. Den heranstehenden Nachfolger Karl Theodor führte er selbst in die Regierungsgeschäfte ein.

Mit Karl Philipp starb am 31. Dezember 1742 ein in der inneren und äußeren Politik mit Umsicht und auch Erfolg tätiger Pfälzer Reichsfürst, der entscheidende Brücken in die Zukunft für die Wittelsbacher als die pfalz-bayerische Dynastie schlug.

Die Nachkommen des Kurfürsten Karl Philipp von der Pfalz

AUS DER EHE MIT LOUISE CHARLOTTE

1. Leopoldine Eleonore Josephine
   * 27. 12. 1689 in Brieg in Schlesien
   † 8. 3. 1693 in Brieg?
   Grabstätte: Brieg?

2. Maria Anna
   * 7. 12. 1690 in Brieg in Schlesien
   † 1692 in Brieg?
   Grabstätte: Brieg?

3. Elisabeth Auguste Sophie
   * 17. 3. 1693 in Brieg in Schlesien
   † 30. 1. 1728 in Mannheim
   Grabstätte: St.-Michaels-Kirche in München

   ⚭ 2. 5. 1717 in Innsbruck
   Joseph Karl Emanuel, Erbprinz von Pfalz-Sulzbach
   Eltern: Theodor Eustach, Pfalzgraf und Herzog von Pfalz-Sulzbach, und Maria Eleonore Amalia, Tochter des Landgrafen Wilhelm von Hessen-Rheinfels-Rothenburg
   * 2. 11. 1694 in Sulzbach
   † 18. 7. 1729 in Oggersheim
   Grabstätte: St.-Michaels-Kirche in München

4. Prinz
   * und † 22. 3. 1695 in Brieg in Schlesien
   Grabstätte: Brieg?

AUS DER EHE MIT THERESIA KATHARINA

5. Theophile Elisabeth Franziska
   * 13. 11. 1703 in Breslau
   † 31. 1. 1705 in Breslau?
   Grabstätte: Breslau?

6. Anna Elisabeth Theophile
* 9. 6. 1709 in Innsbruck
† 10. 2. 1712 in Innsbruck
Grabstätte: Heiliggeistkirche in Heidelberg?

Mit Karl Philipp erlosch die Linie Neuburg. Die Pfälzer Kurwürde ging nach seinem Tod mit den dazugehörigen Territorien auf die Sulzbacher Linie über. Pfalzgraf und Herzog Karl Theodor von Pfalz-Sulzbach wurde am 1. 1. 1743 Kurfürst.

Kurfürst Karl Theodor von der Pfalz
und von Bayern

Karl Theodor, Kurfürst von der Pfalz 1743 und von Bayern 1777

Kurlinie Pfalz-Neuburg-Sulzbach 1743 bis 1799

* 11. 12. 1724 auf Schloß Drogenbusch bei Brüssel
† 16. 2. 1799 in München
Grabstätte: Theatinerkirche in München

1. ⚭ 17. 1. 1742 in Mannheim
ELISABETH AUGUSTE
Eltern: Joseph Karl Emanuel, Erbprinz von Pfalz-Sulzbach, und Elisabeth Auguste Sophie, Tochter des Kurfürsten Karl III. Philipp von der Pfalz
* 17. 1. 1721 in Mannheim
† 17. 8. 1794 in Weinheim
Grabstätte: St.-Michaels-Kirche in München

2. ⚭ 15. 2. 1795 in Innsbruck
MARIA LEOPOLDINE
Eltern: Ferdinand, Erzherzog von Österreich-Este, und Marie Beatrix, Tochter des Herzogs Herkules III. von Modena
* 10. 12. 1776 in Mailand
† 23. 6. 1848 bei Wasserburg
Grabstätte: Stepberg bei Neuburg a. d. Donau – Gruftkapelle auf dem St.-Antons-Berg

Karl Theodor regiert von 1728 bis 1799 Bergen op Zoom, von 1733 bis 1799 Pfalz-Neuburg-Sulzbach, von 1743 bis 1799 Pfalz-Neuburg, Jülich und Berg und die Kurpfalz, von 1777 bis 1799 Bayern.

Karl Theodor entstammte der von dem Zweibrücker Philipp Ludwig ausgehenden pfalzgräflichen Linie in Neuburg an der Donau, und zwar der durch seinen 1656 katholisch gewordenen Urgroßvater Christian August begründeten Nebenlinie Pfalz-Neuburg-Sulzbach. Der Knabe, Sohn des späteren Herzogs (1732–1733) Johann Christian Joseph von Pfalz-Sulzbach und von Maria Henriette Leopoldine, der Tochter des Franz Egon de la Tour, Marquis (Markgrafen) zu Bergen op Zoom und Prinzen von Auvergne, war erst vier Jahre alt, als er die Mutter verlor, und lebte bei der Urgroßmutter Marie Henriette, Witwe des Herzogs Philipp Karl Franz von Arenberg-Aerschot, einer geborenen del Carretto in Drogenbusch bei Brüssel. Das Schloß und die Umgebung wurden die Heimat seiner Kindheit. Der Tod seines Vaters 1733 verursachte einen Einschnitt in das Leben des Neunjährigen. Er wurde nun bei dem Kurfürsten Karl Philipp von der Pfalz aus der Neuburger Linie von Jesuiten erzogen.

Karl Theodor studierte an den Universitäten Leiden und Löwen weltliches wie kirchliches Recht, Staatswirtschaft und Geschichte. Schon früh zeigte sich seine Abneigung gegen das Soldatentum; dafür ließ er geistige und künstlerische, insbesondere musikalische Interessen erkennen. 1742 heiratete er auf einer Mannheimer Doppelhochzeit noch unter Karl Philipp seine Cousine Elisabeth Auguste. Sie gebar ihm spät – 1761 – einen Sohn, der bald nach der Geburt starb, und vermied aus Lebensangst weitere Schwangerschaften. Karl Theodor hielt sich nicht an diese Ehe. Die zweite Ehe des über Siebzigjährigen 1795 brachte ihm keinen Thronerben mehr.

1728 Markgraf von Bergen op Zoom, 1733 Herzog von Pfalz-Neuburg-Sulzbach, wurde er mit 18 Jahren Kurfürst der Pfalz, Herzog in Neuburg, Jülich und Berg. In allen diesen Herrschaftsbereichen hielt er sich an deren Verfassung, reformierte die Exekutive und kontrollierte seit 1753 systematisch, aber mit verschiedenem Erfolg die Reformen. In der Kurpfalz schaffte er 1776 die Folter ab. Bis 1756 arbeitete er hier auch mit einem lutherischen Minister. Am 15. Februar 1766 erließ er ein Toleranzedikt, bevor er im September dem Hausvertrag beitrat, der einen bayerisch-pfälzischen Gesamtstaat konstruierte. In dem Hausvertrag von 1771/72 versprach er als Gesamterbe in München und nur mit katholischen Ministern zu regieren. Die Mädchenschule in Frankenthal blieb stets überkonfessionell. Überall entwickelte er durch Manufakturen einen frühen Industrialismus, in Frankenthal auch eine Porzellanmanufaktur. Die Hofbibliothek in Mannheim machte er kostenlos der Öffentlichkeit zugänglich.

Als Max III. am 30. Dezember 1777 kinderlos starb, hatte Karl Theodor infolge der Hausverträge auch die Regierung Bayerns mit dem Regierungssitz in

München zu übernehmen. Kaiser Josef II. hatte mit ihm sechs Monate vorher unverbindlich über eine Aufrundung der Pfalz zu einem Königreich Burgund gegen eine Abtretung Bayerns an Österreich verhandelt. Karl Theodor blieb seinerseits erst recht unverbindlich und wollte sich Bayern nicht einfach wegreißen lassen. Er eilte deshalb sofort nach München. In der Pfalz hatte er 25 Jahre lang so gut und fortschrittlich regiert, daß nach seinem dreimonatigen Aufenthalt im Sommer 1778 in der Pfalz die Pfälzer als seine »erstgeborenen Landeskinder« gegen seine erneute Abreise demonstrierten. Den vom österreichischen Staatskanzler Fürst Kaunitz dem Pfälzer Gesandten abgehandelten Vertrag vom 3. Januar 1778 über die Abtretung von zwölf Landgerichten, meist in Niederbayern, ratifizierte Karl Theodor erst unter dem Druck der seit dem 10. Januar in Niederbayern einmarschierenden österreichischen Truppen. Die bayerischen Patrioten unter der Herzogin-Witwe Maria Anna wandten sich an Zweibrücken und Preußen um Hilfe gegen die Abtretungen, während der bayerische Staatskanzler Kreittmayr einen Kompromiß suchte. Der Preußenkönig marschierte nun in Böhmen ein, verhinderte, gestützt auf Rußland und Frankreich, das Tauschprojekt und bewirkte eine Garantie der pfalz-bayerischen Staatsexistenz. Als Kaiser Josef II. 1784 das Projekt noch einmal versuchte, verhinderte es Friedrich der Große durch die Gründung des Deutschen Fürstenbundes zur Erhaltung der Reichsverfassung.

Schon in der Kurpfalz, in Jülich und in Berg hatte Karl Theodor Rechtsleben und Verwaltung verbessert; er hatte in Mannheim bei aller kirchlich-katholischen Religiosität auch mit Voltaire und Lessing verkehrt.

Karl Theodor traf auch in Bayern, dem siebten seiner Herrschaftsbereiche, fortschrittliche Regierungsmaßnahmen, versuchte 1779 einen modernen Behördenaufbau, faßte die Bestimmungen über Kirche und Staat zusammen und stellte den Bauern frei, freie Eigentümer des von ihnen bebauten Bodens gegen eine nur geringe Ablösungssumme in zwanzig Jahresraten zu werden; er verbesserte in vielen Punkten die geringere Rechtsstellung benachteiligter Personenkreise. Doch zwang er seine Reformen niemandem gegen dessen Willen auf. Mit Hilfe des Grafen Rumford traf er soziale und auch militärische Reformen. Als die Franzosen 1795/96 in Süddeutschland einmarschierten, wich er ihnen geschickt aus, erkannte die von den privilegierten Landständen angenommenen französischen Geldforderungen nicht an und bezahlte sie nicht, versuchte aber eine süddeutsche Zollunion und erwirkte 1798 vom Papst in Hinblick auf den Notstand seiner Staaten, daß ihm der siebte Teil des geistlichen Vermögens abgetreten werden sollte. Wenn der bayerische Prälatenstand auch unverhältnismäßig reich war, so erreichte er doch, daß von fünfzehn Millionen nur fünf Millionen eingezogen werden konnten. Karl Theodor beschnitt die Auswüchse des barocken kirchlichen Brauchtums, sorgte aber andererseits für fromme Lehrer der Jugend und gab der Kirche sogar das ausschließliche Recht der Schulaufsicht. Die Umsturzabsichten des einen fürsten- und eigentumslosen Weltstaat erstrebenden Illuminatenordens bekämpfte er mit Nachdruck und

Erfolg. In allen kritischen Fragen verstand er es immer wieder, ein unerschütterliches Maß der Selbstbehauptung zu halten.

Karl Theodor hatte 1763 in Mannheim eine Akademie der Wissenschaften und der Literatur und 1775 eine von Stephan von Stengel begonnene Deutsche Gesellschaft ins Leben gerufen, durch die es zum ersten deutschen Hof- und Nationaltheater kam. Sein dort 1758 begründetes Kupferstich- und Zeichenkabinett nahm er nach München mit, wo es heute als Graphische Sammlung weiterbesteht. Wie in Mannheim, förderte Karl Theodor, selbst hochmusikalisch, in München nicht nur das deutsche Schauspiel, sondern besonders Mozarts deutsche Oper. Er führte diese in seiner neuen Hauptstadt zum Sieg. In München konzentrierte er seine Wittelsbacher Gemäldesammlungen in dem Galeriebau am Hofgarten und machte sie und auch hier die Hofbibliothek allgemein zugänglich. Neben dem von ihm angelegten Englischen Garten öffnete er auch den Nymphenburger Park der Öffentlichkeit. Durch maßvoll aufgeklärte Pfälzer, die er nach München mitnahm, verstärkte Karl Theodor die geistig fortschrittlichen Kreise Bayerns wie Westenrieder und wirkte so auch in die Zukunft eines neuen Bayern. Da er meist vermied, Reformen durch Zwang durchzusetzen, blieben freilich viele Probleme ohne Lösung.

Nachkommen des Kurfürsten Karl Theodor

AUS DER EHE MIT ELISABETH AUGUSTE

FRANZ LUDWIG JOSEPH

* 28. 6. 1761 in Mannheim
† 29. 6. 1761 in Mannheim
Grabstätte: Mannheim?

Die zweite Ehe blieb kinderlos.

König Maximilian I. Joseph

König Maximilian I. Joseph

Kurlinie Pfalz-Zweibrücken 1799 bis 1805

* 27. 5. 1756 in Mannheim
† 12./13. 10. 1825 in Schloß Nymphenburg
Grabstätte: Theatinerkirche in München

1. ⚭ 30. 9. 1785 in Darmstadt
AUGUSTE WILHELMINE MARIA
Eltern: Georg Wilhelm, Landgraf von Hessen-Darmstadt, und Gräfin Luise von Leiningen-Heidesheim
* 14. 4. 1765 in Darmstadt
† 30. 3. 1796 in Rohrbach bei Heidelberg
Grabstätte: Schloßkirche in Darmstadt

2. ⚭ 9. 3. 1797 in Karlsruhe
KAROLINE FRIEDERIKE WILHELMINE
Eltern: Karl Ludwig, Erbprinz von Baden (gest. 1801), und Prinzessin Amalie Friederike von Hessen-Darmstadt
* 13. 7. 1776 in Karlsruhe
† 13. 11. 1841 in München
Grabstätte: Theatinerkirche in München

Maximilian Joseph regiert Bayern (und die Kurpfalz rechts des Rheins bis 1803) von 1799 bis 1805 als Kurfürst, von 1806 bis 1825 als König (1795 wird er Herzog des von den Franzosen besetzten Zweibrücken, das zusammen mit der auf dem linken Rheinufer konstruierten Pfalz 1816 an den König von Bayern gegeben wird); Bayern wurde am 1. Januar 1806 Königreich.

Als Max Joseph ein Kind war, stand sein Vater Pfalzgraf Friedrich Michael, der jüngere Sohn des Herzogs Christian III. von Zweibrücken (1731–1735), meist im Siebenjährigen Krieg des Reiches gegen den König von Preußen im Feld. Da des Vaters älterer Bruder, der regierende Herzog Christian IV. von Zweibrücken, in morganatischer Ehe lebte und keine zur Regierung berechtigten Erben hatte, waren der Vater und dann Max Josephs älterer Bruder Karl August, schließlich er selbst der Reihe nach Thronerben in Zweibrücken. Max Joseph mußte früh ohne seine Mutter Maria Franziska Dorothea, eine Prinzessin von Pfalz-Sulzbach, leben, da sie wegen Ehebruchs in ein Kloster verbannt worden war.

1767 verlor der Elfjährige den Vater. So entschied Onkel Christian in den Fragen der Erziehung. Er ließ Max Joseph durch Agathon Keralio, einen Edelmann aus der Bretagne, erziehen, der Philosoph im Sinn Rousseaus und französischer Offizier war. Sein Religionslehrer war Abbé Pierre de Salabert, ein Franzose mit Geschmack und Lebenslust. Er empfahl dem Prinzen, die Untertanen mit Geduld und Liebe zu regieren. Im Alter von 20 Jahren übernahm Max Joseph als Oberst in Straßburg das Regiment Royal Alsace, ein französisches Fremdenregiment. Als sein 1775 zur Regierung gekommener Bruder Karl August seinen einzigen Sohn verlor, gab Max Joseph sein bisher ziemlich ungebundenes Leben auf und heiratete 1785 Auguste Wilhelmine von Hessen-Darmstadt. Bei dem 1786 geborenen Sohn Ludwig übernahm König Ludwig XVI. von Frankreich die Patenschaft. Die Eltern trafen für ihn und seine Schwester Auguste eine sehr glückliche Entscheidung, als sie für die Kinder Joseph Anton Sambuga als Religionslehrer bestellten.

Nach Auguste Wilhelmines Tod interessierte sich Max Joseph für Karoline von Baden, obwohl sein Berater Montgelas eine norddeutsche oder eine englische Prinzessin für die notwendige Wiedervermählung für nützlicher hielt. Er entwarf im September 1796 seinem Herrn eine umfassende Denkschrift über die gesellschaftlich und wirtschaftlich notwendigen Reformen in den Staaten am Rhein, vor allem aber in Bayern. Max Joseph schloß mit seinem Vetter Herzog Wilhelm von Zweibrücken-Birkenfeld-Gelnhausen, der mit seiner Schwester vermählt war, 1797 einen auf das Vorjahr zurückdatierten Hausvertrag. Darin wurde für das Rechts- und das Finanzwesen festgelegt, daß Jurisdiktionen ohne Rücksicht auf Anwartschaften nur an sachlich qualifizierte Personen vergeben und Geld nur für staatliche oder soziale Zwecke aufgenommen werden dürfe.

Da Max Josephs neue Gattin mit dem künftigen russischen Kaiser verschwägert war, ergab sich dadurch die Möglichkeit, daß Rußland für Bayerns Selbständigkeit eintrete.

1799 starb Kurfürst Karl Theodor von Pfalz-Bayern. Wilhelm eilte von seinem ihm von Karl Theodor bestimmten Wohnsitz Landshut an das Sterbelager und ergriff bis zu Max Josephs Eintreffen die Zügel der Regierung. Als Max Joseph selbst in München einzog, hob er sofort den sogenannten Bierzwang auf, durch den die privilegierten Hofmarksherren den Verkauf auch geringwertigen Bieres erzwingen konnten, und begann eine konfessionelle Toleranzpolitik.

Im Oktober schloß Wilhelm in Gatschina einen Vertrag in Max Josephs Auftrag mit dem Zaren, der bereit war, anstelle des geschwächten Preußen für Bayerns Staatlichkeit gegen die von Österreich weiterhin drohenden Annexionsgefahren aufzutreten, und die Großfürstin Katharina mit dem vierzehnjährigen Kronprinzen Ludwig von Bayern verlobte. Von entscheidender Bedeutung für das entstehende neue Bayern war, daß Max Joseph mit Hilfe von Montgelas eine moderne Ministerialverfassung einführte. Er setzte gegen die privilegierten Landstände bereits 1801 eine Steuerrektifikation gegenüber der immer noch bestehenden Steuerveranlagung von 1721 durch und verwandelte 1802 die bäuerlichen Lehen und Objekte im Leiheverhältnis in bäuerliches Eigentum. Da die Kirche ungefähr die Hälfte des anbaufähigen Bodens in Bayern besaß, wurde ihr Grundbesitz säkularisiert. Die Klöster wurden 1803 aufgehoben. Max Joseph versuchte dabei Härten zu mildern.

Durch den Reichsdeputationshauptschluß wurden 1803 die geistlichen Fürstentümer säkularisiert und viele kleine, weltliche mediatisiert, d.h. der unmittelbaren Regierung größerer Staaten, auch der Bayerns, unterstellt. Max Joseph machte so zwischen 1803 und 1816 Bayern zu einem geschlossenen mittelgroßen Staat. Durch ein besonderes Gesetz gestaltete er mit Hilfe von Friedrich (von) Zentner den Fideikommiß Pfalz-Bayern zu einem Staat und den Monarchen zu dessen Organ. Bereits 1805 kam ein sehr fortschrittliches Staatsdienerrecht heraus. Max Joseph, der in der Geheimen Staatskonferenz den Vorsitz über die Minister führte, erließ im Mai 1799 nicht nur für die Pfälzer Staaten ein Toleranzedikt, das über die Religionsdeklaration von 1705 und andere Bestimmungen entscheidend hinausging; er führte seit 1800 die Toleranz schrittweise auch in Bayern ein. Den Kirchen aber beließ er die Aufsicht über die Volksschulen und im rechtsrheinischen Bayern die weltliche Verbindlichkeit der kirchlichen Ehe. Durch die von Montgelas gestaltete Konstitution von 1808 stellte Max Joseph alle Staatsbürger einander gleich; durch die im wesentlichen von Zentner gestaltete Verfassung machte er zehn Jahre später Bayern zu einer konstitutionellen Monarchie. Der König, die Erste und die Zweite Kammer wirkten fortan bei der Gesetzgebung zusammen. Das nach Montgelas' Entlassung abgeschlossene Konkordat von 1817 wurde in die Verfassung von 1818 aufgenommen, ihm aber ein Religionsedikt und ein Protestantenedikt darin gegenübergestellt. Gewissensbedenken katholischer Kreise gegen einen Eid auf die Verfassung versuchte Max Joseph 1821 durch die Tegernseer Erklärung zu beheben, die den Eid ausdrücklich nur auf die bürgerlichen Verhältnisse bezog.

Als »summus episcopus« seiner evangelischen Untertanen führte er durch

Abstimmung 1818 die Pfälzer Union herbei, beließ aber im rechtsrheinischen Bayern das einheimische Luthertum als Kirche. Seine Gattin Karoline baute sie seit 1799 mit Hilfe ihres Hofpredigers Ludwig Friedrich Schmidt, eines badischen Pfarrersohnes, auf. Die Kirchenpolitik des Königs war eine Voraussetzung für den neuen, größeren bayerischen Staat, dessen Entstehung auch außenpolitisch die Wahl folgerichtiger Wege erforderte.

Max Joseph konnte diesen konsequenten Weg nicht gehen, ohne daß er ihn immer wieder geradezu erkämpfen mußte. Von Mal zu Mal mußte er als Voraussetzung für alles Bayerns Selbständigkeit erringen. Er ließ sich auch im September 1805 durch den Überfall einer österreichischen Voraustruppe unter Feldmarschall-Leutnant Karl Philipp von Schwarzenberg auf Schloß Nymphenburg nicht zwingen, militärisch auf die Seite des Kaisers zu treten, sondern schlug sich in der Nacht vom 8. auf 9. September durch die österreichischen Sperren heimlich durch, um zu seinen Truppen zu gelangen. Erst jetzt ratifizierte er am 28. September den bayerisch-französischen Vertrag von Bogenhausen. Die französischen und bayerischen Kriegserfolge brachten ihm noch 1805 ein, daß Frankreich weiterhin Bayerns Zugehörigkeit zum Reich anerkannte (das elastische Verhältnis zum Kaiser in Wien war Max Joseph politisch lieber als eine straffe Abhängigkeit vom französischen Diktator). Der bayerische Landesherr sollte die volle Souveränität ausüben, wie sie der Kaiser von Österreich und der König von Preußen in ihren Monarchien hatten. Er sollte König werden. Am 1. Januar 1806 verkündete der Landesherold in Begleitung der Bürgerkavallerie unter der von Kurfürst Max I. 1638 errichteten Mariensäule in München der begeisterten Bevölkerung die Königsproklamation Max Josephs. Der Bischof von Augsburg sollte Max Joseph kirchlich krönen; dies unterblieb aber, da die Konkordatsverhandlungen von 1806/07 an der Forderung der Kurie scheiterten, daß die Vorrangstellung der Katholiken in Bayern aufrechterhalten werde. Auch die Kurfürsten von Sachsen und Württemberg wurden 1806 Könige, der von Brandenburg-Preußen war es bereits seit 1701, der von Hannover wurde es 1814, war aber bereits seit hundert Jahren König von England. Aus den vier Stämmen, die der Sachsenspiegel Königreiche nannte, waren fünf Königtümer geworden.

Die großen Gebietsveränderungen in Deutschland und im übrigen Europa brachten es mit sich, daß Staaten nur weiterexistieren konnten, wenn sie Zeitansprüchen gerecht wurden und nicht zu klein waren. Max Joseph, unterstützt von Montgelas, vergrößerte Bayern bei verschiedenen Gelegenheiten; dabei legte er Wert vor allem auf das Gebiet, das schon einmal das größere Herzogtum Bayern im Mittelalter ausgemacht hatte. Noch nach Napoleons Sturz suchte er Salzburg bei Bayern zu halten. Die Pfalz erhielt er erst 1816 als auf ein links des Rheins beschränktes Gebiet zurück.

Max Joseph besaß viel menschliches und politisches Fingerspitzengefühl. Als er 1806 den Bayerischen Militär-Max-Joseph-Orden stiftete, belohnte er dadurch tapfere Taten, die einer aus formalen Gehorsamsgründen hätte unterlassen können. Aus Anlaß der Hochzeit seines ältesten Sohnes mit der Prinzessin

Therese von Sachsen-Hildburghausen veranstaltete er im Oktober 1810 Volksfeste und auf einer Wiese bei Sendling Pferderennen, ein Jahr später zur Wiederholung des Festes eine landwirtschaftliche Ausstellung mit Pferderennen und anderen volkstümlichen Wettbewerben. Daraus entstand das bayerische Nationalfest, das Oktoberfest, das bis heute alljährlich – nunmehr im September – abgehalten wird. Die Volkstümlichkeit des Festes und des ersten Bayernkönigs stehen in einer innerlich begründeten und heute symbolischen Beziehung. Max Joseph handelte auch als König unmittelbar menschlich und drückte sich im Gespräch mit dem einfachen Volk in dessen Sprache aus. Er pflegte und liebte auch das volkstümliche Theater, für das er 1811 das Königlich Bayerische Hof- und Nationaltheater erbauen ließ. Die 1808 errichtete königliche Akademie der bildenden Künste sollte die Neigung zum Schönen und Wohlgestalteten vermehren und unmittelbar damit die Nationalgeschicklichkeit erhöhen, mittelbar aber den Geist und die Sitten des Volkes veredeln. An die aus Ingolstadt nach Landshut verlegte Universität berief er u. a. den menschlich überzeugenden katholischen Theologen Johann Michael Sailer, der ein friedliches Verhältnis zu den nichtkatholischen Christen empfahl, den evangelischen Religionsphilosophen Schelling und den Rechtshistoriker Friedrich Karl von Savigny.

Max Joseph wirkte neben Albrecht IV. dem Weisen und Kurfürst Maximilian I. bis in das gegenwärtige Leben Bayerns fort. Der Max-Joseph-Platz mit seinem Denkmal erinnert heute noch besonders an ihn.

Die Nachkommen König Maximilians I. Joseph

AUS DER EHE MIT AUGUSTE WILHELMINE VON HESSEN-DARMSTADT

1. Ludwig Karl August
ⓞ Therese von Sachsen-Hildburghausen
Siehe unter König Ludwig I.

2. Auguste Amalie Ludovika
* 21. 6. 1788 in Straßburg
† 13. 5. 1851 in München
Grabstätte: St.-Michaels-Kirche in München

ⓞ 14. 1. 1806 in München
Eugen Beauharnais, 1805 bis 1812 Vizekönig von Italien, 1817 Herzog von Leuchtenberg und Fürst von Eichstätt
Eltern: Alexander Vicomte de Beauharnais und Marie Rose Josephine Tascher de la Pagerie, später als Gemahlin Napoleons französische Kaiserin
* 3. 9. 1781 in Paris
† 21. 2. 1824 in München
Grabstätte: St.-Michaels-Kirche in München

3. Amalie Maria Auguste
* 9. 10. 1790 in Mannheim
† 24. 1. 1794 in Darmstadt
Grabstätte: Ev. Stadtkirche in Darmstadt

4. Charlotte Auguste (Karoline)
* 8. 2. 1792 in Mannheim
† 9. 2. 1873 in Salzburg
Grabstätte: Kapuzinergruft in Wien

1. ⓞ 8. 6. 1808 in München (geschieden 1814)
Wilhelm, später König Wilhelm I. von Württemberg
Eltern: Friedrich I., Herzog, später König von Württemberg, und Auguste Karoline von Braunschweig-Wolfenbüttel
* 27. 9. 1781 in Lübben/Schlesien
† 24. 6. 1864 Villa Rosenstein bei Stuttgart
Grabstätte: Grabkapelle auf Rothenberg bei Untertürkheim

2. ⚭ 10. 11. 1816 in Wien
Franz I., Kaiser von Österreich (1792–1806 als Franz II. röm.-dt. Kaiser)
Eltern: Erzherzog, später Kaiser Leopold II., und Maria Ludovika, Infantin von Spanien aus dem Hause Bourbon
* 12. 2. 1768 in Florenz
† 2. 3. 1835 in Wien
Grabstätte: Kapuzinergruft in Wien

5. Karl (Theodor Maximilian August)
* 7. 7. 1795 in Mannheim
† 16. 8. 1875 in Tegernsee
Grabstätte: Söcking am Starnberger See

K. b. Generalfeldmarschall, Heerführer 1866.

1. ⚭ 1. 10. 1823 in ?
Marie Anna Sophie Pétin (1. 10. 1823 Freifrau von Bayrstorff)
Eltern: François Maurice (de) Pétin und Marie Théodora Freiin von Branca
* 27. 7. 1796 in Neuburg a. d. Donau
† 26. (22.?) 2. 1838 in München
Grabstätte: Söcking am Starnberger See

2. ⚭ 7. 5. (oder 30. 4.) 1859 (in ?)
Henriette Hölken, geb. Schoeller (20. 5. 1859 oder 30. 4., Frau von Frankenburg)
Eltern: Heinrich Schoeller und Katharina Mayr
* 27. 12. 1815 in München
† 20. 4. 1866 in München
Grabstätte: Söcking am Starnberger See

AUS DER EHE MIT KAROLINE VON BADEN

6. Prinz
tot geboren 5. 9. 1799 in München
Grabstätte: Theatinerkirche in München

7. Maximilian Joseph Karl Friedrich
* 28. 10. 1800 in Amberg
† 12. 2. 1803 in München
Grabstätte: Theatinerkirche in München

8. Elisabeth Ludovika
* 13. 11. 1801 in München
† 14. 12. 1873 in Dresden
Grabstätte: Friedenskirche in Potsdam

⚭ 29. 11. 1823 in Berlin
FRIEDRICH WILHELM, Kronprinz, 1840 Friedrich Wilhelm IV., König von Preußen
Eltern: Friedrich Wilhelm III., König von Preußen, und Luise, Tochter des Herzogs Karl II. von Mecklenburg-Strelitz
* 15. 10. 1795 in Berlin
† 2. 1. 1861 in Sanssouci
Grabstätte: Friedenskirche in Potsdam

9. AMALIE AUGUSTE
* 13. 11. 1801 in München
† 8. 11. 1877 in Dresden
Grabstätte: Kath. Hofkirche zur Hl. Dreieinigkeit in Dresden

⚭ 21. 11. 1822 in Dresden
JOHANN, Prinz, 1854 Johann I., König von Sachsen
Eltern: Maximilian, Prinz von Sachsen, und Karoline, Tochter des Herzogs Ferdinand von Parma
* 12. 12. 1801 in Dresden
† 29. 10. 1873 in Schloß Pillnitz bei Dresden
Grabstätte: Kath. Hofkirche zur Hl. Dreieinigkeit in Dresden

10. SOPHIE FRIEDERIKE DOROTHEE WILHELMINE
* 27. 1. 1805 in München
† 28. 5. 1872 in Wien
Grabstätte: Kapuzinergruft in Wien

⚭ 4. 11. 1824 in Wien
FRANZ KARL JOHANN, Erzherzog von Österreich
Eltern: Franz I., Kaiser von Österreich, und Marie Therese, Tochter König Ferdinands I. Beider Sizilien (Neapel-Sizilien)
* 7. 12. 1802 in Wien
† 8. 3. 1878 in Wien
Grabstätte: Kapuzinergruft in Wien
SOHN: *Franz Joseph,* später Kaiser von Österreich (1848–1916)
* 18. 8. 1830 in Schönbrunn
† 21. 11. 1916 in Schönbrunn
Grabstätte: Kapuzinergruft in Wien

11. MARIA ANNA LEOPOLDINE
* 27. 1. 1805 in München
† 13. 9. 1877 in Watzschwitz
Grabstätte: Kath. Hofkirche zur Hl. Dreieinigkeit in Dresden

⚭ 24. 4. 1833 in Dresden
FRIEDRICH AUGUST, Prinz, 1836 Friedrich August II., König von Sachsen
Eltern: Maximilian, Prinz von Sachsen, und Karoline, Tochter des Herzogs Ferdinand von Parma
* 18. 5. 1797 in Dresden
† 9. 8. 1854 bei Brennbüchel/Tirol
Grabstätte: Kath. Hofkirche zur Hl. Dreieinigkeit in Dresden

12. LUDOVIKA WILHELMINE
* 30. 8. 1808 in München
† 26. 1. 1892 in München
Grabstätte: Gruft in Schloß Tegernsee

⚭ 9. 9. 1828 in Tegernsee
MAXIMILIAN, Herzog in Bayern
Eltern: Pius August, Herzog in Bayern, und Amalie Luise, Tochter des Prinzen Ludwig Maria von Arenberg
* 4. 12. 1808 in Bamberg
† 15. 11. 1888 in München
Grabstätte: Gruft in Schloß Tegernsee

13. MAXIMILIANE JOSEPHA KAROLINE
* 21. 7. 1810 in Nymphenburg
† 4. 2. 1821 in München
Grabstätte: Theatinerkirche in München

König Ludwig I.

König Ludwig I.

* 25. 8. 1786 in Straßburg
† 29. 2. 1868 in Nizza
Grabstätte: Basilika St. Bonifaz in München

⚭ am 12. 10. 1810 in München
Therese, Prinzessin von Sachsen-Hildburghausen
Eltern: Friedrich, Herzog von Sachsen-Hildburghausen (seit 1826 Sachsen-Altenburg), und Charlotte, Tochter des Großherzogs Karl II. von Mecklenburg-Strelitz
* 8. 7. 1792 im Jagdschloß Seidingstadt im Herzogtum Sachsen-Hildburghausen
† 26. 10. 1854 in München
Grabstätte: Basilika St. Bonifaz in München

Ludwig regiert von 1825 bis 1848.

Ludwig war mit seinen Eltern, dem landlosen Herzog Max Joseph von Zweibrücken und der Prinzessin Auguste Wilhelmine von Hessen-Darmstadt, sowie mit seinen Geschwistern auf der Flucht vor den revolutionären Franzosen, als er seine Mutter verlor. Er war erst neun Jahre alt. Die geliebte, kluge und evangelisch religiöse Mutter hatte noch wesentlich die Wahl des klaren und gebildeten, in Erziehungsfragen erfahrenen Priesters Josef Anton Sambuga zum Religionslehrer bestimmt, der freilich erst 1797 seine Aufgabe aufnehmen konnte und entscheidend auf die Entwicklungsjahre Ludwigs einwirkte. Mehr als der Hofmeister Joseph Kirschbaum hatte er das Vertrauen des jungen Prinzen. Sambuga richtete in Ludwig das Ideal des christlich-patriarchalischen Herrschers auf und prägte ihm Begriffe wie Pflicht und Gehorsam tief ein. Kirschbaum, früher Professor an einer französischen Kriegsschule, legte die Erziehung auf Befehl und Gehorsam an und begleitete den Kurprinzen auch auf die Universitäten Landshut und Göttingen; auf der einen hörte Ludwig eifrig und kritisch u. a. Staatsrecht bei Nikolaus Thaddäus Gönner, dem Verfasser des modernen bayerischen Staatsdienerrechts, auf der anderen u. a. bei August Schlözer Regierungs- und Kameralwissenschaften. Das Privatissimum Johann Michael Sailers in Landshut über den christlichen Fürstenberuf vertiefte Sambugas Lehren und weckte in Ludwig das Ideal eines konfessionell friedlichen kirchlichen Christentums. Sailers »Homilien« und Thomas von Kempens »Nachfolge Christi«, nicht Philosophie, blieben Ludwigs geistiges Brot. 1805 wurde er in Rom zum Verehrer der klassischen Antike und sammelte besonders seit 1811 antike Plastik und griechische Vasen (Schalen), für die er in reinstem griechischen Stil seit 1816 in München die Glyptothek baute, das erste öffentlich zugängliche Antikenmuseum Deutschlands.

Ludwig war 1809 in Sorge, daß Napoleon seine Vermählung mit einer französischen Prinzessin erzwingen könnte. Er meinte deshalb: »Ich muß unbedingt heiraten. Ist das einmal geschehen, können solche Anschläge auf meine Freiheit von Paris her (durch eine von Napoleon ihm zur Heirat bestimmte Prinzessin) nicht mehr gemacht werden.« Bayerns König wies seinen Kronprinzen auf eine liebliche, freundliche und gütige Prinzessin von Sachsen-Hildburghausen hin. Die Kleinheit des in den Rheinbund hineingezwungenen Landes machte eine solche Heirat politisch unbedenklich; das sah auch der Kronprinz ein. Als er im Dezember 1809 der Herzogin von Sachsen-Hildburghausen und ihren Töchtern gegenüberstand, zog ihn nicht die hübschere, sondern die große schlanke achtzehnjährige Prinzessin an, die einen Zug tiefer menschlicher Güte aufwies. Als sich beide tags darauf wiedersahen, begriff die kluge und tief angelegte Prinzessin die Persönlichkeit des schwärmerischen, leidenschaftlichen und ungewöhnlichen Wittelsbachers, der durch sein lebhaftes und begeisterungsfähiges Wesen gewann. Als Ludwig um sie warb, aber ihren Übertritt zur katholischen Kirche verlangte, weigerte sie sich. Ludwig aber respektierte ihre Einstellung und ihre Persönlichkeit. Er verlobte sich mit ihr am 12. Februar 1810 in Hildburghausen. Zur Hochzeit im Herbst reiste Therese mit ihren Eltern nach München und wurde schon in Bamberg durch Herzog Wilhelm in Bayern begrüßt, der nicht nur Vetter und Schwager des Königs, sondern in entscheidenden Jahren sein politischer Mitarbeiter gewesen war. Nach Ehrungen durch ein Hofkonzert und eine Festsitzung der Akademie der Wissenschaften über Griechenlands Reichtum an Kunst nahm Therese am 12. Oktober an der kirchlichen Feier des Namenstages ihres künftigen Schwiegervaters in St. Michael teil und wurde abends mit Ludwig in der Hofkapelle der Residenz getraut. Die Feiern auf dem Max-Joseph-Platz vor der Residenz am 13. Oktober waren bereits ein großes Volksfest mit fröhlicher Musik und Tanz, bald in der ganzen Stadt. Sie wurde am nächsten Tag illuminiert, das junge Paar durch eine italienische Oper mit freiem Eintritt für jedermann gefeiert. Zur außerordentlichen Festfreude trugen eine musikalische Akademie bei Hof, eine deutsche Oper und ein deutsches Schauspiel sowie ein allgemeiner Ball bei. Am 16. Oktober wurde auf der großen Wiese bei Sendling durch ein Pferderennen der Nationalgarde-Kavallerie das junge Paar und das Königshaus gefeiert. Auf der heutigen Theresienwiese begrüßten u. a. neun Paare von Bauern und Bäuerinnen der neun Kreise (Regierungsbezirke) des Königreichs Bayern in ihren Trachten Therese und Ludwig. Die allgemeine Begeisterung forderte, daß bereits im nächsten Jahr das Fest mit einem Landwirtschaftsfest des 1810 unter dem König als Protektor gegründeten Landwirtschaftlichen Vereins erweitert und wiederholt wurde. Daraus entstand – wie bereits erwähnt – das bis heute immer wieder veranstaltete Oktoberfest.

Bei den deutschen Künstlern in Rom wurde der nunmehrige Kronprinz später auch zum Romantiker. Schon das Fluchterlebnis des Kindes, dann das der Franzosenherrschaft Napoleons machten Ludwig zum deutschen Patrioten. Aufenthalte in Paris bei Napoleon und später auf dem Wiener Kongreß weckten seinen politischen Wirklichkeitssinn. Sein Verfassungsdenken wurde durch Gespräche mit dem Freiherrn vom Stein in Paris und durch einen Englandaufenthalt 1814 stark angeregt. Er lehnte das »unteutsche System« des »allmächtigen« Ministers Montgelas so sehr ab, daß es des dem König wie ihm vertrauten Feldmarschalls Wrede bedurfte, um mit dem Vater in einem politisch erträglichen Verhältnis zu bleiben. Wrede hatte als juristisch gebildeter Hofgerichtsrat in der Pfalz seine Tätigkeit begonnen, bevor er an die Spitze einer freiwilligen Truppe gegen Franzosen am Rhein gestellt wurde. Er stärkte auch in späteren Krisen das Verfassungsdenken Ludwigs I., etwa 1831.

Dem Drängen des Kronprinzen, Montgelas zu entlassen, trug der Vater 1817 Rechnung, weil er dem Sohn die Wege für einen voraussichtlich nahen

Regierungsantritt ebnen wollte. So übernahm Ludwig, der in die für ihn vorbereiteten Geschäfte eingeführt wurde, 1825 die Aufgabe eines Königs. Hatte er selbst seit seinem elften Lebensjahr eigene Kassenbücher geführt, so baute er jetzt in realistischer Sparsamkeit Bayerns Finanzen und Wirtschaft wieder auf, die trotz der bayerischen Wirtschaftseinheit von 1807 durch die Kriege und durch die Nachkriegskrisen bis in die zwanziger Jahre in Not geraten waren. Die fortschrittlichen Gesetzesinitiativen des neuen Königs galten der Verwaltung und der inneren Gliederung und geistigen Vereinigung Bayerns. Er beließ die Ministerien des Vaters von 1817, ergänzte aber das Innenministerium noch 1825 durch einen »Obersten Kirchen- und Schulrat«. Die religiösen Kräfte unterstützte Ludwig I. durch Klostergründungen aus seiner eigenen Tasche und durch entsprechende Regierungsentscheidungen nicht zuletzt für die Schulen. Ludwig stellte seinen christlichen Staat auf den Boden der Heimatliebe, die er durch Pflege der Heimatgeschichte und der bayerischen Geschichte wie der Geschichte überhaupt weckte. Er veranlaßte deshalb auch Denkmalspflege und die Gründung historischer Vereine. Ludwig zog die Öffentlichkeit durch die Weiterentwicklung der Landräte als Einrichtung zur Mitwirkung bei den Regierungspräsidenten zum praktischen politischen Leben heran.

Sein an der griechischen Kunst orientiertes Schönheitsideal begann er seit 1816 mit dem Bau der Glyptothek und der Anlage des Königsplatzes durch Leo (von) Klenze zu verwirklichen. Bei der Anlage der Ludwigsstraße ließ er neben dem Klassizismus die deutsche Romantik durch Friedrich (von) Gärtner (Ludwigskirche usw.) zum Ausdruck kommen. Für die St.-Bonifazius-Basilika beauftragte er S. F. Ziebland als Architekten. Von den Malern wirkten unter ihm Peter (von) Cornelius, Heinrich (von) Heß, Carl Rottmann; Ludwig (von) Schwanthaler war als Bildhauer tätig.

Von der durch Klenze weitergebauten Residenz und einem neuen München als Residenzstadt ließ Ludwig den Neuhumanismus eines Friedrich (von) Thiersch ins Studienwesen eindringen. Noch weiter wirkte sein eigener christlicher Humanismus, mitgetragen von dem Geschichtsdenker Joh. Jos. (von) Görres, dem Kirchenhistoriker Ignaz (von) Döllinger, den Philosophen F. W. (von) Schelling und Franz (von) Baader. Besonders unterstützte er Andreas Schmeller, den Erforscher der bayerischen Sprache.

Unter dem Gesichtspunkt der historischen Stämme teilte er Bayern in acht Kreise (Regierungsbezirke) ein. Seine schon gegen Napoleon I. gerichtete deutsche Haltung, für die er sogar das Leben riskierte, wurde politische Tat im Deutschen Zollverein und in dem Schutz des Rheins, besonders 1840; mahnend erinnerte er durch dic Befreiungshalle bei Kelheim und die Ehrung großer Deutscher in der Walhalla bei Regensburg an die Notwendigkeit, daß die »Teutschen« zusammenhalten.

1826–1831 versuchte Ludwig I. vergeblich, die rechtsrheinische Pfalz mit Heidelberg und Mannheim oder wenigstens ein die Pfalz mit dem rechtsrheinischen Bayern verbindendes Gebiet zu gewinnen. Auf der Rundreise des Königspaares durch Bayern 1829 trat Therese stark in die Öffentlichkeit. Sie erwies sich aber auch oft als politisch kluge Gefährtin Ludwigs. Das zeigte sie bei dessen Abwesenheit durch ihren Umgang auch mit Ministern. Therese, die in der großzügigen, europäisch orientierten Gesellschaft des alten Reiches aufgewachsen war, informierte durch ihren Briefwechsel den oft von München abwesenden Monarchen über aktuelle Anliegen auch in der Regierung, etwa als sich die Nachwirkungen der französischen Julirevolution von 1830 zeigten oder es um Ottos Königtum in Griechenland ging. Schon im März 1830 machte sie Ludwig in Neapel auf politische Artikel im Pariser »Journal des Débats« aufmerksam und legte ihm zugleich die bayerische Entgegnung im »Inland« vom 27. März zusammen mit dem Regierungsblatt bei. Sie handelte stets aus der Überzeugung, daß der König, dem das Glück seiner Bayern so am Herzen liege, »alles wissen« müsse, wie sie ihm im September 1830 schrieb.

1829 schloß Ludwig Bayern, das mit Württemberg einen Zollbund auf der Grundlage der Gleichberechtigung eingegangen war, an den in Entstehung begriffenen, aber von Preußen geführten Deutschen Zollverein an, was vor allem Franken und der Pfalz Vorteile brachte, und arbeitete zusammen mit dem Landtag von 1837 und dem Innenminister Abel (1837–1847) den Gefahren der Proletarisierung entgegen.

1832 einigten sich Rußland, England und Frankreich auf Ludwigs zweiten Sohn Otto als König der Teile Griechenlands, die sich unter Hilfe dieser Mächte, vor allem Rußlands und der Griechenlandfreunde in der ganzen Welt, von den Türken befreit hatten. Ludwig war früh als Philhellene sehr für den Befreiungskampf der Griechen eingetreten, besuchte 1835/36 Griechenland, das türkische Smyrna und Troja und unterstützte noch lange tatkräftig Griechenlands Entwicklung.

Die innere Gestaltung Bayerns hatte Ludwig mit Einsparungen (Finanzminister Graf von Armannsperg) und durch Aufbau eines ausgeglichenen Staatshaushalts begonnen, was er auch durch seine Zollvereinspolitik unterstützte. Durch die Verlegung der Universität 1826 von Landshut nach München, die Schaffung der Pinakothek und durch Klostergründungen aus seinen persönlichen Mitteln, durch Einrichtung Königlicher Lyzeen für die Erziehung katholischer Priester und durch Ernennung etwa eines Friedrich Michael Sailer zum Bischof (von Regensburg) begann er in dem rational aufgebauten Staat das kirchlich christliche Leben zu verstärken und München zu einem geistig künstlerischen Mittelpunkt zu machen. Er hielt, namentlich in Mischehenfragen, streng auf Toleranz. Dem bayerischen Staatsbewußtsein schuf er Grundlagen durch die Pflege der Heimat- und Staatsgeschichte und setzte deshalb in seinem Herrschertitel und im Staatswappen (1837) die Akzente auf die Stämme der Bayern und der Pfälzer, der Franken und der Schwaben. Er legte für sich und seine Nachfolger als Bezeichnung fest: König von Bayern, Pfalzgraf bei Rhein, Herzog von Franken und in Schwaben. Nach Abschluß des Zollvereins begann er 1835 durch Bau von Eisenbahnen und des Ludwig-Donau-Main-Kanals das moderne Verkehrsleben zugunsten der Wirtschaft zu entwickeln. Durch Gründung der Bayerischen Hypotheken- und Wechselbank sicherte er vor allem den Landwirten geordnete Möglichkeiten, Geld aufzunehmen.

Sein in vielem verdienter Innenminister Fürst Ludwig von Oettingen-Wallerstein und verschiedene Landtagsabgeordnete verkannten Ludwigs kirchliche Initiativen. Der König ersetzte 1837 Oettingen-Wallerstein durch Karl (von) Abel. In der Auseinandersetzung mit den Zeitströmungen des Nationalismus und der Richtung des kirchenfeindlichen Liberalismus scheute er sich nicht, Zeichen auch in der Welt der Staaten des Deutschen Bundes zu setzen. Bei der Verhaftung des Erzbischofs von Köln durch preußische Dienststellen 1837 trat Ludwig I. für die Rechte der Katholiken ein, und der von ihm einst zum Geschichtsprofessor gemachte Publizist Johann Joseph (von) Görres klagte laut den preußischen Staat an.

Der neue Innenminister Abel konnte zwar das katholische Prinzip im Staat anstelle des christlichen besonders betonen, das Ludwigs Freund und zeitweiliger Innenminister Eduard von Schenk aber überzeugender ausgesprochen hatte. Ludwig hatte ihn 1832 dem Landtag bei der Auseinandersetzung um die Zensur der Presse opfern müssen.

Als der König Vorkämpfer für Rechte der Katholiken überhaupt wurde, beschwor er auch die Erinnerung des Kurfürsten Maximilian I. von Bayern durch ein von Thorwaldsen geschaffenes Denkmal in München. Doch wurde er weder persönlich ein Feind Preußens, noch blieb er völlig bei der Richtung Abels. Sein Konflikt mit ihm begann, als 1846 der Münchener Erzbischof nicht die verfassungsmäßig vorgeschriebene königliche Genehmigung zu einer kirchlichen Verlautbarung einholte und Ludwig nun ein eigenes Kultusministerium neben dem Innenministerium Abels schuf. Durch sein »Ministerium der Morgenröte« (Maurer, Zu Rhein) 1847 nahm der König die ernsthaften Forderungen, die das Jahr 1848 bringen sollte, schon ein Jahr vorher an.

Ludwig, der große Bauherr der Ludwigstraße, des Königsplatzes und der Alten wie der Neuen Pinakothek in München, der Freund der Maler und Bildhauer, der Sammler alter und neuer Gemälde von Rang, liebte schwärmerisch die Schönheit der Bauwerke, der Landschaft und der Menschen, so daß er in seiner Schönheitsgalerie schöne Frauen von seiner eigenen Gattin und seiner Tochter angefangen bis zu Bürgermädchen malen ließ. Als der Einundsechzigjährige für die Tänzerin Lola Montez schwärmte, wandte sich Abel gegen ihre Einbürgerung. Seine Denkschrift kam in die Öffentlichkeit. Der König entließ ihn. Die Angelegenheit war abgeschlossen, die Tänzerin außer Landes. Da forderten 1848 einige Männer ganz anderer Richtung, der König solle der zur Gräfin von Landsfeld erhobenen Tänzerin das Bürgerrecht förmlich aberkennen. Ludwig empfand das Ansinnen als undankbare Mißachtung seiner Herrscherpersönlichkeit, gewährte zwar diesen Wunsch und die Märzforderungen, dankte aber ab, obwohl das niemand von ihm forderte. Da er sich die Hälfte der Zivilliste von seinem Nachfolger ausbedungen hatte, konnte er noch seine

Bauten vollenden, darunter auch das Kloster und die Kirche St. Bonifaz in München, wo er begraben sein wollte. Der Krieg Preußens gegen Österreich und seine Verbündeten, darunter Bayern, 1866 erbitterte den greisen König gegen Bismarck. Sein Alter hinderte ihn nicht, ein Jahr später gleich seinem regierenden Enkel in Paris inkognito die Weltausstellung zu besuchen und am Treffen des Kaisers Franz Joseph mit Napoleon III. in Salzburg wenigstens gesellschaftlich teilzunehmen.

Trotz des Trauerspiels von 1848 blieb Ludwig, den der Sohn und der Enkel bei Gelegenheit die Berichte der bayerischen Gesandten einsehen ließen, auf seine Weise König, baute, reiste und trat für Bayerns staatliche Existenz ein.

Die Nachkommen König Ludwigs I.

1. Maximilian II. Joseph
   ⚭ Marie, Prinzessin von Preußen
   Siehe unter König Maximilian II. Joseph

2. Mathilde Karoline Friederike
   * 30. 8. 1813 in Augsburg
   † 25. 5. 1862 in Darmstadt
   Grabstätte: Ludwigskirche in Darmstadt

   ⚭ 26. 12. 1833 in München
   Ludwig, Erbgroßherzog, 1848 Großherzog Ludwig III. von Hessen-Darmstadt
   Eltern: Ludwig II., Großherzog von Hessen, und Wilhelmine, Tochter des Erbprinzen Karl Ludwig von Baden
   * 9. 6. 1806 in Darmstadt
   † 13. 6. 1877 in Seeheim a. d. Bergstraße
   Grabstätte: Altes Mausoleum auf der Rosenhöhe in Darmstadt

3. Otto Friedrich Ludwig
   ⚭ Amalie Friederike Maria, Prinzessin von Oldenburg
   Siehe unter König Otto von Griechenland (Anhang)

4. Theodolinde Charlotte Luise
   * 7. 10. 1816 in Würzburg
   † 12. 4. 1817 in Würzburg
   Grabstätte: Dom in Würzburg

5. Luitpold
   ⚭ Auguste, Prinzessin von Toskana
   Siehe unter Prinzregent Luitpold

6. Adelgunde Auguste Charlotte
   * 19. 3. 1823 in Würzburg
   † 28. 10. 1914 in München
   Grabstätte: Kapuzinergruft in Wien

   ⚭ 30. 3. 1842 in München
   Franz V. Ferdinand, Herzog von Modena, Erzherzog von Österreich-Este

DIE NACHKOMMEN DES PRINZEN ADALBERT VON BAYERN

Ludwig Ferdinand, Dr. med.
* 22. 10. 1859
† 23. 11. 1949
⚭ Maria de la Paz, Infantin von Spanien
* 23. 6. 1862,
† 4. 12. 1946

Ferdinand Maria
* 10. 5. 1884
† 5. 4. 1958
1905 als Infant von Spanien naturalisiert, verzichtet am 29. 6. 1914 für seine Person als bayerischer Agnat, behält aber den bayerischen Prinzentitel
1. ⚭ Maria Terese, Infantin von Spanien, * 12. 11. 1882, † 23. 9. 1912
2. ⚭ Maria Luisa de Silva y Fernandez de Henestrosa, Duquesa de Talavera de la Reina, * 3. 12. 1880, † 2. 4. 1955

Infant Ludwig Alfons
* 12. 12. 1906
† 14. 5. 1983

Infant Josef Eugen
* 26. 3. 1909
† 16. 8. 1966
⚭ Maria Solange de Mesia y de Lesseps, Condesa d'Odiol
* 30. 9. 1911

Infantin Maria de las Mercedes
* 3. 10. 1911
† 11. 9. 1953
⚭ Heraklius, Fürst Bagration-Muchransky
* 21. 9. 1909
† 30. 11. 1977

Infantin Maria del Pilar
* 15. 9. 1912
† 9. 5. 1918

Maria Christina de Baviera y Mesia, Condesa de Odiol
* 6. 2. 1935
⚭ Juan Manuel de Urquijo

Fernando de Baviera y Mesia, Conde de Odiol
* 3. 4. 1937
† 15. 3. 1999
⚭ Sofia de Arquer
* 13. 10. 1941

Christina
* 7. 2. 1974

Maria Teresia de Baviera y Mesia, Condesa de Odiol
* 2. 1. 1941
⚭ Alphonso Marquez y Patino Castillejo y Losada Marquez de Castro,
* 7. 8. 1936
† 24. 3. 1994

Louis de Baviera y Mesia, Conde de Odiol
* 26. 1. 1942
† 4. 12. 1966

Adalbert, Dr. phil., Historiker
* 3. 6. 1886
† 29. 12. 1970
⚭ Auguste, Gräfin von Seefried auf Buttenheim
* 20. 6. 1899
† 21. 1. 1978

Konstantin
* 15. 8. 1920
† 30. 7. 1969
1. ⚭ Maria Adelgunde, Prinzessin von Hohenzollern
* 19. 2. 1921,
gesch. 1948, annull. 1950
2. ⚭ Helene, Gräfin von Khevenhüller-Metsch
* 4. 4. 1921,
2. Ehe mit Prinz Eugen von Bayern

aus 1. Ehe:
Leopold
* 21. 6. 1943
⚭ Ursula Möhlenkamp
* 20. 9. 1947

Manuel
* 27. 12. 1972
⚭ Anna Natascha, Przssin. v. Sayn-Wittgenstein-Berleburg
* 15. 3. 1978

Maria del Pilar
* 3. 5. 1978

Adalbert
* 1828
† 1875
⚭ Amalie, Infantin von Spanien
* 1834,
† 1905

Alfons
* 24. 1. 1862
† 8. 1. 1933
⚭ Louise, Prinzessin von Orléans
* 9. 7. 1869
† 4. 2. 1952

Isabella
* 31. 8. 1863
† 26. 2. 1924
⚭ Thomas, Herzog von Genua
* 6. 2. 1854
† 15. 4. 1931

Elvira
* 22. 11. 1868
† 1. 4. 1943
⚭ Rudolf, Graf von Wrbna
* 4. 6. 1864
† 24. 12. 1927

Clara
* 11. 10. 1874
† 29. 5. 1941
Äbtissin des St. Anna-Stiftes in Würzburg

Maria del Pilar, Malerin
* 13. 3. 1891
† 29. 1. 1987

Joseph Klemens, Kunsthistoriker
* 25. 5. 1902
† 8. 1. 1990

Elisabeth
* 10. 10. 1913
1. ⚭ Franz Joseph, Graf von Kageneck
* 8. 1. 1915
† 29. 12. 1941, gefallen
2. ⚭ Ernst Küstner
* 18. 6. 1920 (gesch. 1953)

Alexander
* 12. 6. 1923
† 6. 5. 2001

Adalbert
* 27. 12. 1944
1. ⚭ Marion Malkowsky gesch. v. Biela
* 14. 10. 1945, gesch. 1983
2. ⚭ Sandra Burckhardt
* 19. 6. 1966

aus 2. Ehe:
Ysabel
* 20. 7. 1954
⚭ Alfred, Graf Hoyos
* 17. 7. 1951

Bernadette Desirée
* 27. 6. 1986

Hubertus Florian
* 29. 8. 1989

Maria Felipa
* 1. 2. 1981

Konstantin
* 8. 11. 1986

Eltern: Franz IV., Herzog von Modena, Erzherzog von Österreich, und Beatrix, Tochter des Königs Victor Emanuel I. von Sardinien
* 1. 6. 1819 in Modena
† 20. 11. 1875 in Wien
Grabstätte: Kapuzinergruft in Wien

7. Hildegard Louise Charlotte
* 10. 6. 1825 in Würzburg
† 2. 4. 1864 in Wien
Grabstätte: Kapuzinergruft in Wien

⚭ 1. 5. 1844 in München
Albrecht Friedrich Rudolf, Erzherzog von Österreich, Hoch- und Deutschmeister
Eltern: Karl, Erzherzog von Österreich, Hoch- und Deutschmeister 1801–1804, Herzog von Teschen, und Henriette, Tochter des Fürsten Friedrich Wilhelm von Nassau-Weilburg
* 3. 8. 1817 in Wien
† 18. 2. 1895 auf Schloß Arco/Italien
Grabstätte: Kapuzinergruft in Wien

8. Alexandra Amalie
* 26. 8. 1826 in Aschaffenburg
† 21. 9. 1875 in München
Grabstätte: Theatinerkirche in München
Oberste Vorsteherin und Äbtissin der Kgl. Damenstifte zur Hl. Anna in München und Würzburg, Schriftstellerin.

9. Adalbert Wilhelm
* 19. 7. 1828 in München
† 21. 9. 1875 in Schloß Nymphenburg
Grabstätte: St.-Michaels-Kirche in München

⚭ 25. 8. 1856 in Madrid
Amalia Felipe Pilar, Infantin von Spanien
Eltern: Franz de Paula, Infant von Spanien, und Luise, Prinzessin Beider Sizilien
* 12. 10. 1834 in Madrid
† 27. 8. 1905 in Schloß Nymphenburg
Grabstätte: St.-Michaels-Kirche in München

Die Nachkommen des Prinzen Adalbert: siehe genealogische Tafel auf den vorhergehenden Seiten.

König Maximilian II. Joseph

König Maximilian II. Joseph

* 28. 11. 1811 in München
† 10. 3. 1864 in München
Grabstätte: Theatinerkirche in München

⚭ am 12. 10. 1842 in München
Marie Friederike, Prinzessin von Preußen
Eltern: Wilhelm, Prinz von Preußen († 1851), und Marie Anna, Prinzessin von Hessen-Homburg
* 15. 10. 1825 in Berlin
† 17. 5. 1889 in Hohenschwangau
Grabstätte: Theatinerkirche in München

Max(imilian) II. regiert von 1848 bis 1864.

Max, der älteste Sohn König Ludwigs I., war schon als Knabe außerordentlich gewissenhaft und wurde gründlich und vielseitig erzogen. Doch hatte der Vater in der Wahl der Erzieher nicht dieselbe glückliche Hand wie seinerzeit seine Eltern für ihn. An den Universitäten Göttingen und Berlin ergänzte und vertiefte er vor allem sein geschichtliches Wissen mit großer Aufgeschlossenheit. In Berlin Schüler Rankes geworden, reiste er in Italien und den Habsburger Ländern. Durch den Einfluß des Philosophen Schelling und seines Beichtvaters Karl Reindl wurde seine Religiosität sehr vertieft. Als er mit 21 Jahren die Burgruine Hohenschwangau erwarb und wieder aufbaute, öffnete er sich auch der historischen und künstlerischen Romantik. Schon als Kronprinz suchte er Gespräche mit Männern sehr verschiedener Richtung und legte sich ein Handbuch der Politik an, zu dem auch Professor von der Pfordten beitrug. Freundschaft verband ihn mit dem Neuhumanisten Friedrich Thiersch und mit seinen eigenen Studiengenossen Wilhelm Dönniges, einem sehr klugen und politisch wachen Ranke-Schüler, und August Wendland, der zunächst sein Sekretär war und seit 1841 als sehr geschickter Diplomat in Paris für Bayern wirkte.

Mit Prinzessin Marie von Preußen begründete er 1842 ein glückliches Familienleben. Mit siebzehn Jahren nahm die außerordentlich schöne Prinzessin die Werbung des Kronprinzen von Bayern an. Als er seine junge Frau sehr bald nach der Hochzeit zu dem von ihm wiederaufgebauten Schloß Hohenschwangau führte, gewann sie bald die bayerischen und die Tiroler Berge und die Menschen in ihren Tälern sehr lieb. Sie ließ sich eine eigene Kleidung zum Bergsteigen anfertigen und wurde die erste Bergsteigerin, förderte aber auch wie ihr Mann die einheimische Tracht. Das eigene Familienleben erfüllte sie so, daß sie darüber regelmäßig Niederschriften machte und auch Alben mit Bildern anlegte. Ihren Kindern erzählte sie gern aus der Bibel, besonders aus dem jeweiligen Sonntagsevangelium, und zeigte ihnen dazu Bilder. Sie widmete sich ihnen auch, als diese nach dem Unterricht am Morgen regelmäßig am späteren Vormittag und in der Mittagszeit zu ihr kamen, machte mit ihnen aber auch bald Bergwanderungen. Sie selbst bestieg nicht nur oft den Säuling bei Hohenschwangau, sondern u. a. auch 1854 den 2713 Meter hohen Watzmann.

Der früh selbstkritisch und realistisch denkende Kronprinz, der mit Dönniges schon über Sozialismus und Kommunismus debattierte, wurde ein überparteilich und sachlich handelnder Monarch. In der deutschen Frage legte er in Frankfurt den eigenen Entwurf einer deutschen Verfassung mit einem Dreierdirektorium an Deutschlands Spitze und zwei Kammern eines Nationalparlaments vor und vertrat stets, lange von dem nunmehrigen Minister von der Pfordten unterstützt, diese deutsche Trias. Max vermochte mit Hilfe dieses Ministers im Krimkrieg der Westmächte gegen Rußland so zwischen Preußen und Österreich zu vermitteln, daß diese beiden deutschen Großmächte neutral blieben und Deutschland nicht in zwei Kriegslager zerfiel. Bayern sollte an der Spitze des Dritten Deutschland als kulturelle Macht zwischen den beiden politischen Großmächten Deutschlands wirken. Im Krieg um Schleswig-Holstein versuchte er die Selbständigkeit der Elbherzogtümer gegen Annexionswünsche zu retten.

Die nunmehrige Königin bedauerte, daß die Frauen in München so gar nichts von den Bergen wissen wollten, und gründete zur Erweckung des Interesses an den Bergen den sogenannten Alpenrosen-Orden, hatte damit aber nicht viel Erfolg. Seelisch mit ihrem Mann eng verbunden, lud sie auf dessen Wunsch in der Residenz in München auch zur Teestunde Männer des geistigen und künstlerischen Lebens, die auch vortrugen oder vorlasen. Diese Teestunden waren ein Gegenstück zu den Abendunterhaltungen des Königs, wo Fachkundige und Künstler zu vorher angesagten Themen als Vortragende oder Debattierer zusammenkamen. 1863 unterstützte die Königin ihren Mann auch politisch, als sie sich bei ihrem Onkel König Wilhelm I. von Preußen nachdrücklich dafür einsetzte, daß dieser auf den Deutschen Fürstentag nach Frankfurt komme. Sie versuchte damals auf Wunsch ihres Gatten, den Preußenkönig zu bewegen, auch zur Tagung aller deutschen Fürsten nach Frankfurt zu gehen oder ihn nach Nymphenburg zu gewinnen und dort so lange festzuhalten, bis Max II. mit anderen Fürsten nach München eilen könnte, um ihn von dort mit diesen zusammen nach Frankfurt zu bringen. Freilich sorgte Wilhelms Begleiter Bismarck dafür, daß Wilhelm I. fernblieb, obwohl es ihm schwerfiel.

Max II. setzte sich stets für die Eigenexistenz der Staaten des Deutschen Bundes ein, mobilisierte 1859 für das in Oberitalien angegriffene Österreich die bayerische Armee, ließ durch seine Frau und Auguste, die Gattin seines Bruders Luitpold, eine Hilfsorganisation für Verwundete vorbereiten. Auf dem Deutschen Fürstentag in Frankfurt 1863 ergriff er anstatt des ausgebliebenen Preußenkönigs das Wort für die gegenseitige Achtung der deutschen Staaten und damit gegen ihre Gleichschaltung unter nur eine Staatsform, also gegen einen Quasi-Föderalismus, wie ihn 1973 die New-Encyclopaedia Britannica (V, 88) an der Bundesrepublik Deutschland anprangerte. Er kämpfte deshalb 1863/64 auch für die Selbständigkeit von Schleswig-Holstein.

In der sozialen Frage ging er auf dem Verordnungswege gegen die Kinderarbeit vor, als sich die Abgeordneten einem Gesetz dagegen versagten, schuf aus eigenen Mitteln Arbeiterwohnungen in Nürnberg und bejahte die Selbstorganisation der Arbeiter, indem er selbst Mitglied eines Maurer-Unterstützungsvereins wurde. Er sorgte auch für Ausbildung und Besserstellung der Volksschullehrer. Durch die bikonfessionellen St.-Johannis-Vereine stellte er die sozialen Hilfsbemühungen auch auf christliche Grundlagen. Den Forderungen der katholischen Kirche kam er durch zwei Verordnungen entgegen. In einer erteilte er u. a. die verfassungsmäßig vorgeschriebene königliche Genehmigung kirchlicher Verlautbarungen für bestimmte Fälle im voraus. Doch schützte er zugleich nicht nur den konfessionellen Frieden, sondern auch die geistige Freiheit, als es in Würzburg und München zu theologischen Konfliktfällen kam. Stets blieb er selbst um kritische Erkenntnis des Geistes der Zeit bemüht, indem er bis kurz vor seinem Tode immer wieder bedeutende Fachleute aller Gebiete, oft auch bedeutende Männer der Kunst, zu Abendunterhaltungen zu sich lud. Dieser fortschreitenden Erkenntnis verdankte er einen weiten Blick in zukünftige Entwicklungen, wie in den beginnenden Gegensatz zwischen Rußland und den Vereinigten Staaten. Durch Wilhelm Heinrich Riehl ließ er die mehrbändige »Bavaria«, ein vorbildliches Werk der Volks- und Gesellschaftskunde, erarbeiten. Seinem Ringen um einen neuen Baustil gab er in der Maximilianstraße in München Ausdruck. Im Umgang mit Geibel und auch bei anderen Gelegenheiten vermochte er innig und formschön zu dichten. Wenn er auch nicht zu dem Kreis gehörte, den der Nuntius die katholische Partei nannte, so blieb er ein gläubiger, praktizierender Katholik. Er hoffte, daß die Zeit der von Gott zugelassenen Kirchenspaltung zu Ende ginge und daß nach Vereinigung der römisch- und der griechisch-katholischen Kirche auch die protestantischen Religionsgemeinschaften vom Zug zur Einheit erfaßt würden, ohne daß sie dabei gewachsene Werte aufgeben sollten.

Der wissenschaftlichen Erkenntnis bahnte er Wege u. a. durch den Chemiker Justus (von) Liebig und durch die Gründung der Historischen Kommission an der Kgl. Bayer. Akademie der Wissenschaften im Jahre 1858.

Wegen seiner Herzensgüte und Bescheidenheit, seines guten Familienlebens, seiner Vertrautheit mit Bayerns Landschaften, seiner Förderung der Volkskunst, des Volksliedes, der Volkstracht und des Volksbrauchs war Max II. trotz manchen heftigen Aufbegehrens verschiedener Kreise 1849 und 1859 ein beliebter und sehr guter König. Als er 1859 das Ministerium von der Pfordten-Reigersberg durch ein Ministerium mit Schrenck-Notzing als Außenminister und Neumayr als Justizminister ersetzte und die Wahl des von den Parteiungen umstrittenen Professors Weis zum Bürgermeister von Würzburg freistellte, schrieb er in einer Randverfügung: »Ich will Frieden haben mit meinem Volke.«

Sein Wahlspruch war: »Wahrheit will ich in Allem, Recht und gesetzmäßige Freiheit!«

Die Nachkommen König Maximilians II. Joseph

1. Ludwig Otto Friedrich Wilhelm
   Siehe unter König Ludwig II.

2. Otto Wilhelm Luitpold
   * 27. 4. 1848 in München
   † 11. 10. 1916 in Schloß Fürstenried
   Grabstätte: St.-Michaels-Kirche in München

   13. 6. 1886 König, für ihn regiert Prinzregent Luitpold vom 13. 6. 1886 bis zum 12. 12. 1912; von da an als Prinzregent und seit 1913 als König Ludwig III.

König Ludwig II.

König Ludwig II.

* 25. 8. 1845 in Schloß Nymphenburg
† 13. 6. 1886 im Starnberger See bei Schloß Berg
Grabstätte: St.-Michaels-Kirche in München

Ludwig II. regiert von 1864 bis 1886.

König Ludwig blieb unvermählt.

Für die Erziehungsgesichtspunkte der Eltern Ludwigs, des späteren Königs Max II. und der Prinzessin Marie von Preußen, war es nicht ohne Bedeutung, daß sie die väterlichen Ermahnungen des ersten Kurfürsten an seinen Sohn und Nachfolger kannten: Max hatte sie 1827 von seinem Religionslehrer Oettl zur Ersten Heiligen Kommunion in einer neuen Buchausgabe gewidmet bekommen, Marie 1862 von dem Professor und Hausarchivar Soeltl. Das Kind selbst zeigte seine eigenen Neigungen.

Ludwig baute schon als Kind phantasievoll mit Bausteinen und entwickelte sich nicht nur im Rahmen einer vom Vater festgelegten und auch gelegentlich handschriftlich überarbeiteten stundenmäßig festgelegten Ordnung seines Tageslaufs. Darin war auch das Zusammensein mit der Mutter am späteren Vormittag und zur Mittagszeit ein Zeugnis für das Interesse der Eltern an den Kindern. In allen Altersstufen war Religionsunterricht, seit Juni 1863 Logik, seit Juli Geschichte der Philosophie durch Johannes Huber vorgesehen, der, nur zehn Jahre älter, im Winter 1864/65 mit dem jungen König zweimal in der Woche philosophische und allgemeine Gespräche über Fragen des jungen Menschen hatte. In der deutschen Sprache wurde auch Literaturgeschichte und Lektüre gepflegt. Der König wurde später, vielleicht auch durch diese Anleitung, ein außerordentlich eifriger und vielseitiger Leser. Bayerische Geschichte wurde als eigenes Fach gegeben. Von den klassischen und modernen Sprachen entwickelte Ludwig vor allem in Französisch, angeregt durch seinen Lehrer Franz Trautmann, den Vater des bekannten Münchner Kulturhistorikers Karl Trautmann, besondere Fertigkeit. Er konnte große Teile deutscher und französischer Klassiker auch noch in späteren Jahren auswendig und ausdrucksvoll vortragen. Mathematik, mathematisch-physikalische sowie politische Geographie und Himmelskunde wurden nicht versäumt. Nachweisbar mindestens vom Oktober 1858 bis Herbst 1860 hatte Ludwig dreimal in der Woche Klavierstunde, freilich durch einen von Ludwig abgelehnten Lehrer, der sich durch unsachliche Beurteilung rächte. Ludwig interessierte sich damals bereits allgemein für die Oper, erlebte 1861 auch Wagners Lohengrin, und zwar zusammen mit Eltern und Großvater. Der umfassende Wochenplan hielt Ludwig auch zum Zeichnen, Turnen, Schwimmen, Reiten, seit 1859 auch zum Tanzen und Fechten an. In diesen Jahren wurde Ludwig Oberleutnant und hatte seit Winter 1859/60 regelmäßig Unterricht in Waffenlehre, seit 1862 in Kriegswissenschaft, im Winter 1861/62 auch eine Wochenstunde Exerzieren, wie das schon einmal der Zehn- bis Elfjährige 1855 geübt hatte. Der volljährig Gewordene wurde Oberst und leistete dem Vater den Eid auf die Verfassung. Er hatte noch nicht lange Universitätsvorlesungen bei Liebig, Jolly, Johannes Huber usw. gehört, als der Vater starb.

Der junge König holte nicht nur 1864 Richard Wagner und rettete ihn dadurch vor dem Untergang, sondern besetzte im selben Jahr das Kultus- und das Justizministerium neu und berief von der Pfordten trotz der Abneigung der Abgeordneten gegen diesen zum Außenminister. Er ließ ihm aber nicht, wie das bis dahin üblich war, das Ministerium für Handel und öffentliche Arbeiten, sondern ernannte dazu Pfretzschner, der sich später auch als Finanzminister bewährte. Ludwig II. erhoffte Erhebung und innere Befriedung der menschlichen Gesellschaft von der veredelnden Kraft der Kunst. Er ließ deshalb Opern von Qualität wie solche von Gluck, Meyerbeer, Mozart, Reinthaler, Verdi und Weber, ebenso wie das Musikdrama Richard Wagners aufführen und ließ das schon 1865 eröffnete Theater am Gärtnerplatz »ein Volkstheater im wahren Sinn des Wortes« zur Förderung der »Volksbildung« werden. Der zeitgenössischen Gesellschaftskritik trug Ludwig 1875 Rechnung, als er Ibsen in seinem Hoftheater als erstem deutschen Theater aufführen ließ. Für Wagner ließ er 1876 in Bayreuth ein Opernhaus erstehen, denn die Münchner Öffentlichkeit verleidete dem König den großzügigen Umbau von Teilen der Stadt, der auch einen Theaterneubau eingeschlossen hätte. Persönlich bevorzugte der König u. a. Schiller und französische Klassiker. Er beauftragte den Komponisten Max Zenger, wiewohl dieser ihm kritische Überlegungen zu Wagners Musik vortrug, zu historischer Musik für Ballettstücke, die in der Zeit Ludwigs XIV. und Ludwigs XV. von Frankreich spielten.

In der politischen Aufgabe im engeren Sinn erlebte der König zwischen 1866 und 1876 das Jahrzehnt auch seiner persönlichen Lebensentscheidung. Nur widerstrebend gab er im Mai 1866 den vom Ministerrat beantragten Mobilmachungsbefehl, da er nicht nur Pfordten, sondern auch Vertreter der kleindeutschen Lösung der deutschen Frage wie Hohenlohe schon vor dem Krieg gehört hatte und an den militärischen Sieg so wenig wie der von ihm ernannte Generalstabschef von der Tann glaubte. Als Preußen gegen Österreich marschierte, bejahte Ludwig II. aber wie die meisten Teile der bayerischen Bevölkerung einen Kampf für Österreich, das er nicht aus dem Deutschen Bund durch eine preußische Führung verdrängt haben wollte. Der verlorene Krieg zwang ihn zu einem Bündnis mit Preußen, wonach er im Kriegsfall seine Truppen dem König von Preußen unterstellen mußte. Das Jahr 1867 brachte bereits politische Konsequenzen, wie Bayerns Eintritt in den von Preußen geführten Zollbund mit Zollparlament und das Treffen mit Napoleon III. in Paris wie auf bayerischem Boden, forderte aber auch persönliche Entscheidungen wie die Neubesetzung des Justizministeriums durch den bisherigen Kabinettssekretär Johann (von) Lutz. Ludwigs Verlobung mit Herzogin Sophie in Bayern scheiterte aus beiderseitigen Gründen. Ludwig begründete in seinem Brief an Sophie seine Entscheidung damit, in seiner Seele wurzele Bruderliebe zu ihr, nicht aber die Liebe, »die zur Vereinigung in der Ehe erforderlich ist«. Ludwig beschäftigte 1867 vor allem die Sorge um Bayerns Selbständigkeit. Der neue preußische Gesandte von Werthern bedrohte sie tatsächlich dadurch, daß er vom neuen leitenden Minister Fürst Hohenlohe angefangen bis zu dem katholischen Theologen Döllinger seine Netze zu einer Art psychologischen Einkreisung des Königs spann.

Ludwig unterstützte den Versuch eines freieren Schulgesetzes durch sein Ministerium und bedauerte sein Scheitern. Gegen die hochkommende kirchlich-patriotische Partei führte er mit dem Ministerium Fürst Hohenlohe soziale und militärische Reformen durch und förderte das 1869 von seiner Mutter ins Leben gerufene Bayerische Rote Kreuz. Mehr noch als für die Münchener Kunstausstellung von 1869 interessierte er sich für die Schlösser, die er bei seinen Frankreichbesuchen 1867 und 1874 kennenlernte, und für die Krönungskathedrale in Reims.

Er nahm auf das Mißtrauen der bayerischen Patrioten, auf die Adressen der beiden Kammern Rücksicht, mahnte zur Einigkeit. Er ersetzte im Frühjahr 1870 Hohenlohe durch Graf Bray-Steinburg, obwohl dieser Werthern nicht erwünscht war. Doch ging er zu seinem und Bayerns Nachteil nicht auf Königin Viktorias Vorschlag ein, ihre Tochter Luise zu heiraten.

Bei dem bevorstehenden Kriegsausbruch zwischen Frankreich und Preußen unterstützte er die bis zuletzt fortgesetzten Versuche seines neuen Außenministers, eine Friedensvermittlung Englands zustande zu bringen, betonte aber nach dem Scheitern des englischen Schrittes durch schnelle Mobilmachung seine Bedeutung als Bundesgenosse für Preußen. Nach den entscheidenden Siegen wünschte er ein zwischen Preußen und Bayern abwechselndes Kaisertum und schrieb nach Abschluß der Verfassungsverträge, beraten auch von Johannes Huber und seinem Beichtvater Dr. Ludwig Trost, schließlich den bekannten Kaiserbrief an König Wilhelm I. von Preußen, betonte darin aber im Gegensatz zu Bismarcks Entwurf die Mitwirkung der übrigen Fürsten und schlug nicht nur Wiederherstellung der Kaiserwürde, sondern auch eines Deutschen Reiches vor. Dabei dachte er natürlich an das stark föderalistische Reich, wie es bis 1806 bestanden hatte. Der Kaiserbrief trug wesentlich dazu bei, daß Bismarck im Norddeutschen Reichstag seine Zugeständnisse an Bayern durchsetzen konnte. Die Reichsverfassung von 1871 wurde so für Bayern wesentlich günstiger als die Deutschland-Verfassungen des 20. Jahrhunderts.

Ludwig II. hatte unter dem Druck einer ihm klaren, aber bitteren Logik gehandelt, da er im Oberbefehl des Königs von Preußen im Kriegsfall über seine bayerischen Truppen neben anderem eine wesentliche Minderung der bayerischen Souveränität sah. Seine Erbitterung über den deutschen Nationalismus gab er nach außen aus Klugheit nicht zu erkennen. Vergeblich versuchte er 1872 und 1875 eine stärker bayerische Regierung zu bilden. Während des von dem zeitweiligen Justizminister und langjährigen Kultusminister von Lutz geführten kirchlichen Kulturkampfes griff er 1873 einmal persönlich durch einen Antwortbrief an den Papst ein, wobei er nicht den Entwurf von Lutz übernahm, sondern einen sachkundigen und liebenswürdigen eigenen Brief absandte. Ludwig II. manifestierte sein Königtum nunmehr in seinen Schlössern Linderhof, Neuschwanstein und Herrenchiemsee und lebte in seiner großen Naturverbundenheit am liebsten im Umgang mit den einfachen Menschen auf dem Lande, vor allem in Oberbayern und Schwaben. Seine große und unmittelbare Hilfsbereitschaft, seine kühnen Ritte und seine nächtlichen Ausfahrten machten ihn zu einem vielverehrten und geheimnisvoll romantisch empfundenen König. Trotz der finanziellen Unterstützung Bismarcks seit September 1873 geriet seine Kabinettskasse immer mehr, vor allem seit 1876, in Unordnung und begann schließlich zusammenzubrechen. In dieser Lage bewies Ludwig kein ausreichendes Verständnis für die Umwelt, als er am 24. April 1886 seinen Hofstäben größte Sparsamkeit befahl, aber nicht in München erschien, um das Ministerium Lutz auszuwechseln. Er arbeitete auch damals alle ihm zur Entscheidung vorgelegten Akten durch, Lutz aber führte einen Machtkampf um sein Verbleiben als leitender Minister, stellte Ludwig als arbeitsunfähig hin und gewann Diener Ludwigs zu Aussagen gegen ihn (Forschungen von Franz Merta). Die Annahme Dr. von Guddens und seiner Kollegen über seine Geisteskrankheit wurde von zwei Ärzten, die Ludwig seit seiner Jugend kannten, nicht geteilt. Dr. med. Schleis von Löwenfeld trat damit am 15. Juni 1886 in der »Wiener Freien Presse« hervor.

Zweifellos war Ludwig durch den politischen und seelischen Druck seit 1866 und das Erlebnis der Krankheit seines Bruders in seinem Bewußtsein immer mehr gespalten worden. Außerordentliche Sensibilität hatte er ererbt. Die Königskatastrophe von 1886 beendete sein Leben.

Prinzregent Luitpold

Prinzregent Luitpold

* 12. 3. 1821 in Würzburg
† 12. 12. 1912 in München
Grabstätte: Theatinerkirche in München

⚭ 15. 4. 1844 in Florenz
Auguste Ferdinande, Erzherzogin von Österreich, Prinzessin von Toskana
Eltern: Leopold II., Großherzog von Toskana, Erzherzog von Österreich, und Maria Anna, Prinzessin von Sachsen
* 1. 4. 1825 in Florenz
† 26. 4. 1864 in München
Grabstätte: Theatinerkirche in München

Luitpold regiert als Prinzregent von 1886 bis 1912.

Nachträglich muten die Worte Ludwigs I. aus dem Jahre 1838 an einen der Erzieher seines Sohnes Luitpold wie ein Blick in die Zukunft an: »Zum Soldaten soll sich mein Sohn Luitpold bilden, aber auch, daß er Herrscher sein kann ... Gottes Fügung kennt niemand; auch mein Vater wurde, ein Nachgeborener, König!« Entsprechend waren die Erzieher ausgewählt: Der Mathematiker und Leutnant von Hagens, Schubert der Naturphilosoph, der Germanist und Turner Maßmann, der nachmalige Bischof Oettl, später der Rechtshistoriker und Kanonist Georg Phillips aus dem Görres-Kreis, schließlich der Maler und Radierer Domenico Quaglio. Luitpold zeigte bereits als Kind großes Talent im Zeichnen und hatte sein ganzes Leben lang ein gutes Verhältnis zur Kunst und zu Künstlern. Er hielt an der Notwendigkeit der sachlichen Auseinandersetzung der verschiedenen Kräfte fest und förderte auch die künstlerische Entwicklung dort, wo sie nicht etwa mit seinem persönlichen Geschmack zusammenfiel.

Seine Frau Auguste begegnete früh vielen interessanten Menschen und sammelte antike Kleinkunst. Als sie im Dom von Florenz mit Prinz Luitpold von Bayern getraut wurde, stand neben der Entscheidung des Herzens die des Gewissens. Denn ihr Mann war bei der Kinderlosigkeit seines Bruders, des Königs Otto von Griechenland, der nächste Anwärter auf dessen Thron, mußte sich aber im gegebenen Fall der Forderung der griechischen Verfassung von 1844 nach einem orthodoxen Thronfolger unterwerfen. Auguste, von tiefer katholischer Religiosität erfüllt, vereinbarte mit Luitpold, ihre Kinder katholisch zu erziehen. Diese Aufgabe erfüllte grundlegend und unter ihrer lebhaften Anteilnahme Carl Rinecker, ein Münchner Stadtpfarrer von tiefer Überzeugung und großer Begabung des Wortes. Ihm folgte in dieser Aufgabe seit 1859 Abt Haneberg von Sankt Bonifaz in München, ein ausgezeichneter Kenner der Entstehungsgeschichte des Christentums und Professor an der Universität in München. Auguste selbst hielt ihren Kindern um 1860 auch religiöse Sonntagsvorträge, sorgte aber zusammen mit ihrem Mann auch für eine gut geregelte und vielseitige Allgemeinerziehung ihrer Kinder überhaupt. Lernten die Kinder von der Mutter selbst Italienisch, so bereitete sie sich auf ihre zukünftigen Aufgaben schon vor und zu Beginn der Ehe durch Studium der Geschichte seit den Tagen der Römer, durch Arbeit in der deutschen Grammatik und auch dadurch vor, daß sie sich seit 1843 mit bayerischer Geschichte und russischer Geschichte, schon seit 1842 mit griechischer und spanischer Geschichte befaßte. Musikalisch interessiert und zeichnerisch begabt, wie heute noch erhaltene Zeichnungen verschiedener Gebirgslandschaften zeigen, genoß sie 1851 durch eine Reise in die Schweiz, 1853 durch eine Alpenreise eine Fülle anregender Eindrücke. 1859 arbeitete sie mit Königin Marie von Bayern zusammen an der Vorbereitung einer Organisation für Verwundete aus dem zu erwartenden Krieg. Ihr Vater Großherzog Leopold II. wurde damals zur Abdankung genötigt, ihr Stiefbruder Großherzog Ferdinand IV. konnte eine Regierung tatsächlich nicht mehr führen. Auguste pflegte ihre Beziehungen zu vielen europäischen Fürstenhäusern, auch zum brasilianischen Kaiserhaus, durch einen ausgedehnten Briefwechsel, doch stand sie auch in Korrespondenz mit toskanischen Schriftstellern und Wissenschaftlern.

Die Tochter Therese entwickelte sich auf dieser Linie zu einer auf wissenschaftlichem und kulturellem Gebiet außerordentlichen Persönlichkeit. Auch die Brüder Leopold, 1905 Generalfeldmarschall und 1916 bis 1918 Befehlshaber der Ostfront, und Arnulf, der 1907 in Venedig verstorbene Erzieher der Ersten Bayerischen Armeekorps, wuchsen in eine größere Welt hinein. Leopold verkehrte mit dem Maler Defregger und dem Architekten Gabriel von Seidl, mit dem Hygieniker Pettenkofer und dem Historiker Karl Theodor von Heigel, seine Reisen in die deutschen Kolonien entsprachen seinem Universitätsstudium auch des Staats- und Völkerrechts, der Sozial- und Finanzwissenschaften. Arnulf, der u. a. Russisch lernte, wurde 1877 Beobachtungsoffizier im russisch-türkischen Krieg an der Plewna, Vertreter Ludwigs II. bei der Krönung Alexanders III. in Moskau und reiste 1907 nach Zentralasien.

Der sich sozial und wirtschaftlich einsetzende älteste Sohn Ludwig und seine Geschwister unterstützten den Vater auch in seinen neuen Pflichten seit 1886.

Durch den Tod Ludwigs II. wurde sein Bruder Otto zwar formell König von Bayern; er war aber durch seine seelisch-geistige Erkrankung außerstande, die Regierung zu übernehmen. An der Spitze Bayerns blieb deshalb Luitpold als Prinzregent, der am 10. Juni 1886 nach der Entmündigung Ludwigs II. als nächster regierungsfähiger Agnat des Königreichs Verweser geworden war. Pflichtgetreu ging er sofort daran, mit seinen eigenen Mitteln die Darlehen zurückzuzahlen, die Ludwig II. bei Banken aufgenommen hatte, und die Rechnungen zu begleichen, die angefallen waren. Schon ab 1. August 1886 machte er die Königsschlösser der Öffentlichkeit zugänglich. Mit dem gleichen Pflichteifer nahm Luitpold im Laufe seiner 26jährigen Regentschaft alle seine Aufgaben wahr, die ihm durch sein Amt gestellt wurden.

So wurde das München der Prinzregentenzeit ein Zentrum der modernen und freien Entwicklung politischer und kultureller Kräfte. In dem sich verschärfenden Gegensatz zwischen ausgesprochen kirchlich-katholischen Kreisen und den Liberalen bemühte sich der Prinzregent um geradezu peinliche Gerechtigkeit in allen kirchlichen Fragen. Er hielt an dem in der Verfassung vorgesehenen Recht des Landesherrn fest, kirchliche Verlautbarungen zu genehmigen, und unterband extreme Kundgebungen. Luitpold wahrte seine persönliche religiös-katholische Überzeugung und stützte die kirchlich-religiösen Kräfte ohne Intoleranz.

Luitpold war zwar nicht eine Herrschernatur wie sein Vater, hätte als Prinzregent diese auch nicht einfach verwirklichen können. Er arbeitete mit militärischer Pünktlichkeit, aber auch noch im hohen Alter schnell und gründlich. Dreimal am Tag ließ er sich vom Vorstand der Geheimen Kanzlei, die er an die Stelle des Kabinettsekretariats gesetzt hatte, über eingelaufene Schriftstücke und Vorgänge berichten. Er befahl in allen wichtigen Angelegenheiten Minister und Ministerialreferenten zum persönlichen Vortrag und führte im Staats- und im Ministerrat gegebenenfalls selbst den Vorsitz. Gemäß der Verfassungsbestimmung für den »Reichsverweser«, in allen wichtigen Angelegenheiten das Gutachten des Gesamtministeriums zu erheben, schärfte er dies 1902 auch für Fälle ein, die nur ein Ressortministerium betrafen. Das Schulbedarfsgesetz von 1902 und die Kirchengemeinde-Ordnung 1912 bewältigten seit den sechziger Jahren des 19. Jahrhunderts heranstehende Anliegen, wobei der Regent durch den Wechsel der Ministerien hindurch die Linie des sachlichen Ausgleichs festhielt. Gegen einseitige Informationen suchte er sich durch Zeitungslektüre zu wehren. Unter seinen Gästen in der Residenz waren Vertreter aller Parteien, auch der Sozialdemokraten. Bis ins hohe Alter besuchte der Prinzregent regelmäßig alle Landesteile. An seine Bautätigkeit erinnert in München u. a. die Prinzregentenstraße. Dort schuf er dem von seinem Bruder Max II. begründeten Bayerischen Nationalmuseum eine angemessene Heimstätte. 1901 wurde das Prinzregententheater eröffnet, 1906 der Grundstein zum Deutschen Museum gelegt. Im Münchner Ausstellungswesen ließ er seinen vielgereisten Enkel Rupprecht bei weltweit gedachten Ausstellungen großzügig gewähren. Luitpold selbst hatte in seiner Jugend nicht nur Griechenland, als sein Bruder Otto dort regierte, sondern auch die Türkei kennengelernt. Am liebsten freilich war ihm der Aufenthalt in der bayerischen Heimat. Bis ins hohe Alter nahm er Strapazen im Gebirge und auf der Jagd gern auf sich.

Während seiner Regierungszeit erwies sich Luitpold als umsichtiger Förderer auf allen Gebieten des öffentlichen Lebens. Verkehr und Handel, Gewerbe und Industrie, Technik und Landwirtschaft, Rechts- und Verwaltungswesen, Wissenschaften und Denkmalpflege entwickelten sich unter seiner ausgleichenden, aber nach außen zurückhaltenden Leitung in modern-zeitgerechter Weise. 1904 rief er das Ministerium für Verkehr ins Leben, in der bayerischen Armee, in der er auch 1866 und 1870/71 mitgekämpft hatte, wurde ein Fliegerbataillon gebildet, unter seinem Protektorat entstand für Jugendliche der Bayerische Wehrkraftverein. Unter dem entscheidenden Einsatz seines Sohnes Ludwig in der Ersten Kammer konnte er das allgemeine, geheime und direkte Wahlrecht einführen. Das gesamte Schulwesen von der Volksschule bis zur Technischen Hochschule und der Universität wurde modern ausgebaut. Den Kindern aller Kreise waren nun breitere Möglichkeiten der Bildung angeboten. 1903 genehmigte Luitpold das Frauenstudium an den Universitäten. Solche Neuerungen waren häufig das Ergebnis unter Umständen harter Auseinandersetzungen. Luitpold entschied sich dabei mit einem gewissen Weitblick für den Fortschritt, aber unter peinlicher Beachtung der Rechtslage. So verfuhr er auch bei der Ernennung und Entlassung von Ministern nach dem Grundsatz der konstitutionellen, nicht der parlamentarischen Monarchie. Bei aller Rücksicht auf vorwaltende Strömungen ernannte er nie einen reinen Parteipolitiker zum Minister. In seinem Bemühen um Gerechtigkeit und Sachlichkeit stand er stets über den Parteien und wurde landauf, landab von allen Schichten der Bevölkerung sehr geliebt und verehrt.

Die Nachkommen des Prinzregenten Luitpold

1. LUDWIG

⚭ MARIE THERESE, Erzherzogin von Österreich-Este,
Prinzessin von Modena
Siehe unter König Ludwig III.

2. LEOPOLD

* 9. 2. 1846 in München
† 28. 9. 1930 in München
Grabstätte: St.-Michaels-Kirche in München

⚭ 20. 4. 1873 in Wien
GISELA, Erzherzogin von Österreich
Eltern: Franz Joseph I., Kaiser von Österreich, und Elisabeth, Herzogin in Bayern, Kaiserin von Österreich
* 12. 7. 1856 in Laxenburg bei Wien
† 27. 7. 1932 in München
Grabstätte: St.-Michaels-Kirche in München

Wie in seinem Bruder Arnulf erwachte in Leopold früh die Vorliebe für Jagden und Reisen, besonders aber für das Soldatentum. Er lernte – gleich seinem Bruder Ludwig – neben Italienisch, Latein und Französisch auch Neugriechisch, da beide als Nachfolger ihres kinderlosen Onkels Otto von Griechenland vorgesehen waren. Ludwig und Leopold studierten an der Universität bei den berühmten Naturwissenschaftlern Liebig, Pettenkofer und Kühn. Leopold bevorzugte daneben Mathematik, hörte aber auch bei Johannes Huber Philosophie, Geschichte bei Giesebrecht, Staats- und Völkerrecht bei Pözl. Zu seinen akademischen Lehrern gehörten auch der von König Max II. seinerzeit besonders herangezogene Sozial- und Finanzwissenschaftler von Herrmann und der Nationalökonom Fraas. Am 20. April 1873 heiratete er die Erzherzogin Gisela, eine Tochter des Kaisers Franz Joseph, der seinen Schwiegersohn wegen seiner soldatischen Zuverlässigkeit besonders schätzte. Der Kaiser war häufig zu Gast bei ihm und seiner Tochter im Prinz-Leopold-Palais in der Leopoldstraße in München.

Schon 1866 hatte Leopold an dem Gefecht bei Roßbrunn teilgenommen, 1870 bei den Kämpfen an der Loire mit seiner Batterie bei Villepion einen Durchbruch der Franzosen verhindert. Für seinen todesmutigen Einsatz verlieh ihm Ludwig II. den Militär-Max-Joseph-Orden. Bereits 1881 Generalleutnant und Divisionskommandeur, 1887 General der Kavallerie und kommandierender General, zeichnete sich bei den großen Herbstmanövern 1891 vor seinem Vater und dem Kaiser so aus, daß ihn dieser zum Generalinspekteur der IV. Armee-Inspektion ernannte, die sich auch auf zwei preußische Armeekorps erstreckte. Es war für Bayern eine Genugtuung, daß Kaiser Wilhelm II. das ihm zustehende Inspektionsrecht über die bayerische Armee nun geeigneten bayerischen Prinzen übertrug. Am 1. Januar 1905 ernannte Prinzregent Luitpold seinen Sohn Leopold zum bayerischen Generalfeldmarschall. Leopold entlastete seinen Vater durch die Übernahme von Repräsentationspflichten, lud u. a. zu sich ein den Maler Defregger und den Architekten Gabriel von Seidl, den Hygieniker Pettenkofer und den Historiker Karl Theodor von Heigel. Er bildete sich ganz allgemein wissenschaftlich weiter. Mit Vorliebe reiste er nach Deutsch-Südwest- und Deutsch-Ost-Afrika, wie er die Entwicklung der deutschen Kolonien überhaupt mit großem Interesse begleitete. Als der Kaiser 1913 Leopolds Neffen Rupprecht zum Nachfolger in der IV. Armee-Inspektion ernannte, konnte sich der Siebenundsechzigjährige zunächst ins Privatleben zurückziehen.

Zwei Jahre später freilich rief ihn der Kaiser wieder. Am 16. April 1915 übertrug er ihm den Oberbefehl über die an der Ostfront stehende 9. Armee, die später als Heeresgruppe Prinz Leopold von Bayern bezeichnet wurde. Leopold eroberte am 4./5. August 1916 die damals zu Rußland gehörende Festung Warschau. Gegenüber einer polnischen Abordnung betonte er: »Wir führen Krieg gegen die feindliche Armee, nicht gegen friedliche Bürger.«

Er versprach der eroberten Stadt die Selbstverwaltung, wenn sie sich wohlverhielte. Am 29. August 1916 wurde der Prinz – seit 1. August 1916 auch königlich preußischer Generalfeldmarschall – vom Kaiser zum Nachfolger Hindenburgs im Oberkommando Ost ernannt, wo er bis Kriegsende eine 850 km lange Front von der Ostsee bis zum Asowschen Meer zu befehligen hatte. Leopolds Siege erzielten 1918 den Frieden von Brest-Litowsk, durch den Polen, Kurland und Litauen aus dem nun bolschewistisch-russischen Staatsverband ausschieden.

KINDER:
1) *Elisabeth Maria Auguste*
* 8. 1. 1874 in München
† 4. 3. 1957 in Stiebar bei Gresten/Niederösterreich
Grabstätte: Friedhof in Gresten

⚭ *Otto*, Freiherr (seit 1904 Graf) von Seefried auf Buttenheim
* 26. 9. 1870 in Bamberg
† 5. 9. 1951 in Stiebar auf Stiebar
Grabstätte: Friedhof in Gresten

2) *Auguste Maria Luise*
* 28. 4. 1875 in München
† 25. 12. 1964 in Regensburg
Grabstätte: Friedhof in Feldafing am Starnberger See

⚭ *Joseph August Viktor*, Erzherzog von Österreich
* 9. 8. 1872 in Alcsut
† 6. 7. 1962 in Rain bei Straubing
Grabstätte: Friedhof in Feldafing am Starnberger See

3) *Georg Franz Josef*, Dr. jur. can., Apost. Protonotar, Domherr von St. Peter in Rom
* 2. 4. 1880 in München
† 31. 5. 1943 in Rom
Grabstätte: St. Peter in Rom

⚭ 11. 2. 1912 in Schönbrunn bei Wien, geschieden und annulliert 1913
Isabella, Erzherzogin von Österreich
* 17. 11. 1888 in Preßburg
† 6. 12. 1973 in La Tour de Peilz, Kanton Waadt
Grabstätte: ?

4) *Konrad Luitpold Franz Joseph Maria*
* 22. 11. 1883 in München
† 6. 9. 1969 in Hinterstein/Allgäu
Grabstätte: Friedhofsanlage in Andechs

⚭ 8. 1. 1921 auf Schloß Aglie, Piemont
Bona Margherita, Prinzessin von Savoyen-Genua
* 1. 8. 1896 auf Schloß Aglie, Piemont
† 2. 2. 1971 in Rom
Grabstätte: Friedhofsanlage in Andechs

KINDER:
1. *Amalie Isabella Marie*
* 15. 12. 1921 in München
† 28. 3. 1985 in Mailand

Grabstätte: Familiengrab Galimberti Poletti in Malegnano
⚭ *Umberto, Conte Galimberti Poletti*
* 21. 6. 1921 in Mailand
† 18. 2. 1995 in Mailand
Grabstätte: Familiengrab Galimberti Poletti in Malegnano

2. *Eugen Leopold*
* 16. 7. 1925 in München
† 1. 1. 1997 in Grasse / R. F.
Grabstätte: Friedhofsanlage in Andechs
⚭ *Helene*, Gräfin von Khevenhüller-Metsch, Witwe des Prinzen Konstantin von Bayern
* 4. 4. 1921 in Wien

3. THERESE
* 12. 11. 1850 in München
† 19. 9. 1925 in Lindau am Bodensee
Grabstätte: Theatinerkirche in München
Schriftstellerin und Ehrenmitglied der Bayerischen Akademie der Wissenschaften wegen ihrer vor allem naturwissenschaftlichen Forschungen, Dr. h. c. der Universität München.

4. ARNULF
* 6. 7. 1852 in München
† 12. 11. 1907 in Venedig
Grabstätte: Theatinerkirche in München
K. b. Generaloberst mit dem Rang eines Generalfeldmarschalls.

⚭ 12. 4. 1882 in Wien
THERESE, Prinzessin von Liechtenstein
Eltern: Aloys II., Fürst von und zu Liechtenstein, und Franziska, Gräfin Kinsky von Wchnitz und Tettau
* 28. 7. 1850 auf Schloß Liechtenstein
† 13. 3. 1938 in München
Grabstätte: Theatinerkirche in München

SOHN: *Heinrich*
* 24. 6. 1884 in München
gef. 8. 11. 1916 am Monte Sule bei Hermannstadt in Siebenbürgen (Rumänien)
Grabstätte: Theatinerkirche in München

König Ludwig III.

König Ludwig III.

* 7. 1. 1845 in München
† 18. 10. 1921 auf Schloß Sarvar in Ungarn
Grabstätte: Dom in München

⚭ 20. 2. 1868 in Wien
Marie Therese, Erzherzogin von Österreich-Este, Prinzessin von Modena
Eltern: Ferdinand, Erzherzog von Österreich-Este, Prinz von Modena,
und Elisabeth, Erzherzogin von Österreich
* 2. 7. 1849 in Brünn
† 3. 2. 1919 auf Schloß Wildenwart/Chiemsee
Grabstätte: Dom in München

Ludwig III. regiert vom 12. 12. 1912 als Prinzregent von Bayern für König Otto († 11. 10. 1916), am 5. 11. 1913 erfolgt die Proklamation zum König von Bayern, am 7./8. 11. 1918 verliert er den Thron durch Revolution. Ludwig bleibt aber Chef des Hauses.

Ludwig, ein halbes Jahr älter als sein Vetter, König Ludwig II., übernahm nach dem Tode seines Vaters, des Prinzregenten Luitpold, zunächst auch als Prinzregent die Regierung in Bayern.

Bereits in jungen Jahren hatte er sich umfangreiche juristische und volkswirtschaftliche Kenntnisse erworben. Sein Interesse galt vor allem dem Fortschritt der Technik und der Erschließung der Wasserkräfte Bayerns. Auf seine Anregung hin wurde der Bayerische Kanalverein von 1891 gegründet. Er setzte sich besonders für das in gesellschaftlichem und wirtschaftlichem Umbruch stehende Bauerntum ein. Seit 1868 war er Ehrenpräsident des Zentralkomitees des landwirtschaftlichen Vereins. Als Prinz in der Ersten Kammer des Landtags engagierte er sich persönlich stark für die Einführung des direkten Wahlrechts. Von Religiosität und Pflichtbewußtsein erfüllt, hatte er gute Voraussetzungen für seine spätere Tätigkeit. Seine Gattin Marie Therese leitete seit 1889 das Bayerische Rote Kreuz und besuchte deshalb auch Henri Dunant, den Gründer des Internationalen Roten Kreuzes. Prinz Ludwig betonte 1894 in Erwiderung einer irreführenden Ansprache bei den Krönungsfeierlichkeiten des Zaren Nikolaus II., die deutschen Fürsten seien Bundesgenossen, nicht Vasallen des Deutschen Kaisers.

Nach dem Tode Luitpolds warfen die Presse und weite Teile der Bevölkerung die Frage auf, ob nicht angesichts der Unheilbarkeit des formellen Königs Otto nun Luitpolds Sohn Ludwig König werden sollte. Da der Landtag noch zu Lebzeiten Luitpolds vom 30. Oktober 1912 auf den 29. September 1913 vertagt worden war, Luitpold aber am 12. Dezember 1912 gestorben war, ging die Initiative nicht von den Kammern, sondern von einzelnen Persönlichkeiten und Gruppen aus. Die Freie Vereinigung, eine liberale Gruppe, betonte, sie hätte schon im Dezember 1912 gerne an einer Verfassungsänderung mitgearbeitet, die zur Aufhebung der Regentschaft führte. Die alte deutsche Rechtsauffassung wolle einen regierungsfähigen König.

Prinz Ludwig erklärte einen Tag nach seiner Vereidigung als Prinzregent dem leitenden Minister von Hertling, dem bekannten katholischen Staatsphilosophen, daß zur Zeit von irgendwelchen Maßnahmen zur Beendigung der Regentschaft abgesehen werden solle. Wenn auch Männer wie Generalstaatsanwalt Lerno und Justizminister von Thelemann zunächst abrieten, arbeitete Hertling aber für sein Ziel der Übernahme der Königswürde durch Ludwig weiter. Schließlich wurde über diese Frage im Landtag abgestimmt. Von 163 Abgeordneten waren 149 anwesend, 122 stimmten für die Vorlage, 27 dagegen. Die Erste Kammer nahm die Vorlage mit sechs Gegenstimmen an. Am

5. November 1913 teilte Prinzregent Ludwig dem Landtag die Beendigung der Regentschaft und seine Proklamation zum König mit.

Der neue König, dessen sozialpolitische Absichten bekannt waren, arbeitete mit seinem Ministerium an der Weiterentwicklung der Steuerreform und pflegte Kontakte mit den verschiedenen Jugendverbänden. Auch bei den Sozialdemokraten genoß Ludwig großes Ansehen. August Bebel hatte in einer Berliner Wahlversammlung und im Reichstag 1906 im Hinblick auf Ludwigs Eintreten für das allgemeine, gleiche, direkte und geheime Wahlrecht geäußert: »Wenn wir eine Reichsverfassung hätten, nach der der Kaiser vom Volk gewählt würde und in der die Vorschrift enthalten wäre, der Kaiser müßte aus einem der regierenden Fürstenhäuser gewählt werden – ich gebe Ihnen mein Wort, Prinz Ludwig hätte die größte Aussicht, Deutscher Kaiser zu werden. Ich glaube, meine Parteigenossen, so wenig sie monarchistisch gesinnt sind, stimmten einstimmig für ihn.«

Im Sommer 1914 machte die Regierung dem Landtag Vorlagen über die Verbesserung des Verkehrswesens und eine weitere Steuerreform. Da brach der Weltkrieg aus. Ludwig III. erkannte klarer als viele andere den Ernst der Situation. Der Verfassung entsprechend befahl er selbst die Mobilmachung in Bayern. Sein Sohn, Kronprinz Rupprecht, errang im August 1914 in Lothringen den ersten großen deutschen Sieg. Ludwigs Bruder, der Generalfeldmarschall Prinz Leopold, wurde 1916 Hindenburgs Nachfolger und deutscher Oberkommandierender an der Ostfront. In Erinnerung an das 1806 untergegangene Reich und den noch von ihm selbst erlebten Deutschen Bund (1815–1866) erhoffte Ludwig III. von einem siegreichen Ausgang des Krieges einen wirtschaftlich-politischen Block in Mitteleuropa unter Einschluß Belgiens und des Rhein-Schelde-Kanals. Besonders wichtig schien ihm dabei die Verbindung von Flüssen und Kanälen. Für Bayern erhoffte er sich, das Elsaß an die Pfalz angliedern zu können.

Im Kriegswinter 1916/17 machte sich der Mangel an Verbrauchsgütern sehr stark bemerkbar. Die von Deutschlands Gegnern systematisch betriebene Propaganda trug ihre ersten Früchte. Die Feindmächte sandten für diese Propaganda 300 Emissäre über die Schweiz nach Deutschland. In einer Broschüre wurde 1917 die Absetzung der Hohenzollern und ein Kaisertum der Wittelsbacher gefordert. Ihre Volksfreundlichkeit, Kunstliebe und traditionelle Verknüpfung mit Frankreich wurde gerühmt. »Wenn die Wittelsbacher wollen, mit ihnen, wenn sie nicht wollen, ohne sie, wenn sie widerstreben, gegen sie, so muß das bayerische Volk die Straße wandeln ...« Ludwig III. wollte keine Erschwerung oder Verschiebung des Friedens mit Rußland und erkannte schon im August 1918 die Notwendigkeit eines baldigen Friedens, auch wenn er nur unter Opfern zu erlangen gewesen wäre. An der Zugehörigkeit Bayerns zum Reich hielt er fest. Inzwischen wurden einige wenige Extremisten der äußersten Linken gegen den Willen von Sozialdemokraten wie Erhard Auer tätig, um einen Umsturz herbeizuführen. Am 7. November erklärte Kurt Eisner auf einer Massenkundgebung auf der Münchner Theresienwiese die regierende Dynastie der Wittelsbacher für abgesetzt. Das Kriegsministerium hinderte den Stadtkommandanten daran, schießen zu lassen. Der König wurde am gleichen Tage bei einem Spaziergang im Englischen Garten von Arbeitern vor der Revolution gewarnt. In die Residenz zurückgekehrt, mußte er feststellen, daß der Kriegsminister unauffindbar war. Abends erfuhr er von zweien seiner Minister, daß diese für seine Sicherheit nicht mehr garantieren könnten. Sie empfahlen die Abreise aus der Hauptstadt, in der sich die Exekutive der Regierung nicht behaupten könne. So ließ der König nicht durch die einzige in der Residenz stehende Batterie auf die drohenden Massen schießen, zumal seit 7 Uhr abends die Residenzwache auseinandergelaufen war, sondern entschloß sich, zusammen mit seiner schwerkranken Gattin, München zu verlassen. Der Umsturz in München beschleunigte den im Reich. Das Kriegsministerium in München verkündete eine Eidesentbindung, ohne den König zu fragen. Der König selbst weigerte sich, den Entwurf einer Abdankungsurkunde zu unterzeichnen. Am 13. November entschloß er sich in Schloß Anif bei Salzburg zu folgender Erklärung: »Nachdem ich infolge der Ereignisse der letzten Tage nicht mehr in der Lage bin, die Regierung weiterzuführen, stelle ich allen Beamten, Offizieren und Soldaten die Weiterarbeit unter den gegebenen Verhältnissen frei und entbinde sie des mir geleisteten Treueeides.« Auch jetzt aber verweigerte er einen Verzicht auf den Thron.

Die beiden Kammern des Landtags bekannten sich nie zur Revolution. Bei den Januarwahlen von 1919 erhielt die Partei Eisners nur 3 von 180 Mandaten. Nach den Novemberereignissen von 1918 lebte König Ludwig III. zeitweise in Österreich und in der Schweiz, häufig auf Schloß Wildenwart bei Prien am Chiemsee und starb 1921 an einer Magenblutung, als er sich auf dem Gut Sarvar in Ungarn aufhielt, das seiner Frau gehört hatte. Diese war schon am 3. Februar 1919 in Wildenwart gestorben.

Die Leichen des Königspaares wurden nach München überführt und hier mit allen königlichen Ehren in der Ahnengruft der Frauenkirche beigesetzt. Groß war die Anteilnahme der Münchener Bevölkerung, und manchen mögen die Worte nachdenklich gestimmt haben, die Kardinal Faulhaber bei der Beisetzung sprach: »Wo das Volk seinen König verläßt, wird es über kurz oder lang sein eigener Totengräber.«

Die Nachkommen König Ludwigs III.

1. Rupprecht, Kronprinz von Bayern
   1. ⚭ Marie Gabriele, Herzogin in Bayern
   2. ⚭ Antonia, Prinzessin von Luxemburg und Nassau
   Siehe unter Kronprinz Rupprecht

2. Adelgunde
   * 17. 10. 1870 in München † 4. 1. 1958 in Sigmaringen
   Grabstätte: Erlöserkirche in Sigmaringen

   ⚭ 20. 1. 1915 in München
   Wilhelm, Fürst von Hohenzollern
   Eltern: Leopold, Fürst von Hohenzollern, und Antonia, Infantin von Portugal
   * 7. 3. 1864 in Schloß Benrath † 22. 10. 1927 in Sigmaringen
   Grabstätte: Erlöserkirche in Sigmaringen

3. Maria
   * 6. 7. 1872 in der Villa Amsee bei Lindau a. Bodensee
   † 10. 6. 1954 in Lindau a. Bodensee
   Grabstätte: Friedhof in Rieden bei Starnberg

   ⚭ 31. 5. 1897 in München
   Ferdinand, Herzog von Calabrien, Prinz von Bourbon-Sizilien
   Eltern: Alfons, Graf von Caserta, Halbbruder des Königs Franz II., Chef des Königshauses Beider Sizilien (Neapel), und Antonia, Prinzessin Beider Sizilien
   * 25. 7. 1869 in Rom
   † 7. 1. 1960 in Lindau a. Bodensee
   Grabstätte: Friedhof in Rieden bei Starnberg

4. Karl
   * 1. 4. 1874 in der Villa Amsee bei Lindau a. Bodensee
   † 9. 5. 1927 in München
   Grabstätte: Dom in München

5. Franz
   * 10. 10. 1875 in Leutstetten
   † 25. 1. 1957 in Leutstetten
   Grabstätte: St.-Michaels-Kirche in München

⚭ 8. 7. 1912 auf Schloß Weilburg, Baden b. Wien
Isabella, Prinzessin von Croy
Eltern: Carl Alfred, Herzog von Croy, und Ludmilla, Prinzessin und Herzogin von Arenberg
* 7. 10. 1890 auf Schloß L'Hermitage
† 30. 3. 1982 in Leutstetten
Grabstätte: St.-Michaels-Kirche in München

K. b. Generalmajor an der Westfront 1914–1918.

Die Nachkommen des Prinzen Franz
1) *Ludwig*
* 22. 6. 1913 in Nymphenburg
⚭ *Irmingard,* Prinzessin von Bayern
Eltern: Rupprecht, Kronprinz von Bayern, und Antonia, Prinzessin von Luxemburg und Nassau
* 29. 5. 1923 in Berchtesgaden

Kinder:
1. *Maria*
* und † 3. 1. 1953 in Leutstetten
2. *Philippa*
* und † 26. 6. 1954 in München
Grabstätte beider Kinder: St.-Michaels-Kirche in München
3. *Luitpold Rupprecht Heinrich*
* 14. 4. 1951 in Leutstetten
⚭ *Kathrin Beatrix Wiegand*
* 19. 9. 1951 in München

Kinder:
a. Auguste Marie Philippa * 11. 10. 1979 in Landsberg/Lech
b. Alice Isabella Marie * 25. 6. 1981 in Landsberg/Lech
c. Ludwig Heinrich * 14. 6. 1982 in Landsberg/Lech
d. Heinrich Rudolf * 23. 1. 1986 in Landsberg/Lech
e. Karl Rupprecht * 10. 3. 1987 in München

2) *Maria Elisabeth*
* 9. 9. 1914 in Schloß Nymphenburg
⚭ *Peter Heinrich,* Prinz von Orléans und Bragança (Brasilien), Chef des Hauses Brasilien
Eltern: Ludwig (Luis) Maria Philipp (Filipe), Prinz von Orléans und Bragança, und Maria Pia, Prinzessin von Bourbon-Sizilien
* 13. 9. 1909 in Bologne † 5. 7. 1981 in Vassouras (Brasilien)
Grabstätte: Vassouras/Estado do Rio (Brasilien)

3) *Adelgunde Maria*
* 9. 6. 1917 in Schloß Nymphenburg
† 20. 9. 2004 in Leutstetten
Grabstätte: Friedhof Gut Rieden
⚭ *Zdenko*, Freiherr von Hoenning O'Carroll
Eltern: Johann Ludwig, Freiherr von Hoenning O'Carroll, und Gabrielle, Gräfin von Seinsheim
* 6. 8. 1906 in Sünching bei Regensburg
† 8. 5. 1996 in Sünching bei Regensburg
Grabstätte: Familiengruft Pfarrkirche Sünching

4) *Eleonore Therese*
* 11. 9. 1918 in Schloß Nymphenburg
⚭ *Konstantin*, Graf von Waldburg zu Zeil und Trauchburg
Eltern: Georg, 5. Fürst von Waldburg zu Zeil und Trauchburg, und Marie Therese, Altgfn. zu Salm-Reifferscheidt-Raitz
* 15. 3. 1909 in Schloß Zeil
† 27. 2. 1972 in Starnberg
Grabstätte: Familiengruft in Zeil

5) *Dorothea Therese*
* 25. 5. 1920 in Leutstetten
⚭ *Gottfried,* Erzherzog von Österreich-Toskana
Eltern: Peter Ferdinand Salvator, Erzherzog von Österreich-Toskana, und Christine, Prinzessin von Bourbon-Sizilien
* 14. 3. 1902 in Linz
† 21. 1. 1984 in Bad Ischl
Grabstätte: Friedhof in St. Gilgen

6) *Rasso*
* 24. 5. 1926 in Leutstetten
⚭ *Theresa,* Erzherzogin von Österreich-Toskana
Eltern: Theodor Salvator, Erzherzog von Österreich-Toskana, und Maria Therese, Gräfin von Waldburg zu Zeil und Trauchburg
* 9. 1. 1931 auf Schloß Wallsee

KINDER:
1. *Maria Theresia*
* 10. 9. 1956 in Hohenschwangau
⚭ *Thomas*, Graf Kornis von Göncz-Ruszka
* 4. 10. 1949 in Budapest
2. *Franz Josef*
* 21. 9. 1957 in Leutstetten
Pater Florian OSB

3. *Elisabeth*
* 22. 1. 1959 in Leutstetten
⚭ *Andreas*, Graf von Kuefstein
* 9. 8. 1954 in Wien
4. *Wolfgang*
* 28. 1. 1960 in Leutstetten
Dipl.-Volkswirt und Leutnant der Reserve
⚭ *Beatrice*, Gräfin zu Lodron-Laterano und Castelromano
* 29. 5. 1964 in Wien

KINDER:
a. Tassilo * 19. 6. 1992 in München
b. Richard * 19. 11. 1993 in München
c. Philipp * 25. 5. 1996 in München
5. *Benedikta*
* 13. 3. 1961 in Starnberg
Dipl.-Krankenschwester und Lehrerin für Schwerbehinderte
⚭ *Rudolf*, Freiherr von Freyberg-Eisenberg
* 7. 2. 1958
6. *Christoph*
* 5. 5. 1962 in Leutstetten
⚭ *Gudila* von Plettenberg
* 14. 10. 1962 in Lenhausen

KINDER:
a. Corbinian * 9. 1. 1996 in Starnberg
b. Stanislaus * 24. 5. 1997 in Starnberg
c. Marcello * 12. 10. 1998 in Starnberg
d. Odila Maria * 25. 3. 2002 in Starnberg
7. *Gisela*
* 10. 9. 1964 in Leutstetten
Kindergärtnerin

6. MATHILDE
* 17. 8. 1877 in der Villa Amsee am Bodensee
† 6. 8. 1906 in Davos
Grabstätte: Kapelle in Rieden (Gut bei Starnberg)
Dichterin (»Traum und Leben«)

⚭ LUDWIG, Prinz von Sachsen-Coburg-Gotha
Eltern: Ludwig August, Prinz von Sachsen-Coburg-Gotha, und Leopoldina, Kaiserl. Prinzessin von Brasilien (Bragança)
* 15. 9. 1870 in Ebenthal
† 23. 1. 1942 in Innsbruck
Grabstätte: Fürstengruft in der kath. Kirche St. Augustin in Coburg

7. Wolfgang
* 2. 7. 1879 in der Villa Amsee bei Lindau am Bodensee
† 31. 1. 1895 in München
Grabstätte: Dom in München

8. Hildegard
* 5. 3. 1881 in München
† 2. 2. 1948 auf Schloß Wildenwart über Prien (Chiemsee)
Grabstätte: Dom in München

9. Notburga
* 19. 3. 1883 in Villa Amsee bei Lindau am Bodensee
† 24. 3. 1883 in München
Grabstätte: Dom in München

10. Wiltrud
* 10. 11. 1884 in München
† 28. 3. 1975 in Oberstdorf
Grabstätte: Großengstingen über Reutlingen
⚭ 26. 11. 1924 in München
Wilhelm, Graf von Urach, Herzog von Urach, Graf von Württemberg
Eltern: Friedrich Wilhelm, Graf von Württemberg, Herzog von Urach, und Florestine Gabriele Antoinette, Prinzessin von Monaco
* 3. 3. 1864 in Monaco
† 24. 3. 1928 in St. Michele bei Rapallo
Grabstätte: Großengstingen über Reutlingen

11. Helmtrud
* 22. 3. 1886 in München
† 22. 6. 1977 in Wildenwart am Chiemsee
Grabstätte: Friedhof in Wildenwart

12. Dietlinde
* 2. 1. 1888 in München † 15. 2. 1889 in München
Grabstätte: Dom in München

13. Gundelinde
* 26. 8. 1891 in München
† 16. 8. 1983 in Schloß Moos bei Langenisarhofen/Niederbayern
Grabstätte: Kurzenisarhofen bei Langenisarhofen/Niederbayern

⚭ 23. 2. 1919 in Wildenwart
Johann Georg, Graf von Preysing-Lichtenegg-Moos
Eltern: Johann Konrad, Graf von Preysing-Lichtenegg-Moos, und Christiane, Gräfin von und zu Arco Zinneberg, genannt Bogen
* 17. 12. 1887 in Schloß Moos bei Langenisarhofen/Niederbayern
† 17. 3. 1924 in München
Grabstätte: Kurzenisarhofen bei Langenisarhofen/Niederbayern

Kronprinz Rupprecht

Kronprinz Rupprecht

* 18. 5. 1869 in München
† 2. 8. 1955 in Schloß Leutstetten/Oberbayern
Grabstätte: Gruft in der Theatinerkirche in München

1. ⚭ 10. 7. 1900 in München
MARIE GABRIELE, Herzogin in Bayern
Eltern: Augenarzt Dr. Karl Theodor, Herzog in Bayern, und Marie Josefa, Prinzessin von Bragança, Infantin von Portugal
* 9. 10. 1878 in Tegernsee
† 24. 10. 1912 in Sorrent
Grabstätte: Gruft in der Theatinerkirche in München

2. ⚭ 7. 4. 1921 auf Schloß Hohenburg bei Lenggries/Oberbayern
ANTONIA, Prinzessin von Luxemburg und von Nassau
Eltern: Großherzog Wilhelm von Luxemburg, Herzog zu Nassau, und Maria Anna, Prinzessin von Bragança, Infantin von Portugal
* 7. 10. 1899 auf Schloß Hohenburg
† 31. 7. 1954 in Lenzerheide Graubünden/Schweiz
Grabstätte: S. Maria in Navicella in Rom

Chef des Hauses von 1921 bis 1955.

Rupprecht, der älteste Sohn des späteren Königs Ludwig III., lernte schon früh die Umwelt richtig erfassen, als er, planvoll und streng mit zahlreichen Geschwistern erzogen, am Münchner Max-Gymnasium Mitschüler aus allen Schichten kennen- und verstehenlernte. Nach der Reifeprüfung 1886 studierte er in München und Berlin Philosophie und Geschichte, Rechts-, Staats-, Gesellschafts- und Wirtschaftswissenschaften unter zum Teil berühmt gewordenen Lehrern, wie dem katholischen Philosophen Hertling, dem bayerischen Staatsrechtler Seydel und dem schon damals den Darwinismus überwindenden Anthropologen Ranke. Mit früh bewährter Genauigkeit und Gewissenhaftigkeit ordnete der Prinz das Wissen zum Weltbild. Aus dem Sturm und Drang der Jugend wurde er durch Zucht und Vielseitigkeit des Dienstes im bayerischen Staat und in der bayerischen Armee zur männlichen Persönlichkeit.

In seine künftige Arbeit wuchs der Prinz hinein durch höfische und politische Sendungen nach Berlin, Wien, London, Stockholm und Brüssel, aber auch an den Hof des Papstes Leo XIII. und des Königs Viktor Emanuel III. von Italien. Dazu trug auch seine selbständige Arbeit in der Kammer der Reichsräte der Krone Bayern bei. In freien Wochen wanderte Rupprecht mit dem später bekanntgewordenen Amsterdamer Chirurgen Professor Lanz. Er korrespondierte mit Kunsthistorikern, Archäologen und Künstlern, sammelte kritisch süddeutsche und italienische, antike und ostasiatische Kunst; besonders unterstützte er Tschudis Wirken für die Münchener Pinakothek. Das Münchener Ausstellungswesen führte er auf zum Teil neue Wege. Einem Adolf von Hildebrand, der u. a. in München den Wittelsbacher Brunnen am Lenbachplatz schuf, wurde er Gönner und Freund. Künstlerische wie menschliche Freundschaft verband ihn später mit dem langjährigen Direktor des Deutschen Archäologischen Instituts in Rom, Professor Dr. Ludwig Curtius. Gemeinsames Interesse begründete seine Beziehungen zu privaten Kunstsammlern wie dem Freiherrn Theodor von Cramer-Klett und dem Geheimrat Dr. Pringsheim, dem Schwiegervater Thomas Manns. Auf Reisen nach Italien, Spanien und Griechenland, außerdem nach Palästina, durch Indien und über China durch Japan und Nordamerika lernte Rupprecht vielfältige Lebensbedingungen und Kulturerscheinungen kennen. Sein Auge schärfte sich; auch jetzt aber verführte den anregbaren und vielseitigen Wittelsbacher nicht das persönliche Interesse zur Überschätzung der äußeren Fülle.

Der Prinz war 31 Jahre alt, als er im Jahr 1900 die Herzogin Marie Gabriele, Tochter des Herzogs Karl Theodor in Bayern, heiratete. Zur großen Freude der Eltern wurde ihnen 1901 in Bamberg, wo sich Rupprecht dienstlich aufzuhalten hatte, ein Sohn geboren, der auf den Namen des Urgroßvaters Luitpold getauft wurde. Er entwickelte sich sehr gut, starb aber 1914 an Kinderlähmung, angesteckt durch einen Spielkameraden. Der zweite, 1905 geborene Sohn Albrecht wurde nach Luitpolds Tod 1914 Erbprinz und ist heute als Herzog Albrecht von Bayern das Oberhaupt des Königshauses. In der Erziehung brach Rupprecht mit dem von ihm als falsch erkannten Grundsatz der sogenannten Brechung des Willens und mit starren Theorien als sogenannten Lebensregeln. Das Erziehungsproblem beschäftigte ihn überhaupt, und so besprach er sich oft über moderne Erziehungsmethoden mit Georg Kerschensteiner und Aloys Fischer. Von den fünf Kindern mit seiner entfernten Cousine kam eines vorzeitig zur Welt, zwei starben in frühem Alter an Kinderkrankheiten. Die Prinzessin selbst erlag 1912 einem langwierigen Nierenleiden, das sie sich auf einer Weltreise geholt hatte, auf der sie ihren Gatten begleitete.

Während des Weltkrieges 1914–1918 erfocht Rupprecht als Oberbefehlshaber der 6. Armee bereits am 20. August 1914 in Lothringen den ersten deutschen Sieg. Mehrfach bot er darauf Truppen für den rechten Flügel der deutschen Westfront an, wurde aber von der Obersten Heeresleitung zum Angriff auf das französische Festungssystem gezwungen. Nach der Marne-Schlacht erhielt er die Aufgabe, die linke Flanke des Feindes zu überflügeln. Rupprecht verlangte geschlossenen Einsatz seiner Armee. Der deutsche Generalstabschef Erich von Falkenhayn ließ aber nur einen tropfenweisen Einsatz zu und verdarb dadurch den Erfolg. Gegen Falkenhayns Eingriffe in seinen Befehlsbereich hatte er sich noch wiederholt zu wehren. Vergeblich setzte er auch dem unglücklichen Gedanken der Zermürbungsschlacht die Absicht entgegen, vom Stellungs- wieder zum Bewegungskrieg zu gelangen. In den schweren Kämpfen im Frühjahr 1915 bei Arras reifte er ganz zum Feldherrn. 1916 hielt er zäh und geschickt der englischen Offensive stand.

Seit Falkenhayns Mißerfolg als Gefahr offenbar wurde, wirkte Rupprecht wesentlich an dessen Sturz mit. Die neue Oberste Heeresleitung Hindenburg-Ludendorff wollte die Westfront verkürzen. Im Verfolg dieses Gedankens veranlaßte Rupprecht, seit 1916 königlich bayerischer und königlich preußischer Generalfeldmarschall und Chef der Heeresgruppe Kronprinz Rupprecht, zu Beginn des Jahres 1917 den strategischen Rückzug in die Siegfried-Stellung. Er störte die feindliche Offensive entscheidend und ermöglichte seiner Heeresgruppe, die englischen Materialangriffe bei Arras und in Flandern abzuschlagen. Im November 1917 beteiligte sich Rupprecht mit Erfolg am Gegenangriff bei Cambrai. Militärisch und friedenspolitisch geriet Rupprecht als Verstandesmensch zusehends in einen Gegensatz zu dem Willensmenschen Ludendorff. Rupprecht erkannte, daß für einen für Deutschland günstigen Friedensschluß nur mehr bedingte Möglichkeiten vorhanden waren. Bei der Planung der großen Frühjahrsoffensive 1918 wählte Ludendorff nicht den von Rupprecht vorgeschlagenen Angriffspunkt, sondern eine Stelle weiter südlich und wies überdies den Südabschnitt der Angriffsfront der Heeresgruppe Deutscher Kronprinz zu, um sich selbst die Möglichkeit des Eingreifens zu sichern. Die Teilung des Oberbefehls lag nicht nahe, sondern war eine auffallende Maßnahme, um die preußische Führung bei dem erwarteten Siege hervortreten zu lassen. Doch setzte sich Rupprecht mit dem Gedanken des Überraschungsangriffes durch. Im Verlauf der Offensive verschob sich dann die Stoßrichtung entgegen dem ursprünglichen Plan und den Anträgen Rupprechts immer mehr nach Süden. Dagegen fiel der zweite Schlag (Ypern-Lens) ganz in den Verantwortungsbereich seiner Heeresgruppe. Zum letzten Vorstoß, den er führen sollte, kam es nicht mehr. Die große Schlacht in Frankreich war verloren.

Während der Rückzugskämpfe vom Umsturz in der Heimat überrascht, legte Rupprecht am 10. November 1918 noch von der Westfront aus Verwahrung gegen die Umwälzung ein, die ohne Mitwirkung der gesetzgebenden Gewalt, unbekümmert um den wahren Willen des bayerischen Gesamtvolkes von einer Minderheit herbeigeführt sei.

Rupprecht hat ebensowenig wie sein Vater, König Ludwig III., je auf den Thron verzichtet, sondern hat bei dessen Tod ausdrücklich erklärt, daß er in seine Rechte eingetreten sei.

Noch einmal beginnt der über Fünfzigjährige das Leben neu. Im Mai 1921 wurde er von Nuntius Pacelli, dem späteren Papst Pius XII., mit Prinzessin Antonia von Luxemburg getraut, die ihm Gefährtin durch neue Hoffnungen und neues Leid werden sollte. In der Auseinandersetzung über das königliche Vermögen nach dem Tod seines Vaters begründete Rupprecht 1923 den Wittelsbacher Ausgleichsfonds und die Wittelsbacher Landesstiftung, in denen er den Wittelsbacher Besitz an Kunstwerken und anderem Familiengut wie Schloß Hohenschwangau und Schloß Berchtesgaden in Stiftungen öffentlichen Rechts band. Der Wittelsbacher Kulturbesitz wird dadurch unabhängig vom privaten Erbrecht geschlossen für künftige Generationen erhalten. Das Schloß Berchtesgaden machte Rupprecht zum öffentlich zugänglichen Museum seiner selbst gesammelten Kunstschätze. In diesen zwanziger Jahren gab der Kronprinz aufgrund vieler gleichzeitiger Notizen seine Werke über seine Weltreisen und sein Kriegstagebuch heraus; zugleich behauptete er gesellschaftspolitisch in den politischen Bewegungen den Platz des bayerischen Eigenlebens in Deutschland und den Anspruch der bayerischen Krone.

Den Nationalsozialismus lehnte Rupprecht unmißverständlich ab. Anfang 1933 versuchten Regierungs- und Parteikreise noch in letzter Stunde durch Bildung einer bayerischen Regierung unter dem Kronprinzen als Staatskommissar die Machtergreifung Hitlers in Bayern zu verhindern. Trotz Unterstützungsbereitschaft der bayerischen Sozialdemokraten scheiterte der Versuch an der Unentschlossenheit und Kurzsichtigkeit der damaligen bayerischen Regierung, die auf jeden Fall im Amt bleiben wollte. Trotzdem verzichtete Rupprecht nicht auf die letzten Möglichkeiten des Handelns. Er legte gegen die Einsetzung von Reichsstatthaltern in den deutschen Ländern Protest beim Reichspräsidenten von Hindenburg ein und veranlaßte zu solchem Protest auch den in Holland verbannt lebenden Kaiser Wilhelm II. Obwohl von den Nationalsozialisten als Symbol des Widerstandes verfolgt, kehrte Rupprecht im Herbst 1939 von einer Auslandsreise nach Bayern zurück, wurde von der Geheimen Staatspolizei vernommen und vermochte im Augenblick einen Scheinprozeß gegen sich wegen angeblichen Hochverrats zu verhindern. Als sein Wohnsitz Schloß Leutstetten beschlagnahmt wurde, folgte er der Einladung des Königs von Italien dorthin. Sein Aufenthalt in Florenz wurde zur Verbannung. Vor den Häschern der Geheimen Staatspolizei mußte er ihn schließlich in ein Versteck umwandeln. Sein Sohn Albrecht mit Familie, seine eigenen Kinder aus seiner zweiten Ehe, seine Frau selbst verschwanden in Konzentrationslagern.

Trotzdem war Rupprecht beim herannahenden Kriegsende ungebeugt und versuchte bereits am 6. März 1945 über Papst Pius XII. den verschiedenen Mächten Deutschlands Lage und die Möglichkeiten und Notwendigkeiten seiner Neugestaltung klarzumachen. Die Neugestaltung sollte auf eindeutig föderalistischer Grundlage und unter Berücksichtigung lebensfähigen Eigenlebens erfolgen. Vorgefaßte Theorien der Sieger und der wachsende Einfluß Sowjetrußlands, aber auch kurzsichtige Politiker im eigenen Land verhinderten die Verwirklichung dieser Erneuerungspläne. Von neuem mußte Rupprecht seinem Volk zum Vorbild werden für besonnenes, zielsicheres Warten und stilles, von Idealen geleitetes Arbeiten, aber auch für ein klares Bekenntnis.

Stärker denn je strahlte von ihm jetzt jenes »vaterhaft Königliche« aus, das Hans Carossa an ihm gerühmt hat. Aber auch dieser Glanz der Abendsonne wurde schwer getrübt durch den Heimgang seiner zweiten Gemahlin, die am 31. Juli 1954 ihren auf ihre Haft im Konzentrationslager zurückzuführenden Leiden erlag. Als Rupprecht im August 1955 starb, wurde er vom Freistaat Bayern unter Ministerpräsident Dr. Wilhelm Högner wie ein König zu Grabe geleitet.

Die Nachkommen des Kronprinzen Rupprecht

AUS DER EHE MIT MARIE GABRIELE

1. LUITPOLD
   * 8. 5. 1901 in Bamberg
   † 27. 8. 1914 in Berchtesgaden
   Grabstätte: Theatinerkirche in München

2. IRMINGARD
   * 21. 9. 1902 in Bad Kreuth
   † 21. 4. 1903 in Tegernsee
   Grabstätte: Theatinerkirche in München

3. ALBRECHT, Erbprinz, seit 1955 Herzog von Bayern
   1. ⚭ MARIA, Gräfin Draskovich von Trakostjan
   2. ⚭ MARIE JENKE, Gräfin Keglevich von Buzin
   Siehe unter Herzog Albrecht

4. TOCHTER
   tot geboren 6. 12. 1906
   Grabstätte: Theatinerkirche in München

5. RUDOLF
   * 30. 5. 1909 in München
   † 26. 6. 1912 in München/Schloß Nymphenburg
   Grabstätte: Theatinerkirche in München

AUS DER EHE MIT ANTONIA

6. HEINRICH FRANZ WILHELM
   * 28. 3. 1922 auf Schloß Hohenburg bei Lenggries/Oberbayern
   † 14. 2. 1958 bei San Carlos de Bariloche (Argentinien) verunglückt
   Grabstätte: Klosterkirche in Andechs
   ⚭ ANNE DE LUSTRAC
   Eltern: Jean Baron de Lustrac und Helen Reid
   * 27. 9. 1927 in Neuilly sur Seine
   † 16. 8. 1999 in Mailand verunglückt
   Grabstätte: unbekannt

7. IRMINGARD MARIE JOSEPHA
   * 29. 5. 1923 in Berchtesgaden
   ⚭ LUDWIG, Prinz von Bayern

Eltern: Franz, Prinz von Bayern, und Isabella, Prinzessin von Croy
* 22. 6. 1913 in München/Schloß Nymphenburg

8. Editha Marie Gabrielle Anna
* 16. 9. 1924 auf Schloß Hohenburg bei Lenggries/Oberbayern
1. ⚭ Tito Brunetti, Dipl.-Ing.
* 18. 12. 1905 in Florenz
† 13. 7. 1954 bei Piacenza verunglückt
Grabstätte: Familiengruft Pieve a Mevole
2. ⚭ Dr. med. Gustav Schimert, Professor
* 28. 11. 1910 in Budapest
† 16. 5. 1990 in München
Grabstätte: Friedhof Aufkirchen

9. Hilda Hildegard Marie Gabriele
* 24. 3. 1926 in Berchtesgaden
† 5. 5. 2002 in München
Grabstätte: Familiengruft Bad Tölz
⚭ Juan Lockett de Loayza, Großgrundbesitzer und peruanischer Honorarkonsul in Regensburg
* 30. 3. 1912 in Lima/Peru
† 8. 12. 1987 in Bad Reichenhall
Grabstätte: Familiengruft Bad Tölz

10. Gabriele Adelgunde Marie Theresia Antonia
* 10. 5. 1927 in Berchtesgaden
⚭ Carl, 14. Herzog von Croy, Lic. jur.
Eltern: Karl Rudolf Engelbert, 13. Herzog von Croy, und Nancy Leishman
* 11. 10. 1914 in Düsseldorf

11. Sophie Marie Therese
* 20. 6. 1935 in Starnberg
⚭ Jean Engelbert, Prinz und Herzog von Arenberg, M.A. Dr. jur., Bankherr
Eltern: Evrard Engelbert Antoine, Prinz und Herzog von Arenberg, und Anne Louise, Gräfin von Merode
* 14. 7. 1921 in Den Haag

Herzog Albrecht

Herzog Albrecht

* 3. 5. 1905 in München
† 8. 7. 1996 in Schloß Berg a. Starnberger See
Grabstätte: Friedhofsanlage in Andechs

1. ⚭ 3. 9. 1930 in Berchtesgaden
MARIA (MARITA), Gräfin Draskovich von Trakostjan
Eltern: Dionys, Graf Draskovich von Trakostjan, und Julia, Prinzessin von Montenuovo
* 8. 3. 1904 in Wien
† 10. 6. 1969 in Wildbad Kreuth
Grabstätte: Friedhofsanlage in Andechs

2. ⚭ 21. 4. 1971 in München
MARIE JENKE (EUGENIE), Gräfin Keglevich von Buzin
Eltern: Stephan, Graf Keglevich von Buzin auf Abony, und Clara, Gräfin Zichy zu Zich und Vásonykeö
* 23. 4. 1921 in Budapest
† 5. 10. 1983 bei Weichselboden (Steiermark) verunglückt
Grabstätte: Friedhofsanlage in Andechs

Chef des Hauses von 1955–1996.

Als 1955 Kronprinz Rupprecht starb, erklärte sein Sohn, Herzog Albrecht von Bayern, in die Rechte und Pflichten seines Vaters eingetreten zu sein. Am 3. Mai 1995 vollendete er das 90. Lebensjahr.

Wieviel ereignete sich in diesen so schnell vergangenen vier Jahrzehnten auch in Bayerns Gesellschaft, Wirtschaft und Kultur! Die pluralistische Gesellschaft trat auch in Bayern mehr in den Vordergrund, die Wirtschaft und die Bevölkerung stehen auch in Bayern vor geradezu schmerzlichen Entscheidungen und Opfern, die Kultur verlor gleich der Gesellschaft wesentlich an eindeutigen Schwerpunkten. Für den sozialpolitisch und wirtschaftspolitisch so modern orientierten Neunziger war das keine Überraschung. Er, der durch sein Studium und seine Tätigkeit als Beauftragter für Forst- und Jagdwesen Jugoslawiens unter Prinzregent Paul und seit 1941 in Ungarn in praktische Wirtschaftsaufgaben eingetreten war, nahm sich nach dem Krieg der sozialpolitischen Frage der Flüchtlinge und auch ihrer Siedlungsmöglichkeiten sogar in der Neuen Welt an. Auch machte er naturwissenschaftliche Forschungsreisen, zusammen etwa mit Professor Krieg. Auf Bitten der Regierung Brasiliens leitete er eine Aufforstungsaktion in diesem Land. Dabei lernte er dort auch Wirtschafts- und Gesellschaftsprobleme, etwa die Folgen der sich in geschlossenen Gruppen niederlassenden japanischen Einwanderer, kennen. Die Probleme, die er mit Wilhelm Hoegner oder dem bayerischen Wirtschaftsminister und späteren Ministerpräsidenten Dr. Hanns Seidel erörterte, liegen für viele wahrscheinlich erst heute klar zutage. In einer praktischen modernen Schlußfolgerung aus seinen Erkenntnissen ließ Herzog Albrecht seinerzeit seine beiden Söhne nach ihrer Reifeprüfung, den einen als Angestellten einer Bank in der Schweiz, den anderen in einer Eisenhandlung in Hamburg, praktische Erfahrungen machen, bevor sie Betriebswirtschaft studierten. Erst danach durften sie sich in größerem Umfang ihren persönlichen Neigungen für Kunst und Kultur widmen.

Der kritische Einblick in diese moderne Welt eröffnete sich Albrecht aus seinen persönlichen Erlebnissen: Stammte doch seine erste Gattin als Gräfin Draskovich wie seine ihm 1971 angetraute zweite Gemahlin, Gräfin Marie Jenke von Keglevich aus jenem Bereich Europas, der seit 1945 die oft unfreiwilligen Konsequenzen aus einer vor mehr als einem Jahrhundert erdachten einseitigen Gesellschaftstheorie ziehen muß. Die Freiheit zu denken und stets etwa bessere Erkenntnisse an Stelle der bisherigen zu setzen, herrscht in Mittel- und Westeuropa heute noch vor. Sie war dem damaligen Chef des Hauses Wittelsbach ein besonderes Anliegen. Hatte er doch in den Konzentrationslagern des Dritten Reiches mit elf anderen Wittelsbachern das Gegenteil dieser Freiheit erlebt.

Er kam im Oktober 1944 mit seiner Familie ins KZ und wäre dort beinahe gestorben. Selbst seine seit 1933 geborenen Kinder wurden damals ins KZ gesteckt. Andere Wittelsbacher wie Prinz Ludwig, der in Sarvar in Ungarn ein Gut aus der Mitgift seiner Großmutter, der Königin Marie Therese, bewirtschaftete, waren ständig von der Gefahr der Verhaftung bedroht. Albrecht errang in dieser Zeit einen Grad der persönlichen Bewährung, der ihm nicht vergessen werden sollte.

Es gibt eine geistige und kulturelle, gesellschaftliche und politische Kraft des echten und unerschütterten Maßes, das gerade Bayern oft nachgerühmt wird. Es hat den gerechten Ausgleich zur Voraussetzung. Schon Kronprinz Max dachte darüber nach und studierte deshalb den frühen Sozialismus und Marxismus und erörterte die gesellschaftlich-politischen Probleme und diese Lehren darüber mit einigen Vertrauten. Als regierender König ging er dann sogar auf dem Verordnungsweg, zum Beispiel gegen die Kinderarbeit, vor. Denn die Mehrheit der besitzbürgerlichen Abgeordneten im Landtag war nicht bereit, gegen die Ausbeutung der Arbeitskraft der Kinder einzuschreiten. Herzog Albrecht, der mit großem Interesse dieses soziale Königtum mit dem Verfasser eines einschlägigen Buches besprach, war nicht in der staatsrechtlichen Stellung, die ihm ein Eingreifen ermöglicht hätte. Wie Max II. aber bayerisches Volks- und Staatsbewußtsein durch seine überzeugende menschliche Haltung zu allen Schichten, durch persönliche Maßnahmen wie den Bau von Arbeiterwohnungen in Nürnberg mit Mitteln seiner Kabinettskasse oder durch die Pflege der Volkstracht und des Volksliedes einen typisch bayerischen Ausgleich unermüdlich ansteuerte und auch zu einem erheblichen Teil erreichte, so bemühte sich der Chef des Hauses Wittelsbach in den ihm gegebenen Möglichkeiten um das echte und unerschütterliche bayerische Maß. Schon der junge Erbprinz war in den einfachen Kreisen, etwa der Bauern und der Holzknechte, unter Bruch mancher Etikette zu Hause gewesen und hatte bereits den Kiem Pauli bei der Sammlung und Pflege des Volksliedes so unterstützt, daß dieser ihn zum Erben des von ihm gesammelten Liedgutes einsetzte. Durch eigene Haltung unterstützte Albrecht auch das Bekenntnis der Bayern zu sich selbst. Sein persönliches Beispiel, bei vielerei Anlässen in Tracht zu erscheinen, hat erwiesenermaßen sehr dazu beigetragen, daß heute in Altbayern, Franken und Schwaben das Tragen der Tracht als ein Bekenntnis zur Heimat gewertet und mehr und mehr wieder als eine Selbstverständlichkeit angesehen wird.

In der Pfalz förderte er durch seine Teilnahme am Domjubiläum in Speyer 1961 und durch Ausstellungen auf Schloß Ludwigshöhe, durch Ehrung des Historikers Johann Georg Lehmann, der ein grundlegendes Werk über Zweibrücken geschrieben hatte, das Eigenbewußtsein. Sein bereits in vierter Auflage erschienenes Buch über Rehe erweist seine große Naturverbundenheit. Stets mit der Zeit lebend, erweiterte er 1980 die Stiftung Maximilianeum seines Urgroßonkels Maximilian II. auch für Mädchen. Sie können nun auch auf Stiftungskosten freies Studium, freie Unterkunft und Verpflegung während der Studienzeit in

München haben. Entsprechend der Stiftung Max' II. sind in die erweiterte Stiftung auch Pfälzer einbezogen.

Herzog Albrecht, der selbst Forstwissenschaften, Botanik und Zoologie studiert hatte, war Dr. med. vet. h. c. und Ehrensenator der Ludwig-Maximilians-Universität München. Seine besondere Sorge galt seit seiner Jugend der Erhaltung der Landschaft und der Tier- und Pflanzenwelt.

Das echte und unerschütterliche bayerische Maß und die Liebe zur bayerischen Heimat sind eine Kraft, die gerade heute nicht entbehrt werden kann. Herzog Albrecht führte weite Kreise sehr verschiedener Herkunft zu dieser Kraft hin.

Die Nachkommen Herzog Albrechts

AUS DER EHE MIT MARIA GRÄFIN DRASKOVICH VON TRAKOSTJAN

1. Marie Gabriele
   * 30. 5. 1931 in München
   ⚭ Georg, Fürst von Waldburg zu Zeil und Trauchburg
   * 5. 6. 1928 in Würzburg

2. Marie Charlotte
   * 30. 5. 1931 in München
   ⚭ Paul, Fürst von Quadt zu Wykradt und Isny
   * 28. 11. 1930 in Isny

3. Franz
   * 14. 7. 1993 in München
   siehe unter Herzog Franz

4. Max Emanuel, seit 18. 3. 1965 auch Herzog in Bayern durch Adoption
   * 21. 1. 1937 in München
   ⚭ Elizabeth, Gräfin Douglas
   * 31. 12. 1940 in Stockholm

   Kinder:
   1. *Sophie*
   * 28. 10. 1967 in München
   ⚭ *Alois*, Erbprinz von und zu Liechtenstein
   * 11. 6. 1968 in Zürich

2. *Marie-Caroline*
* 23. 6. 1969 in München
⚭ *Philipp*, Herzog von Württemberg
* 1. 11. 1964 in Friedrichshafen
3. *Helene*
* 6. 5. 1972 in München
4. *Elizabeth*
* 4. 10. 1973 in München
⚭ *Dr. Daniel Terberger*
* 11. 6. 1967 in Bielefeld
5. *Maria Anna*
* 7. 5. 1975 in München

Herzog Franz

Herzog Franz

* 14. 7. 1933 in München
Eltern: Albrecht Herzog von Bayern und Marie, Gräfin Draskovich von Trakostian
Herzog Franz besuchte das Humanistische Gymnasium in Kloster Ettal und studierte an den Universitäten Zürich und München Betriebswissenschaft.
Sein besonderes Interesse gilt neben den Naturwissenschaften der Kunst. Mit großem Engagement bekleidet er zahlreiche Ämter nicht nur in seiner bayerischen Heimat. Darüber hinaus hat er vielfache Aufgaben und Funktionen übernommen, auch auf karitativem Gebiet.

Herzog Franz ist unter anderem Ehrenmitglied der Bayerischen Akademie der Wissenschaften, Mitglied der Bayerischen Akademie der Schönen Künste, Vorsitzender des Vereins PIN (Freunde der Alten und Neuen Pinakothek) und Vorsitzender des Kuratoriums des Vereins zur Förderung der Alten und Neuen Pinakothek, Mitglied des Hochschulrats der Ludwig-Maximilians-Universität München, Mitglied des International Council of The Museum of Modern Art, New York, Kuratoriumsmitglied Deutsches Museum München, Kuratoriumsmitglied der Stiftung Studienseminar ALBERTINUM, Mitglied der Leitung der Katholischen Akademie in Bayern, Vorstandsmitglied des Vereins Kirche in Not – Ostpriesterhilfe Deutschland e.V., Vorsitzender des HILFSVEREINS NYMPHENBURG e.V.

Herzog Franz wohnt in Schloß Nymphenburg in München.
Seit 1996 ist er Chef des Hauses.

HERZOG OTTO I. 1180–1183

Pfalzgraf und Herzog Ludwig II. 1253–1294

Pfalzgraf und Herzog Rudolf, 1294–1319

Pfalzgraf und Herzog Adolf, † 1327

Kurfürst, Pfalzgraf und Herzog Ruprecht II., † 1398

König, Kurfürst, Pfalzgraf und Herzog Ruprecht III., † 1410

Kurfürst, Pfalzgraf und Herzog Ludwig III., † 1436

Die alte Kurlinie erlischt mit Kurfürst, Pfalzgraf und Herzog Friedrich II. **1556** bzw. mit Kurfürst, Pfalzgraf und Herzog Ottheinrich **1559**

Pfalzgraf und Herzog Johann von Neumarkt, † 1443

Pfalzgraf und Herzog Christoph
† 1448
König von Dänemark 1440
König von Schweden 1440
König von Norwegen 1441

Linie erlischt mit ihm **1448**

Pfalzgraf und Herzog Friedrich von Simmern, † 1480

Linie erlischt mit Kurfürst, Pfalzgraf und Herzog Karl II. **1685**

Pfalzgraf und Herzog Philipp Ludwig von Neuburg
† 1514

Linie erlischt mit Kurfürst Karl Theodor von Pfalz-Bayern **1799**

Pfalzgraf und Herzog Johann II. von Zweibrücken
† 1635

Linie erlischt im Mannesstamm mit Friedrich **1661**

Pfalzgraf und Herzog Friedric[h] Kasimir von Zweibrücken-Landsberg
† 1645

Linie erlischt mit Friedrich Ludwig **1681**

Kaiser Ludwig
der Bayer
Pfalzgraf und Herzog
1294–1347

Die Linie erlischt
mit Kurfürst, Pfalzgraf und
Herzog Max III.
Joseph von Bayern 1777

?falzgraf und Herzog Stefan
von Simmern, Zweibrücken und
Veldenz, † 1459

Pfalzgraf und Herzog
Otto I. von
Mosbach
† 1461

Linie erlischt
mit Pfalzgraf und Herzog
Otto II. 1499

Pfalzgraf und Herzog Ludwig I.
von Zweibrücken und
Veldenz, † 1489

Pfalzgraf und Herzog Alexander von
Zweibrücken und Veldenz, † 1514

Pfalzgraf und Herzog Ludwig II.
von Zweibrücken, † 1532

Pfalzgraf und Herzog Wolfgang
von Zweibrücken † 1569

Pfalzgraf und Herzog Ruprecht
von Veldenz, † 1544

Pfalzgraf und Herzog
Georg Johann
von Veldenz,
Gutenberg (bei
Bad Kreuznach) und
Lützelstein
† 1592
⚭ 1563 Anna
Maria, Tochter
König Gustavs I.
von Schweden
(Wasa)

Linie erlischt
mit Leopold
Ludwig 1694

'falzgraf und Herzog Johann I.
'on Zweibrücken
· 1604

Pfalzgraf und Herzog
Karl von
Birkenfeld
† 1600

AHNHERR DER
HEUTE LEBENDEN
WITTELSBACHER

Pfalzgraf und Herzog Johann
Kasimir von Kleeburg, † 1652
⚭ 1615 Katharina,
Tochter König Karls IX.
von Schweden,
Stiefschwester Gustav Adolfs

<arl X. Gustav,
<önig von Schweden, Pfalzgraf
ınd Herzog, † 1660

<arl XI., König von
ichweden, † 1697

Adolf Johann,
Pfalzgraf und Herzog
im Kleeburger
Deputatland

Linie erlischt 1731 mit Gustav Samuel Leopold
(seit 1718 Herzog von Zweibrücken)

<arl XII., König von
ichweden, † 1718

Ulrike Eleonore
Nachfolgerin Karls XII., † 1741

Anhang

I. Pfälzer Wittelsbacher als Könige in Skandinavien

1. Christoph, König von Dänemark 10. 4. 1440, von Schweden 4. 10. 1440 und von Norwegen 4. 6. 1441, regiert bis zu seinem Tod 5. 1. 1448
2. Karl X. Gustav, König von Schweden 16. 6. 1654 bis 23. 2. 1660
3. Karl XI., König von Schweden 23. 2. 1660 bis 15. 4. 1697, Herzog von Zweibrücken 11. 4. 1681 bis 15. 4. 1697
4. Karl XII., König von Schweden 15. 4. 1697 bis 30. 11. 1718 und Herzog von Zweibrücken

II. Otto (Sohn König Ludwigs I. von Bayern), König von Griechenland 27. 5. 1832 bis 24. 10. 1862

III. Persönlichkeiten aus der Linie der Herzöge in Bayern

Wilhelm, Herzog in Bayern
* 1752
† 1837, Herzog in Bayern 1799

Max, Herzog in Bayern
* 1808
† 1888

Kaiserin Elisabeth, Kaiserin von Österreich, Königin von Ungarn, Herzogin in Bayern
* 1837
† 1898

König Christoph von Dänemark,
Schweden und Norwegen

König Christoph von Dänemark, Schweden und Norwegen

Christoph regiert als König von Dänemark von 1440 bis 1448, als König von Schweden von 1441 bis 1448, als König von Norwegen von 1442 bis 1448, als Pfalzgraf und Herzog von 1443 bis 1448 das Gebiet von Neumarkt in der Oberpfalz.

Der zweite Sohn des Römischen Königs Ruprecht war der mit Neumarkt, Neunburg vorm Wald und mit Sulzbach, Kallmünz, Hersbruck, Nittenau und Schmidmühlen ausgestattete Pfalzgraf Johann. Aus seiner Ehe mit Katharina, der Tochter des Herzogs Wratislaw VII. von Pommern, der 1426 verstorbenen Schwester des Königs Erich von Dänemark und Schweden (gest. 1459), ging 1416 in Neumarkt Christoph hervor. Er wurde 1438 als Reichsverweser von der Mehrheit des Reichsrats nach Dänemark gerufen und 1440 zum König gewählt. Denn Erich, von der Hanse in seiner Städtepolitik zugrunde gerichtet, war abgesetzt worden.

Bereits im Hussitenkampf seines Vaters bewährt, schlug er in Dänemark einen Bauernaufstand auf Seeland nieder. Noch im Jahr 1440 belehnte er den Grafen Adolf VIII. von Holstein mit dem Herzogtum Schleswig unter der Auflage, daß diese beiden Herzogtümer an der Elbe auf ewig ungeteilt bleiben sollten. Für die Erfüllung dieser Bedingung setzte sich noch der von den Zweibrücker Wittelsbachern abstammende König Max II. von Bayern ein, damit die Eigenstaatlichkeit von Schleswig und Holstein 1863/64 gegenüber dem Nationalismus der dänischen Verfassung von 1863 und trotz der Großmachtbestrebungen Österreichs und Preußens erhalten bliebe.

Christoph wurde 1441 auch zum König von Schweden gewählt, da dort der Reichsverweser Karl Knutson mit den streitenden Parteien nicht fertig wurde. 1441 gab er Schweden eine Handfeste. 1443 verlieh er der Stadt Kopenhagen, die er zu seiner Residenz gemacht hatte, verschiedene Stadtrechte. In Schweden regierte er in gutem Einvernehmen mit dem Reichsrat, ebenso mit seinen Untertanen. Dem Adel bestätigte er gemäß der Verfassung die Rechte. Bei der neuen Fassung des Reichsgrundgesetzes und dem von ihm in Schweden gegebenem Landrecht nahm er aber auf alle Bevölkerungskreise Rücksicht. Christophs Landrecht kann mit dem verglichen werden, das Kaiser Ludwig in seinem Herzogtum Oberbayern einrichtete. 1442 wurde er auch König von Finnland.

Dem bisherigen dortigen Reichsverweser gab er bedeutende Lehen. Dieser schlug seinen Sitz auf Schloß Viborg auf. Onkel Erich behauptete sich aber als Seeräuber auf Gotland.

In dänischem Interesse versuchte er 1447 die von ihm für Schweden behauptete Insel Gotland pfandrechtlich mit dem livländischen Orden zu verknüpfen und dadurch und in Verbindung mit den livländischen Bischöfen wirtschaftliche Wege bis nach Novgorod zu öffnen, was auch schwedischen Interessen zugute kommen mußte (Forschungen von Jens E. Olesen).

Als Christophs Vater, Pfalzgraf Johann, 1443 starb, ließ Christoph als neuer Landesherr sein Landesfürstentum vor allem durch Hans Joachim von Parsberg und Martin von Wildenstein verwalten. Doch erschien er auch bei Gelegenheit selbst. Er verlobte sich am 11. Juni 1445 auf der Plassenburg oberhalb Kulmbach mit Dorothea, der Tochter des Kurfürsten Johann von Brandenburg. Die Heirat aber vollzog er am 12. September in Kopenhagen. Durch geschickte Kompromisse erhielt er die Einigung unter den drei skandinavischen Königreichen aufrecht, wie sie 1397 in Kalmar durch Königin Margarete von Dänemark geschaffen worden war. Doch starb er bereits am 5. Januar 1448 in Helsingborg (bis 1658 dänisch), ohne Söhne zu hinterlassen. Er wurde in der Domkirche St. Lucii zu Roeskilde auf Seeland, dem Erbbegräbnis der dänischen Könige, beigesetzt. Nach seinem Tode fiel die Einigung der drei skandinavischen Königreiche wieder auseinander. Sein Neumarkter Land fiel an Ludwig IV. von der Pfalz und an Pfalzgraf Otto von Pfalz-Mosbach. Sein Landrecht (Lands-lag) galt in Schweden bis 1724.

König Karl X. Gustav von Schweden

König Karl X. Gustav von Schweden

Karl X. Gustav regiert als König von Schweden von 1654 bis 1660.

Karl Gustavs Vater, Pfalzgraf Johann Kasimir, hatte 1615 in Stockholm Katharina, die Tochter des Schwedenkönigs Karl IX. und Stiefschwester König Gustav Adolfs, geheiratet. Johann Kasimirs älterer Bruder Johann II. war 1604 Herzog von Zweibrücken geworden, Johann Kasimir selbst hatte zunächst die ehemalige Reichsburg Neukastel bei Landau als Ansitz erhalten, 1617 dann Kleeburg im Elsaß, das seiner Linie den Namen gab. Gustav Adolf, der 1622 noch kinderlos war (seine Tochter Christine wurde 1626 geboren), fürchtete, daß ein Katholik aus seiner eigenen Dynastie der Wasa (Vasa) sein Nachfolger werden würde, entweder der katholische Wasakönig Sigismund III. von Polen selbst oder einer seiner Söhne. Johann Kasimir war zwar selbst reformiert, ließ aber seine Kinder in dem in Schweden allein zugelassenen lutherischen Glauben erziehen. Er bekam in Schweden das Schloß Stegeborg in Östergötland angewiesen.

Als sein Sohn Karl Gustav fünfzehn Jahre alt war, veranlaßte er, daß dieser an der Universität in Uppsala unter der Obhut des lutherischen Theologieprofessors Knut Lenäus studierte, später Reisen nach Dänemark und Hamburg, in die Niederlande und nach Paris unternahm. Nach einem Abstecher in die Schweiz kehrte er 1640 nach Schweden zurück. Er wurde vom Kanzler Oxenstierna aber nicht in die Regierungsgeschäfte eingeführt, obwohl er Vetter der heranwachsenden Königin Christine war, der Tochter Gustav Adolfs. Karl Gustav leistete deshalb in Deutschland unter dem erfolgreichen schwedischen Heerführer Torstenson Kriegsdienste. Christine, die eine zarte Neigung zu Karl Gustav hegte, entschloß sich nicht zu einer Ehe mit ihm, übertrug, 1644 volljährig geworden, ihm aber im Januar 1648 das Oberkommando über die schwedischen Truppen in Deutschland, wo er bis 1650 blieb. In diesem Jahre setzte sie ihn, der sich bereits militärisch und diplomatisch bewährt hatte, auf dem Reichstag gegen den Widerstand der Familie Oxenstierna als Thronfolger durch und dankte 1654 zu seinen Gunsten ab. Am 16. Juni 1654 wurde Karl Gustav zum König gekrönt, am 24. Oktober 1654 heiratete er Hedwig Eleonore, die Tochter des Herzogs Friedrich III. von Holstein-Gottorp, die ihm am 4. Dezember 1655 einen Sohn gebar.

Als König Karl X. Gustav übernahm er die von Christine bereits erhobene

Forderung, daß die von der Krone an den Adel verlehnten Güter wieder eingezogen werden und die Bauern wieder unmittelbar unter der Krone leben sollten. Noch 1654 beendete er den von Christine begonnenen Krieg um Bremen, wo aufgrund des Friedensvertrages von 1648 das Fürsterzbistum schwedisch geworden war. Die vom Kaiser 1646 zur Freien Reichsstadt erhobene Hauptstadt Bremen huldigte aufgrund des Vertrages vom 28. November 1654, aber auch noch in diesem Jahre dem Schwedenkönig Karl X. Gustav. Wenn der neue Polenkönig Johann II. Kasimir, der Sohn des katholisch gewordenen Königs Sigismund III. aus dem Hause Wasa, selbst Jesuit und Kardinal wurde und bereit war, gegen Entschädigung Karl Gustav als König von Schweden anzuerkennen, so kam es doch zwischen beiden über Livland zu Gegensätzen. Denn Schweden beherrschte nicht nur ganz Finnland, sondern auch Estland und bis in die Bereiche südlich von Narwa auch Livland einschließlich Riga. Im Juni 1655 besetzte Karl X. Gustav Dünaburg (Dwinsk, Stadt im späteren russischen Gouvernement Witebsk). Er mußte das schwedische Übergewicht in den Ostsee-Ländern aber auch gegen Moskau sichern, von wo Zar Alexei bis Polozk vorgedrungen war. Karl X. Gustav zwang die Polen in der Kapitulation von Usch an der Netze zur Huldigung und kam den Russen zuvor, als er noch während der Verhandlungen mit Polen und Brandenburg seine Soldaten in Warschau und Krakau einrücken ließ. Der geflohene Polenkönig bat den Kaiser um Hilfe. Doch mußte sogar Kurfürst Friedrich Wilhelm I. von Brandenburg das Herzogtum Preußen, bisher ein polnisches Lehen, nun von dem Wittelsbacher Schwedenkönig zu Lehen nehmen und diesem 1656 in der Schlacht von Warschau militärische Hilfe leisten. Karl Gustav richtete hier eine eigene Regierung ein. Erst als der Polenkönig Johann II. Kasimir, ein katholischer Wasa, in Danzig einrückte und die holländischen Generalstaaten bereit waren, für ihn mit 20 Kriegsschiffen in die Ostsee zu fahren, verzichtete Karl Gustav auf die nun neue schwedische Oberhoheit über das Herzogtum Preußen und über das Fürstbistum Ermland. Er erhob in diesem Jahr seinen Bruder Adolf Johann, den er 1654 zum Inhaber des Zweibrücker Ansitzes Kleeburg gemacht hatte, zum schwedischen Reichsmarschall und machte ihn testamentarisch zum Mitglied einer Regentschaft für seinen 1655 geborenen Sohn Karl (XI.), falls er vor dessen Volljährigkeit sterben würde.

Am 20. Juni 1657 erklärte der Dänenkönig, der den unerwünschten Friedensvertrag abschütteln wollte, Karl Gustav den Krieg. Seine Truppen standen alsbald an der Grenze von Holstein, wo Karl Gustavs Schwiegervater als Herzog mit einer gewissen Selbständigkeit waltete. Aber Karl X. Gustav, der »nordische Alexander«, führte nun seine Soldaten im Angesicht des dänischen Heeres über den zugefrorenen Belt nach Fünen, besetzte Seeland und marschierte auf Kopenhagen zu. Da schloß der Dänenkönig mit ihm am 8. März 1658 zu Roeskilde Frieden. Freilich erfüllte er die vereinbarten Bedingungen nur teilweise, so daß Karl Gustav noch einmal vor Kopenhagen rückte, aber die Belagerung aufgeben mußte. Alles, was er als Zusage errang und teilweise in Händen hatte, war eine großartige Position Schwedens, aber nun auch eine offene Frage: der schwedische Besitz am Sund, an Schonen, Blekingen, Halland, Drontheim und an der Insel Bornholm. 1659 verband sich Holland in einem Vertrag zu Haag mit England und Frankreich, um den Frieden von Roeskilde aufrechtzuerhalten. Die Freiheit der Meere sollte mit den schwedischen Herrschaftsrechten kombiniert werden. In dieser Situation besetzte Friedrich Wilhelm I. von Brandenburg das schwedische Pommern und schloß zusammen mit den Truppen des Kaisers auch Stettin ein. Die Schweden in Westpreußen und Kurland wurden zurückgedrängt. Die Restauration der Stuarts in England machte die holländischen Schiffe für die Ostsee frei. Karl X. Gustav verhandelte nun auf dem Reichstag zu Göteborg über die Erhaltung und Geltung seines Friedensvertrages von Roeskilde. Es war seine Tragik, daß er darüber starb. Schweden war durch ihn zur entscheidenden Macht in der Ostsee geworden. Sein Sohn war erst etwas mehr als vier Jahre alt. In seinem Testament hatte Karl X. Gustav seinen Bruder Adolf Johann als Mitglied einer Regentschaft vorgesehen. Der schwedische Adel wollte aber das Testament nicht anerkennen.

König Karl XI. von Schweden

König Karl XI. von Schweden

Karl XI. regiert als König von Schweden von 1660 bis 1697, als Herzog von Zweibrücken von 1681 bis 1697.

Karl XI., das einzige Kind seiner Eltern, wurde mit etwas mehr als vier Jahren König. Für ihn führten die Vormundschaft seine Mutter, deren Vater Herzog der mit Dänemark verbundenen, aber selbständigen Herzogtümer Schleswig und Holstein war, ferner der nach dem Frankreich Ludwigs XIV. orientierte Magnus Gabriel de la Gardie, der mit dem von Karl X. Gustav nicht besetzten Kanzleramt ausgestattet wurde, und vier weitere höchste Beamte. Reichsmarschall Pfalzgraf Adolf Johann wurde nicht in die Regentschaft aufgenommen, das Testament Karls X. Gustav wurde schrittweise aufgehoben, der Friedensvertrag von Roeskilde aus dem Jahr 1658 revidiert.

Der vormundschaftlichen Regierung gelang es, im Frieden von Oliva 1660 von den Gewinnen Karls X. Gustav das nördliche Livland, Estland, nicht aber Kurland zu erhalten. Im Frieden von Kopenhagen mußte sie Drontheim und Bornholm wieder an Dänemark abtreten. Auf den Knaben Karl wirkte stark, daß sich 1666 bis 1668 Königin Christine in Schweden aufhielt. Sie hatte seinem Vater 1654 die Krone überlassen, war aber nun mit der Willkür der Regentschaft und des Reichsrates unzufrieden. Daß sie und Karl X. Gustav unter Ausschaltung des Adels durch die »Reduktionen« der von der Krone verlehnten oder vergabten Güter die Bauern wieder unmittelbar unter die Krone bringen wollten, war von den Bürgern und Bauern nicht vergessen worden. Seit seinem elften Jahr erlebte Karl dieses Problem mit, sah, wie sich der Kanzler schwer tat, der Königin die Tolerierung ihrer katholischen Religion zu verweigern, die durch den Reichstag von 1604 nicht mehr geduldet und durch Gustav Adolf 1617 verboten worden war. Die Regentschaft forderte, daß sich der unmündige König nicht am gleichen Ort wie Königin Christine befinden dürfe. In dieser erregten Umwelt begann Karl unter Dyslexie zu leiden, tat sich also schwer, sich – auch etwa beim Lesen – zu konzentrieren. Er überwand aber diese Schwierigkeiten, lernte Latein und Französisch und studierte seit seinem zwölften Lebensjahr, noch als Christine in Schweden weilte, an der Universität Uppsala. Dort machten der Bischof Emporagius von Strängnäs, noch mehr der Jurist Erik Linshiöld einen starken Eindruck auf ihn.

Die Mißerfolge der Regentschaft wurden derart, daß Karl schon an seinem

17. Geburtstag 1672 die Regierung selbst übernahm. Er versuchte schon im nächsten Jahr ohne Rücksicht auf die verschiedenen kirchlichen Konfessionen eine Wittelsbacher Hausunion, scheiterte dabei aber immer wieder, zunächst an dem Gegensatz zwischen Kurfürst Ferdinand Maria von Bayern und dem nun als achten Kurfürsten wieder eingesetzten Karl Ludwig von der Pfalz. Am 9. März 1675 schloß er mit Ferdinand Maria ein politisches Bündnis. Als im Juni die Schweden von dem politisch von Frankreich unterstützten Kurfürsten Friedrich Wilhelm I. von Brandenburg bei Fehrbellin geschlagen wurden, änderte der junge König seinen Kurs nicht.

Noch im Juni verlobte er sich mit Ulrike Eleonore, der Schwester des mit ihm fast gleichaltrigen Dänenkönigs Christian V., der das Werk seines Vaters Friedrich III. dort und in Norwegen weiterführte. Dieser König Friedrich aus dem Hause Oldenburg hatte zugunsten der einfachen Geistlichen, der Bürger und der Bauern die überlieferte, auf den Rechten des Adels beruhende Verfassung aufgehoben und 1665 sogar den Reichsrat und den Reichstag abgeschafft. Karl XI. trieb zwar eine ähnliche Finanz- und Sozialpolitik, schaffte aber Reichsrat und Reichstag nicht ab. Er blieb bei der Verlobung, obwohl Christian V. diese verschob und schon zwei Monate nach dieser dem Schwedenkönig den Krieg erklärte, um durch die Schnapphähne Südschweden (Schonen) zu erobern. Karl XI. schlug die Dänen 1676 in zwei entscheidenden Schlachten und ließ auf Vorschlag seines von ihm ausgewählten Ratgebers Johann Gyllenstierna jeden Bezirk einschneidende Garantien abgeben, keine Schnapphähne zu unterhalten.

Karl überwachte selbst die Durchführung aller seiner Anordnungen, kam während seiner ganzen Regierungszeit in sehr viele Orte und war dabei mit einem einfachen grauen Rock angetan, wenn er alles erkundete. Er wurde so der König »Graurock.« Den noch von seinem Vater eingesetzten, von der Regentschaft aber entlassenen Hermann Fleming berief er wieder, um die von seinem Vater begonnenen Reduktionen zugunsten der Bauern unerbittlich durchzuführen. Die Arbeit der Regentschaft in diesem Bereich überprüfte er mit Hilfe der Großen Kommission aus allen fünf Ständen. Er entdeckte, daß sich einige Regentschaftmitglieder bereichert hatten. Sie mußten ihm vier Millionen Silbertaler zahlen. Karl arbeitete aus einer tiefen Religiosität heraus. Er ernannte Linshiöld zu seinem Kanzler. Die Reichsräte machte er zu ihm verantwortlichen königlichen Räten und baute den Staat um. Er wurde geradezu Kameralist und hatte gegen Ende seiner Regierung etwa 80 Prozent der Güter wieder eingezogen, die seit dem 16. Jahrhundert an Adelige verliehen worden waren.

1679 schloß er mit dem besiegten Dänenkönig Frieden und heiratete 1680 dessen Schwester, die stets für die Wiederherstellung des Friedens gewirkt und für das Wohlergehen gefangener schwedischer Soldaten gesorgt hatte. An der Südküste Schwedens legte er 1680 als Hauptstation für seine Flotte Karlskrona an und konstruierte für diese und die Landtruppen ein besonderes Wirtschaftssystem, das sogenannte Indelningsverk. Aus seinem Tagebuch läßt sich genau seine Regierungsarbeit, aber auch sein persönliches Glück mit seiner Gattin erkennen, die hochgebildet und eine stark künstlerische Natur war. Er selbst zog auswärtige Kunsthandwerker und Künstler nach Schweden. Beide setzten bedeutende kulturelle Akzente für die Zukunft. Geistig und politisch kennzeichnet es beide, daß an der Spitze der Paten für den 1682 geborenen Sohn Karl (XII.) die katholische Königin Christine von Schweden und die Schwägerin der jungen Mutter, Königin Charlotte von Dänemark, standen. Auf einem Reichstag legte Karl XI. 1682 auch die Erbfolge seiner weiblichen Nachkommen fest.

Als 1681 die Linie Zweibrücken-Landsberg erlosch, fiel das Herzogtum Zweibrücken an Karl XI. Da es Ludwig XIV. schon 1680 durch seine Reunionskammern für sich forderte und seit 1679 seine Truppen Zweibrücken verheerten, hatte Karls Beauftragter Adolf Johann, der Bruder seines Vaters, und die übrigen Zweibrücker Verwandten einen schweren Stand. Karl XI. verstand es aber, die schwedische Großmacht in der Ostsee und in Nordeuropa in Paris durch seinen Gesandten, den Völkerrechtler Hugo Grotius, so zur Geltung zu bringen, daß Ludwig XIV. für den Friedensschluß von 1697 den Wittelsbacher Schwedenkönig sogar zum Schiedsrichter wünschte. Zweibrücken wurde seit 1681 von dem jeweiligen Wittelsbacher Schwedenkönig als Zweibrücker Herzog dem Recht nach regiert. Dazu trug auch Karls Erfolg 1689 in Altona bei: Sein Schwager, der dänische König, der 1684 Holstein-Gottorp an sich zu reißen begonnen hatte, mußte alles herausgeben. Die französische Besatzung (1681–1697) mußte 1697 einem schwedischen Generalgouverneur in Zweibrücken weichen.

Wiewohl Karl sehr selbständig regierte, achtete er die Verfassung aller mit Schweden verknüpfter Gebiete und arbeitete, besonders 1689 und 1693, mit seinem Reichstag zusammen. (Åke Kromnow bezeichnete 1980 Karl XI. als »den vielleicht größten der vielen hervorragenden Schwedenkönige«.) Er wirkt bis in die Gegenwart durch seine rechtzeitige Tat, die schwedischen Bauern als freie Untertanen der Könige zu erhalten.

Beim Tod Karls XI. waren von seinen sieben Kindern noch drei am Leben: seine Tochter Hedwig Sophie Auguste, sein erbberechtigter Sohn, der fünfzehnjährige Karl, und seine elfjährige Tochter Ulrike Eleonore, die später die Nachfolgerin ihres Bruders werden sollte.

König Karl XII. von Schweden

König Karl XII. von Schweden

Karl XII. regiert als König von Schweden von 1697 bis 1718, als Herzog von Zweibrücken von 1697 bis 1718.

Kaum war Karl XI. am 15. April 1697 gestorben, da ließ dessen Schwager, der Dänenkönig Christian V., Truppen in das Gebiet von Holstein-Gottorp in Schleswig einrücken, um die Festungswerke niederzureißen, die der Herzog mit schwedischer Hilfe gebaut hatte, und bat Zar Peter I. von Rußland um Hilfe gegen die Schweden. Wenn Christian und Peter den Kurfürsten August den Starken von Sachsen als Polenkönig durchsetzten, hatte es Karl XII. mit einem Machtblock zu tun, der von Dänemark über Sachsen-Polen nach Rußland reichte. Karl wurde erst im Juni dieses Schicksalsjahres fünfzehn Jahre alt. Der Reichstag erklärte ihn für volljährig. Er war bereits mit Regierungs- und Staatsfragen vertraut, denn er war seit 1694 von Polus, dem besten Kenner der mit dem Heiligen Römischen Reich zusammenhängenden Fragen, zugleich einem guten Lateiner, miterzogen worden, außerdem von dem jungen Gustav Cronhielm, der gerade mit Hilfe einer Kommission die schwedischen Gesetze zu kodifizieren begonnen hatte.

Karl handelte nach diesen Gesetzen, als er aus Frankreich vertriebene Calvinisten in schwedischen Gebieten des Deutschen Reiches, nicht aber in Schweden, aufnahm, wo Calvinismus wie Katholizismus verboten waren. Er erhielt die von seinem Vater gegen den Adel erkämpften Reduktionen der wieder unter die Krone gestellten Bauern aufrecht und schaffte die Folter ab. Ebenso setzte er den Hexenprozessen ein Ende.

Karl zog seine dänische Cousine, nicht seine Holsteiner Cousine, als Gattin in Betracht, war sich aber bewußt, daß er den Ring sprengen mußte, der um Schweden gezogen wurde. Als der große Konkurrent um die Vormacht in der Ostsee, Rußland, noch nicht in Erscheinung trat, da die Randländer der östlichen Ostsee noch nicht zum Reich des Zaren gehörten, ging es um die Sprengung eines Ringes, der von Dänemark gezogen wurde. Karl XII. ließ durch schwedische Truppen aus Deutschland deshalb die Gottorper Festungswerke wiederherstellen, mußte aber seit 1699 mit dem neuen Dänenkönig Friedrich IV. als Gegner rechnen. Dieser hatte durch seine Ehe die dänische Basis an der Ostsee um Mecklenburg-Güstrow erweitert und sich mit August dem Starken verbündet, der als König von Polen auch Großfürst von Litauen, d. h. eines damals nach dem heutigen Südrußland reichenden Gebietes war. Nicht Eroberungen waren das Ziel Karls XII., sondern das Durchbrechen eines Ringes, der um Schweden als Ostsee-Großmacht geschmiedet wurde. Karl landete im dänischen Seeland und marschierte auf Kopenhagen zu, politisch unterstützt von König Wilhelm III. von England, zugleich dem Protektor der Niederlande, und von Kurfürst Georg Ludwig von Hannover, dem Sohn einer Schwester des Pfälzer Kurfürsten Karl Ludwig (1648–1680). Georg Ludwig vermittelte den am 8. August 1700 in Travendal zustande kommenden Frieden. Der Dänenkönig erkannte nun die Souveränität des Herzogs von Holstein-Gottorp an, der damit militärisch unabhängig war. Karl wollte jetzt August den Starken zwingen, das von ihm besetzte schwedische Livland zu räumen, handelte sich durch diese Aktion aber ein, daß ihm Peter I. von Rußland den Krieg erklärte. Peter überließ 1701 August dem Starken Estland und Livland. Aber Karl verjagte August aus Riga und trieb ihn über die Düna, siegte bei Kliszow in Polen und über die Russen an der Narwa. Er durchbrach damit den sächsisch-russischen Ring. Peter nahm darauf 1703 die schwedische Festung Nöteborg und gewann damit seinen Schlüssel zur Ostsee, »Schlüsselburg«, und baute diese zur Peter-und-Pauls-Feste aus. 1704 machte er die Insel Kotlin zur Festung Kronstadt. Die unter der schwedischen Krone stehenden Städte Narwa und Dorpat ergaben sich ihm. Peter entschied die Entwicklung für sich, als er Nyenschanz am anderen Ende der Newa in Besitz nahm. Er gründete St. Petersburg.

Karl stützte sich gegen Peters Bundesgenossen August darauf, daß am 12. Juli 1704 Stanislaus Leszczyński zum König von Polen gewählt wurde. Dieser besiegte zusammen mit Karl August den Starken, der auf Betreiben Karls durch eine Konföderation der Polen auf dem Reichstag vor der Wahl des Stanislaus gestürzt worden war. Der Wittelsbacher Schwedenkönig schloß nach Verhandlungen mit Peter am 24. September 1706 den Frieden von Altranstedt, in dem Kurfürst August von Sachsen auf seine Herrscherrechte in Polen und Litauen verzichtete. Karl versuchte nun Peter mit Hilfe der auf Unabhängigkeit drängenden Kräfte in Litauen (Ukraine) zu erledigen. Peter fürchtete die neue Situation so sehr, daß er mit Karl über einen Frieden verhandelte. Nur St. Petersburg wollte er darin nicht räumen. Da bot der Tataren-Khan Karl seine Hilfe gegen Peter an, wenn er nicht mit Peter Frieden schließe. Noch stand Karl auf der Höhe seiner Macht. In seinem Wittelsbacher Familienbewußtsein hatte er sich als Herzog von Zweibrücken auch gegen eine Ächtung Max Emanuels von Bayern ausgesprochen, den er von Jugend auf als den großen Sieger über die Türken bewundert hatte und mit dem er in einer lateinisch geführten Korrespondenz stand. Er war aber nicht auf dessen Bitte eingegangen, von Altranstedt, einem Schloß bei Leipzig, nach Süden zu marschieren, um einen Aufstand zu unterstützen, den Max Emanuel 1707 in Bayern mit französischer Hilfe militärisch organisieren wollte, um die kaiserliche Besatzung aus Bayern zu vertreiben.

Peter hielt den türkischen Sultan Achmed III. durch Versprechungen hin und schlug am 28. Juli 1709 bei der kleinen ukrainischen Stadt Poltawa Karl. Dieser verlor dadurch nicht nur seine militärische Macht, sondern auch weitgehend sein militärisch-politisches Ansehen. Er bot sich dem Sultan als Bundesgenossen an, wurde von diesem aber in der befestigten türkischen Stadt Bender festgehalten. Peter andererseits zielte auf eine gewisse Verständigung mit Karl. Er wollte seine erst 1708 geborene Tochter Anna mit Karls Neffen Karl Friedrich von Holstein, dem voraussichtlichen Nachfolger Karls, vermählen, der damals acht Jahre alt war.

Da wandte sich das Blatt: Militärische Gruppen von Schweden vereinigten sich mit Türken und Tataren, mit Kosaken und mit den Polen des Königs Stanislaus und brachten Peter im Juli 1711 eine derartige Niederlage bei, daß er alle seine schwedischen Eroberungen abtreten wollte, dazu Pskov, das an Livland grenzte, wenn ihm nur St. Petersburg gelassen werde. Trotz des Friedensvertrages von 1712 in Konstantinopel wechselte durch den Frieden von Adrianopel wieder 1713 die Lage: Peter erreichte durch Bestechungsgelder, daß die türkische Regierung Karl nur eine Rückkehr über das durch Russen besetzte Polen gestattete, wo König Stanislaus August dem Starken hatte weichen müssen. Der Dänenkönig vertrieb Karls Neffen aus Holstein.

Trotz seines Schicksals versuchte Karl auch aus der Ferne sein Land weiter zu gestalten und ernannte jüngere Kräfte in den Staatsrat. Am 26. Oktober 1713 erließ er eine Anordnung über die zentralen Stellen in Stockholm und ernannte dafür neue Inhaber. 1714 ritt er mit kleinem Gefolge an die türkische Grenze, nahm im Einverständnis mit Kaiser Karl VI. und Prinz Eugen offiziell inkognito seinen Weg über Siebenbürgen nach Wien, Linz, Passau, Straubing nach Regensburg und Nürnberg, Bamberg und Würzburg. Im November traf er im schwedischen Stralsund ein. Obwohl August, nun wieder praktisch Herr in Polen und Litauen, den 1714 zum König von England gewordenen Kurfürsten Georg (Ludwig) von Hannover gegen Schweden beeinflußte, behauptete sich Karl, da Ludwig XIV. und sein Nachfolger zugunsten Karls ein Gegengewicht bildeten. Dieser reformierte von Stralsund aus die schwedischen Spitzenbehörden weiter und machte 1716 den Holsteiner Baron Goertz zum Direktor der Finanzen und des Kommerzwesens in Stockholm. Noch in Stralsund entschied Karl XII., daß seine jüngere Schwester Ulrike Eleonore 1715 den erfahrenen Kriegsmann Erbprinz und Landgraf Friedrich von Hessen-Kassel heiratete. Sie war Karls erbberechtigte Nachfolgerin. Der neue Schwager griff noch 1715 das mit Dänemark verknüpfte Königreich Norwegen an, Karl aber reiste nach Südschweden (Schonen), zumal Stralsund militärisch nicht zu halten war. Er schlug sein Hauptquartier in Lund auf, wo er morgens die militärischen, nachmittags und bis in die Nacht hinein die innerpolitischen Angelegenheiten entschied. Er prägte das Königtum von Gottes Gnaden in Schweden neu aus, fand aber auch noch Zeit, mit David Klein aus Hessen 14 Thesen über die »anthropologia physica« zu diskutieren, in der frühen Aufklärung seine innere Frömmigkeit weiter zu entwickeln.

Außenpolitisch und militärisch handelte er so geschickt, daß Peter zu einem

Militärbündnis mit ihm bereit war und durch Schiffe Karls Angriff auf Norwegen unterstützen wollte. Georg von England belagerte freilich die schwedische Küste. Karl hatte bereits 65.000 Mann beisammen und belagerte die dänische Festung Friedrichstein bei Friedrichshall in Norwegen. Da traf ihn bei der Überprüfung eines Laufgrabens die Gewehrkugel eines dänischen Postens in die Schläfe.

Mit Karl XII. ging die Epoche der Vormacht Schwedens in der Ostsee zu Ende. Seine Schwester Ulrike Eleonore regierte bis zur Königswahl ihres Gatten Friedrich von Hessen-Kassel 1720. Nach vielen Verhandlungen der interessierten Staaten beschloß der Friede von Nystad 1721 den Nordischen Krieg: Schweden trat an Rußland das reiche Livland, auch Estland, Ingermanland und das östliche Karelien mit Viborg ab. Die Verteidigung des schwedischen Finnland wurde schwieriger, doch konnte Schweden aus Riga in der Zukunft eine bedeutende Menge Getreide zollfrei einführen.

König Otto von Griechenland

König Otto von Griechenland

* 1. 6. 1815 in Salzburg
† 26. 7. 1867 in Bamberg
Grabstätte: Theatinerkirche in München

⚭ 22. 11. 1836 in Oldenburg
AMALIE
Eltern: Paul Friedrich August, Großherzog von Oldenburg, und Adelheid, Prinzessin von Anhalt-Bernburg-Schaumburg-Hoym
* 21. 12. 1818 in Oldenburg
† 20. 5. 1875 in Bamberg
Grabstätte: Theatinerkirche in München

Otto regiert von 1832 bis 1862 (unter einer Regentschaft bis 1835).
Die Ehe blieb kinderlos.

Otto wurde als zweiter Sohn des Kronprinzen Ludwig in Salzburg geboren. Sein Vater hatte nämlich 1814 von dieser Stadt aus ein zu Beginn des Jahrhunderts noch einmal bayerisch gewordenes bajuwarisches Stammesgebiet zu verwalten. Während Otto unter der Leitung des Geistlichen Rates Oettl erzogen und durch den Neuhumanisten Friedrich Thiersch, der bereits öfters als Lehrer in der königlichen Familie tätig war, und den Philosophen Schelling unterrichtet wurde, konnte im München seines regierenden Großvaters Max I. die Kasse jenes Bundes, der die Befreiung der Griechen von der türkischen Herrschaft erstrebte, verwaltet und zu Auszahlungen veranlaßt werden. Ottos gediegene Bildung auf christlich-humanistischer Grundlage wurde bald durch Reisen in Deutschland und Italien ergänzt. Als der griechische Befreiungskampf durch Eingreifen Englands und Frankreichs, vor allem aber Rußlands, entschieden wurde, das allein noch gegen die Türkei bis zum Frieden vom September 1829 weitergekämpft hatte, wurde der entstehende griechische Staat auf ein Gebiet beschränkt, auf dem nur ein Bruchteil der griechischen Bevölkerung lebte. Denn England und Frankreich wollten sich die Türkei als Gegengewicht gegen Rußland erhalten, zumal in Griechenland Rußland bereits durch den zu ihm orientierten Präsidenten (tatsächlich Diktator) Kapodistrias die gemeinsame Basis vertiefte, die durch den gemeinsamen orthodoxen Glauben in Griechenland und in Rußland bestand.

Da der mehr nach England orientierte Prinz Leopold von Sachsen-Coburg die Krone eines Griechenland mit ungenügenden Grenzen ausschlug, entschieden sich die drei Schutzmächte des neuen Staates auf Vorschlag Frankreichs dafür, dem für Griechenlands Befreiung politisch tätig gewesenen König Ludwig I. von Bayern die Krone zunächst für seinen Bruder Karl, dann, als dieser ablehnte, für seinen zweiten Sohn Otto anzubieten. Den Zaren Nikolaus I. von Rußland verband mit Ludwig die gemeinsame stark christlich-konservative Richtung. Schon 1829 hatte Ludwig I. den Griechen, die der Befreiungskampf nach Bayern verschlug, die Kirche am Salvatorplatz in München als orthodoxes Gotteshaus eingeräumt und junge Griechen auf seine Kosten erziehen zu lassen begonnen. Aber Nikolaus I. ließ in London, wo 1832 die Entscheidungen über Griechenland fielen, den bayerischen Gesandten wissen, daß Otto bei Annahme der griechischen Krone zum orthodoxen Glauben übertreten müsse. Das sei bei den Vorurteilen der orthodoxen Griechen gegen die katholische Religion besonders nötig. Ludwig lehnte diese Bedingung ab, nahm aber am 7. Mai 1832 die ihm von den drei Mächten für Otto angebotene Krone an. Durch eine besondere Vereinbarung wurden 1833 dessen Brüder zur Nachfolge in Griechenland für den Fall bestimmt, daß Ottos Linie erlösche.

König Otto fuhr am 15. Januar 1833 auf der englischen Fregatte »Madagaskar« in Begleitung eines französischen und eines russischen Kriegsschiffes nach Nauplion auf der Peloponnesos. Als er dort eintraf, begab er sich zuerst in die griechisch-orthodoxe Kirche des heiligen Georg, küßte das ihm vorgehaltene Evangelienbuch und wohnte dem orthodoxen Gottesdienst bei. Dann empfing er die Admiräle und die diplomatischen Vertreter der drei Schutzmächte sowie besondere griechische Persönlichkeiten.

Am 1. Juni (seinem Geburtstag) 1833 stiftete er zum Andenken an Griechenlands Befreiungskampf den Erlöserorden, der nach seinem Sturz auf die griechische Nationalversammlung von 1829 in Argos zurückdatiert wurde. Die Regentschaft für den noch nicht volljährigen König bestand aus dem früheren bayerischen Minister Graf Armansperg, dem späteren bayerischen Minister Abel und Prof. Maurer, der 1847 bayerischer Minister wurde. Dazu gehörte auch der spätere General von Heydeck, genannt von Heidegger. Diese Männer begannen, in Griechenland die Grundlagen einer modernen Staatsverwaltung zu legen. Dabei löste Maurer, ein calvinistischer Pfälzer Pfarrerssohn, eine große Anzahl von Klöstern auf, von denen die meisten infolge des Befreiungskrieges ziemlich verlassen waren. Er verselbständigte auch die griechisch-orthodoxe Kirche im Königreich Griechenland unter einer Synode gegenüber dem Patriarchen in Konstantinopel. Sekretär der Synode war der griechische Theologe und spätere Übersetzer der Heiligen Schrift in das Neugriechische Pharmakidis. Er geriet in Gegensatz zu konservativeren kirchlichen Kreisen wie zu einem Mann wie Ikonomos. König Otto, in der Sprache und in der kirchlichen Frage durch Misail Apostolidis, den späteren Erzbischof von Athen, gut unterrichtet, sprach sich gegen Klosteraufhebungen aus und glich, als er am 1. Juni 1835 die Regierung selbst übernahm, zwischen den verschiedenen Strömungen aus und gründete bereits 1837 in Athen eine Universität. Sie war bis ins 20. Jahrhundert die einzige Universität auf dem Balkan. Er entwickelte überhaupt das griechische Schulwesen, ließ die neugriechische Sprache als Hochsprache pflegen und belebte das Interesse an der griechischen Antike, aber auch an der jüngeren Vergangenheit und der eigenen Zeit. 1850 leitete Otto durch Apostolidis die Wiederverknüpfung der orthodoxen Kirche seines Königreichs mit dem Patriarchen in Konstantinopel ein. Sie kam trotz erheblicher Schwierigkeiten zustande. 1852 bestätigten die griechischen Kammern, die 1844 eingesetzt worden waren, diesen Akt.

Dieser großen geistig-kulturellen Aufbauleistung suchte der König auch eine politische Grundlage zu geben, einmal durch einen sorgfältigen Ausbau der öffentlichen Verwaltung, in der er Sachlichkeit und Unbestechlichkeit, wenn auch nicht immer mit Erfolg, als Ziel anstrebte. Die in den Ministerien erlassenen Entschließungen ließ er im Druck veröffentlichen. Da sich schon in den zwanziger Jahren eine englische, eine französische und eine russische Partei im Lande gebildet hatten, wurden die Griechen oft durch Kräfte aus dem Ausland gegeneinander geführt. Otto bestellte zu Ministern möglichst Männer, die keine engere politische Bindung an diese Auslandsparteien hatten. Nach der Entlassung des tüchtigen, liberal-konservativen Ministers Rudhart 1837 berief der König nur mehr Griechen in Ministerämter. Trotzdem begannen die Griechen, die unter der Regentschaft zahlreicher tätig gewesenen Bayern oft zu hassen, obwohl diese in den Bereichen der Verwaltung und des Militärs wie mancher andere Deutsche unentbehrliche Helfer waren. Dazu kam noch ein breiter konfessionell orthodox-griechischer Gedankenkomplex: Otto hatte öffentlich orthodoxe Erziehung seiner Kinder versprochen, war aber nach einer unglücklich verlaufenen Schwangerschaft der Königin Amalie, einer evangelischen Prinzessin von Oldenburg, ohne Kinder und blieb aus Gewissensgründen katholisch. So kam es 1838 zu einer philorthodoxen Verschwörung, an der auch der russische Gesandte Katakazi, ein russifizierter Grieche aus den Donaufürstentümern, teilnahm. Kaiser Nikolaus besuchte im selben Jahr Ottos Vater in München und wollte eine Zusage, daß Otto nie eine Verfassung, wie sie schon damals in Süddeutschland und Westeuropa üblich war, gewähre. Ludwig erklärte sich nur bereit, diese russischen Wünsche an Otto weiterzuleiten, gewährte selbst aber entscheidende finanzielle und sonstige Hilfe zur Gründung der griechischen Nationalbank 1839. Als in diesem Jahr in der Türkei ein reformbereiter junger Sultan zur Regierung kam, begann es in den von Griechen bewohnten Provinzen der Türkei aufs neue zu gären. 1841 kam es zu Aufständen. Otto blieb in der Frage der Entschädigung der Türken als Grundeigentümer im nunmehrigen Königreich vorsichtig und ließ den Bauern möglichst viel Ackerboden, nahm auch nicht einen ungünstigen Handelsvertrag mit der Türkei an, mußte aber erleben, daß am 3. September 1843 eine Militärrevolte unter Oberst Kalergis von ihm das Versprechen einer Verfassung erzwang. Kaiser Nikolaus berief seinen in die Aufstandsbewegung des Kalergis verwickelten Gesandten

Katakazi sofort ab, wollte aber ebenso wie die eine Verfassung nach ihrem Muster fordernden Westmächte, daß Otto König bleibe. Otto berief eine Nationalversammlung ein und arbeitete an der von ihr beratenen Verfassung mit. Er sanktionierte sie einschließlich der Bestimmung, daß der Thronfolger orthodoxen Glaubens sein müsse. Sie trat 1844 in Kraft. Der Otto von englischer Seite aufgezwungene Minister Mavrokordatos suchte 1844 den König weitgehend aus den Regierungsgeschäften auszuschalten und die Wahlen vor allem in Athen für sich zu beeinflussen. Der Tagesheld von 1843, Kalergis, der Athener Bürgermeister und der Polizeipräsident begaben sich zu ebensolchem Zweck an den Wahlort, die geräumige St.-Irenen-Kirche, doch lehnten die Wahlkommission und die Bevölkerung erregt diese Einflußnahme ab. Dem Polizeipräsidenten wurde der Säbel entrissen, Kalergis mußte sich unter Hohngelächter der Menge in ein Haus retten. Da erschien König Otto, begleitet von nur zwei Adjutanten. Er wurde begeistert empfangen und schaffte Ruhe. Er versprach Gerechtigkeit und sicherte den Wahlvorgang. Bald konnte er Mavrokordatos durch Kolettis als Minister ersetzen. Dieser versuchte mit stiller Zustimmung Ottos, den in den türkischen Provinzen lebenden Griechen durch Unterstützung der Aufstände zur Befreiung zu verhelfen. Als die türkische Regierung einem dabei tätigen königlichen Adjutanten, der seine Besitzungen in einer solchen Provinz aufsuchen wollte, den Paß verweigerte, kam es zur Abberufung des türkischen Diplomaten in Athen, der selbst orthodoxer Christ aus vornehmer Familie, aber Parteigänger der Türkei war. Zar Nikolaus, der den griechischen König schätzte, vermittelte. Als der englische Admiral Parker 1850 den Hafen der griechischen Hauptstadt blockierte und griechische Schiffe beschlagnahmte, um bei der griechischen Regierung weit übertriebene Zahlungsforderungen eines englischen Untertanen durchzusetzen, blieb Otto unerschütterlich auf dem Rechtsstandpunkt und wurde durch russische und französische Vermittlung in seiner Auffassung bestätigt.

Die Königin wirkte vorbildlich durch Gründung der ersten philanthropischen Vereinigung für Frauen in Griechenland, durch Stiftung eines Waisenhauses und durch andere sozial-karitative Taten, aber auch durch ihr landwirtschaftliches Mustergut und den öffentlich zugänglichen Amaliengarten neben dem Königsschloß. Ihren Gemahl unterstützte sie überall mit Tatkraft; sie war mit der in der Verfassung geregelten Forderung eines orthodoxen Thronfolgers einverstanden und dachte, als sich Ottos Brüder nicht der Konfessionsbedingung der Verfassung unterwarfen, an ihren jüngeren Bruder Elimar. Durch Gesetz vom 1. Juli 1850 wurde Amalie auf Ottos Vorschlag für Zeiten seiner Abwesenheit die ihn vertretende Regentin Griechenlands. Es kam zu vier größeren Regentschaften der Königin, die mehrere Monate dauerten. Ottos Abwesenheit war meist durch Verhandlungen in Bayern wegen der Thronfolge bedingt; die Versammlung der Schutzmächte in London erkannte auf einer Konferenz 1852 die griechische Verfassungsforderung bezüglich der orthodoxen Thronfolge an. Da sich Amalie sehr mit allen Angelegenheiten des Landes

DIE HERZÖGE IN BAYERN

WILHELM
* 1752, † 1837
⚭ Maria Anna, Pfalzgräfin von Zweibrücken-Birkenfeld
* 1753, † 1824

Kinder:

Sohn
* und † 1782

Maria Elisabeth
* 1784
† 1849
⚭ Ludwig Alexander Berthier, Fürst und Herzog von Neuchâtel und Valangin, Fürst von Wagram
* 1753, † 1815

Pius August
* 1786
† 1837
⚭ Amalie Luise, Prinzessin und Herzogin von Arenberg
* 1789, † 1823

MAXIMILIAN
* 1808
† 1888
⚭ Ludovika, Prinzessin von Bayern
* 1808, † 1892

Kinder:

Ludwig Wilhelm
* 1831
† 1920
⚭ 1. Henriette Mendel, seit 1859 Freifrau von Wallersee
* 1833
† 1891
2. Antonie Barth, seit 1892 von Bartolf
* 1871, † ?

Wilhelm Karl
* 1832
† 1833

Helene
* 1834
† 1890
⚭ Maximilian Anton Lamoral, Erbprinz von Thurn und Taxis
* 1831, † 1867

Elisabeth
* 1837
† 1898
⚭ Franz Joseph I. Kaiser von Österreich
* 1830
† 1916

KARL THEODOR,
Dr. med., Augenarzt
* 1839
† 1909
⚭ 1. Sophie Prinzessin von Sachsen
* 1845, † 1867
2. Maria Josepha, Infantin von Portugal, Prinzessin von Bragança
* 1857, † 1943

Kinder:

aus 1. Ehe
Amalie Maria
* 1865, † 1912
⚭ Wilhelm, Herzog von Urach
* 1864, † 1928

aus 2. Ehe
Sophie Adelheid
* 1875, † 1957
⚭ Hans Veit, Graf zu Toerring-Jettenbach
* 1862, † 1929

Elisabeth Valerie
* 1876, † 1965
⚭ Albert, König der Belgier
* 1875, † 1934

Marie Gabriele
* 1878, † 1912
⚭ Rupprecht, Kronprinz von Bayern
* 1869, † 1955

Marie
* 1841, † 1925
⚭ Franz II., König
Beider Sizilien
* 1836, † 1894

Mathilde
* 1843, † 1925
⚭ Ludwig Prinz von
Bourbon-Sizilien,
Graf von Trani
* 1838, † 1886

Sophie
* 1847, † 1897
⚭ Ferdinand, Prinz
von Orléans, Herzog
von Alençon
* 1844, † 1910

Max Emanuel
* 1849, † 1893
⚭ Amalie, Prinzessin
von Sachsen-Coburg-Gotha
* 1848, † 1894

LUDWIG WILHELM
* 1884, † 1968
⚭ Eleonore, Prinzessin
zu Sayn-
Wittgenstein-Berleburg
* 1880, † 1965

Adoptivsohn MAX EMANUEL
Prinz von Bayern, * 1937

Franz Joseph
* 1888
† 1912

Siegfried August
* 1876
† 1952

Christoph
* 1879
† 1963
⚭ Anna Sibig
* 1874
† 1958

Luitpold Emanuel,
Dr. phil.
* 1890
† 1973

befaßte, konnte sie bald schneller, aber nicht besser als Otto entscheiden, der Fehlentscheidungen durch seine freilich Zeit erfordernde gründliche Art so gut wie immer vermied. Ihre Tatkraft und ihre geschickte und liebenswürdige Art machen Amalie lange Zeit sehr beliebt.

Als sich 1853 die Erinnerung an die Eroberung Konstantinopels durch die Türken im Jahr 1453 unter den Griechen stark belebte und mit der Sehnsucht nach Rückgewinnung des 1453 untergegangenen griechischen Kaiserreiches verband, flammte der Wille zur Tat im Königreich Griechenland auf. Otto unterstützte den ausbrechenden Kampf der Griechen in der Türkei mit allen Mitteln; Rußland selbst trat gegen die Türkei auf und machte seinen im russisch-türkischen Friedensvertrag von 1774 sanktionierten Schutz der Christen im Orient geltend. Im Interesse der Türkei begannen darauf England und Frankreich einen Krieg gegen Rußland. Sie besetzten auch erneut Athens Hafen und zwangen Otto, Mavrokordatos als Minister zu nehmen. Während dieser sich aber nun für griechische Interessen in gewissem Umfang einsetzte, wollte Kalergis mit französischer Hilfe Diktator in Athen werden. Otto setzte sich gegen ihn durch. Frankreich und Rußland, wo während des Krieges Zar Nikolaus gestorben war, gingen aber bald nach Friedensschluß zusammen. Noch vor seinem Tode hatte Zar Nikolaus Otto ein persönliches Andenken übermitteln lassen. Solomos dichtete in dieser Zeit die griechische Nationalhymne. Paparrhigopoulos veröffentlichte, als die Besatzungsmächte abrückten, eine Geschichte des griechischen Volkes seit 1828; Otto selbst gründete mit finanzieller Hilfe des Auslandsgriechen Baron Sinas 1859 eine griechische Akademie der Wissenschaften. Denn er wollte geistig einer neuen Generation nach der durch die Westmächte verschuldeten Niederlage der griechischen Erhebung in eine größere griechische Zukunft helfen.

Gleichwohl ballten sich seit 1859 Kräfte in Berührung mit der Revolution in Italien zusammen, die Otto gefährlich werden sollten, obwohl er selbst mit Garibaldi zusammenarbeitete. Ultrademokratische Tendenzen vereinigten sich mit antikatholischen. Denn Ottos voraussichtlicher Nachfolger Prinz Adalbert von Bayern hatte eine Infantin von Spanien geheiratet und seinen Sohn Ludwig Ferdinand katholisch taufen lassen. Das wurde nicht dadurch ausgeglichen, daß er dem Kind auch den Namen Konstantin in der Taufe mitgab. Die Hoffnung auf einen orthodoxen Nachfolger Ottos aus dem Wittelsbacher Haus schmolz immer mehr zusammen, obwohl er selbst immer wieder in München für die Forderungen seines griechischen Volkes gerade im Punkt der orthodoxen Thronfolge eingetreten war. Otto war persönlich außerordentlich selbstlos und regierte mit scharfem Verstand, gerecht und unermüdlich. 1862 wurde er durch eine Militärrevolte gestürzt. Er dankte nicht ab, kehrte nach Bayern zurück und unterstützte von seiner Residenz in Bamberg aus zusammen mit seiner Lebensgefährtin Amalie noch den Aufstand der Griechen auf Kreta, bis er 1867 starb.

Herzog Wilhelm in Bayern

Herzog Wilhelm in Bayern

* 10. 11. 1752
† 8. 1. 1837

Chef der Linie der Herzöge in Bayern von 1799 bis 1834.

Wilhelm stammte von Johann Karl, dem Bruder des seit 1654 in Bischweiler, seit 1671 in Birkenfeld, seit 1673 in der erheirateten Grafschaft Rappoltstein regierenden Zweibrückers Christian II., dessen Sohn Christian III. 1731 das Herzogtum Zweibrücken selbst zu übernehmen hatte. Johann Karl erhielt nur das sogenannte Neuburger Deputat von 6000 Gulden im Jahr und schlug seinen Wohnsitz im sogenannten Fürstenhof in der Reichsstadt Gelnhausen auf. Dort wuchs auch sein Enkel Wilhelm auf, dessen um sieben Jahre älterer Bruder Karl Johann Ludwig später als kaiserlicher Generalmajor Dienst tat. Wilhelm wußte seit seiner Kindheit, daß die 1410 durch die Pfälzer Teilung entstandene Linie Simmern-Zweibrücken nach dem Erlöschen der abgespaltenen Linie Simmern 1685 für die Erbschaft heranstand, die von dem Pfalz-Neuburg-Sulzbacher Karl Theodor zu erwarten stand, der in sechs Ländern regierte (seit 1777 sogar in sieben), aber keine Erben besaß. Der regierende Herzog Christian IV. von Zweibrücken, der wirtschaftlich-sozial und kulturell segensreich wirkte, war morganatisch verheiratet, stand also nur für seine Person als Erbe des damals in Mannheim regierenden Kurfürsten Karl Theodor heran, so daß Christians jüngerer Bruder, der kaiserliche Feldmarschall Friedrich Michael, und dessen Söhne Karl August und Max Joseph die nächsten Erben vor Wilhelm waren.

Wilhelm wurde in den ersten Lebensjahren in Gelnhausen ausschließlich von der Mutter Sofie Charlotte, der Tochter des Wildgrafen Karl zu Daun und Kyrburg, erzogen, da sich der Vater, Pfalzgraf Johann von Zweibrücken-Birkenfeld-Gelnhausen, beim Kurfürsten in Mannheim aufhielt, während der ältere Bruder in den kaiserlichen Militärdienst eintrat. Mit 14 Jahren sollte er an der Universität Tübingen studieren und später in ein holländisches Regiment aufgenommen werden. Das blieb aber ein Plan. Denn als er zu Beginn seiner Reise bei Karl Theodor in Mannheim eingeführt wurde, blieb er auf Wunsch auch des Vaters dort und trat in Kurpfälzer Militärdienste. Karl Theodor zog ihn geistig und menschlich liebevoll heran, er aber fand in ihm eine unerschöpfliche Quelle für seine Wißbegierde auf allen Gebieten. Als Friedrich Michael 1767 starb, stand Wilhelm nur mehr in Konkurrenz zu Christian IV. von Zweibrücken und den ziemlich gleichaltrigen Vettern Karl August und Max Joseph. Da in

München nur ein katholischer Erbe einsetzbar war und die als Erben heranstehenden drei Wittelsbacher katholisch waren, zog Karl Theodor den jungen Wilhelm zu Kontrovers-Konferenzen heran und vermittelte ihm so überzeugend die Vorzüge des älteren Christentums, daß 1769 der 17jährige in die katholische Kirche eintrat. Die von Karl Theodor für Wilhelm geplante Ehe mit einer Gräfin Limburg-Styrum scheiterte an Kaiserin Maria Theresia, die Wilhelm bei dieser Gelegenheit persönlich kennenlernte. Er erlebte aber auch bald die furchtbaren Schwierigkeiten, die der Tod des bayerischen Kurfürsten Max III. aufwarf. So sehr Wilhelm die Weisheit und Güte Karl Theodors bewunderte, bei dem Erbfall Bayern erschien er ihm als zu nachgiebig. Er heiratete am 30. Januar 1780 in Mannheim die Schwester der Zweibrücker Vettern, von denen seit 1775 Karl August bereits Zweibrücken regierte, und bekam von Karl Theodor Landshut an der Isar als Wohnsitz angewiesen. Im Interesse der Rechte und Pflichten, die Karl Theodor als Herrscher in sieben Ländern nun von München aus auszuüben hatte, wachte Wilhelm über die Vorgänge in München. Er bejahte die Staatsexistenz Bayerns. Der preußische General Graf Karl Adolf von Brühl, ein Sohn des 1763 verstorbenen sächsischen Staatsmannes, besuchte ihn einige Tage in Landshut und besprach mit ihm, wie die erneuten Versuche des Kaisers Josef II., Bayern einzustecken, mit sächsischen und preußischen Truppen zu bekämpfen wären. In den hohenzollernschen Markgrafschaften standen preußische zur Verfügung. Friedrich der Große gewann auch den Kurfürsten von Hannover und englischen König Georg III. dafür, zum Schutz der Reichsverfassung den Deutschen Fürstenbund zu gründen. Für Wilhelm wurde er »zur ungeschmälerten Erhaltung Bayerns für unser Haus« geschlossen. Im Jahr darauf besprach sich Wilhelm mit dem französischen Außenminister in Paris wegen seiner eigenen Rechtsstellung, zumal Max Joseph durch den Tod des Sohnes seines regierenden Bruders dessen voraussichtlicher Nachfolger geworden war. So langweilig es Wilhelm oft in Landshut war, so wichtig waren ihm seine Aufgaben als »Wachtposten«. Da Karl Theodors zweite Gattin 1797 Wilhelm in Landshut warnte, ihr Gatte wolle Bayern vertauschen, verständigte Wilhelm sofort Max Joseph, der seit 1795 selbst, wenn auch landloser Herzog von Zweibrücken war. Beide schlossen in Rohrbach bei Mannheim am 30. Juni 1797 einen vorher bereits redigierten Hausvertrag über das, was bei einer Regierungsübernahme in Karl Theodors Ländern zu tun sei, besonders in Bayern. Sie datierten den Vertrag auf 1796 und nach Ansbach zurück. Beide hatten Söhne, so daß die haus- und staatsrechtliche Frage der Ausgangspunkt des Vertrages war, bei dem Montgelas entscheidend Max Joseph beriet. Wilhelm stand mit Montgelas seit 1791 auf vertrautem Fuß. Beide Wittelsbacher vereinbarten, daß keine Jurisdiktionen oder finanzielle Abgaben an einzelne Personen mehr veräußert werden sollten. Geld sollte nur bei bestimmten rechtlichen und sozialen Notwendigkeiten aufgenommen werden. Was Montgelas schon am 30. September 1796 in einer Denkschrift Max Joseph als Reformen in den zu übernehmenden Staaten vorgetragen hatte, fand in dem Hausvertrag nur teilweisen Niederschlag.

Als 1797 Frankreich die Abtretung des linken Rheinufers festlegen wollte und die Frage der Entschädigung der Fürsten, die Gebiete verloren, heranstand, teilte Karl Theodors junge Gattin Maria Leopoldine Wilhelm mit, jener wolle Bayern an Österreich abtreten. Max Joseph wurde von Wilhelm sofort unterrichtet. Beide überschätzten die Gefahren der Nachgiebigkeit des alten Kurfürsten gegenüber Wien. Wilhelm reiste selbst im Auftrag Max Josephs und mit Wissen Karl Theodors dorthin und ermittelte, daß der Kurfürst nicht zwei Millionen Gulden, sondern nur 200.000 Gulden und außerdem 100.000 Golddukaten in Wien hinterlegt hatte, erreichte aber keine konkreten Zusagen einer Entschädigung für die Verluste am linken Rheinufer. Infolge der Hinweise Maria Leopoldines trafen sich 1798 Wilhelm und Max Joseph für längere Zeit in der Münchner Residenz zu Besprechungen mit Karl Theodor. Wilhelm erschien 1799 noch rechtzeitig vor dessen Tod in München, um sofort die Zügel der Regierung für Max Joseph zu ergreifen. Dankbar erhob dieser Wilhelm formell bereits am 16. Februar 1799 zum Herzog in Bayern. Sein politischer Einsatz wurde erneut schon einige Monate später nötig, als ihn der nun regierende Vetter zu Verhandlungen mit dem russischen Kaiser sandte, um Rußland zu entsprechenden Schritten für die Erhaltung Bayerns zu gewinnen und in diesem Rahmen die Verlobung seines noch nicht vierzehnjährigen Thronfolgers mit der russischen Großfürstin Katharina zu bewirken. Der Vertrag von Gatschina im Oktober 1799 wurde Wilhelms größte politische Leistung. Seit 1801 distanzierte sich Max Joseph von Wilhelm, ließ ihn 1803 bis 1806 in Düsseldorf zwar seine Regierungsrechte über das Herzogtum Berg ausüben, vereinbarte aber bereits dessen Abtretung an Frankreich.

Wilhelm vermählte am 26. Mai 1807 seinen einzigen Sohn Pius August in Brüssel mit der Tochter des Herzogs Ludwig Maria von Arenberg, am 9. März 1808 seine Tochter Maria Elisabeth Amalia Franziska mit dem französischen Marschall Ludwig Alexander Berthier, Fürsten von Wagram und souveränem Herzog von Neuchâtel und Valengin, setzte also auch wie Max Joseph auf Frankreich. Er erwarb Schloß Banz bei Bamberg und ordnete nach Napoleons Sturz sich der Wittelsbacher Hausgesetzgebung von 1816 und 1819 ein. Gegen exzentrische Handlungen seines Sohnes verfuhr er streng und setzte alle Hoffnungen auf dessen Sohn Maximilian, den der König seit 1817 in dem königlichen Erziehungsinstitut Benedikt von Hollands in München erziehen ließ und als sein Taufpate auch menschlich zu gewinnen suchte. Er erschloß ihm die Welt seines geliebten Tegernsees. Wilhelm erlebte 1815 den Selbstmord seines Schwiegersohns im Bamberger Schloß und stellte sich nach dem Tod seiner Gattin 1824 immer kritischer zur Umwelt und zur Vergangenheit ein. Dem 1823 verwitweten Sohn setzte er eine Rente aus, machte aber noch zu dessen Lebzeiten 1834 den Enkel zum Chef der Linie der Herzöge in Bayern. Wilhelm bekam nie ein eigenes Fürstentum zur Regierung, erwarb sich aber um die Existenz des bayerischen Staates in einer Zeit, da sein Bestand äußerst bedroht war, außerordentliche Verdienste.

Herzog Max in Bayern

Herzog Max in Bayern

* 4. 12. 1808
† 15. 11. 1888

Chef der Linie der Herzöge in Bayern von 1834 bis 1888.

Die Möglichkeiten und Aufgaben des nicht regierenden Herzogs Wilhelm in Bayern wurden durch dessen hausrechtliche Stellung und die daraus erwachsenden Pflichten um so mehr bestimmt, als dieser diese mit Energie und großem Verantwortungsbewußtsein wahrnahm. Sein Sohn Pius August war in ein schwieriges Familienschicksal hineingeboren worden, das ihn durch den Wechsel der Wohnsitze in sehr verschiedenen Gegenden und den Selbstmord des angeheirateten Schwagers übernervös machte. Max gewann trotz dieser Eigenart des Vaters und trotz eines gefürchteten überstrengen Erziehers früh ein beglückendes Gefühl für die Natur der Umwelt von Schloß Banz. Im Alter von neun Jahren wurde er von seinem Paten, dem König Max, in das »Königliche Erziehungsinstitut für Studierende« nach München geholt, das 1574 als Seminarium Gregorianum der Jesuiten durch Herzog Albrecht V. gegründet und 1804 von Benediktinern übernommen worden war. Sein Leiter von 1810 bis 1824, Benedikt von Holland OSB, machte für Max die sieben Jahre im Internat zu einer geradezu freundschaftlich geförderten Entwicklung. Max lernte dort nicht nur die alten Sprachen, Französisch und Italienisch, sondern auch Musik und Zeichnen und orientierte sich in der Institutsbibliothek mit ihren lateinischen, griechischen und deutschen Klassikern, Karten und Zeichnungen. In der Sammlung von Kupfermünzen mit Bildern berühmter Männer gewann er Einblick in eine weite Welt. Seine Freude an der Natur wurde durch tägliche gemeinsame Spaziergänge in den Institutsgarten vor die Stadt und durch Ausflüge belebt. Bei Festen etwa den Geburtstagen und Namenstagen des Königspaares wurden im Institut Theaterstücke aufgeführt. Das Haustheater wurde am 28. Januar 1822, dem Namenstag der evangelischen Königin Karoline, eröffnet, auf Fastnacht 1823 spielte Max eine Szene aus einem Stück so gut, daß das Königspaar bat, sie zu wiederholen. Max erschloß sich in dieser Welt allen Kreisen der Gesellschaft. Sein Austrittszeugnis, das der spätere Kirchenrechtler der Universität, Permaneder, formulierte, sprach bereits von seinen Vorzügen des Geistes und des Herzens, seinem reifen Urteil, seiner lebendigen Phantasie, seinem bescheidenen Freimut, aber auch von seiner Einordnung in die Gemeinschaft der Schule. Max bekam nun in dem Hauptmann des Gardegrenadierregiments Freiherrn von Freyberg einen Hofmeister und besuchte die Universität noch in Landshut, dann in München. Der 17jährige hörte Vorlesungen über Geschichte, auch über die vaterländische, über Kirchengeschichte und Länder- und Völkerkunde. Er besuchte auch Vorlesungen über das deutsche Bundesrecht und über Physik. Seine Interessen wurden nicht nur vielseitig, er lernte selbst Studien zu treiben. An bestimmten Abenden der Woche versammelte er geistig hochstehende bayerische Landsleute und sprach mit ihnen über wissenschaftliche und allgemeine Fragen der Zeit, aber auch über Dichtung und Musik. Er richtete sich eine Bibliothek ein, die am Ende seines Lebens 27.000 Bände umfaßte. Schon der 22jährige stiftete 1830 zur Förderung der Kunst und Literatur goldene und silberne Medaillen, 1835 eine große Goldmedaille, mit der Schmeller für seine »bairischen Mundarten« (1821), Nagler für sein Künstlerlexikon (1835 ff), später auch die Dichter Franz von Kobell, Ludwig Steub, Karl Stieler, Hermann Schmid und die Jugendschriftstellerin Isabella Braun ausgezeichnet wurden.

Der Großvater und der König entschieden sich dafür, Max mit der gleichaltrigen Königstochter Ludovika Wilhelmine zu vermählen. Drei Jahre nach dem Tod des Königs Max wurden beide in der Schloßkirche in Tegernsee getraut, wo Max so oft seinen königlichen Taufpaten besucht hatte. Die Hochzeit wurde 1828 nicht nur durch Zeitungen und Illustrierte gefeiert. Miesbacher Musikanten spielten auf, Burschen und Dirndeln standen in heimatlichen Festgewändern Spalier. Nach einer Fahrt mit 60 Schiffen über den Tegernsee wurde die Hochzeitsreise durch das ganze Königreich Bayern angetreten. Obwohl noch der alte König 1824 Max die Herzog-Max-Burg in München als Wohnung angewiesen hatte, erbaute der junge Max zwischen 1828 und 1830 nach Plänen Klenzes in der von Ludwig I. begonnenen Ludwigstraße das Herzog-Max-Palais, das Hitler 1938 abreißen ließ. Den Tanzsaal stattete Schwanthaler mit einem Bacchusfries aus, den Festsaal Kaulbach mit einem Psyche-Zyklus. Im Hof wurde unter Teilnahme des Herzogs selbst das Kunstreiten gezeigt und ein Zirkus erbaut. Mit seiner jungen Familie besuchte Max den Bogenhauser Garten, heute Herzogpark genannt. Die von der Mutter ererbten französischen Besitzungen verkaufte er und erwarb dafür die Schlösser und Ländereien von Possenhofen und Garatshausen.

Noch König Max hatte den 16jährigen zum Leutnant im Chevauxlegers-Regiment »König« gemacht, später zum Oberstinhaber des 9. Linieninfanterieregiments. Der 18jährige wurde aufgrund seiner Geburt 1827 Mitglied der Kammer der Reichsräte und nahm bis ins hohe Alter regelmäßig an ihren Sitzungen teil. Sein Schwager Ludwig I. ernannte ihn 1832 zum Kommandanten der Bürgerwehr des Isarkreises und damit zum Befehlshaber auch der Landwehr dort und zum Kommandanten der Gebirgsschützen.

Schon 1828 begann Max Novellen zu schreiben. Verschiedene erschienen unter dem Pseudonym Phantasus seit 1831 im Druck, 1833 zur Aufführung auch auf Bühnen Lucrezia Borgia. In der 1826 begründeten Gesellschaft »Altengland«

entwickelte er bereits vor seinem offiziellen Eintritt 1845 Geselligkeit und Humor. Noch 1827 trat er Reisen nach England und Frankreich an, 1831 empfing Papst Gregor XVI. das junge Herzogspaar. Die beiden jungen Wittelsbacher bewunderten aber auch die Kunstschätze Roms und nahmen am Karneval teil. 1832 ging es nach Neapel und Sizilien.

Der 80jährige Großvater übertrug Max 1834 seine eigene bisherige Stellung als Chef der Linie der Herzöge in Bayern und ließ sich von ihm eine Rente überschreiben. Der königliche Schwager ernannte ihn 1837 zum Generalmajor. Im Januar dieses Jahres starb der Großvater, im August der Vater. Max stand nun allein mit der von ihm begründeten Familie. Er kaufte 1838/39 das alte Wittelsbacher Kloster Kühbach und das benachbarte Schloß Unterwittelsbach, während Ludwig I. ebenfalls 1838 das Benediktinerkloster Scheyern, das Wittelsbacher Hauskloster aus dem 12. Jahrhundert, wiederherstellte. Am 20. Januar 1838 reiste Max nach gründlichen Vorbereitungen nach Venedig, Korfu, Patras, Athen und von dort nach Alexandria und Kairo ins Heilige Land. Die Besuche in Jerusalem, Bethlehem und Nazareth bewegten ihn sehr. Neben einem Offizier und einem Arzt begleiteten ihn der Kunstmaler Heinrich von Mayr und der zitherspielende Kammervirtuose Johann Petzmayer, dessen Schüler und Freund Max ein Leben lang wurde. Bereits 1839 veröffentlichte der Herzog unter seinem eigenen Namen sein Buch »Wanderungen nach dem Orient«.

Wie Erzherzog Johann (1782–1859) und nach dessen Vorbild förderte Max immer mehr das Volkslied. Nicht war er seinem Beispiel einer nicht standesgemäßen Liebesehe gefolgt, belastete aber seine ihm auferlegte eigene Ehe durch Mangel an Treue. Von größerer Bedeutung war seine unmittelbare Verbundenheit mit allen Kreisen des Volkes. Er sang und sammelte Volkslieder und Volksmelodien, er komponierte Stücke in einer mit der Volksmusik verwandten Melodie und pflegte Volksmusik und Brauchtum im Alpenvorland, aber auch anderswo in Bayern, etwa in Oberfranken. 1855 besuchte er in Würzburg eine Aufführung des »Tannhäuser«, schätzte aber »Lohengrin« noch höher. Er schloß Freundschaft mit dem schwäbischen Sänger Justinus Kerner, der die Maultrommel spielte, wenn ein geselliger Kreis beim Herzog in München zusammentraf oder wenn ihn der Herzog besuchte. Max befreundete sich vor allem mit Franz von Kobell, dem aus Pfälzer Familie stammenden, die altbayerische und die Pfälzer Mundart beherrschenden Dichter, Sammler und Sänger, Jäger und Wissenschaftler. Seit 1843 versammelte Max als »König Artus« jede Woche in München eine Tafelrunde von 14 Rittern, in der der »Kanzler« Graf Franz von Pocci – später der Zeremonienmeister und Hofmusikintendant des Königs Max II. –, der »Meistersänger« Franz von Kobell war.

Ludwig I. schätzte die Persönlichkeit und das Tun des Herzogs so sehr, daß er den Mitgliedern seiner Linie 1845 das Prädikat Königliche Hoheit verlieh. Max war keineswegs ohne Interesse an Politik und Geschichte. Das zeigte sich immer mehr, wenn er in seinen Novellen und geschichtlichen Darstellungen die Zeit der Reformation oder der Revolution aufgriff. Am 2. März 1848 schrieb er an den Innenminister Fürst Ludwig von Öttingen-Wallerstein erbittert über die Ausrufung der Republik in Paris und bot sich dem noch regierenden König Ludwig an, die ihm zur Verfügung stehenden Truppen und auch die Gebirgsschützen gegen alle inneren und äußeren Feinde einzusetzen. Am 9. März stellte er sich dem König in München persönlich zur Verfügung. Mit König Max II. arbeitete er in denselben Ideen der Pflege des bayerischen Brauchtums und des Volksliedes. 1858, als der König seine berühmte Fußreise im Alpenvorland machte, brachte Max seine oberbayerischen Volkslieder erneut heraus. Er trug gern die bayerische Tracht und führte den Stopelhut – das »Herzog-Max-Hütl« – wieder ein.

Seine Frau, deren Schwester die Mutter des seit 1848 in Wien regierenden Kaisers Franz Joseph war, begann für die heranwachsenden Kinder eine von der Nachwelt oft überschätzte, von Max mindestens geduldete Heiratspolitik. Die Vermählung seiner Tochter Elisabeth mit Kaiser Franz Joseph war zunächst eine Entscheidung der Liebe der beiden, die Verlobung seiner Tochter mit Ludwig II. eine hochgesteigerte Kinderfreundschaft. Seine eigene Verbundenheit mit dem Volk war eine Kraft, die durch seine äußere Zurückhaltung in der Politik besonders entwickelt werden konnte. Das zeigte sich noch bei seiner goldenen und diamantenen Hochzeit. Der Kreis um ihn wurde kleiner, manchmal war der poesiegesinnte Historiker Hyazinth Holland, der Neffe seines verehrten Lehrers und Freundes Benedikt Holland, der einzige Gast. Als 1880 das Jahr der 700. Wiederkehr der Belehnung der Wittelsbacher mit Bayern gefeiert wurde, wurde das auch ihm gegenüber stark zum Ausdruck gebracht. Eine Freude blieb es für ihn, daß sein 1839 geborener Sohn Karl Theodor nicht nur ein außerordentlich tüchtiger Augenarzt wurde, sondern auch ein würdiger Nachfolger als Chef der Linie der Herzöge in Bayern zu werden versprach.

Herzogin Elisabeth in Bayern, Kaiserin von Österreich, Königin von Ungarn

Herzogin Elisabeth in Bayern, Kaiserin von Österreich, Königin von Ungarn

Elisabeth, geboren am 24. 12. 1837, heiratet 1854 Kaiser Franz Joseph von Österreich, der von 1848 bis 1916 regiert, und wird am 10. 9. 1898 ermordet.

Obwohl Elisabeth durch ihre Ehe rechtlich in das Haus Habsburg eintrat, wird bei Biographien der Herzöge in Bayern auch eine über sie erwartet. Ihr Urgroßvater Herzog Wilhelm war eine bedeutende Persönlichkeit in der Zeit der Entscheidungen über den neuen bayerischen Staat, ihr Großvater aber war so übernervös, daß er als Nachfolger als Linienchef übergangen wurde. Die exzentrische Persönlichkeit Elisabeths ist mit aus ihrer Herkunft zu erklären. Ihr Vater Herzog Max ließ seine zahlreichen Kinder meist in Possenhofen zwischen See und Wiesen, Wald und Bergen und im vertrauten Umgang mit Tieren, vor allem Reitpferden, aufwachsen. Durch seine Verbundenheit mit dem Volkstum und dem Volkslied in Bayern weckte er auch bei Elisabeth das Bewußtsein der Zusammengehörigkeit mit allen Menschen der Heimat, aus dem heraus schon König Max I. mit seinen Mitarbeitern ein neues Bayern geschaffen hatte.

Als sich der vierundzwanzigjährige Kaiser Franz Joseph in Elisabeth statt in ihre für ihn auserkorene Schwester verliebte und sie heiratete, mußte Elisabeth ihre geliebte Umwelt mit der der Donaumonarchie vertauschen, die nicht nur aus Österreich, sondern auch den Königreichen Ungarn und Böhmen und kleineren Staatlichkeiten und ihren Völkerschaften bestand. Wenn auch Franz Joseph geradezu bürgerlich aufgewachsen war, machte er sich doch seit 1849 in der Wiener Hofburg einen soldatischen konservativen Lebensstil zu eigen. Er ließ sich zunächst nicht wie Kaiser Josef II. und dessen Vorgänger auch zum König von Ungarn und von Böhmen krönen, erlernte aber die Sprachen seiner Völker und Völkerschaften, um sie in echter Verbundenheit zu regieren. Das Toleranzpatent Josefs II. ergänzte er 1861 durch das Patent über protestantische Kirchen und Schulen. Sein im ersten Jahr nach seiner Ehe geschlossenes Konkordat wurde von kirchlichen Kreisen hoch geschätzt, erwies sich aber in der Gesellschaft als undurchführbar. Elisabeth erkannte in vielen Personen der maßgebenden Gesellschaft die Unglaubwürdigkeit der geäußerten Gesinnungen und lehnte sie deshalb mehr und mehr ab. Seit 1858 Mutter eines Thronfolgers, versuchte sie ihn auf bessere Wege als die vorgezeichneten zu leiten. Um die wirtschaftlich benachteiligten Kreise und um Geisteskranke in Irrenanstalten kümmerte sie sich ihr ganzes Leben lang sehr persönlich und überzeugend. Sie wurde deshalb bald und mit Grund beliebt. Ihre Schwiegermutter, die Schwester der eigenen Mutter, unterstützte die gesellschaftliche Stellung und die regierungspolitische Tätigkeit ihres kaiserlichen Sohnes, kam darüber in Konflikt mit Elisabeth, der Kaiser geriet zwischen Gattin und Mutter in Schwierigkeiten. Er und Elisabeth besuchten 1856/57 offiziell die von ihm regierten oberitalienischen Gebiete, deren wachsender Nationalismus beide enttäuschte. Als der Kaiser 1859 zur Erhaltung seiner Herrschaft dort, die auch Napoleon III. bedrohte, zu Felde zog, unterstützte ihn König Max II. von Bayern durch Mobilmachung der bayerischen Armee, die bayerische Bevölkerung durch herzliche Aufnahme der durchmarschierenden österreichischen Truppen. Der Kaiser verlor den Krieg und kam mit der Spannung in der Familie nicht mehr zurecht. Er beging damals Schritte, die die Ehe verletzten. Elisabeth erkrankte seelisch und körperlich über der Enttäuschung und begann ins Ausland zu reisen, nach Spanien, 1861 nach Korfu, das damals noch unter englischer Herrschaft stand. Dem unaufhörlich werbenden Gatten gelang es, die eheliche Partnerschaft aufrechtzuerhalten.

Von geschichtlicher Bedeutung wurde, was Elisabeth für die Verbindung Ungarns mit Österreich tat. Sie empfing im Januar 1866, in ungarische Nationaltracht gekleidet, die bereits zu ihrem Geburtstag am 24. Dezember eingetroffene ungarische Deputation, die sie vorher aus gesundheitlichem Grund nicht vorlassen konnte. Sie unterhielt sich fließend in ungarischer Sprache mit den Abgesandten und reiste mit Franz Joseph nach Budapest. Doch eben damals entstand über die Frage der österreichischen Rechte in den zusammen mit Preußen, Bayern und anderen deutschen Staaten 1863/64 eroberten Herzogtümern Schleswig und Holstein der Krieg Österreichs, der Präsidialmacht des Deutschen Bundes, und anderer deutscher Staaten gegen Preußen, das die Herzogtümer an der Elbe von sich abhängig machen oder annektieren wollte. Franz Joseph verlor durch die entscheidende Schlacht am 3. Juli 1866 bei Königgrätz (Sadowa) den Krieg, der Deutsche Bund fiel auseinander, in dem der Kaiser noch 1863 mit Unterstützung Max' II. von Bayern auf eine zeitgemäße Bundesreform hingearbeitet hatte. 1866 hatte Franz Joseph Frau und Kinder zu ihrem Schutz nach Ungarn geschickt. Nach der Niederlage verhandelte er mit Andrássy, der bereits vieles mit der Kaiserin besprochen hatte. Franz Joseph schloß mit seiner Hilfe am 17. Februar 1867 den sogenannten Ausgleich, durch den der Doppelstaat Österreich-Ungarn entstand. Franz Joseph und Elisabeth ließen sich am 8. Juni 1867 in Budapest mit der Stephanskrone krönen. Noch im selben Monat wurde Kaiser Maximilian von Mexiko, ein Bruder des Kaisers, von Revolutionären erschossen. Franz Joseph und Elisabeth trafen im September Napoleon III. und dessen Gattin Eugenie in Salzburg, erreichten aber keine wirksame Hilfe gegen den wachsenden preußischen Druck.

Der Bayernkönig Ludwig II., dem Elisabeth verübelte, daß er das auch durch Habsburger Abtretungen entstandene Königreich Italien anerkannte, versuchte 1867 vergeblich Elisabeth zu treffen. Er verlobte sich damals mit ihrer Schwester

Sophie, entlobte sich aber. Die seit vielen Jahren bestehende Freundschaft Elisabeths mit dem um acht Jahre jüngeren König, der 1867 auch das Zarenpaar in Kissingen kennengelernt hatte, setzten beide auch durch Briefe zwischen »Adler und Möwe« fort. In späteren Jahren versuchte Ludwig, Elisabeths Sohn Rudolf zum Freund zu gewinnen, der früh an liberale Reformen in den Habsburger Staaten dachte und sie anonym in Zeitungen propagierte. Von grundsätzlicher Bedeutung war es schon Jahre vorher, daß Elisabeth am 8. Dezember 1869 der Eröffnung des Vatikanischen Konzils in der den Souveränen vorbehaltenen Loge beiwohnte, wenn sie auch inkognito in Rom eingetroffen war. Franz Joseph war im Oktober zum Sultan nach Konstantinopel gereist, darauf zu den Heiligen Stätten, um dann zusammen mit Kaiserin Eugenie der Eröffnung des Suezkanals beizuwohnen. In dem 1870 zwischen Frankreich und Preußen ausbrechenden Krieg erlebte Elisabeth, wie Ludwig II. rechtzeitig seinen Bündnispflichten gegenüber Preußen genügte und dem König Wilhelm I. im Namen der von ihm befragten deutschen Fürsten eine deutsche Kaiserkrone anbot. Franz Joseph berief 1872 Andrássy zum Außenminister, nachdem er ihn schon 1867 auf Elisabeths Empfehlung zum ungarischen Minister gemacht hatte. Elisabeth bewies zweifellos politisch zweckmäßigen Blick, als sie ihrem Mann Andrássy nahebrachte. Alles, was sie menschlich und politisch tat, wurde dadurch unterstützt, daß sie von bezaubernder Schönheit war. Franz Joseph verlegte das politische Gewicht immer mehr nach Osten. Andrássy unterstützte ihn dabei noch 1878 auf dem Berliner Kongreß.

Elisabeth erfüllte wichtige Repräsentationspflichten 1873 bei der Weltausstellung in Wien, zu der auch Kaiser Wilhelm I. und Kaiserin Auguste erschienen, später bei den offiziellen Begegnungen zwischen ihrem Gatten und dem Deutschen Kaiser und dem russischen Kaiser sowie dem König von Italien, als sie ihren Dreibund schlossen, und noch 1896 bei der Tausendjahrfeier Ungarns. Daneben reiste sie immer mehr ins Ausland, liebte es aber nicht, sich offiziell oder inoffiziell zu zeigen. Seit 1874 mehrmals in England, fand sie kein persönliches Verhältnis zu der gewissenhaft und tatkräftig regierenden Königin Viktoria. Als sie Franz Joseph auf die Gefahren aufmerksam machte, etwa in das revolutionäre Frankreich zu reisen, machte sie zwischen dem 22. Mai und dem 8. Juni 1875 ihr Testament, bevor sie die Frankreichreise antrat. Franz Joseph war zur Finanzierung der sich häufenden Reisen Elisabeths um so mehr in der Lage, als am 29. Juni 1875 der frühere Kaiser Ferdinand I., der Gütige, in Prag starb und sein Vermögen seinem kaiserlichen Nachfolger vererbte. Ungern sah Elisabeth 1881 die Vermählung ihres Sohnes Rudolf mit einer belgischen Prinzessin, deren Vater sie nicht schätzte, und auch wohl, weil sie glaubte, daß Rudolf durch diese vom Vater arrangierte Ehe nicht das finden würde, was er in einer von ihm auserkorenen Gattin gefunden hätte. 1882 reiste sie mit dem Kaiser offiziell nach Triest, wo dessen 500jährige Zugehörigkeit zu Habsburg gefeiert wurde. Seit sie das Schicksal ihrer Schwester, der Königin Beider Sizilien erlebt hatte, mißtraute sie freilich dem italienischen Nationalismus; obwohl sich damals auch in Griechenland Sympathie für Italien bemerkbar machte, liebte sie die Griechen. Sie erlernte von griechischen Studenten die vom Volk gesprochene Sprache des Neugriechischen, aber studierte auch die Sprache Homers und das Altgriechische, da sie in diese Welt eindringen wollte. 1891 konnte sie das für sie fertiggestellte Schloß Achilleion auf Korfu beziehen. Dort errichtete sie auch ihrem Lieblingsdichter Heine ein Denkmal. Sie las zwar gerne auch Goethes »Faust« und Shakespeares Dramen, übersetzte viele Gedichte Lord Byrons ins Deutsche, aber sie glaubte, daß sich die Welt Heines mit ihren Auffassungen am meisten berühre.

Ihre Freundschaft mit der rumänischen Dichterkönigin Carmen Sylva, einer geborenen Prinzessin von Wied, ließ sie deren politisches Mißtrauen in die vorhandenen Staatsformen, aber auch deren Pflichterfüllung als Königin erleben. Seit 1885 steigerte sie sich in ein krankhaftes politisches Mißtrauen hinein und lehnte die von ihr erlebte Monarchie, nicht aber die Vorteile ab, aufgrund deren sie lebte. Nach der Gefangennahme Ludwigs II. 1886 versuchte sie ihm bei einer Flucht nach Österreich behilflich zu sein und beschuldigte völlig zu Unrecht den Prinzen Luitpold dunkler Machenschaften. Der Selbstmord ihres Sohnes 1889 trug zu ihrer eigenen seelischen Verwirrung bei. 1898 wurde sie in Genf von einem Mann ermordet, dessen Ziel es war, einen der hervorragenden Monarchen zu töten.

Elisabeths widersprüchliche, faszinierende Persönlichkeit interessiert die verschiedensten Menschen der heutigen Zeit. Ihre unmittelbare menschliche Güte wird darüber leider oft vergessen.

Register

In das Register wurden die Namen der porträtierten Wittelsbacher, von den Ehegatten und von den Nachkommen aufgenommen.